MARKUS GRIMM • MARTIN KESICI

SEX, DRUGS & CASTINGSHOWS

Die Wahrheit über *DSDS*, *Popstars* & Co.

Aufgeschrieben von Patrick S. Berger

2., unveränderte Auflage 2009
© 2009 riva Verlag, München
Alle Rechte vorbehalten.

Das vorliegende Werk einschließlich aller seiner Teile ist urheberrechtlich geschützt. Jede Verwertung außerhalb der engen Grenzen des Urheberrechtsgesetzes ist ohne Zustimmung des Verlags unzulässig und strafbar. Das gilt insbesondere für Vervielfältigungen, Übersetzungen, Mikroverfilmungen und die Einspeicherung und Verarbeitung in elektronischen Systemen.

Lektorat: Caroline Kazianka
Umschlaggestaltung und Layout: Sabine Krohberger
Satz: Daniel Förster
Druck: CPI – Ebner & Spiegel, Ulm
Fotos S. 6–7, von links nach rechts: Ralf Strathmann, Robert Beck,
Ralf Strathmann, Nils Thies, Diana Nordmann

ISBN 978-3-86883-023-1

Bibliografische Information der Deutschen Nationalbibliothek: Die Deutsche Nationalbibliothek verzeichnet diese Publikation in der Deutschen Nationalbibliografie; detaillierte bibliografische Informationen sind im Internet über http://dnb.d-nb.de abrufbar.

Für Fragen und Anregungen zum Buch:
grimmkesici@rivaverlag.de

Gern senden wir Ihnen unser Verlagsprogramm:
vp@rivaverlag.de

riva Verlag
ein Imprint der FinanzBuch Verlag GmbH
Nymphenburger Straße 86
80636 München
Tel.: 089 651285-0
Fax: 089 652096
E-Mail: info@rivaverlag.de

www.rivaverlag.de

Martin sagt danke!

To Patrick S. Berger, Markus Grimm, Pat, Christof Hillebrand, Bert Frey, Alf Ator, Christian Gerlach, Benjamin Eder, Jens Sander, Maureen Sauter, Stephanie Prehn, Edda Kraft, Matthias Alberti and all @ Pro7 and Sat.1. Maz & Teddy and all other Rockin' people. Sons of Steel and all other COD-4- and DODS-Players. My mum, my father and my brother Akki. My fanclub (thnx for support), Berlin and the rest of all the lovely people I forgot. Martin Kesici drives Harley Davidson Motorcycles and plays Hughes & Kettner amps.

Markus sagt danke!

Ich bedanke mich als Erstes bei Patrick S. Berger – für seine Nerven, sein Ohr, seine Geduld und seine Überstunden. Ich weiß, dass der Berliner und ich nicht immer einfach waren. Es war spannend, zum Kotzen und aufregend, mit ihm alles noch einmal zu durchleben. Ich bedanke mich bei Kevin für seine Geduld und seinen Herzschlag, der mich nachts zur Ruhe bringt, wenn ich am Tag durch Chaos gegangen bin. Bei meinen Weggefährten, die geblieben sind – bei Sonja, die mich trägt, obwohl ihr Leben selbst genug bietet, um ins Trudeln zu geraten, bei Max für seine ehrliche Meinung und seine Sticheleien, die mich immer anstacheln, schneller ans Ziel zu kommen, bei Ginger für die Ruhe in der Kraft. Ein besonderer Dank gilt Martin Kesici, der ein wichtiger Mensch für mich geworden ist und mir gezeigt hat, dass ich nicht allein im Haifischbecken schwimme. Es tut gut, jemanden zu haben, der stärker ist als man selbst und den Haien eins aufs Maul gibt. Danke an Ela und Andi dafür, dass sie in mein Leben getreten sind und einen ordentlichen Platz darin einnehmen. Ich danke all denen, mit denen ich eine Zeit meines Lebens geteilt habe und teilen durfte, meinen alten Bands, Session, FlukPi, CSC und Nu Pagadi, Doreen und Pat, Ross für sein Lachen, Artemis für ihr Rückgrat, Lukas Hilbert fürs Tattoo-Teilen, Gold-aufs-Klo-Hängen und Nichtvergessen, dass es mich gibt. Meiner Mom fürs Immer-da-Sein, meinen Familien – schön, dass es mehrere geworden sind und ich immer eine Ladestation frei habe, meinen Zweiflern fürs Zweifeln, meinen Feinden fürs Feindsein, meinen Agenten für den Wahnsinn, meinen FC-Freaks, die mich am Leben gehalten haben und halten, meinen Verlagsjungs und Studiojungs – danke fürs Zuhören, Ablenken und Arbeiten. Danke an alle, die meinen Weg mit mir gehen und die keine Schritte zählen, sondern einfach nur bei mir sind. Danke an die Menschen, die dieses Buch möglich gemacht haben, danke für euren Glauben. Nicht zuletzt bedanke ich mich bei all den Vergessenen – für euch ist dieses Buch. Haltet eure Träume fest!

INHALT

Vorwort von Patrick S. Berger 8

1 Auf der Suche nach der Wahrheit *11*
2 Keinen Arsch in der Hose *16*
3 Das erste Mal auf die Fresse *28*
4 Träume kann man nicht essen *35*
5 Ich? Icke? Ein Vorbild? Nein, danke! *43*
6 Soll ich, oder soll ich nicht? *57*
7 Affenzirkus *68*
8 Stempel der Vergangenheit *74*
9 Einmal die Nation und mich selbst verarscht *79*
10 Behind Blue Eyes *87*
11 Showtime *93*
12 Zurück in die Zukunft *103*
13 Sex sells *110*
14 Die erste Nacht *124*
15 Arschloch *130*
16 Die härtesten 48 Stunden meines Lebens *135*
17 After-Show-Partys *161*
18 Wer ficken will, muss freundlich sein *191*
19 Sargnägel *203*

20	110 Dezibel für einen Furz	*221*
21	Sei ein Gott!	*231*
22	Böse Falle	*240*
23	…und raus bist du	*243*
24	Egotripping	*253*
25	Fuck off!	*261*
26	Wie ist es, Popstar zu sein?	*269*
27	Die Luft wird dünn	*277*
28	Leben und leben lassen	*296*
29	Fanta, Koks und Schlager	*309*
30	Gold per Post	*320*
31	Alles Fake?	*327*
32	Zahlen, bitte!	*335*

Nachwort Martin Kesici   *345*
Nachwort Markus Grimm   *348*
PS Anruf aus der Vergangenheit   *353*
Gastkommentar Patrick Boinet (Ex-Nu-Pagadi-Bandmitglied)   *358*
Gastkommentar Mario Eilfeld
(Vater der *DSDS*-Kandidatin Annemarie Eilfeld)   *362*
Anhang – Originaldokumente und -verträge   *371*

VORWORT

Wann ist ein Künstler ein Künstler? Oder lassen Sie mich die Frage so stellen: Wann ist ein Star ein Star? Ich habe lange darüber nachgedacht und bin zu dem Schluss gekommen, dass jeder Mensch ein Star sein kann. Ich weiß, dass das eine wagemutige These ist, aber wenn man sich selbst treu bleibt, an seiner Meinung festhält und voll und ganz zu seinen Entscheidungen steht, dann bin ich überzeugt, dass man es mit ein wenig Talent und einer großen Portion Leidenschaft zu etwas bringen kann. Diese Leidenschaft macht einen Star meines Erachtens aus. Ein Star bleibt immer ein Star, egal, ob er auf der Bühne steht oder aber für zwei oder mehr Jahre in der Versenkung verschwindet.

Lassen Sie es mich anhand von Künstlern erklären, die sich selbst zum Star erkoren haben, weil sie irgendwann zu sich selbst gefunden haben und seitdem zu ihrem Handeln stehen – egal, ob privat oder in der Öffentlichkeit. Die Grenzen verwischen sowieso, je bekannter man wird.

Wenn man sich irgendwo auf dieser Welt an einen Pool oder an eine Bar setzt und im Radio *Oops, I Did It Again* von Britney Spears zu hören bekommt, kann man jeden Einzelnen in der Reichweite des Lautsprechers die Lippen zu diesem Song bewegen sehen. Ob Alt oder Jung, Freak, Jazz-Fan oder Heavy-Metal-Fan spielt dabei keine Rolle. Ich garantiere Ihnen, jeder kennt zumindest die Zeilen des Refrains und singt sie playback mit, wenn er in Stimmung dazu ist.

Genau das ist es, was einen guten Song ausmacht, möchten jetzt viele sagen. Ist der Song aber nicht Geschmackssache? Klar! Viel wichtiger ist jedoch, dass jeder zu diesem Song auch ein passendes Bild im Kopf hat! Und damit kommen wir der Sache, wer ein Star ist und wer nicht, schon deutlich näher.

Ein besonders extremes Beispiel dafür ist Ozzy Osbourne. Der Mann war Jahre in der Versenkung verschwunden. Machte, wenn überhaupt, nur negative Schlagzeilen. Sex, Drogen und Rock 'n' Roll eben. Definiert wurde und wird er immer noch über seine Heavy-Metal-Vergangenheit bei Black Sabbath und natürlich auch durch seine *Reality Show* bei MTV.

Fakt ist aber auch, dass die Halle, wenn Ozzy Osbourne irgendwo auf dieser Welt ein Konzert ankündigt, ausverkauft ist. Ob in Las Vegas, Tokio oder Berlin.

Der Weg von Britney und Ozzy zu unseren beiden Erzählern im Buch, Martin Kesici und Markus Grimm (Nu Pagadi), erscheint zunächst einmal weit. Aber sind nicht diese beiden auch angetreten, um Stars zu werden?

Die amerikanische Vorlage für *Deutschland sucht den Superstar* heißt *American Idol*. Ein viel besserer Titel, wie ich finde. Idole hat einfach jeder. Superstars gibt es nicht viele auf dieser Welt, und um einer zu werden, bedarf es mehr, als nur zu einem Casting zu gehen.

Ohne einem der Künstler im Buch zu nahe treten zu wollen, sie selbst und ihr Umfeld haben keine so gute Arbeit geleistet, dass sie auch nur annähernd an einen der drei Sendungstitel herankommen würden. *Deutschland sucht den Superstar, Popstars* und *Star Search* – drei Formate, die einer bestimmten Zielgruppe Hoffnung auf ein vermeintlich besseres Leben geben wollen. Das Leben als Star!

Dass die Sendungen aber nur der Start in ein neues Leben sind und danach die richtige Arbeit erst anfängt, das haben alle, die regelmäßig an diesen Castings teilnehmen und teilgenommen haben, nicht begriffen! Hinter den Kulissen zählt nur, wie viele Menschen die Show letztendlich gesehen haben. Niemand würde jemals etwas produzieren, was keiner kaufen will. Eine ganz logische Aussage, die auch im TV-Bereich ihre Gültigkeit hat. Das Wort »kaufen« kann man hier getrost durch »sehen« ersetzen. Für eine gute Zuschauerquote wird alles getan. Wirklich ALLES! Es geht um Geld, Sex und um Macht.

Martin Kesici und Markus Grimm sind nur zwei von ganz vielen, von denen wir alle mal gehört und die wir im Fernsehen gesehen haben. Viele von ihnen sind danach wieder in der Versenkung verschwunden und müssen noch heute mit den physischen und psychischen Folgen klarkommen. Zu einem Gang zum Psychiater konnten sich nur ganz wenige durchringen. Viele versuchen verzweifelt, an das anzuknüpfen, was da mal kurz begonnen hatte, und scheitern dabei kläglich.

Dieses Buch ist für alle, die immer schon mal hinter die Kulissen der Shows und in die Köpfe von denen blicken wollten, die daran teilgenommen haben. Für alle, die wissen wollen, was Sex, Drugs and Rock 'n' Roll aus Menschen macht. Aber auch für all jene, die mit dem Gedanken spielen, zu einem Casting zu gehen, und auch für diejenigen, die es mal getan haben und jetzt wieder in der grauen Masse verschollen sind. Für die, die sich aus Versehen ins Show- beziehungsweise Musikbusiness verirrt haben, und die, die Talent dafür haben, eine Karriere als Star zu beginnen, es aber bis heute nicht geschafft haben, sich selbst zu überwinden und daran zu glauben, dass alles möglich ist, wenn man nur eines für seinen Traumberuf mitbringt: Leidenschaft!

Patrick S. Berger

AUF DER SUCHE NACH DER WAHRHEIT

★ **Martin Kesici**

Warum schreit dieses Mädchen meinen Namen so unglaublich laut? Warum heult und lacht sie zugleich? Warum zieht sie verzweifelt ihr T-Shirt hoch und zeigt mir ihre nackten Brüste, auf denen mein Name steht? Warum tut sie das alles? Nur weil ich im Fernsehen zu sehen war? Weil ich vielleicht einen Song gesungen habe, der ihr gefallen hat? Weil sie am Ende sogar in mich verliebt ist?

Diese Fragen schossen mir täglich, stündlich, ja beinahe jede Minute durch den Kopf, als ich am Höhepunkt meiner bisherigen »Karriere« als Popstar angelangt war. Und so viel Geheimnis sei am Anfang schon verraten: Ich wollte niemals Popstar werden! Wenn, dann schon ROCKstar!

★ **Markus Grimm**

Es geht um mehrere Millionen Euro – jährlich. Die Plattenfirma Universal ist neben einer Handvoll anderer Major Labels der ganz große Player in diesem Geschäft. Ich selbst aber war klein, also sozusagen der Klassiker: David gegen Goliath. Ein kleiner, zu leichtem Übergewicht neigender, schwuler Player, dem die Musik am Herzen lag und sonst nicht wahnsinnig viel.

Im Spiel um die Millionen habe ich klar verloren, das muss ich ganz ehrlich zugeben. Ich werde in meinem Leben sicher nie wieder so nah am reißenden Strom des Geldflusses stehen wie damals, als Barbara Schöneberger und Oliver Pocher mich zusammen mit Kristina Dörfer, Doreen Steinert und Patrick Boinet zum Sieger der *Popstars*-Staffel auf ProSieben ausriefen. Wir waren die Band mit dem bescheuerten russischen Namen Nu Pagadi – benannt nach dem Trickfilm *Hase und Wolf* aus dem russischen Osten.

Sieger!?!?

Hätte mir an diesem Abend voller Jubel, Trubel und silberner Luftschlangen jemand vorausgesagt, wie das enden würde, dann hätte ich ihm eiskalt ins Gesicht gelächelt und gesagt: »Alter, dir werd ich's schon zeigen. Mit uns passiert das nicht. Wir schaffen das!«

Heute bin ich froh, dass mir damals niemand diese düstere Prognose gegeben hat. Wahrscheinlich hätte ich sie eh nicht geglaubt oder mich womöglich um Kopf und Kragen geredet. Mein Leben war mit einem Schlag so unendlich reich geworden, dass ich das Geldzählen wirklich komplett vergessen habe. Wie man es aber schafft, vom Gipfel des Erfolges in die Tiefe der Hölle zu stürzen, ohne auch nur einen Cent mitzunehmen und sogar noch mit einem Minus auf dem Konto aufzuschlagen, trotzdem aber reich zu sein, davon möchte ich erzählen.

★ Martin Kesici

Ich auch! Nein, im Ernst, das, was Markus erzählt, würde ich ohne zu zögern unterschreiben. Die Masche bei *Star Search* war ähnlich, und wie man mich nach meinem Leben als Star wieder hat fallen lassen, war unglaublich. Es gibt viele Dinge, die ich heute

AUF DER SUCHE NACH DER WAHRHEIT

anders machen würde, aber längst nicht alles. Den Arsch in der Hose zu haben, Entscheidungen selbst zu treffen und immer zu ihnen zu stehen, das würde ich jedem raten, der sich mit dem Gedanken trägt, zu einem Casting wie bei *DSDS* oder *Popstars* zu gehen. Dass ich zusammen mit Markus Grimm dieses Buch schreibe, hat nicht den Grund, dass wir damit Geld verdienen wollen. Allerdings wäre es gelogen, wenn ich behaupten würde, nicht zu wissen, was ich mit diesem Geld anfangen würde. Aber wir haben uns entschieden, uns noch einmal dem Sturm der Medien auszusetzen und heikle Dinge zu erzählen, um ganz klar Stellung zu beziehen und um zu erzählen, was bisher noch nie jemand über *Popstars*, *DSDS* oder *Star Search* verraten hat. Es ist der geheime Blick hinter die Kulissen, der sicher nicht jedem gefallen wird.

★ Markus Grimm

Viele haben schon versucht, ein Buch über Castingshows zu schreiben. Doch mal ehrlich, warum reißen die alle die Fresse auf und meinen, etwas erzählen zu müssen? Warum glauben die, sie wären etwas Tolles oder Besonderes, nur weil sie aus einer Castingshow rausgeflogen sind? Wen ich damit meine? Na, alle die, die versucht haben, so ein Buch wie dieses zu schreiben. All die Blassbacken, die von einem Casting zum nächsten rennen und dann in der Presse breittreten, wie Scheiße alles ist. Ein Casting ist ein Sprungbrett, es ist eben Pech, wenn jemand den Absprung nicht schafft.

Menderes ist wenigstens einer, der seinen Weg geht. Was nicht heißt, dass ich finde, dass er etwas draufhätte. Aber er hält die Klappe, macht sich zum Affen, verdient dabei auch noch Kohle und fertig. Die ganzen anderen Nasen, die im Re-Recall oder in einer Mottoshow rausgeflogen sind und denken, dass ihre Meinung interessant wäre, sollten erst mal eine Ausbildung machen oder zumindest ihren Schulabschluss. Von mir aus soll jeder den Weg gehen, der ihm gefällt, aber dann auch einfach die Klappe halten. Euch braucht keine Sau und ihr seid schneller vergessen als das Mittagessen vom Vortag.

Monika I. ist so eine, die glaubt, sich über Hunderte von Seiten ausweinen zu müssen, nur weil sie ja schon überall teilgenommen hat. Sie ist eine Wiederholungstäterin, sie war in meiner Staffel, 2004 bei *Popstars*, bei *Deutschland sucht den Superstar*, kurz *DSDS*, *Starmania* und wieder bei *DSDS*. Dann hat sie ein Buch geschrieben über alles Wichtige bei einem Casting. Respekt! Schließlich hat sie ja so ein Casting auch schon gewonnen. Hat sie nicht? Stimmt, sonst würde sie ja nicht mehr von Casting zu Casting tingeln. Was will man aber eigentlich berichten, wenn man es nicht einmal ins Finale geschafft hat? Wie das Catering war? Wie die Maske und das Kostüm waren? Wie aufgeregt alle waren und wie sehr sie vor dem Auftritt aufs Klo mussten? Dass Dieter netter ist, als er im TV rüberkommt, und Detlef super tanzt?

Mann, Mann, Mann. Wenn man keine Ahnung hat, sollte man sich nicht zu weit aus dem Fenster lehnen. Es ist ein gewaltiger Unterschied, ob man eine Show gewonnen hat oder nicht. Und wem sollte man wohl mehr glauben? Einem, der alles echt erlebt hat und wirklich dabei war, als das Lametta von der Hallendecke fiel, oder einer, die immer wieder rausgeflogen ist? Ihr seid hier definitiv beim richtigen Buch gelandet. Hier geht es nicht darum, über Castings zu lästern, denn wie gesagt, Castings sind ein Sprungbrett und eine gute Erfahrung. Vielmehr geht es um das Danach und darum, was alles passiert, wenn keine Kamera dabei ist. Von Dingen, mit denen wir uns nicht auskennen, wollen wir

AUF DER SUCHE NACH DER WAHRHEIT

gar nicht sprechen, denn Martin und ich wissen: Keine Ahnung = Fresse halten!

KEINEN ARSCH IN DER HOSE

★ **Martin Kesici und Markus Grimm**

Bisher gab es in Deutschland »nur« drei echte Casting-Formate im Fernsehen: *Star Search* bei Sat.1, *Popstars* bei RTL II und später dann bei ProSieben und *Deutschland sucht den Superstar* bei RTL. Die *Fame Academy* und andere Missgeburten lassen wir jetzt mal unter den Tisch fallen.

Dem aufmerksamen Leser wird nicht entgangen sein, dass nur zwei Sieger von eben nur *zwei* Castingshows der Wahrheit auf den Grund gehen möchten und den Blick hinter die Kulissen freigeben. Dabei ist es nicht so, dass das Ganze bei *DSDS* grundsätzlich anders laufen würde, als Martin und ich es beschreiben. Deshalb stellt sich schon die Frage, warum keiner der anderen Sieger den Mut hat, ehrlich darüber zu schreiben. Ergänzend sei noch angemerkt, dass nichts unversucht geblieben ist, einen der Hauptakteure dazu zu bewegen, auch ein paar Zeilen zu schreiben.

Die Idee zu diesem Buch hatte Martin Kesici. Er wollte unbedingt erzählen, wie es wirklich hinter den Kulissen zugeht. Wir mussten beide nicht lange überlegen, ob wir diesen für uns nicht ganz risikolosen Schritt gehen sollten. Denn mit diesem Buch setzen wir sicherlich unsere Karriere aufs Spiel, das ist uns klar, aber was kann uns schon passieren? Und was will man uns denn noch nehmen? Geld? Sorry, aber da kommt sowohl Martin wie auch mir ein breites Lächeln über die Lippen. Das Einzige, was sie uns noch nehmen könnten, wäre unser Leben, und das will momentan wirklich niemand. Ach ja, Martins Harley habe ich noch vergessen, die abbezahlt in der Garage in Berlin steht, aber das war es dann auch.

Zurück zum Thema. Warum ist keiner der Leute von *DSDS* dabei?

Ich weiß wirklich nicht, was denen bei *DSDS* hinter den Kulissen erzählt wird, aber irgendwie wirkten alle, mit denen wir Kontakt hatten, so, als wären sie einer Art Gehirnwäsche unterzogen worden.

Tobias Regner, den Sieger aus der vierten Staffel von *DSDS*, hätten wir gerne als Autor gehabt, weil wir das Gefühl hatten, dass er nicht nur musikalisch ähnlich tickt wie wir. Aber schon beim ersten Treffen mit ihm wurden wir eines Besseren belehrt. Uns gegenüber saß ein völlig verschüchterter Typ, der es während der ganzen drei Stunden, die wir in München in einem Café eines Sportzentrums zusammensaßen, nicht schaffte, Augenkontakt mit uns zu halten. Er meinte nur, dass er nicht viel sagen dürfe, weil ja sonst Leute böse auf ihn sein könnten. Da waren wir echt platt. War das der Rocker, der die gesamte Staffel sprichwörtlich gerockt und den dicken Mike Leon Grosch vom Thron gestoßen hatte? Das konnte einfach nicht wahr sein. Also gingen wir frontal zum Angriff über:

»Erzähl doch mal, wie es war, zum Beispiel, als alle hinter dir her waren und die Nation auf den Trichter kam, dass du was mit der netten kleinen VIVA-Moderatorin Collien Fernandes hattest!«

Rummsss – das hatte gesessen! Eine Sekunde lang sah er mir in die Augen, dann blickte er wieder weg. Leise meinte er dann, dass das doch keiner wissen solle – und was vorbei sei, sei eben vorbei. Er wolle doch der Collien nicht schaden.

OH MEIN GOTT! Der Junge hatte wirklich gar nichts begriffen. Im weiteren Verlauf des Gesprächs hatten wir immer mehr das Gefühl, dass er seinen Weg nicht selbst bestimmte, sondern andere für ihn entschieden. Immer wieder gab er zu bedenken, dass ihm das Buch für seine weitere Karriere schaden könnte. Als er das zum Schluss noch einmal betonte, schauten Martin und ich uns an und riefen fast gleichzeitig: »ALTER – WAS FÜR EINE KARRIERE???«

In der ganzen Zeit, die wir hinter die Kulissen dieses Business blicken durften, war Tobias Regner die größte Enttäuschung für uns. Das Gespräch endete schließlich damit, dass er meinte, mit seiner Managerin reden zu müssen, um zu entscheiden, ob er im Buch ein paar Sätze schreiben könne oder nicht. Von der Managerin erhielten wir dann ein paar Tage später ein Statement, in dem sie erklärte, dass Tobias den Casting-Stempel loswerden wolle und deshalb nicht bei diesem Buch mitschreiben könne.

Und was macht Tobias heute? Wir haben seitdem nichts mehr von ihm gehört, weder telefonisch noch in irgendeiner musikalischen Form. Selbst wenn Tobias jemals wieder eine Art Plattenvertrag bekommen sollte, glauben wir nicht daran, dass er an den Erfolg von *DSDS* anknüpfen kann. Seine Karriere dürfte man wohl als beendet betrachten, denn wir können uns nicht vorstellen, wie man aus diesem schüchternen Jungen aus dem tiefen Bayern jemals einen charismatischen Star machen sollte. Da bräuchte man einen verdammt guten Manager, und der müsste dem Jungen wahrscheinlich erst einmal beibringen, was Leidenschaft heißt und was es bedeutet, für seine Ziele einzutreten und zu kämpfen.

Es ist unfassbar, wie man bei *DSDS* das verquere Denken der Plattenbosse injiziert bekommt. Bis zum Finale scheinen sich alle Türen spielend zu öffnen, aber danach knallen sie einem die Tür vor der Nase zu und gaukeln einem noch vor, dass die Karriere ja trotzdem noch lange nicht vorbei sei.

KEINEN ARSCH IN DER HOSE

Nachdem uns Tobias mit seinen komischen Ansichten ebenfalls die Tür vor der Nase zugeknallt hatte, dachten wir als Nächstes an seinen *DSDS*-Kumpel Mike Leon Grosch, der seine *DSDS*-Kollegin Vanessa Jean Dedmon vor den PR-Karren gespannt hatte und so schließlich bis ins Finale kutschiert wurde. Die einzige Schlagzeile, die Mike nach *DSDS* noch bekommen hatte, handelte davon, dass er 15 Kilo zugenommen hatte und depressiv zu Hause im Bett lag. Auch er hatte, welch Wunder, keinen Plattenvertrag, konnte aber nach langem Hin und Her seinen Arsch ebenfalls nicht hochbringen und meldete sich einfach nicht mehr bei uns.

Der dritte *DSDS*-Versuch war dann die oben angesprochene Vanessa Jean Dedmon. Da uns die Frauenbesetzung noch fehlte, fanden wir das eine gute Idee: ein Rocker, der überall aneckt, eine Schwuppe, um auch diese Zielgruppe abzudecken, und eben 'ne Tussi, die einigermaßen singen kann und nicht schlecht aussieht. Ja! Das Buchcover hatten wir schon deutlich vor Augen. Fantastisch! Alle Zielgruppen befriedigt! Das Buch wird ein Renner! Denkste.

Zurück zu Vanessa. Wir trafen uns das erste Mal in Köln. Mit dabei war ihr Vater, der immer nur ein begeistertes »Yes, Baby« in die Runde knallte, während wir erzählten, warum wir dieses Buch schreiben wollen. Es kam zwar immer ein verständnisvolles Nicken und das anschließende gemeinsame Mittagessen war auch sehr nett und ungezwungen, aber auf die ausführlichen schriftlichen Insiderinfos von »Vanessa Baby« warteten wir noch Wochen nach diesem Treffen leider vergeblich. Das Einzige, was kam, waren zwei DIN-A4-Seiten, in denen sie bruchstückhaft versuchte, uns ihr Leben zu schildern. Das Dokument war mit der Überschrift »Mein Buch« versehen.

WOW! Das Letzte, was wir von der jungen Dame hörten beziehungsweise sahen, war eine *Bild*-Schlagzeile, in der es hieß, dass sie sich in irgendeinen Prinzen verliebt habe und jetzt sehr glücklich sei. Der Typ soll Zsa Zsa Gabors Sohn oder so was Ähnliches sein.

Wir mussten schallend lachen, als wir an diesem Tag die *Bild* aufschlugen, und irgendwie waren wir dann auch froh, dass nur wir euch erzählen dürfen, was wir erlebt haben. Hätte Vanessa das auch getan, wüssten wir nicht, wo dieses Buch genau hingeführt hätte. Mit ihrem Traumprinzen scheint sie aber das gefunden zu haben, was sie sich wünscht.

★ Markus Grimm

Aber was kommt nach der steilen Karriere als Castingstar? In der Regel nur das Dorflabel von nebenan! Die schmücken sich dann mit deinem Namen, der irgendwann mal über die Kanäle geflimmert ist, und das war's dann. Während der laufenden Staffel wird den Leuten so viel Angst eingeimpft, dass sie danach nie mehr den Mund aufmachen. Es erwartet doch kein Mensch, dass man über Dieter Bohlen lästert. Hat er denn nicht schon genug gelästert? Bohlen macht nur seinen Job und die Nation steht auf sein Lästermaul. Gut, die Art und Weise mag Geschmackssache sein, aber in vielen Dingen muss ich ihm leider recht geben. Warum wird *DSDS* von so vielen Millionen Menschen angeschaut? Weil sich Leute zum Horst machen, um dann noch vom Oberhorst der Sendung einen reingewürgt zu bekommen. Gut, wer darauf steht – bitte schön!

Dann sollten diejenigen aber bitte auch so viel Rückgrat besitzen zu erzählen, wie es wirklich hinter den Kulissen zugeht. Wie auch sie von den Plattenlabels, den Managements und den Sendern verarscht werden. Eigentlich ist es doch nur eine Show, mehr ist es nicht. Es ist *nicht* das Leben! Das Leben findet auf anderen Bühnen statt, und die können für jeden ganz anders aussehen. Wenn die Kfz-Werkstatt deine Bühne ist – bitte sehr! Mach deinen Job gut und vor allen Dingen gern! Dann wird auch deine Bühne mit Licht erfüllt und dein Leben eine Party sein, die nicht aufhört. Glaube nichts, was dir über die Glitzer- und Glamourwelt vor den Kameras und auf den roten

KEINEN ARSCH IN DER HOSE

Teppichen vorgegaukelt wird. Es geht nur darum, dass andere mit DIR Geld verdienen wollen, mehr nicht. Stell dich lieber dem Leben und mach deine Sache gut, dann wirst du auch glücklich sein.

Ich will das erzählen, was jeder immer schon über diese Art von Shows wissen wollte, und ich verspreche, kein Blatt vor den Mund zu nehmen. Ich bin frei und werde ehrlich sein, auch wenn ich dadurch in die letzte Reihe nach hinten durchgereicht werde. Dort kenne ich mich schließlich bestens aus. Ich weiß genau, wie es sich anfühlt, ganz hinten zu sitzen.

Smells Like Teen Spirit

Interpret: Nirvana, Text: Kurt Cobain

Hello, hello, hello.
With the lights out it's less dangerous.
Here we are now, entertain us.
I feel stupid and contagious.
Here we are now, entertain us.
A mullato, an albino, a mosquito, my libido.
Yeah, Ay, Yay

Ich hielt das älteste Walkman-Gerät auf diesem Planeten in meinen Händen und drehte und wendete es, als würde ich einen Pfannkuchen vor dem Anbrennen retten wollen. Kurt Cobain von Nirvana plärrte mir unaufhörlich *Smells Like Teen Spirit* in die Ohren, weil ich den Repeat-Schalter gedrückt hatte. Das war aber auch das einzige technische Feature, das dieses Ding Ende der Siebziger-, Anfang der Achtziger-Jahre besaß. Wie immer saß ich in der hintersten Reihe des

Schulbusses und wurde nach Hause gefahren. Die Rolle des Außenseiters war mir ebenso auf den Leib geschneidert wie die grobe, braune Cordhose, die ich anhatte. Selbst Anfang der Siebziger war dieses Kleidungsstück wohl schon nicht mehr in, aber das störte mich nicht. Mir war schon zu diesem Zeitpunkt vieles egal, was für andere das Wichtigste auf Erden war, und dazu gehörten halt auch Klamotten.

Wenn ich mir heute Fotos von damals anschaue, dann fällt es mir manchmal richtig schwer zu glauben, dass der Junge auf den Bildern wirklich Markus Grimm ist. Der Markus Grimm, der heute oft zu Hause am Fenster sitzt, in die schwarze Nacht starrt und seinen Kopf auf seine Hände stützt, weil er Angst hat, dass die rasenden Gedanken irgendwann die Schwerkraft außer Kraft setzen könnten und sich der Kopf wie die Rotorblätter eines startenden Hubschraubers in atemberaubender Geschwindigkeit um 360 Grad drehen lassen würde.

»Wie damals zu Schulzeiten kritzle ich noch heute gerne meine Gedanken, Gedichte und Songs auf Papier.«

Abheben war nie mein Ding, nicht einmal nach meinem Sieg bei *Popstars* und in dem wohl ereignisreichsten Jahr, das darauf folgte. Wie damals zu Schulzeiten kritzle ich noch heute gerne meine Gedanken, Gedichte und Songs auf Papier.

Wenn ich heute zurückblicke und darüber nachdenke, was ich war und was ich jetzt bin, dann kann ich nur sagen, dass ich immer noch ein Suchender bin. Irgendwie hatte ich schon immer das starke Gefühl, hier nicht hinzugehören und dass das alles nicht meine Welt ist, nicht mein Planet.

★ **Martin Kesici**

Game over! Mein Computer beziehungsweise das Spiel, das ich da gerade gespielt habe, gibt mir deutlich zu verstehen, was die Stunde

KEINEN ARSCH IN DER HOSE

geschlagen hat. Mein Blick löst sich langsam vom Bildschirm und wandert in Richtung Uhr, die links oberhalb meines Schreibtisches hängt. Scheiße! Halb drei Uhr nachts! Ich sitze in meinem Arbeitszimmer.

Vor gut vier Jahren bin ich hier eingezogen. Eine Art Reihenhaus in einem grünen Teil von Berlin. Irgendwie muss ich gerade über mich selbst lachen. Eigentlich ist das hier alles ziemlich bieder. Wenn das die Leute da draußen wüssten. Der Rocker Kesici, der harte Macker uff der Harley, sitzt in seinem spießigen Reihenhäuschen und hat gerade die halbe Nacht lang an seinem Computer gezockt. Das mach ich übrigens schon seit sieben Jahren. Sollte ich mal Kinder haben, dann dürfte das wohl nicht ganz so pädagogisch sinnvoll sein, wenn die ihren Alten immer irgendwelche Killerspielchen am Computer spielen sehen. Aber was soll's! Ich zock halt gern, und das kann mir auch niemand verbieten. Genau wie den Rock 'n' Roll. Ich liebe es eben, und was man liebt, sollte man nicht aufgeben, oder?

Den kleinen Schock bezüglich der Uhrzeit habe ich gerade überwunden, da wandert mein Blick weiter zu einem Bilderrahmen mit einer Goldenen Schallplatte. »Martin Kesici«, steht da in Gold eingraviert, »für *Angel of Berlin*.« Wieder muss ich leise lachen. Was ist eigentlich passiert seitdem? Mehr als fünf Jahre ist das nun her. Aber eigentlich ist nichts geschehen, und als ich das denke, muss ich schon wieder lachen.

Ich fahre keinen Ferrari, sitze nicht in einem Megahaus und hab auch sonst keine Reichtümer. Ich hab keine Firma gegründet oder so, nein. Was ich denn eigentlich gemacht hab? Ich hab 'ne Castingshow gewonnen, sechs Singles gemacht und zwei Tourneen durch ganz Deutschland mit über hundert Konzerten. Das ist für einen Casting-Gewinner schon nicht wenig. Trotzdem bin ich nicht reich geworden, was aber wohl nicht an mir liegt. Ich muss heute mit meinem Geld, das ich monatlich zur Verfügung habe, gut haushalten, sonst reicht es hinten und vorne nicht. Keine Angst, ich jammre jetzt nicht, es gibt in Deutschland sicher viele Leute, denen es deutlich schlechter geht und die nicht im spießigen Reihenhäuschen im grünen Berlin zur Miete wohnen können.

Wenn ich an meine Kindheit zurückdenke, dann ist auch da vieles nicht ganz so selbstverständlich. Am 29. April 1973 hat mich meine Mutter in einem Westberliner Krankenhaus zur Welt gebracht. Mein alter Herr muss verdammt stolz gewesen sein. Er war 1960 als türkischer Gastarbeiter nach Deutschland gekommen und hat dann meine Mutter Renate kennengelernt, die damals noch ganz spießbürgerlich Müller hieß. Dass ich ein halber Türke bin, war für mich übrigens nie ein Problem. Im Gegenteil, ich war sogar richtig stolz drauf.

Mit meinen Eltern und meinem Bruder Axel, genannt Akki, bin ich damals im noch geteilten Berlin, im französischen Sektor, aufgewachsen. Noch vor dem Mauerfall! Eigentlich war alles ziemlich cool. In der Schule war ich eher so Durchschnitt, hab halt immer schon ziemlich viel rumgehangen. Bei den Reinickendorfer Füchsen hab ich zusammen mit Sascha Häßler Fußball gespielt. Ja genau, *der* Häßler! Na ja, »nur« der Bruder von Thomas Häßler, aber immerhin wurde der 1990 mit der Deutschen Fußballnationalmannschaft Weltmeister. Mit Sascha drückte ich übrigens sechs Jahre lang die Schulbank in der Grundschule.

★ **Markus Grimm**

Englisch war mein Lieblingsfach in der Schule und entwickelte sich zu meinem Lieblingswerkzeug, wenn es darum ging, etwas zu sagen, das nicht jeder Otto-Normal-Depp mit Hauptschulenglisch verstehen sollte. Das Schreiben und die Musik waren eine Art Flucht und Fassade zugleich, die ich mir selbst aufgebaut habe, um dahinter zu verschwinden.

KEINEN ARSCH IN DER HOSE

Ich darf das übrigens sagen, ohne dass sich Hauptschüler beleidigt fühlen müssen, denn ich war selbst nur auf der Hauptschule. Aber ich habe die Sprache damals in mich aufgesogen, ich war fasziniert davon. So fasziniert, dass ich sehr schnell angefangen habe, Texte und Songs selbst zu schreiben. Als ich 16 Jahre alt war, hat mir das sehr geholfen, denn die Bands im Umkreis nahmen den sonderbaren Typen mit dem Talent für Songtexte und Gesang gerne auf.

Heute bin ich 30 und habe schon mehr als sieben Bands verschlissen. Was den Bandalltag angeht, habe ich schon alles erlebt – vom Kennenlernen und Proben bis zu Konzerten und Aufnahmen im Studio samt Trennungszoff.

Wenn ich morgens aus meiner Wohnung zur Arbeit gehe, laufe ich an meiner Vitrine im Hausflur vorbei. Dann schaue ich mir das Sammelsurium aus Bildern, CDs, Autogrammkarten, Goldenen CDs und Fangeschenken an und denke: »Mann Alter, du hast schon ganz schön viel gemacht«, und im gleichen Atemzug denke ich dann: »Aber es ist nicht wirklich was Richtiges dabei.«

Es ist nicht das dabei, was ich wirklich will, und da sind wir wieder beim Punkt. Ich bin immer noch auf der Suche! So wie der Surfer nach der perfekten Welle sucht, suche ich nach dem perfekten Song oder nach dem perfekten Weg, das auszudrücken, was ich wirklich fühle und suche. Eigentlich heißt es ja, dass der Surfer, wenn er die perfekte Welle gefunden hat, darin sterben wird. Das klingt natürlich sehr dramatisch und depressiv, aber das passt zu mir. Ich war schon immer nachdenklich und sehr verschlossen. Natürlich nicht der Amokläufer-Typ, aber ich konnte mit dem Kitsch und Quatsch, den sich Menschen heute täglich per Fernsehen und Internet reinziehen, noch nie etwas anfangen.

Da jeder nur eine bestimmte Zeit auf diesem Planeten verbringen kann, sucht man doch automatisch nach etwas, das man hinterlassen kann, wenn es dann zu Ende ist. Ein perfektes Überbleibsel von einem selbst. Man kann nur hoffen, lange genug Zeit zu haben, dieses perfekte Etwas zu finden. Zurzeit liege ich jeden Abend mit einem Ruhepuls von 140 im Bett, und das muss sich schnell ändern.

★ Martin Kesici

Meine erste wichtige Bekanntschaft mit Frauen machte ich mit 14. Es war meine Musiklehrerin, und die war für mich so wichtig, weil sie meinen Eltern an einem der berühmt-berüchtigten Elternsprechtage sagte, dass ich wohl ein gewisses musikalisches Grundtalent besäße. Sie war diejenige, die mich im Musikunterricht immer ans Schlagzeug setzte.

»Ihr Sohn, der Maddin, der muss unbedingt ein Instrument lernen, der hat wirklich Rhythmus im Blut.«

Also haben meine Eltern mich gefragt, und ich meinte: »Na gut, wenn es denn sein muss, dann lern ich halt irgendwas.«

Schließlich hab ich mich für Bassgitarre entschieden, weil die nur vier Saiten hat und ich damals dachte, dass man da weniger lernen muss. Das war natürlich totaler Humbug. Meine Musiklehrerin überredete mich aber dann doch noch zur Gitarre. »Die Gitarre hat zwar zwei Saiten mehr, Maddin, aber wenn du Gitarre spielen kannst, dann lernst du das Bassspielen automatisch«, meinte sie. Heute weiß ich, dass auch das der totale Humbug war, aber als 14-Jähriger glaubt man das eben. Meine Eltern kauften mir dann für 300 Mark eine Gitarre und einen Verstärker. 1987 war das viel Geld, aber ich muss sagen, Mama, Papa, es hat sich gelohnt. Vielen Dank dafür!

Die Gitarre hat meinen damals besten Freund abgelöst, den Commodore 64, den könnte man heute in einem Museum ausstellen.

Tja, Computer waren schon damals meine Leidenschaft, aber wie gesagt, die Gitarre übertraf das Ganze noch. Ich schloss mich

KEINEN ARSCH IN DER HOSE

in mein Zimmer ein und übte, bis ich Blasen an den Fingern hatte. Metallica und Slayer rauf und runter, und sobald ich einen Song auswendig konnte, rockte ich mein Zimmer nieder. Natürlich ließ ich auch meine Haare wachsen, sie wurden länger und länger, und fertig war der Metaller-Maddin.

Übrigens ist mein Bruder Akki schuld daran, dass ich zur Heavy-Metal-Mucke gekommen bin. Der gab mir nämlich damals eine Kassette mit Kiss, AC/DC, Saxon und Judas Priest.

DAS ERSTE MAL AUF DIE FRESSE

★ **Markus Grimm**

Die erste Erinnerung, die ich rückblickend habe, ist komischerweise, dass ich in einem Kostüm stecke und die Hexe Wackelzahn spiele. Alle Erinnerungen an meine früheste Kindheit haben etwas mit Zähnen zu tun – die als Hexe ist die einzig positive.

Eigentlich wäre mein Leben schon vor der ersten Erinnerung vorbei gewesen. Denn als ich drei Jahre alt war, hatte ich einen Unfall, bei dem ich mir beinahe das Genick gebrochen hätte. Ein dickes Mädchen saß auf einer Holzschaukel und ich wackelte auf sie zu, um mich vor der Schaukel in den Sandkasten zu setzen. Das Mädchen schaukelte extrem hoch und ich wollte vorbeihuschen, als sie mit ihrem Hintern nach hinten schwang. Ich war zu langsam und bekam das schwingende Holz genau in die Kauleiste – das Stück Holz plus 40 Kilo Mädchen. Laut Aussage meines Vaters muss ich so etwa drei Meter durch den Sand geflogen sein und blieb regungslos liegen.

Anstatt meines Genicks brach ich mir »nur« die Hälfte meiner Milchzähne heraus. Damit begann mein Kindheitstrauma – denn die Entwicklung meiner Zähne stagnierte einige Jahre und die vorderen vier Zähne blieben im Zahnfleisch. Ich weiß nicht, was schlimmer war: diese riesige Zahnlücke zu haben oder später die schiefen Zähne, die diese Lücke nach einigen Operationen füllten.

Warum ich das erzähle? Na ja, diese Zähne haben mir die erste Hauptrolle meines Lebens eingebracht – eben die der gefeierten Hexe Wackelzahn in einem Märchenstück an der Grundschule, und das hat wiederum mein Fieber für die Bühne geweckt. In all den Jahren nach dem Unfall bis zu einer finalen Operation, die mir mit 18 Jahren ein neues Lächeln bescherte, war ich die Hexe Wackelzahn, der Schimmelzahn oder irgend so etwas – das, was anderen dummen Kindern eben eingefallen ist. Aber egal, was sie sagten, seit dieser Zeit stand eine Sache für mich fest: Ich muss auf die Bühne!

Danach folgten weitere Theaterrollen. Später irgendwann hat mir ein schwuler Chorleiter mit viel Einsatz im Einzelunterricht das Singen beigebracht, während ein Freund mir mit ebenso viel Einsatz im heimlichen Einzelunterricht das Blockflötespielen näherbrachte.

Dass die Geschichte mit der Schaukel nicht das einzige Mal bleiben würde, dass ich eins auf die Fresse bekommen sollte, weiß ich erst heute – manchmal wünschte ich, ich hätte vieles früher gewusst.

Beim Wechsel von der neunten in die zehnte Klasse sagte meine Deutschlehrerin zu mir: »…mit Markus wird mal ein weiterer Kfz-Mechaniker die Schule verlassen.« Das hat mich wie ein Blitz getroffen. Nicht dass ich diesen Beruf nicht schätzen würde. Ohne diese Menschen würde meine Karre schon lange nicht mehr fahren. Nein! Aber ich wollte das einfach nicht! Ich war kein Kfz-Mechaniker, ich wollte nicht von neun Uhr früh bis fünf Uhr abends arbeiten, abends das Feierabendbierchen zischen, danach einmal über die Alte drüberrutschen, um morgens wieder aufzustehen. Das war kein akzeptables Ziel. Ich war auf der Suche nach mir selbst, nach dem perfekten seelischen Zustand und dem perfekten Job.

Nachdem meine Deutschlehrerin mir das an den Kopf geknallt hatte, nahm ich mir im Bus nach Hause ganz fest vor, am nächsten Morgen nicht mehr in die Schule zu gehen, sondern abzuhauen. Ich wollte weg, meinem bisherigen Leben ein Ende bereiten und sehen, was die Welt so bereithält für mich. Das war wie gesagt, als ich 16 war.

Tags darauf bin ich dann doch wieder in die Schule gegangen und es traf mich wie ein Schlag, als ich sah, dass ein Klassenkamerad meinen Plan in die Tat umgesetzt hatte. Ich erinnere mich noch heute genau an sein Gesicht. Er war einfach weg. Keiner wusste, wohin er gegangen war. Sein Platz blieb leer. Auch am nächsten Tag, eine Woche und Monate später ein unverändertes Bild. Selbst nach den Ferien blieb sein Platz leer. Er hatte mir damals den Song *Runaway Train* von Soul Asylum auf Kassette geschenkt. Ab dem Moment, an dem er nicht mehr in die Schule kam, war das für mich eine Art Hymne auf den Mut, den der Junge offensichtlich besaß. Mut, von dem ich heute nur träumen kann, weil ich ihn einfach nicht habe.

Was mit ihm passiert ist, weiß ich bis heute nicht. Er hat das getan, was ich immer machen wollte, wofür mir aber alles fehlt.

★ Martin Kesici

Irgendwann macht es keinen Spaß mehr, nur in seinem Kinderzimmer zu rocken. Mein großer Traum war eine eigene Band. Dafür musste aber erst mal eine neue Gitarre her. Über meinen Vater, der von Beruf Dreher war, habe ich einen Ferienjob in einer stinkigen Metallfabrik in Berlin bekommen. Mein Ziel war die Gitarre. Ihr versteht das vielleicht nicht ganz, nicht irgendeine Gitarre, sondern DIE Gitarre, genau die, die in einem Laden in der Stadt im Schaufenster hing. Das Ding hatte allerdings einen Haken. 1800 Mark genauer gesagt. Das war echt wie im Film. Ich stand einmal die Woche vor diesem Schaufenster und guckte mir das Teil an.

DAS ERSTE MAL AUF DIE FRESSE

Die ganzen Sommerferien über war ich Laufbursche für die Arbeiter in der Metallfabrik und fegte den Laden jeden Abend aus. Alles nur, um nach sechs Wochen in dieses Musikgeschäft gehen zu können, das ganze Geld auf den Tisch zu knallen und zu sagen: »DIE WILL ICH HABEN!«

Ich war unglaublich stolz, als ich das Ding schließlich nach Hause brachte. Stolz wie Bolle kann ich nur sagen. Zusätzlich besorgte ich mir noch Lehrbücher und schloss mich zu Hause wieder mal selbst ein.

Mein Kumpel Schulle, der damals schon in einer Band spielte, verschaffte mir dann die ersten Kontakte. Wir trafen uns im Jugendclub und spielten uns die Finger wund.

Das war einerseits eine wirklich geile Zeit, wenn da nicht auch noch die negativen Begleiterscheinungen wie Alkohol und Zigaretten gewesen wären. Mit 15 Jahren habe ich angefangen zu rauchen und, ehrlich gesagt, auch zu saufen. Gut, saufen kann man es vielleicht nicht wirklich nennen, aber die Partys während der Bandproben im Jugendclub waren schon nicht so ganz ohne. In der Schule wurde ich immer schlechter, musste dann von der Real- auf die Hauptschule wechseln und schaffte mit Ach und Krach meinen erweiterten Hauptschulabschluss. Ich war einfach stinkfaul, das muss ich schon zugeben.

»Mit 15 Jahren habe ich angefangen zu rauchen und, ehrlich gesagt, auch zu saufen.«

★ Markus Grimm

Nach meiner Ausbildung zum Einzelhandelskaufmann, für die meine Eltern jede Menge Überzeugungsarbeit leisten mussten, nahm ich mir endlich ein Herz und brach auf. Ich ging als Au-pair nach Wien. Doch vorher war ich noch auf einer Schauspielschule, die mich, nachdem ich lange nach einem Platz hatte suchen müssen, angenommen hatte. Meine Eltern unterstützten mich hierbei gar nicht, und nach kurzer Zeit flog ich wegen des fehlenden Geldes dann von der Schule.

Wien war für mich nicht unbedingt das, was man »den Planeten verlassen« nennen könnte, aber es war immerhin weit weg von zu Hause. Ich hatte meinen Mikrokosmos verlassen. Da stand ich also mit Sack und Pack als kleiner Spacken im Strom der Touris vor dem Stephansdom.

Schließlich fand ich eine Familie, bei der ich den Haushalt schmeißen konnte. Noch heute habe ich Kontakt zu diesen wunderbaren Menschen, bei denen ich die bis dahin aufregendste Zeit meines Lebens verbrachte. Nach meinem Job trieb ich mich abends in den Clubs und der Schwulenszene von Wien herum. Ich schloss mich den Boheme-Studenten der Max-Reinhardt-Schule an und zog mit denen herum, die das studierten, was ich immer gern studiert hätte: Schauspiel und Regie.

In dieser Pseudo-Künstlerszene erlebte ich ein krasses Jahr. Abend für Abend ging es nur darum, in irgendwelchen Schwulenclubs Drogen zu nehmen, sich zu besaufen und dann auf der Tanzfläche anzufangen, sich gegenseitig auszuziehen, um irgendwann in einem dunklen Loch in der Wand zu verschwinden und morgens aufeinandergestapelt wieder aufzuwachen. Was soll ich sagen – das war es auf Dauer gesehen auch nicht. Bei aller Liebe zu Freddie Mercury und den Partys, wie er sie geschmissen haben soll und die denen in Wien wohl ganz ähnlich gewesen sein sollen – ich war doch nur Teil der Geschichte und irgendwie bloß das Spielzeug meiner schwulen Kumpels.

»Ey, wo ist denn der geile Deutsche? Weiß jemand, wo der steckt? Hahahaha...«

DAS ERSTE MAL AUF DIE FRESSE

Nach diesem Hardcore-Jahr bin ich zurück nach Deutschland gegangen, um Theaterpädagogik zu studieren. Danach habe ich bei dem Verlag als Musik- und Medienredakteur angefangen, bei dem ich heute wieder bin.

Irgendwo zwischendrin wurde ich Popstar.

★ Martin Kesici

Nach der Schule machte ich eine Ausbildung zum Anlagenmechaniker, was nichts anderes ist, als im Tiefbau Rohre zusammenzuschrauben. Die Lehre hab ich dreieinhalb Jahre durchgezogen und hab, bis ich 19 war, bei meinen Eltern gewohnt.

Als ich 20 Jahre alt war, meinte ein Kumpel aus dem Jugendclub, dass ich doch eine ganz passable Stimme hätte und unbedingt mal Gesangsstunden nehmen sollte. Ich weiß nicht, warum der das damals gesagt hat, und, ehrlich gesagt, weiß ich auch nicht, warum ich nach der ersten Gesangsstunde weitergemacht habe. Das kann vielleicht nur jemand nachvollziehen, der schon mal Gesangsstunden hatte. Am Anfang ist das echt saumäßig peinlich. Da »singt« man jauchzende und ächzende Laute und kommt sich tierisch blöd dabei vor. So nach dem Motto: »Was soll das eigentlich? Was mach ich denn da für einen Scheiß?« Schon allein deswegen war es so komisch, weil ich ja sonst immer den harten Metaller gegeben und volle Röhre ins Mikro geschmettert hatte.

Aber egal. Ich hab es genau wie meine Lehre damals durchgezogen und meine Eltern haben mich weiter unterstützt. 50 Mark hat so eine Gesangsstunde gekostet, da kommt man mit einem Lehrlingsgehalt von damals 600 Mark nicht wirklich weit. Ich würde aber sagen, dass die Zuschüsse meiner Eltern eine gute Investition in die Zukunft waren.

Nach ein paar Stunden und vielen Uaaaahs und Laaaaaalaaaaaaas merkte ich, dass meine Stimme lauter, voller und breiter wurde. Mein Lehrer Martin Konstantin brachte mir zig Techniken bei. Dank diesem duften Typen klangen sogar meine UARGHHs beim Heavy Metal richtig geil!

Teddy, Matz und Kalle, so hießen dann meine neuen Bandkollegen. Die Combo nannte sich Enrichment und der Maddin hatte bald Premiere als Sänger in seiner ersten eigenen Band. Ein geiles Gefühl übrigens! So geil, dass ich mir gleich beim ersten Auftritt was wirklich Peinliches geleistet habe.

TRÄUME KANN MAN NICHT ESSEN

★ **Markus Grimm**

In meiner Vitrine im Hausflur stehen an die 200 gebrannte CDs mit Projekten, Songs und Texten, die ich selbst und zusammen mit Bands angefangen habe. Wenn man auf meiner Festplatte meinen Namen eingibt und das Suchwort »Songs«, dann tauchen an die 500 Werke auf. 500 Zeugen meiner Suche. Das Perfekte ist aber noch nicht dabei, doch es bleibt ja wohl auch noch ein wenig Zeit, um das Perfekte zu finden, oder?

Solange mich Musik noch berühren kann, bin ich auf dem richtigen Weg. Während meiner Zeit bei Nu Pagadi hatte ich Angst, diese Fähigkeit zu verlieren. Seitdem ich diesen Plastikscheiß hinter mir gelassen habe und mich von den Leuten, die zu Playback ihren Mund bewegen, um Dinge wiederzugeben, die sie niemals selbst im Studio eingesungen haben, distanziert habe, geht es mir Schritt für Schritt besser. Ich habe mich nie mit schwitzenden Hüpfdohlen, die Menschenstapel performen und vorne eine Bumm-Bumm-Sängerin stehen haben, identifizieren können. Als wir mit Nu Pagadi auf denselben Bühnen stehen mussten wie diese Bands, habe ich mich immer gefragt, warum ich eigentlich hier bin und was ich da mache. Das Ganze hatte mit Musik nichts zu tun. Ich war noch nie so weit weg von meinem Traum wie während der Zeit mit

Nu Pagadi. Wir waren ein Produkt und noch dazu eines, das sich scheiße verkaufte. Das ist, als würde man fünf Wochen alten Fisch als frisch anbieten.

Ich erinnere mich noch an Tom Bohne, den Martin Kesici ja auch gut kennt. Er war damals bei Universal und meinte doch glatt nach dem Finale, ob es sich überhaupt noch lohne, eine CD mit uns zu machen.

Dass eines von Anfang an klar ist: Für tot erklären lasse ich mich noch lange nicht. Ich bin ein Stehaufmännchen, und auch wenn ich früher breite, braune Cordhosen getragen habe und immer in der letzten Reihe saß, muss ich mir von einem Wirtschaftsboss, der mit Millionen von Euro und Dollar umgehen muss, so etwas nicht anhören.

Ich denke aber auch, dass sich dieser Mann dafür nicht schämen muss. Ich suche schließlich auch immer noch. Eines unterscheidet uns aber doch wohl sehr, ICH für meinen Teil werde so lange suchen, bis ich es gefunden habe. Ich weiß, dass ich dann verstanden haben werde, warum das alles passieren musste, und spätestens dann werde ich etwas gefunden haben, das bleibt, auch wenn ich nicht mehr auf diesem Planeten bin.

★ Martin Kesici

Mein erstes Mal – auf der Bühne als Sänger meine ich natürlich – war cool, abgesehen davon, dass ich mich fast nicht mehr daran erinnern kann.

Ich sollte mit Enrichment bei einem Rock-Wettbewerb im tiefsten Wedding mitmachen. Es war ein ziemlich geiler Sommertag, den ich allerdings auf einer Baustelle verbrachte. Damals war ich Baggerfahrer bei einer Tiefbaufirma und musste ausgerechnet an diesem Tag auch noch Überstunden schieben. Eigentlich habe ich

TRÄUME KANN MAN NICHT ESSEN

es geliebt, in diesem Ding zu sitzen und Herrscher über den Untergrund zu sein, sprich über Dreck und Matsch, aber heute, ausgerechnet heute, da ich meinen ersten großen Auftritt hatte, musste mein Chef sich einbilden, dass er das Loch, das ich gegraben hatte, heute auch wieder zugemacht haben wollte. Klasse! Ich habe wohl noch nie in meinem Leben so konzentriert und mit Hochdruck an was gebaggert wie an diesem Loch irgendwo in dieser Stadt.

Die Uhr tickte und meine Jungs warteten schon am Bühnenrand, als ich endlich total verdreckt und im Blaumann ankam. Natürlich stieg ich auch in diesem Blaumann auf die Bühne, war ja eh schon egal. Ab diesem Moment weiß ich eigentlich nicht mehr viel. Wir haben unsere Songs gemacht, ich stand vorn und sang mir einen ab und irgendwie muss mir wohl dabei auch einer abgegangen sein. Also jetzt nicht so wirklich, aber später sagte man mir, ich hätte mir bei den hohen Tönen immer und immer wieder in den Schritt gefasst. Na gut, ich hab mir also an den Sack gegriffen, ganz einfach. Weiß der Teufel, warum.

Zum Schluss haben wir diesen Wettbewerb auf jeden Fall doch tatsächlich gewonnen.

Das muss man sich einmal vorstellen: ich kurz vorher noch auf dem Bagger, Auftritt beinahe verpasst wegen Überstunden, im Blaumann auf die Bühne gegangen, an den Sack beziehungsweise in den Schritt gepackt und den Wettbewerb gewonnen. Geil, oder? Böse Zungen behaupten, dass einer in der Jury schwul war und mich deswegen so toll fand, weil ich ihm zwischendurch einen feuchten Gedanken beschert habe, aber wie gesagt, das sind nur böse Zungen.

Jedenfalls setzt meine Erinnerung wieder ein, als ich die Bühne verlassen hatte und mir alle immer wieder auf die Schulter klopften. »Geile Stimme, Alter.« – »Hast du gut gemacht.« – »Genial gesungen«, und so weiter.

»Da war doch noch mehr drin«, dachte ich, und schon hatten mich die Jungs beim Reinickendorfer Rockwettbewerb angemeldet. Den konnten wir zwar nicht gewinnen, wurden aber immerhin respektabler Zweiter. Danach folgten zahllose Auftritte in ganz Berlin.

Langsam fing ich an, mich auch für andere Musikarten zu interessieren. Mein liebes Bruderherz Akki tut mir heute noch leid, aber Oper, Swing und softeren Rock fand ich plötzlich gar nicht mehr so uncool.

Ich wollte in Bezug auf meine Stimme flexibel bleiben. Was meine sexuellen Neigungen anging, war und bin ich bis heute aber *nicht* flexibel! Deswegen habe ich mir die Griffe in den Schritt übrigens auch ganz schnell wieder abgewöhnt. Was soll das auch! Nur weil ich neben der Rockmusik mal ein bisschen experimentieren wollte, musste ich ja nicht gleich alles über den Haufen werfen. Auch heute bin ich dem Rock natürlich treu geblieben. Das ist für mich immer noch die energiereichste Musik, die am meisten Power und Volumen ausstrahlt.

Da mir die Bühne tausendmal lieber war als der Bagger an einem Berliner Baggerloch, kündigte ich bald und hielt mich von da an mit Jobs über Wasser. An einen Job kann ich mich bis heute noch sehr gut erinnern: eine ölige Fabrik in einem Randbezirk von Berlin. Da stand ich zum ersten Mal in meinem Leben an einem Fließband. Wer das schon mal gemacht hat, der weiß, warum ich das nicht lange ausgehalten habe. Jeden Tag denselben Handgriff. Tausendmal bis zum Feierabend, und das im Dreischichtdienst. Ich habe Hochachtung vor den Menschen, die das über Jahre hinweg durchziehen, aber irgendwann wird man doch bescheuert, oder? Okay, die Kohle ist gut, aber Roboterspielen war nichts für mich.

Mit 20 sagte ich Mama und Papa Tschüss und zog aus. Meine erste eigene Einzimmerwohnung finanzierte ich mit Jobs auf dem Bau.

TRÄUME KANN MAN NICHT ESSEN

Ich habe wirklich alles gemacht, Hauptsache, es kam genügend Geld rüber. Als damals dann aber die Grenzen geöffnet wurden und die Mauer fiel, kamen immer mehr Fremdarbeiter zu uns, und das wirkte sich natürlich auch auf den Geldbeutel aus. 1200 Mark für zwölf Stunden harte Arbeit pro Tag, das ging nicht lange gut. Dann habe ich eine Zeit lang mal Werbeschilder und Leuchtreklamen an die Berliner Wände montiert, aber auch das war auf Dauer bescheuert.

Wenn es jemanden gibt, dem ich ganz besonders dankbar sein muss, dann ist das mein Freund Ette, der mir immer coole Jobs verschafft hat und mit dem ich zwei Jahre als Lkw-Fahrer on the Road zusammengearbeitet habe.

★ Markus Grimm

Was ist das Gegenteil von cool? Richtig! Uncool. Komplett uncool ist es, wenn man niemanden hat, der einem Jobs verschafft. Wenn einem keiner hilft, eine Krise zu überstehen. Es kann allerdings auch immer noch einen Tick härter kommen. Nämlich dann, wenn man sich selbst im Weg steht.

Es gibt ein Wort, das sich durch mein Leben zieht wie ein roter Faden: Existenzangst. Dieses Wort verursacht ein ganz ungutes Gefühl in meinem Magen.

»Das bringt doch nichts, wie willst du dich denn später mal selbst ernähren? Alles, was du bisher angepackt hast, ist brotlose Kunst. Lern was Richtiges, damit du dich später auf eigene Beine stellen kannst, mein Junge!«

Das sind genau die Worte, die ich so sehr gehasst habe, wenn sie mein Vater oder meine Mutter mal wieder gebraucht haben.

Bevor ich nach Wien ging und später dann bei dem Verlag anfing, habe ich ja Einzelhandelskaufmann gelernt. Aber ehrlich gesagt hat mich das nicht gerade zum glücklichsten Menschen auf diesem Planeten gemacht. Wo war die Bühne, wo war das Leben, auf das ich mich so sehr gefreut hatte?

Was habe ich aber getan? Das, was ich mir von Kindesbeinen an selbst erfolgreich beigebracht hatte. Ich bin weggelaufen. Bei meinem Au-pair-Zwischenstopp in Wien verdiente ich ein paar Schillinge und hing meinen Träumen von der Bühne nach.

Eines ist mir heute aber klar geworden: Träume kann man nicht essen.

Gut, ich war nie so naiv, dass ich dachte, ich würde mal ein großer Schauspieler werden und so viel Geld verdienen, um mich nur noch mit karitativen Dingen beschäftigen zu können. Dinge, die mir übrigens immer noch sehr wichtig sind. Nein, nicht der Schönheitsköniginnen-Weltfrieden oder so. Aber mir bricht es das Herz, wenn ich Menschen in unserer arroganten Gesellschaft in Deutschland sehe, die sich in Mülltonnen ihr Essen suchen. Das spiegelt auch meine ureigene Angst wider, selbst einmal auf der Straße zu landen.

»Stefan Raab höchstpersönlich versetzte mir übrigens unmittelbar nach der Finalshow von *Popstars* so einen Schlag in die Magengrube.«

Stefan Raab höchstpersönlich versetzte mir übrigens unmittelbar nach der Finalshow von *Popstars* so einen Schlag in die Magengrube. Wir standen gerade als *Popstars*-Gewinner – Nu Pagadi – fest und wurden danach sofort ins Studio zu Stefan Raabs *tv total* gefahren. Ein Augenblick, den ich nie vergessen werde, denn wir wollten doch eigentlich feiern, wenigstens für ein paar Minuten die Gelegenheit haben, uns gegenseitig zu gratulieren. Aber nein,

TRÄUME KANN MAN NICHT ESSEN

nichts dergleichen. Auf der Fahrt vom *Popstars*-Studio in Köln zu Stefan Raabs Studio begleitete uns ein Kamerateam im Auto. Jede Sekunde wurde festgehalten. Zeit zu realisieren, was gerade passiert war, gab es nicht.

Wir standen also an dieser Holztreppe hinter den Kulissen von *tv total* und warteten auf das Zeichen hochzulaufen, um auf der anderen Seite mit viel Glamour die Showtreppe wieder runterzukommen und von Raab empfangen zu werden. Ich hatte noch den Glitter von der Finalshow am Körper kleben und stand da mit Pat, Kris und Doreen. Mein Herz schlug bis zum Hals. Dann hörten wir die Ankündigung von Raab: »Meine Damen und Herren, jetzt kommen die frischgebackenen Popstars. Merken Sie sich ihre Fellkostüme genau, denn in spätestens einem Jahr können Sie sie in denselben Kostümen irgendwo in einer Stadt in Deutschland unter der Brücke rumlungern sehen.«

Umpf – das hat im Grimm'schen Magen eingeschlagen wie eine Atombombe. Meine Existenzangst! Da war sie wieder. Kannte dieser Typ etwa die Sprüche meiner Eltern? Nein! War nicht wirklich anzunehmen, Raab musste ja sogar unsere vier Namen von einer Papptafel ablesen, obwohl wir nun wirklich bekannt waren wie bunte Hunde.

Wie krass war das denn, bitte schön? Ich war vor nicht einmal einer Dreiviertelstunde zum Popstar ausgerufen worden und schon katapultierte mich ausgerechnet Stefan Raab vor einem Millionenpublikum live in die tiefsten und dunkelsten Wälder meiner Vergangenheit zurück.

Im Nachhinein hatte der Mann auch noch recht! Nicht in dem Sinn, dass ich unter die Brücke musste, nein, aber er hat damit weiter meine Angst gefüttert. Heute weiß ich, dass man, auch wenn man sich für einen Weg entscheidet und erreicht, worauf man hinarbeitet, nur an einem Zwischenziel angelangt ist. Wirklich ankommen wird man wohl nie.

Das Leben ist eine Reise und eben kein Ziel. Meine Urangst wird wohl für immer bestehen bleiben. Aber gerade, weil Stefan Raab das gesagt hat, ist es umso schwieriger, dieses beklemmende Gefühl endgültig abzulegen. Jedes Mal, wenn ich ihn im Fernsehen sehe oder wieder mal live irgendwo auf ihn treffe, denke ich an seine Worte und verknüpfe damit das unangenehme Bild, dass ich mit meinem Fellkostümchen unter der Brücke liege.

ICH? ICKE? EIN VORBILD? NEIN, DANKE!

★ Martin Kesici

Irgendwas stimmte mit diesem beschissenen Flaschenöffner nicht. Der griff einfach nicht unter den Kronkorken der Bierflasche. Scheiße, warum geht das Bier nicht auf? Das erste perlte so geil in meine Kehle, dass das zweite heute unumgänglich war. Und wie ich da so mit meiner Bierflasche auf der Couch kämpfte, drang dieses »Wir suchen dich« und »Ruf an oder melde dich unter www.blablabla« an mein Ohr beziehungsweise in mein Hirn. Ja, ja, jetzt, au, Scheiße! Ich wollte gerade anfangen zu fluchen, weil sich der Inhalt einer halben Flasche Bier über mein T-Shirt ergoss, da kam schon wieder diese »Melde dich JETZT«-Scheiße. Verdammter Mist, das T-Shirt war frisch gewaschen. Toll, echt!

Castingshows haben mich vor *Star Search* echt einen Dreck interessiert. Wie ich jetzt vom Bier auf die Sendung komme? Ganz einfach. Die von Sat.1 hatten den Spot mittlerweile dreimal wiederholt und trotz meiner intensiven Beschäftigung mit der Flasche irgendwie auch mein Ohr erreicht. Da heißt es ja immer, wir Männer seien nicht multitaskingfähig und so… Egal, anderes Thema… Casting!

Mit diesem Wort stehe ich bis heute noch irgendwie auf Kriegsfuß. *Deutschland sucht den Superstar* hat das meines Erachtens noch viel schlimmer gemacht. *Popstars* war okay, aber als Alexander Klaws die erste Staffel *DSDS* gewonnen hat, habe ich das Wort »Casting« eigentlich aus meinem Wortschatz gestrichen. Nichts gegen dich, Alex, aber die Verbrüderung mit Dieter Bohlen hätte nicht sein müssen. Die Mischung aus Modern Talking und dem Schlagerpop kann ich bis heute nicht verstehen, und das nannten die damals wirklich MUSIK!

Schlimmer wurde das Ganze nur noch mit Daniel Küblböck. Als Musiker beziehungsweise Künstler investierst du Jahre in deine Ausbildung. Du arbeitest an dir und versuchst, dich immer und immer wieder zu verbessern, und dann? Dann kommt so ein Quakfrosch, brüllt und heult auf der Bühne rum, tanzt wie ein Affe und wird dann noch gehypt und beinahe zum Superstar gewählt. An dieser Stelle müsste ich eigentlich fragen: Liebe Leute – habt ihr noch alle Tassen im Schrank? Du selbst reißt dir den Arsch auf und dann kommt eine Heulboje, singt wie eine Sturmsirene bei Windstärke 20 und kommt nach der Show in die Top Ten. Hallo, geht's noch?

Ich war gerade mal wieder arbeitslos, lebte von 450 Euro im Monat und lag mit einem fetten Bierfleck auf dem T-Shirt auf meiner Couch, als ich die Werbung von *Star Search* zum x-ten Mal sah. Die sprachen da von keiner Altersbegrenzung, was für mich schon mal nicht schlecht war, denn immerhin hatte ich schon 29 Jahre auf dem Buckel. Sie suchten alle Arten von Musik, auch gut! Wenn die alles suchen, dann suchen die auch meinen Heavy Metal, oder? »Okay, besser als auf der Couch sitzen ist es allemal«, dachte ich und schickte so ein bekloppstes Formular im Internet los. Ich hab da übrigens kein Bild mitgeschickt und auch kein Demoband. Die sollten ja nicht gleich von Anfang an den Schock ihres Lebens bekommen.

ICH? ICKE? EIN VORBILD? NEIN, DANKE!

Nach zwei Monaten – ich hatte die Sache eigentlich längst abgehakt – lag schließlich ein Brief von der Produktionsfirma im Briefkasten. Ich solle mich doch im Hotel Schweizer Hof am Zoo in Berlin einfinden. Datum, Uhrzeit und sonst nichts.

Irgendwie hab ich mich schon gefreut. Klar, oder? Natürlich hab ich es noch meinen Kumpels erzählt. Hätte doch jeder gemacht. Meine Band war geteilter Meinung. Ich hörte Dinge wie: »Das ist Dreck«, oder: »Das ist eh nur alles Popscheiße«, oder: »Da kommst du doch eh nicht weiter.«

Bei mir siegte die Neugierde. Ich wollte mir mein eigenes Bild davon machen, welche Leute da hinkamen. Mir war zwar klar, dass ich es nur mit glatt gebügelten Typen zu tun bekommen würde, aber ich wollte es mit eigenen Augen sehen. Das typische Bild halt: Mädels in kurzen Röckchen, die Britney Spears imitieren, und kleine Jungs, die von der großen Robbie-Williams-Karriere träumen. Ein arbeitsloser Rocksänger würde da ja wohl sowieso nicht hinpassen.

Am Abend vor dem Casting hat es mich dann aber doch ganz schön mitgenommen. Man kennt das ja. Die Glotze läuft, das Bier steht vor einem und die Gedanken wandern weit weg. Genauer gesagt, musste ich an meine Eltern denken und an das erste Mal, als ich ihnen gezeigt habe, dass die Investition in die Gesangsstunden doch nicht ganz umsonst war. Vorher habe ich ja nur immer auf der Bühne gestanden und mir bei meinem ganzen Metal-Scheiß immer einen abgebrüllt. Klar, dass meine Eltern da nie dabei waren. Wäre auch nicht gut gewesen, denn die meiste Zeit hätten sie ihren Sohn ja nur besoffen und schreiend auf der Bühne erlebt.

Irgendwann habe ich dann aus Spaß von Chris Isaak *Wicked Game* auf eine CD eingesungen. Nur so, als Karaoke-Version. In einer schwachen Minute habe ich das Ding dann zu Hause bei meinen Eltern in den Player geworfen. Ob ihr es glaubt oder nicht, das war ein berührender Augenblick. Und genau daran musste ich gerade denken. Mein Vater war überrascht und meine Mutter begann zu weinen. Ich bekomme heute noch eine Gänsehaut, wenn ich daran denke. Diese Reaktion hätte ich nie im Leben erwartet. Und meine Mutter hat nicht angefangen zu weinen, weil ich so schlecht war. Damals hab ich nur gesagt: »Mensch, Mama, was denkst du denn, wofür ich sonst die Jahre über Unterricht genommen habe?«

Dieser Abend war irgendwie komisch. Würde es zu mir passen, dann würde ich jetzt »magisch« schreiben.

Wenn ich in den Spiegel schaue, sehe ich nie etwas Besonderes, also keinen besonders guten Sänger oder so. Allerdings bin ich auch nie der Typ gewesen, der andere Sänger imitiert. Ich wollte immer schon eigene Sachen machen. Auch mit meiner Band habe ich nie Songs nachgesungen. Ich glaube einfach, dass man sich mit etwas Eigenem besser entfalten kann und man von der Stimmfarbe flexibler wird als jemand, der zehn Jahre nur Dinge nachsingt. Dadurch würde ich wohl die Fähigkeit verlieren, selbst zu singen oder zu komponieren.

★ **Markus Grimm**

Bei mir ist das alles so wie die Verwandlung des hässlichen Entleins zu... na ja, nicht gerade zu einem Schwan oder einem fetten Schwan oder so was, aber immerhin eine Verwandlung. Ich habe mich in letzter Zeit immer häufiger gefragt, warum ich den Weg ins Rampenlicht überhaupt gewählt habe. Mit Musik hatte das eigentlich alles gar nichts zu tun, sondern eher mit Schauspielerei. Beim Theater habe ich angefangen, mich zu verkleiden, und damit meine ich jetzt nicht irgendwelche Frauenklamotten anzuziehen,

ICH? ICKE? EIN VORBILD? NEIN, DANKE!

um die üblichen Klischees gar nicht erst zu bedienen. Nein! Das alles war so eine Art Flucht aus der rauen Wirklichkeit.

In der Schule war ich immer der Außenseiter. Schon wegen meiner schiefen Zähne, die ich seit meinem Unfall mit der Schaukel hatte, war ich halt anders als die anderen. Deshalb war ich immer auf der Flucht vor diesen Typen, die mir Prügel androhten und es leider oft genug nicht nur bei der Drohung beließen.

Damals war *Knight Rider* im Fernsehen total angesagt und oft redete ich mit meiner Uhr: »Kitt, hol mich hier ab!« Leider kam der nie, sondern immer die Jungs, die mir dann mal wieder eine verpassten. Wenn ich heute daran denke, verstehe ich nicht, warum ich mich nicht auch mal gewehrt habe, aber nein, ich bin immer nur davongelaufen.

Eine Fluchtmöglichkeit in der Grundschule war allerdings die Theater-AG. Dort habe ich gemerkt, dass ich meine Probleme bespielen beziehungsweise mit meinen Problemen spielerisch umgehen kann. Die Rolle der Hexe Wackelzahn kam durch mein persönliches Zahnproblem ja schließlich nicht von ungefähr. Das zog sich übrigens durch mein ganzes Leben. Ich bin immer geflüchtet, nur leider gab es nicht immer das passende Märchen dazu. Wie zum Beispiel bei der Sache mit dem Lehrerausgang. Um den Prügeltypen aus der Schule zu entwischen und auch mal ohne blaue Flecken nach Hause zu kommen, hatte ich damals den Lehrerausgang für mich entdeckt. Das hat ein paarmal richtig gut funktioniert. Das Problem war nur, dass es meine bescheuerten Lehrer einfach nicht checkten. Als ich von ihnen dort erwischt wurde, haben sie nicht nach meinen Gründen gefragt, sondern mich gleich als Strafe die Hausordnung abschreiben lassen. Wie oft ich das machen musste, weiß ich nicht mehr, auf jeden Fall so oft, dass ich mich noch heute an den genauen Wortlaut einzelner beschissener Paragrafen erinnern kann.

In der Hauptschule bemerkte ich dann zu allem Übel auch noch, dass ich mit Mädchen nicht unbedingt viel anfangen konnte. Und das ausgerechnet in einem katholischen Dorf, in dem man schon von der Tradition her Messdiener wird und im Fußballverein spielt. Natürlich habe ich das auch alles hinter mich gebracht. Ich kann mich allerdings an kein bestimmtes Fußballspiel mehr erinnern. Eines ist bis heute aber hängen geblieben: das gemeinsame Duschen! War schon ganz nett. Wenn die Typen gewusst hätten, was sich da in meinem Kopf so alles abgespielt hat…

All das ließ mich natürlich immer nur weiter zum Außenseiter werden. Ich zog mich zurück und begann, es mir zu Hause schön zu machen. Mit 12 oder 13 Jahren fing ich an, Gitarre zu spielen und Musik zu machen. Gesungen habe ich natürlich schon von frühester Kindheit an. Im Knabenchor durfte ich sogar das *Ave Maria* singen. Da war meine Zahnlücke echt mal hilfreich, weil die Zunge vorne nicht anstieß.

Als ich 14 war und realisierte, dass ich schwul bin, habe ich mich eingesperrt und relativ schnell Gewicht zugelegt. Ich wurde richtig fett. 108 Kilo waren mein Höchstgewicht, und wie man sich dabei fühlt, muss ich wohl nicht ausführlich beschreiben. Beschissen!
Mein Ventil war und ist das Schreiben von Gedichten. Wobei mich da nicht mein prominenter Nachname dazu getrieben hat, sondern einfach die Tatsache, dass ich dabei ein gutes Gefühl habe. Im Übrigen habe ich meine berühmte Verwandtschaft, die Gebrüder Grimm, noch niemals in meinem Leben in irgendeiner Art und Weise benutzt. Ich bin ich, und wer in meiner Verwandtschaft mal vor langer Zeit Talent zum Gedichte- und Märchenschreiben hatte, ist eine andere Sache. Ich weiß aber, dass irgendetwas davon in mir steckt. Was mich da sicher macht? Ganz einfach! Die zahllosen beschriebenen Seiten in meinen Ordnern zu Hause.

ICH? ICKE? EIN VORBILD? NEIN, DANKE!

Im Nachhinein muss ich feststellen, dass alles, was ich gemacht habe, immer eine Art Flucht vor mir selbst war. Im Endeffekt hat dieser Weg aber auch direkt zu mir selbst geführt, weil ich mich dadurch mit Dingen auseinandersetzen konnte, über die ich sonst mit niemandem hätte reden können.

Die Musik hat mich aber schon immer irgendwie geprägt. Als ich im Jugendheim einen Gesangsauftritt hatte und mich danach ausgerechnet *die* Typen, die mich früher verprügelt hatten, fragten, ob ich in ihrer Band spielen wollte, war das mit 16 schon ein ganz besonderes Erlebnis. Ich fing also an, nicht nur Gedichte, sondern auch Songtexte zu schreiben.

Ein Song drehte sich darum, dass jemandem seine Träume gestohlen werden und derjenige ein einsames Dasein fristen muss, ohne Farben und ohne Fantasie. Er lebt so belanglos vor sich hin, dass er in die Nacht ruft: »Wo sind meine Träume, wo sind sie hin? Gib sie mir zurück!« Der Song heißt *Stolen Dreams* und ist bis heute einer meiner Lieblingstracks. Nach allem, was passiert ist, würde ich ihn gerne neu aufnehmen. 2007 hatte er sein zehnjähriges Jubiläum. Irgendwie ein schönes Gefühl, wenn die Musik einen so lange begleitet und einzelne Stücke treuer sind als Freunde.

Stolen Dreams

Text: Markus Grimm, 1997

Strophe
For a long time ago my head was full (filled) with coloured dreams.
Every time that I closed my eyes there was so much for me to see.
But these times went by there is nothing left for me,
No beauty pictured dream all inside of me.

Refrain
Tell me:
Where are my dreams, where did they go,
Where are the colours that I yesterday just saw?
Why have I lost my fantasy, why is there nothing left for me?

Strophe
Everything in me is dark, what future can I catch?
Nothing to throw, nothing to take, my life seems like a stretch.
I don't know where to go and I don't want to know.
All I want to know is where my stolen dreams are gone.

Refrain
Tell me:
Where are my dreams, where did they go,
Where are the colours that I yesterday just saw?
Why have I lost my fantasy, why is there nothing left for me?

Strophe
Now I'm on the way to find my stolen dreams,
To search for what I lost I hope I found the real
Now I'm on the way to find my stolen dreams,
To search for what I lost I hope I found the real.

Sicher hatte ich auch einen festen, wenn auch kleinen Freundeskreis. Das sind Leute, die ich bis heute zu meinen Freunden zähle. Aber trotzdem war ich nie ein Gesellschaftstyp, vielleicht auch, weil ich diesen Hauptschulkomplex hatte. Ich dachte immer, dass ich durch das Bildungsdefizit eine Hohlhupe werde wie viele andere aus meiner Klasse. Was tat ich aber? Anstatt dagegenzusteuern, schloss ich mich in die Bücherei ein und fing an, wie wild Biografien von

ICH? ICKE? EIN VORBILD? NEIN, DANKE!

Musikern zu lesen. Das war der Beginn meiner Leidenschaft für die Band Queen – für mich eine der größten Bands, die es je gegeben hat.

Wenn etwas auf mich zutrifft, dann ist es das Wort »Einzelkämpfer«. Ich habe immer nach einer Familie gesucht, damit meine ich nicht das, was ich zu Hause hatte, sondern eine musikalische Familie im Sinne von Freunden, die dieselben Interessen haben wie ich.

Heute weiß ich, dass es ein totaler Irrglaube war zu denken, ich könnte das bei Popstars finden. Eine Familie zu finden, die den gleichen Weg geht wie man selbst, ist eine schöne Vorstellung, aber bei Popstars stimmte schon die Basis nicht, geschweige denn die Zusammenstellung der Menschen. Wie soll aus etwas eine Familie, also eine feste Einheit werden, wenn es schon von Grund auf nicht stimmt? Dass ich allerdings so danebenlag und verletzt und enttäuscht werde, hätte ich niemals gedacht.

Aber ich hätte auch nicht gedacht, dass es später Menschen geben wird, die zu mir aufschauen. *Ich* war doch immer der Typ, der was auf die Fresse gekriegt hat und der mit der Welt und sich nicht im Reinen war und immer nur dachte: »Fickt euch doch alle ins Knie«, und: »Was soll die ganze Scheiße eigentlich?« *Ich* war immer derjenige, der gesagt hat: »Ich komme damit nicht zurecht!« Während der Fernsehaufzeichnungen kam ständig jemand zu mir und gab mir verbal eins in die Fresse. Ich war unzufrieden und total zerrissen, meilenweit von einem »kompletten Menschen« entfernt.

Was soll ich sagen? Es ist auch heute noch extrem befremdlich für mich, wenn ich Fans auf der Straße treffe, die meinen, dass sie das, was ich gemacht habe, toll finden und sie ausgerechnet *mich* als Vorbild nehmen. Ich würde ihnen ein Bild der Stärke geben. Mich würden sie als Vorbild dafür nehmen, nicht aufzugeben und immer weiterzukämpfen. Ausgerechnet *mich*, der nichts anderes macht, als sich alle halbe Jahre selbst aufzugeben, und sich am liebsten umbringen will, weil er denkt, dass sowieso nichts Gutes mehr kommt.

Plötzlich bin ich derjenige, der den Fans Hoffnung gibt. Das ist pervers! Diese Vorbildfunktion, die man bei *Popstars* bekommt, war für mich ein ganz schön hartes Los. Es war schwierig, sich damit auseinanderzusetzen und sich bewusst zu werden, dass da jetzt Leute sind, die einen beobachten, weil sie ähnlich gelebt haben und für sich selbst kein Ventil gefunden haben, weil sie eben nicht singen können, weil sie nicht die Ausdrucksmöglichkeit haben wie ich, weil sie nicht schauspielern können oder wollen, wie ich es gemacht habe. Denen diene ich als Vorbild, für sie bin ich jemand, den sie kopieren möchten.

»**Plötzlich bin ich derjenige, der den Fans Hoffnung gibt. Das ist pervers!**«

Glaubt mir, ich wollte sicher alles sein, nur kein Vorbild! Ich wollte nur meinen Weg gehen und frei sein.

★ **Martin Kesici**

Gut! Zurück zum Zettel mit der Einladung fürs Casting. Mein Kumpel Peter, genannt Pelle, musste mal wieder herhalten. Das tat er damals übrigens oft. Immer wenn Ebbe in der Kasse war und mein Kühlschrank nur ein leeres Gähnen für mich übrig hatte, dann bin ich zu Pelle gegangen. Der hat mir dann geholfen.

Auch diesmal musste Pelle also ran. Wir sind mit dem Auto zu diesem Hotel am Zoo gefahren. Es war ein schöner Frühlingstag im März und schon von Weitem habe ich die Menschenmassen gesehen. »Ach du Scheiße, was mach ich da bloß?«, meinte ich zu Pelle. Der grinste nur und sagte gar nichts.

Ich hatte ja damals schon lange Haare, die fast immer zum Zopf gebunden waren. Und meine zwei Zöpfe am Kinn hatte ich so-

ICH? ICKE? EIN VORBILD? NEIN, DANKE!

wieso. Ich hab ja immer viel an meinem Bart rumexperimentiert. Wenn Männer schon »Gesichtspullover« haben, dann kann man auch mal was ausprobieren, anstatt sich jeden Tag zu rasieren. Wobei das bei mir eher was mit meiner chronischen Faulheit zu tun hat. Sich nicht zu rasieren, ist eben bequem und befreit einen von dem ewig wiederkehrenden lästigen Ritual des Rasierens.

Als wir da vor dem Hotel ausstiegen, spürte ich die Blicke und wollte eigentlich auf dem Absatz kehrtmachen. Das war, wie wenn ein schwarzes Schaf durch eine Herde von weißen Schafen läuft. So beschissen muss es sich zumindest für das schwarze Schaf anfühlen. Alle gaffen und denken sich: »Was will der denn hier?«

Nervös war ich wirklich nicht. Ich war einfach nur gespannt darauf, was genau da jetzt passieren würde. Pelle war es wahrscheinlich eher peinlich, aber der ließ sich nichts anmerken.

Ich bin nun mal kein Tänzer und auch eigentlich kein Schnulzensänger. Jetzt wird vielleicht mancher denken: »Na, der Kesici hat sich dann aber schon früh verbiegen lassen.« NEIN! Bei mir gibt es einfach einen Unterschied zwischen Schnulze und Ballade. Eine Ballade kommt von Herzen und ist ganz ehrlich. Gitarre, Bass und Schlagzeug, also erdig, rockig, sonst nichts. Dagegen bezeichne ich diese Schlager- und R&B-Geschichten als Schnulzen. Sorry, aber bei so einer Musik kommt mir einfach das Kotzen. Persönliche Feindbilder sind ja nicht so mein Ding, aber Christina Aguilera und Britney Spears kommen dem schon ziemlich nah. Bäh!

Man musste sich also in Listen eintragen und wurde dann bestimmten Farben zugeordnet. Bei *Star Search* wurden ja nicht nur Sänger gesucht, sondern auch Models, Comedians und Kindersänger. Die Gruppe der Sänger war aber wohl am größten, deswegen überwogen auch die Jungs und Mädels, die dieselbe Farbe wie ich bekamen, nämlich Blau. An diesem Tag war die Farbe aber eigentlich egal, da die Castings getrennt voneinander liefen und heute eben nur Sänger da waren. Alle »blau« sozusagen.

Fünf von uns wurden dann jeweils aufgerufen und in einen Raum geführt. Das Kuriose an diesem Casting war, dass so gut wie keine Kamera dabei war. Ich fand das damals schon sehr cool. Die Jury und die Zuschauer zu Hause sollen sich doch eine Meinung über die Stimme bilden und nicht darüber, was der Typ Jahre vorher erlebt hat, wie schlimm sein Schicksal ist oder wie reich seine Eltern sind. Es geht doch um die MUSIK, verdammt! Nicht so wie bei *Popstars* oder *DSDS*, wo sie zwar Sänger suchen, aber in der *Bild* oder in den jeweiligen Fernsehmagazinen nur eins zu sehen ist, und zwar, wie die Jungs und Mädels privat sind und was sie nicht alles durchgemacht haben und so weiter. Das ist doch zum Kotzen.

Jedenfalls war ich vorbereitet. Ich hatte mein *Wicked Game* auf der Pfanne und *Feel* von Robbie Williams. Da stehen die Frauen halt drauf. »Wenn schon, denn schon«, dachte ich mir. »Dann sollen sie halt die volle Kacke hören«.

Ich kam als Letzter von den fünfen dran und saß auf einem Stuhl. Ich erinnere mich noch genau an den Raum. Furztrockene Luft, ein Teppich, der einem die Luft zum Atmen nahm, und in der Mitte dieser Stern. Dahinter hing das Plakat von *Star Search*. In der Jury saßen drei Leute, die ich nicht kannte, also kein Bohlen oder Detlef Soost oder so was.

Dann sangen die Ersten ihre Songs. Irgendwie war es komisch für mich. Ich sing denen was vor und dann sagen die mir, dass ich da nicht reinpasse, und schicken mich wieder nach Hause. Für mich war das zu 100 Prozent klar! Ich dachte auch an Pelle da draußen, der sich für mich schon seit Stunden den Arsch plattgesessen hatte.

Als ich den anderen so beim Singen zuschaute und sah, wie deren Knie schlotterten und die Mundwinkel vor lauter Aufregung

ICH? ICKE? EIN VORBILD? NEIN, DANKE!

in alle Richtungen sprangen und Samba tanzten, fragte ich mich, warum die eigentlich so nervös waren. Wenn das alles so schlimm war, dann musste man doch kein Sänger werden, oder? Wenn man auf der Bühne steht, dann ist das wie ein seelischer Striptease. Man muss seine Nervosität in pure Power umwandeln können, sonst hat man da nichts verloren.

Dann kam ich an die Reihe, hab ganz cool »Hallo« gesagt, mich vorgestellt und erst mal *Feel* gesungen. Die Jury meinte: »Okay, hast du auch noch was anderes drauf?«

Ich: »Klar!« Dann hab ich *Wicked Game* hingeschnulzt, und das war's. Ich bin jemand, der immer versucht, 100 Prozent zu geben, egal, was passiert, egal, wie beschissen der Raum oder die Akustik sind. Beide Songs habe ich allerdings wie in Trance erlebt. Das war alles so schnell vorbei und mein Weckruf war: »Danke und bis gleich.«

Der Warteraum draußen glich einem Hühnerstall in Aufruhr. Lauter aufgetakelte Hennen und ein paar Hähne, die sich total toll vorkamen. Mittendrin mein Kumpel Pelle, der mich mit einem einfachen: »Und?«, in Empfang nahm. »Na ja«, sagte ich, »geht so.«

Es hat ein paar Stunden gedauert, bis endlich jemand von der Produktionsfirma kam. Auf Alexandra, so hieß die junge Dame, sollte ich später noch öfter treffen. Sie stellte sich auf ein Podest in der Mitte des Raumes. An diesem Punkt meinte ich zu Pelle: »Komm, lass uns gehen, das hat doch alles keinen Sinn. Schau dir mal die Typen und Tussis an, da pass ich nicht hin.«

Pelle aber sagte: »Jetzt hab ich mir so lange hier den Hintern wund gesessen, das warten wir auch noch ab.«

Alexandra rief die Nummern auf, die den sogenannten Recall erreicht hatten. Das dauerte wieder eine halbe Ewigkeit. Jede Nummer, die aufgerufen wurde, bekam Applaus und durfte sich vorn den Recall-Zettel abholen. Wenn Pelle nicht gewesen wäre, dann wäre ich tatsächlich gegangen. Aber plötzlich, als ich gerade noch mal in Richtung Pelle protestieren wollte, dass mir das gerade alles auf den Sack ging, kam doch tatsächlich meine Nummer dran. Ich drehte mich zu Alexandra hin und rief quer durch den Raum: »WAS, ICH?« Sie nuschelte daraufhin so was wie Martin Kessischhschii und ich brüllte noch mal ungläubig: »ICH?«

Als ich mir den Weg zum Podest bahnte, konnte ich wieder dieselben Blicke der anderen spüren wie am Vormittag. »Der? Wieso denn der? Wieso der Langhaarige?« Für mich war das irgendwie eine Genugtuung.

Mit dem Zettel in der Hand haben Pelle und ich fluchtartig den Raum verlassen und sind in die nächste Kneipe ums Eck, um erst mal ein schönes kaltes Bierchen zu zischen.

»JA, ICH!«

SOLL ICH, ODER SOLL ICH NICHT?

★ Markus Grimm

Die Sonne brannte unerbittlich über den Düsseldorfer Rheinterrassen. Eigentlich war das ein Zeichen. Die Sonne hätte mir nämlich durchaus gerne mein Hirn rausbrennen können. Wäre nicht schlimm gewesen, denn dann hätte ich den Weg zu den Rheinterrassen nicht mehr finden können, und das hätte vielleicht auch was Positives gehabt. Egal, warmes Wetter ist was Tolles und in meinem Falle ja durchaus auch zweideutig zu interpretieren.

Ich kam direkt von meinem Verlag. Nein, natürlich gehört der nicht mir, aber die Jungs, die dort mit mir arbeiten, waren und sind jetzt wieder mein Leben. An dieser Stelle sei mal ein Dank an meine Lebensretter niedergeschrieben. Jungs, ihr habt unglaublich viel dazu beigetragen, dass mein Leben wieder in geordneten Bahnen verläuft.

Mein tägliches Brot habe ich eben damals wie heute in diesem Verlag in Moers verdient. Aufstehen, duschen, zur Arbeit fahren, auf die Mittagspause warten, Mittagspause, auf den Feierabend warten, zum x-ten Mal Kaffee holen gehen. So sahen meine Tage, Gott sei Dank, seit dem letzten Arbeitstag als Gemüsestapler in einem Penny Markt, nicht mehr aus. Aber trotz aller kreativen Freiheit als Musikredakteur kribbelte es mir immer in den Fingern, noch mehr zu machen – Musik und wieder ab auf die Bühne. Mehr noch als sonst den Feierabend herbeizusehnen, damit ich zu den Jungs in den Proberaum konnte.

Kurz gesagt: Bis zu diesem bescheuerten Casting-Tag war ich ein ganz normaler Typ wie eben Millionen andere, die in diesem Land leben, sich so ihre Zeit vertreiben und ihre Träume ganz allein für sich weiterspinnen.

Die Pressemitteilung von ProSieben, dass da in Düsseldorf dieses *Popstars*-Casting stattfinden sollte, landete neben einer von vielen Mails auf meinem Verlagsschreibtisch. Aber was diese Mail so besonders für mich machte, war, dass da stand: »MUSIKER GESUCHT!«

Hey, das war ich! Ihr erinnert euch, oder? ... Feierabend – Proberaum. Ja, genau! Die suchten nach mir! Aber im Ernst: Ich kannte *Popstars* aus dem Fernsehen, doch wenn es lief, war ICH derjenige, der in die Küche ging und nach der Pizza schaute oder aber die zwei Gläschen Feierabend-Cola mal eben wegbrachte. Mit so doofen Pop-Marionetten wollte und konnte ich nichts anfangen.

An diesem besagten Feierabend aber druckte ich mir die Pressemitteilung dann doch noch aus und steckte sie verstohlen – müssen die Kollegen ja nicht gleich mitkriegen – in meine Tasche. Im Auto, auf dem Weg zum Proberaum, haderte ich mit mir selbst. Wie bring ich das der Band bei? Es heißt ja schließlich POPstars und nicht ROCKstars. Die steinigen mich, sobald ich mit diesem Thema anfange. Die Idee, wie ich der Band das am besten verkaufen konnte, kam mir, als ich meine Karre vor dem Probekeller abstellte. Es pisste wie Sau, und als die Scheibenwischer ihre Arbeit aufgrund meines Zutuns brav aussetzten, war keine Sicht nach draußen mehr möglich. Hah! Das war's. Verwischen! Eine gute Taktik. Ich sag den Jungs einfach, dass wir da ein Demo zur Produktionsfirma hinschicken und abwarten, was passiert. Ein genialer Schachzug. Von dem verpissten Casting muss ich ja nicht gleich erzählen, und wenn denen das Demo gefällt, dann kriegen wir wenigstens ein bisschen Bandwerbung. Ist ja schließlich nicht

SOLL ICH, ODER SOLL ICH NICHT?

so, dass *Popstars* keiner guckt. Ne, ne, ein paar Millionen sehen das schon, aber Rockmusiker natürlich nicht. Genau wie meine Bandjungs. Das ist wie dieses Fast-Food-Phänomen. Alle sagen: »Ist doch Scheiße«, aber jeder geht trotzdem dort essen. Genauso musste ich mir selbst von meinen harten Bandjungs die eine oder andere Fernsehanekdote anhören.

Der Gedanke an die Millionen lockte mich in den strömenden Regen. Nicht an das Geld, das hat mich noch nie sonderlich gereizt. Nein, der Gedanke daran, meine Songs auf einer großen Bühne zu spielen. Ja, das war es, was mich durch den Regen in den Proberaum trieb – mit meinem genialen Plan in der Tasche. Den Gedanken an unehrliche Musik und bescheuerte zappelnde Boygroups ließ ich bei meinen Jungs erst gar nicht aufkommen. Natürlich gab es am Anfang Bedenken, aber dann haben sie es doch geschluckt. Cool! Mein Plan ging auf und das Demo wurde rausgeschickt.

Schon nach ein paar Tagen gab es eine Reaktion auf das Tape. Normalerweise gehen Pläne, die ich mir im Kopf zurechtgelegt habe, nie auf, aber dieser klappte merkwürdigerweise richtig gut. Wow, da kriegt man es ja fast mit der Angst zu tun! Ich, Markus Grimm, hatte einen Plan, und der funktionierte auch noch. Wie gut der funktionierte beziehungsweise in welche Scheiße dieser Plan mich noch reinreiten sollte, wusste ich Gott sei Dank bis dahin nicht.

»Und bitte. Ne, warte mal. Kannst du bitte noch mal diese Tür zum Proberaum aufmachen? Super! Das hast du echt gut gemacht. Jetzt noch ein Statement und dann fahren wir zu dir nach Hause, okay?«

»Ähhhh ja… was machen wir jetzt? Ein Statement? Und warum musste ich diese bescheuerte Tür jetzt fünfmal hintereinander öffnen und den Gang zur Tür dreimal entlanglaufen?«

Was das Wort »Homestory« bedeutet, wusste ich dann spätestens am frühen Abend. Nämlich dann, als das Kamerateam von *Popstars*, um vor dem Casting schon mal einen Bericht über mich zu machen, meine Wohnung komplett umstellte und mich wie eine bescheuerte Diva auf meiner eigenen Couch platzierte, um mich zu interviewen. Toll, so unbequem bin ich mein Leben lang noch nicht gesessen.

Kamerateams sind sowieso eine komische Combo. Aber dazu später mehr. Nach der »Homestory« kam also der besagte Tag an den Rheinterrassen.

Eine kreischende Masse Teenies, zu 80 Prozent Hip-Hopper, die nun wirklich rein gar nichts mit einem Rocker wie mir gemeinsam haben, prollte sich die Seele aus dem Leib, obwohl von einer Jury noch weit und breit nichts zu sehen war. Die tanzten die Straße auf und ab und sangen wild um die Wette. Verkehrte Welt, wirklich! Dieses ganze Gekreische und Gesinge war echt nicht mehr zu toppen. Dann kam die Jury, bestehend aus Sandy Mölling von den No Angels, Uwe Fahrenkrog-Petersen und Lukas Hilbert, um die Ecke. Mit einem Megafon begrüßten die drei die wabernde Masse vor den Rheinterrassen. Ich muss zugeben, dass ich Herzklopfen hatte, warum auch immer. Es war ein ganz komisches Gefühl, und da ich das Kamerateam ja schon vor dem Casting bei mir zu Hause gehabt hatte, war ich mir meines Platzes vor der Jury bereits sicher. Also setzte ich mich nach dem Einlass draußen noch eine halbe Stunde auf meinen Gitarrenkoffer in die Sonne und versuchte nachzudenken. Hätte ich das nur intensiver betrieben, aber meine Gedanken schwirrten um meine Band und nicht etwa darum, im Casting weiterzukommen.

Schließlich bin ich rein zur Jury. Da saß Sandy von den No Angels neben Lukas Hilbert, den ich vorher noch nie gesehen hatte, und natürlich Uwe Fahrenkrog-Petersen, der mir aus alten Nena-Zeiten ein Begriff war.

SOLL ICH, ODER SOLL ICH NICHT?

Ich war der Einzige, der seine Band im Schlepptau hatte. Wir bauten in null Komma nix unsere Backline auf und los ging's. Mein Mund war trocken, meine Zunge fühlte sich an wie ein Lederlappen, und obwohl ich einen bandeigenen Song sang, war ich tierisch nervös und am Rande einer Panikattacke. Ich wurde den Eindruck nicht los, dass wir uns dort komplett zum Affen machten.

Lukas Hilbert meinte danach: »Du musst dir überlegen, ob du das, was du jetzt hast, also deine Band, zurücklassen willst, denn ab hier kannst du den Weg nur noch allein gehen.«

Und ich? Ich nickte mit dem Kopf und meinte mit dem Rest meiner verbliebenen Coolness: »Klar, weiß ich schon!«

Irgendwie hatte ich damals das Gefühl, dass es die falsche Entscheidung gewesen war, zum Casting zu gehen, aber da ist das Ding mit dem Ehrgeiz. Wenn mich das einmal packt und mich jemand heiß auf was macht, dann renne ich los und bin nicht mehr zu bremsen.

Diese paar Minuten vor der Jury waren ein Wechselbad der Gefühle. Da war die Chance! Die Chance, von einer großen Menge von Menschen gehört zu werden. Eine Abkürzung zu nehmen auf dem Weg nach oben. Das war mir schon klar. Die einzige Alternative, die mir blieb, war, weiterhin Demos zu verschicken, die von den Plattenbossen eh nicht angehört wurden. Tolle Aussichten!

In Düsseldorf traf ich auch mein späteres Bandmitglied Kristina »Kris« Dörfer. Logischerweise konnte ich das noch nicht wissen. Ich unterhielt mich sogar kurz mit ihr. Damals war sie ein total natürliches, schüchternes und bildhübsches Wesen, ungeschminkt, nicht aufgetakelt und mit offenen, langen schwarzen Haaren. Hätte mir damals jemand gesagt, dass uns beiden die wohl aufregendste Zeit unseres Lebens bevorstünde, dann hätte ich das nicht geglaubt. Ja, so einfach wäre das gewesen. Wenn ich jetzt in diesem

Moment zurückblicke, dann schießen mir sogar die Tränen in die Augen. Was hat man mit uns gemacht? Was zum Teufel noch mal ist da so schiefgelaufen???

Ich habe in Düsseldorf noch ein paar Gesichter gesehen, die mir nicht zum letzten Mal über den Weg laufen sollten.

Als ich den Recall-Zettel in der Hand hielt, der mein Ticket für den nächsten Tag war, habe ich mich ehrlich gesagt tierisch gefreut. Dann bin ich nach Hause gefahren und habe geübt. Mein Gott, war das peinlich! Ich sollte eine Performance, also einen Tanz einstudieren. Typisch *Popstars* halt. Wer mich schon mal gesehen hat, der weiß, dass ich alles andere als ein Tänzer bin. Ich bin eher eine fette Presswurst gewesen. Wenn ich mich bewegt habe, sah ich aus wie das Walross des NDR. Nach vier Stunden Herumprobieren sah es immer noch lächerlich aus. Ich wirkte wie eine fette, schwule Ballerina. Das war übrigens auch mein letzter Gedanke, mit dem ich ins Bett gegangen bin. Vergiss es, mein Alter! Das wird nichts, und wenn Detlef D! Soost morgen auftaucht, dann kannst du gleich zu Hause bleiben.

★ Martin Kesici

Wer macht den besten Kartoffelsalat der Welt und dazu die perfekten Würstchen? Meine Mutter natürlich! Aber ganz ehrlich, an diesem Freitag blieb mir der Kartoffelsalat wirklich im Hals stecken. Wenn man den Beginn meiner »Karriere« bei *Star Search* an einem Tag festmachen müsste, dann wäre es wohl der, an dem eine junge Dame von der Produktionsfirma am anderen Ende der Telefonleitung war.

50 Ausgewählte aus ganz Deutschland trafen sich zum Recall noch mal in Berlin. Pelle kam natürlich wieder mit, und bei mir stellte

SOLL ICH, ODER SOLL ICH NICHT?

sich zum ersten Mal so etwas wie eine gewisse Aufgeregtheit ein. Schließlich hatte ich keine Ahnung, was da genau auf mich zukommen würde. *Popstars* und *DSDS* waren mit aufgrund der bisherigen Staffeln ein Begriff und den Ablauf konnte man zur Not auch im Internet herausfinden. Aber *Star Search* war neu und ich war, was diese Geschichte anging, auch neu.

In einer ruhigen Ecke im Hotelfoyer sang ich mich warm. Ruhig war die Ecke dann natürlich nicht mehr, vor allem weil ich mich mit Manowar warm gesungen habe. Das war auch der Grund, dass jemand vom Hotelpersonal kam und meinte, ich solle doch woanders herumbrüllen und nicht gerade hier in der Lobby.

Jetzt, da ich das schreibe, fällt mir auf, wie recht der Mann doch eigentlich hatte. Ich hätte die Hotellobby

> »Ich hatte so eine trockene Schnauze, dass ich gleich mal nach vorn gelaufen bin und frech nach einem Schluck Wasser gefragt habe.«

komplett verlassen und wieder zurück in meine Wohnung gehen sollen. Ja, genau das hätte ich tun sollen.

Diesmal musste jeder einzeln zur Jury rein. Ein letzter Blick zu Pelle, dann hab ich die Tür zum Casting-Raum aufgemacht. »Ach, du heilige Scheiße«, dachte ich nur. Ich schaute nach links und da saßen tatsächlich so um die 15 Mann hinter ihren Tischen. Plattenfirma, Produktionsfirma, Sat.1 und wohl auch Management und bestimmt schon Typen, mit denen irgendwelche Deals liefen.

Ich hatte so eine trockene Schnauze, dass ich gleich mal nach vorn gelaufen bin und frech nach einem Schluck Wasser gefragt habe. »Klar, hier ist Wasser«, sagte eine junge freundliche Dame.

Na gut, dann habe ich *Wicked Game* gesungen und noch *She's Like the Wind* von Patrick Swayze. Den Song hatte ich vorher noch extra geübt, weil ich den Text nicht gut konnte, da ich das Ding normalerweise nicht im Repertoire hatte. Es lief eigentlich alles wunderbar und zu meiner Verwunderung sagten die auch gleich, dass ich weiter sei, aber eben noch nicht in der Show. Sie versprachen, sich telefonisch bei mir zu melden. Das war's! Also ging ich raus und lief ungläubig zu Pelle.

»Was ist los?«, fragte der.

»Na ja, fertig«, meinte ich. »Die rufen mich an.«

»Aha.« Das war alles, was von Pelle kam.

In guter alter Tradition ging es danach wieder in die Kneipe ums Eck auf ein Bier.

★ Markus Grimm

»Dschingdarassabum, dschingdarassabum.« Ernsthaft! Da gab es einen Typen am ersten Casting-Tag, der hatte eine Klobürste in der Hand und wurde nicht müde, die ganze Zeit »Dschingdarassabum, dschingdarassabum« in dieses Ding zu schreien. Ich habe echt nur gehofft, dass der die Bürste vorher originalverpackt gekauft und sie nicht den Eltern aus dem Scheißhaus geklaut hatte.

Warum sich hier vor den Rheinterrassen fast alle zum Affen machten, wollte mir einfach nicht in den Kopf. Wie kann man nur so mediengeil sein? Überall, wo ein Kamerateam auftauchte, zogen sich die Leute ihre T-Shirts aus und fingen an, wie wild irgendwelche Stammestänze aufzuführen. Klar waren da welche dabei, die das viel besser konnten als ich und sicher nicht aussahen wie eine doppelt gepresste Presswurst, die sich von A nach B walzt. Aber trotzdem, was sollte das? Ich kann nur wiederholen: Ich war nur deshalb da, weil sie Musiker gesucht hatten.

Alles hier wirkte, als ob ein Zirkus noch freie Plätze für eine Raritäten-Show hätte und sich jeder an diesem Ort dafür bewerben

SOLL ICH, ODER SOLL ICH NICHT?

wollte. Frau mit Bart gesucht! Frau mit Bart gesucht! Bewirb dich jetzt! Bääähhh!

Tausende Kids sangen sich warm und battelten gegeneinander. Wobei von Singen bei vielen einfach nicht die Rede sein konnte. Die waren teilweise grottenschlecht, hätten sich das im Leben aber nicht gegenseitig gesagt. Im Gegenteil, da waren dann so Sprüche zu hören wie: »Du bist so toll, Alter, du bist sicher weiter, da hab ich keine Chance.« Hallo? Die waren echt nicht ehrlich zueinander und haben gesagt: »Hey, du bist scheiße!« Die haben sich ja noch gegenseitig gehypt. Unvorstellbar, wie man sich selbst so in die Tasche lügen kann, wo man doch weiß, dass da drinnen alles von Fernsehkameras festgehalten wird und man sich zum Affen der Nation macht.

Ich hab das einfach nicht kapiert, ich war anders. Ich kam aus einem muffigen Proberaum, wo ich mit meiner Band zusammengespielt hatte, und brauchte solche Geschichten einfach nicht.

Die Blicke von meinen Bandjungs und dieser ganze Affenzirkus brachten mich so weit, dass ich ernsthaft mit dem Gedanken spielte, wieder nach Hause zu gehen. Bis heute denke ich, dass es wirklich besser gewesen wäre. Irgendwas hielt mich trotzdem dort, aber eines ist sicher: Die Hip-Hop-Spacken, die ihre Sätze schneller sprachen, als man sie verstehen konnte, die waren es sicherlich nicht.

★ Martin Kesici

Wochenlang hatte ich nichts von denen gehört, aber natürlich hatte ich schon sehr oft darüber nachgedacht, was wäre wenn. Doch dann kam der besagte Freitag, an dem ich auf dem Balkon meiner Eltern mit Mamas Kartoffelsalat und Würstchen saß und das Handy klingelte.

»Hallo? Jep, wer ist da?«

»Hallo, hier ist die Sabine von Grundy Light Entertainment.«

»Ah, hallo, äh, ja bitte?«

»Martin, herzlichen Glückwunsch! Du hast es geschafft, du bist in der Show!«

»Ihr wollt mich doch verarschen«, hörte ich mich selbst am Telefon sagen.

»Nein, nein, Martin, wir würden dich gern einladen, in die Produktionsfirma nach Berlin Adlershof zu kommen.«

Ich sagte zu und legte auf. Meine Mutter schaute mich mit erwartungsvollen Augen an.

»Was ist los, Junge?«, wollte sie wissen.

»Na, die haben gesagt, ich bin dabei!«, antwortete ich.

Ehrlich gesagt habe ich mich schon gefreut. Zu erwarten war das nicht gewesen. Schaut euch Alex Klaws oder Elli von *DSDS* an oder die No Angels und Overground von *Popstars*. Da sehe ich doch echt ganz anders aus, oder?

In dieser Nacht konnte ich nicht gut schlafen. Ich war knapp 30 Jahre alt, Kohle hatte ich keine, Arbeit hatte ich keine, viel zu verlieren gab es nicht. Natürlich hab ich auch an die negativen Seiten gedacht. Die Knebelverträge, von denen man immer wieder gehört hatte, fielen mir da als Erstes ein. Dann wieder diese Gedanken: »Mein Gott, Martin, du wirst 30, hast 4000 Euro Miese auf dem Konto. Job findest du auch keinen. Wie lange schon wolltest du Musiker werden? Wie lange hast du schon davon geträumt, das Hobby zum Beruf zu machen? Wer kann das schon? Ich will doch gar nicht reich werden. Ich will nur, dass es fürs Leben reicht. Du meine Güte! Ist der Traum von einer eigenen Harley echt schon zu viel?« Und so weiter und so weiter.

SOLL ICH, ODER SOLL ICH NICHT?

Die Nacht wollte nicht vorbeigehen und an Schlaf war nicht zu denken. Mir fiel ein, wie ich als 14-Jähriger vor dem Spiegel Luftgitarre gespielt und James Hetfield von Metallica nachgeäfft hatte. Dann wieder sah ich mich auf einer großen Bühne stehen. Star sein, das war es gar nicht, was ich wollte, sondern einfach nur die Musik leben, die ich liebe. Wenn man auf einer Tanzfläche steht, den Kopf wild schüttelt und Luftgitarre spielt, dann versinkt man in einer ganz eigenen Welt. Man fühlt den Rock 'n' Roll, fühlt das eigene Leben. JETZT hatte ich die Möglichkeit dazu. JETZT konnte das alles Wirklichkeit werden. Der Weg über das Fernsehen war eben der saure Apfel, in den ich beißen musste. Aber verdammt, wenn das mal durch war und ich es geschafft hätte, dann wäre der Weg doch frei, oder nicht?

Das einzig wirklich Negative an der Sache waren in diesem Moment meine Band und meine Kumpels. Casting! Was die sich dazu dachten, das brauche ich hier nicht niederzuschreiben. Ich, der Maddin, der in einer echten Heavy-Metal-Band spielte, wollte zu einem Casting in eine TV-Show.

Es war sicher schon früh am Morgen, als ich schließlich doch noch einschlief.

AFFENZIRKUS

★ **Markus Grimm**

Warum schaut sich jemand ein Casting im Fernsehen an? Um unterhalten zu werden, klar. Diejenigen, die wirklich gut sind, werden doch in jeder Sendung verdammt schnell abgehandelt.

»Ja, du bist gut, herzlichen Glückwunsch. Du bist im Recall. Wir sehen dich dann morgen wieder.«

Die Typen vom Fernsehen spielen eine romantische Musik ein, derjenige, der weiter ist, hält seinen Zettel hoch und darf sich für ein paar Sekunden in Zeitlupe freuen. Toll!

Was ist aber mit denen, die sich vor der Kamera so richtig blamieren? Von denen gibt es in diesen Shows ja viel mehr. Natürlich lacht man gerne über diese »Hirnis«, die sich da produzieren, auch ich hab das gemacht. Wenn eine Person aber offensichtlich behindert ist, dann hört für mich der Spaß auf. Das ist doch echt bedenklich, wenn die Typen vom Fernsehen – und dazu zähle ich auch diejenigen, die in der Jury sitzen – nicht einen Funken Verantwortungsgefühl besitzen und es zulassen, dass sich ein offensichtlich behinderter Mensch vor der kompletten Nation zum Affen macht. Das ist menschenverachtend und gehört absolut nicht in so eine Show.

Für diese Menschen ist Singen ein Hobby. Sie sind irgendwie »wahrnehmungsbefreit« und glauben, toll zu sein, weil sie eben eine Behinderung im Kopf haben.

Natürlich sind 90 Prozent derjenigen, die zum Casting gehen, NICHT behindert und machen sich trotzdem zum Affen. Aber es gibt keinen Grund, einen behinderten Menschen auch noch im Fernsehen vorzuführen.

Deutschland sucht den Superstar ist diesbezüglich meines Erachtens das schlimmste Format, da wird dies bis zum Erbrechen betrieben. Man denke nur an das Phänomen Andreas R. aus einer der letzten Staffeln, als Heinz Henn als einziges Jurymitglied wenigstens gemerkt hat, dass da etwas nicht stimmt.

Oder Stichwort »Ich hab die Haare schön«. Mehr braucht man eigentlich nicht zu sagen. Eigentlich sollte es der Anstand gebieten, dass man diese Menschen nicht vorführt. Das ist sonst eine reine Freakshow mit Personen, die hilflos sind und das, was sie da vorführen, leidenschaftlich leben, auch wenn sie darin in Wirklichkeit nicht besonders gut sind. Warum muss man die so fertigmachen?

Aber noch mal, ich meine damit nicht all die Bekloppten, die das geistige Niveau eines Toastbrots besitzen.

★ Martin Kesici

»Herzlich willkommen bei *Star Search*. Ihr seid die Glücklichen, die es in die Show geschafft haben.«

Das waren die Worte von Alexandra. Später erfuhr ich, dass sie den Job einer Aufnahmeleiterin innehatte. Sie arbeitete bei der Grundy Light Entertainment und war eigentlich eine echt nette Person, machte halt einfach ihren Job. Dass wir irgendwie alle hier in diesem Raum auf dem Produktionsgelände in Berlin Adlershof nur unseren Job machten, das sah ich damals noch nicht so.

Alexandra arbeitete für die Produktionsfirma und die wiederum für den Fernsehsender Sat.1. Dass auch ICH hier einen Job zu erledigen hatte, das war in diesem Moment bei mir noch nicht angekommen. Ich hatte das Casting geschafft, ja und?

Zum ersten Mal sah ich nun auch meine Sängerkollegen, die später dann meine unmittelbaren Konkurrenten werden sollten. Das war mir natürlich klar. Auch ich war logischerweise mit dem Ziel hiergekommen, es in der Show möglichst ganz weit zu bringen. Mit Thomas Wohlfahrt habe ich mich auf Anhieb gut verstanden. Die Comedians waren auch so weit in Ordnung. Ingo Oschmann machte auf mich in diesem Moment eher einen in sich gekehrten Eindruck.

Eines habe ich allerdings erst im Nachhinein erkannt, nämlich wie sehr sich manche Menschen zum Negativen verändern, wenn sie rausfliegen oder aber sehr weit kommen. Das hat mich in Sachen »Maddin versteht die Menschheit« ein großes Stück weitergebracht. Die wahren Gesichter all dieser Leute, die damals auf der Terrasse in Berlin Adlershof herumstanden, habe ich erst viel später kennengelernt. Es ist fast schon unheimlich, wie Menschen von jetzt auf gleich umschalten können und im Falle von Erfolg oder Misserfolg zu etwas völlig anderem werden.

Alexandra rief uns von der Terrasse wieder herein und erklärte, dass *Star Search* live gesendet werden würde. Es wäre also nicht so wie bei *Popstars*, wo die Kandidaten schon Monate, bevor eine Sendung ausgestrahlt wird, wissen, wer weiter ist. Mit dieser zeitlichen Verschiebung zurechtzukommen, stellte ich mir echt schwierig vor. Live war cool, allerdings spürte ich bei diesem Gedanken schon ein komisches Gefühl in der Magengrube. Alexandra betete uns den Tagesablauf runter. Zuerst war die Maske dran.

MASKE? Was sollte das denn werden? Nicht wirklich das, was ich dachte oder eher befürchtete. Ich werde doch jetzt nicht geschminkt, oder? Ich hatte diesen Gedankengang noch nicht zu Ende gebracht, da sah ich meine Fresse schon in einem Schminkspiegel. Ich lächelte ungläubig und schüchtern. Der Kesici wird

AFFENZIRKUS

zum ersten Mal in seinem Leben geschminkt. Das darf man echt keinem erzählen.

Mann sah ich danach geil aus. So... egal, lassen wir das...

Danach hieß es: Ab ins Fotostudio! Fast wie Schlachtvieh wurden wir von A nach B geschickt, dann wieder zurück nach A oder aber auf einen Umweg über C. Irgendwann schaltet das Gehirn einfach ab, denn man hat ja immer jemanden um sich, der einem sagt, was man jetzt tun soll und wo es jetzt langgeht. Man gewöhnt sich unglaublich schnell an dieses unselbstständige und manchmal auch sehr bequeme Leben. Dazu aber später noch mehr.

★ Markus Grimm

Der Morgen des Recall-Tages wird mir wohl ewig in Erinnerung bleiben. Vollkommen übernächtigt und mit einem Schädel, als hätte ich die ganze Nacht durchgefeiert, stand ich unter der Dusche und tat das, was ich eh immer unter der Dusche mache – singen. Zur Freude oder auch zum Leidwesen meiner Nachbarn war es an diesem Morgen der Song *Just Can't Wait Until Tonight*, den ich für den Recall vorbereiten musste. Als ich mit Duschen fertig war, übte ich noch patschnass meine Performance und stellte fest, dass ich immer noch völlig bescheuert aussah – nackt sah ich beim Tanzen der Robbe im Duisburger Zoo noch ähnlicher, als es mir lieb war. Abgetrocknet und frisch gestylt schmiss ich mich schließlich in meinen roten, nur noch vom Rost zusammengehaltenen Polo, legte die Max-Mutzke-CD in den Player und düste los.

Mit jedem Kilometer, den ich mich den Rheinterrassen näherte, bekam ich mehr Schiss. Zu meiner Überraschung war vom Trubel des Vortages nichts mehr zu spüren, nur die Recall-Kandidaten trudelten nacheinander ein.

Unter anderem begegnete ich dort auch einer netten Dame zum ersten Mal, Vanessa Jean Dedmon, und ihrem Papa Russel. Ja, Nessa war auch bei uns im Casting, und schon damals fand ich sie merkwürdig. Das sahen die Jurymitglieder später im Workshop wohl auch so und sie musste gehen – Gott sei Dank wurde auch eine andere Dame auf den Heimweg geschickt: Lisa Bund! Sie sollte später in einer neuen Staffel *DSDS* bis in die Top-Ten-Shows kommen und danach nur noch unrühmliche Auftritte zusammen mit Maden und anderen ekeligen Tierchen im RTL-*Dschungelcamp* haben. Lisa Bund war absolut nicht mein Fall und wäre für mich definitiv ein guter Grund gewesen, schwul zu werden.

Aber Moment, so weit waren wir ja noch gar nicht. Mein Herz raste, als ich nach endlosen Stunden des Wartens endlich in den Recall-Saal durfte. Vorsichtig schob ich meinen Kopf durch den Vorhang und war erleichtert, als ich nirgendwo Detlef D! Soost entdecken konnte. Heute weiß ich nicht mehr, warum ich so eine Panik vor diesem Riesen hatte – ich kannte ihn ja nur aus dem Fernsehen, aber da fand ich ihn erschreckend.

Ich quälte mich mit Uwe und Lukas durch den Song von Max Mutzke und wurde zu meinem Erstaunen ohne doofe Tanzeinlage direkt in die Entscheidungsshow entlassen. Wow – was war los? Warum ich? Eine kleine Erwähnung mit dem Namen der Band in der ersten Sendung war alles, was ich mir zu diesem Zeitpunkt erhofft hatte, und nun? München, Zelt, Entscheidungsshow und nur noch 30 von fast 10 000 Leuten. Bei meiner Band kamen die ersten Zweifel auf, ob ich noch im Sinne von Werbung für Cabrit Sans Cor unterwegs war, wie meine Band damals hieß, oder mittlerweile schon auf den *Popstars*-Zug aufgesprungen war.

AFFENZIRKUS

★ Martin Kesici

Die Fotos für die Presse waren für mich der reine Horror. Wenn mich jemand vor *Star Search* fotografieren wollte, dann war das meistens dann, wenn sich jemand über mich lustig machen wollte, weil ich mal wieder besoffen in einer Ecke lag und zu nichts mehr fähig war. Jetzt allerdings sollte ich bestimmte Posen einnehmen und auch noch dabei lachen. LACHEN! Muss man eigentlich immer lachen, wenn man fotografiert wird? Das ist auf Dauer doch tierisch langweilig, oder? Spätestens nach dieser Fotosession wusste ich, dass es Fotomodels echt nicht leicht haben. Mir tat vom ständigen Grinsen so was von die Fresse weh, das war nicht mehr feierlich.

Mein erstes Fernsehinterview war dann eine ähnlich komische Erfahrung. Wer glaubt, dass man am Anfang noch Herr seiner Sinne ist, wenn so eine Kamera läuft und man eine bescheuerte Frage von einem Redakteur oder Reporter gestellt bekommt, der befindet sich ordentlich auf dem Holzweg. Natürlich soll man an der Kamera vorbeischauen und so tun, als ob man sich gerne mit dem Reporter unterhielte, aber die Gedanken sind immer bei dieser doofen Kamera. Da geht einem so viel durch den Kopf, dass man vergisst zu denken. Das ist allerdings blöd, denn wenn das Hirn bei einem Interview mit unwichtigen Dingen beschäftigt ist, dann kann da ganz schnell was in die Hose gehen.

Ich habe bei meinem ersten Fernsehinterview alles getan, nur nicht mein Hirn eingeschaltet. Ich habe zwar versucht, Hochdeutsch zu reden, aber wenn ein Berliner Hochdeutsch sprechen will, dann hört sich das voll bescheuert an. Bei mir war es dann sogar noch schlimmer, weil ich bisher noch NIE Hochdeutsch gesprochen hatte. Dieses Interview mit Sat.1 ist damals nach der Show hoffentlich komplett vernichtet worden. Wie peinlich, echt!

STEMPEL DER VERGANGENHEIT

★ **Martin Kesici**

Der erste Tag in Adlershof war wirklich vollgestopft mit Terminen. Alle Sängerinnen und Sänger mussten sich nach der Einweisung, der Maske, dem Fototermin und dem Interview wieder in einen Warteraum begeben. Als dann nach ein paar Minuten die Tür aufging, kam ein Herr in sehr korrektem Anzug und mit Aktenköfferchen herein. »Au Backe«, dachte ich. »Jetzt hat die Stunde der Rechtsanwälte und Verträge geschlagen.« Bingo! Richtig gedacht, Herr Kesici. Ich war gespannt, was da auf mich zukommen würde, und auch gleich überrascht, dass es recht übersichtlich war. Keine 20 Seiten klein geschriebenes Kauderwelsch, wie ich es von *DSDS* oder *Popstars* gehört hatte. Nein, ein Künstlerexklusivvertrag von der Plattenfirma, ein Vertrag von Sat.1., dass man seine Fotorechte abtrat und so weiter, und ein Agenturvertrag, der dem Fernsehsender die Möglichkeit offenhielt, das Management zu bestimmen. Mein erster Eindruck war positiv, wenngleich sich im Nachhinein nicht wirklich alles als wunderbar und toll herausstellte. Dazu später mehr.

Cool war, dass der Anwalt sich Zeit nahm und jeden Paragrafen mit uns durchsprach. Ich fühlte mich gut aufgehoben und tauschte mich auch gleich mit einem meiner Konkurrenten aus. Thomas Wohlfahrt hieß der. Damals konnte ich ja noch nicht wissen, dass wir beide im Finale gegeneinander antreten würden.

Ich fand es erstaunlich, dass fast alle Kandidaten über 20 Jahre alt waren. Die Stilrichtungen waren bunt gemischt, von Country über Hip-Hop, Soul und Rock war alles dabei. Es beruhigte mich, dass da Typen dabei waren, die sicher niemals alles mit sich machen lassen würden. Menschen mit Hirn, die nicht einfach alles unterschreiben würden, nur um groß rauszukommen. Als ich mit diesem Gefühl im Bauch den Vertrag Punkt für Punkt durchging und der Anwalt irgendwas von Prozentpunkten daherfaselte, wanderte mein Blick schon ein paar Paragrafen voraus. Da wollten sie wissen, ob irgendwelche Vorstrafen vorlägen. Im Vertrag stand, dass sie einen, wenn man Vorstrafen oder Eintragungen ins Polizeiliche Führungszeugnis habe, von der Teilnahme ausschließen könnten.

»Ach du grüne Neune«, hab ich gedacht, »was schreib ich denn da jetzt rein?« Damals war es ja noch nicht so, dass die ganze Nation wusste, dass ich wegen ein paar »Kleinigkeiten« zwei Jahre Bewährung hatte. Damals stand das maximal im Polizeicomputer und eben noch nicht in der *Bild*.

»Mein Gott, bringt mich jetzt die Kacke von vor ein paar Jahren echt um die Show hier und um meine weitere Zukunft? Was soll ich denn nur machen? Lüg ich? Schreib ich da einfach gar nichts rein? Was, wenn die einem draufkommen?"

Den Anwalt da vorn nahm ich schon längst nicht mehr wahr. Denn in meinem Kopf spielten sich Szenarien ab, an die ich vorher noch nie gedacht hatte. »Klar, Maddin, die führen dich dann in Handschellen von der Bühne ab und die ganze Nation weiß dann über dich Bescheid. Toll, echt. Die Leute urteilen doch eh nur nach der Vergangenheit. So einer wie du hat da keine Chance. Es ist damals halt passiert, aber ich habe meine Strafe abgegolten. Was soll das dann jetzt? Die da oben haben doch auch alle Dreck am Stecken.«

Eigentlich wollte ich aufstehen und sagen: »Tschüss, das war es dann, ich bin nicht mehr dabei.« Aber was hab ich stattdessen gemacht? Was wohl jeder in dieser Situation getan hätte. Ich schrieb erst mal gar nichts in diese verkackte Spalte im Vertrag.

Zwei Seiten weiter wurden meine Augen dann zum ersten Mal feucht. Ich hab nicht wirklich geheult, aber da stand, dass man, wenn man das Ding hier gewinnt, 150 000 Öcken Vorauszahlung bekommt. In Worten einhundertundfünfzigtausend Euro! Alter Schwede, da kam ich aus dem Grinsen nicht mehr raus. Den Gedanken musste ich natürlich sofort wieder verwerfen. Warum sollte gerade ich das Ding gewinnen? Im Falle eines zweiten Platzes stand da, gibt es so um die 3000 Euro. Okay, auch nicht schlecht, aber schließlich mussten wir uns für die gesamte Dauer der Staffel, also fast acht Wochen, exklusiv dem Sender zur Verfügung stellen, und Geld dafür gab es nicht. Wie sollte ich denn die Miete währenddessen bezahlen? Fragen über Fragen, die ich sofort wieder verdrängt habe. Ich unterschrieb den Vertrag. Einen wichtigen Punkt ließ ich allerdings offen.

Nach der ganzen Anwaltsshow habe ich mir diesen Typen im Anzug gegriffen und ihm einfach anvertraut, was mich da die letzte halbe Stunde beschäftigt hatte.

»Pass mal auf, ich bin vorbestraft und hab das nicht reingeschrieben.«

Gespannt wartete ich auf seine Antwort. Der Anwalt schaute mich kurz an, rückte seine Krawatte zurecht und fragte, um was es denn gehe. Daraufhin habe ich ihm die ganze Sache kurz erklärt. Er meinte, dass er mich jetzt vertreten würde und gleich mal zur Produktionsfirma gehen werde, um es denen zu sagen. Danach sollten wir abwarten, wie die reagierten. So schlimm könne es schon nicht werden. »Der hatte gut reden«, dachte ich mir.

»Ich will aber auf keinen Fall wegen dieser Scheiße rausfliegen. Wegen etwas, das Lichtjahre her ist, gehen zu müssen, wäre echt Kacke.«

STEMPEL DER VERGANGENHEIT

Er nickte nur, drehte sich um und ging zur Produktion.
Einen ganzen Tag lang hörte ich nichts mehr. In der Nacht schlief ich so gut wie gar nicht. War jetzt schon alles vorbei? Es hatte doch so vielversprechend begonnen. Plötzlich merkte ich, wie wichtig mir dieser Casting-Mist war. Eigentlich komisch, vor ein paar Monaten hätte ich darauf geschissen und jetzt machte ich mir fast in die Hose bei dem Gedanken an die Entscheidung, die da auf mich zurauschte wie ein Güterzug.

24 Stunden später wurde ich in die vierte Etage der Produktionsstudios gerufen. Toll, die vierte Etage. Die erste war für die Models, die zweite für die Kostüme, die dritte war die sogenannte Songfindung und in der vierten saßen die obersten Bosse der Produktion. Ach ja, es gab nur vier Etagen. Oben angekommen, empfingen mich Alexandra von der Grundy Light Entertainment – der Produktionsfirma – und Stephanie Prehn von Sat.1. Ich erinnere mich noch heute genau an den Blick der beiden Damen. Eigentlich waren die ganz nett, aber das Thema, um das es jetzt ging, war ganz und gar nicht nett.
Was los sei, war die Frage, mit der sie mich empfingen. Toll! Was soll schon los sein. Ich hatte 1996 und 1997 einen Drogen-Flash vom Feinsten. Erwischt wurde ich auch noch und bekam zwei Jahre auf Bewährung und 50 Stunden Sozialarbeit. Das war los! Ich schluckte, bevor ich antwortete.
»Na ja, was soll ich sagen? Die Scheiße begann 1996, als ich mit Haschisch anfing. 1997 haben mich die Bullen dann mit viermal 10 Gramm Haschisch erwischt. Natürlich nur zum Eigengebrauch. Echt nicht zum Dealen oder so. Mehr war da nicht, aber ich wollte euch das doch sagen.«

Stephanie meinte, dass sie mich wegen der Sache nicht von der Sendung ausschließen würden. Wenn das Haschisch wirklich nur zum Eigengebrauch bestimmt gewesen war, würden sie ein paar Augen zudrücken.

Ich atmete tief durch und drehte mich um. Im Aufzug nach unten wurde mir schlecht. Haschisch – dafür zwei Jahre auf Bewährung und 50 Sozialstunden? Ich musste lachen. Das passte zwar nicht zur Situation, aber wie blöd waren die eigentlich? Wegen Haschisch wird man in Deutschland ganz bestimmt nicht so hart bestraft, aber die haben mir das abgenommen. Dann blieb mir das Lachen im Hals stecken. Ich hatte ja nicht nur die beiden Ladys von der Produktion und vom Sender eiskalt angelogen, sondern damals auch schon meine Eltern. Und es hatte wieder funktioniert. Wie lange laufe ich eigentlich nun schon vor der Wahrheit davon? Genau genommen seit mehr als elf Jahren, bis heute, und HEUTE schreibe ich die Wahrheit nieder.

Ja, ich habe alle angelogen. Ich muss es beichten, jetzt ist es so weit. Es war natürlich kein Haschisch, mit dem ich damals erwischt wurde. Es war Kokain! So, jetzt ist es raus.

EINMAL DIE NATION UND MICH SELBST VERARSCHT

★ Martin Kesici

Verdammte Scheiße, was hatte ich die Nacht über geschwitzt! Im Sommer 2003 schien Deutschland wohl kurzfristig einen Ausflug in die Tropen gemacht zu haben. 30 Grad und nachts kaum Abkühlung. Die verkackte Klimaanlage musste ich aber auslassen, um meine eh schon angekratzte Stimme nicht noch weiter zu strapazieren.

Die Dusche hätte ich mir auch sparen können, denn sobald ich abgetrocknet war, begann ich auch schon wieder zu schwitzen. Ich hatte gerade meine Unterhose angezogen, als mein Handy klingelte. Barfuß lief ich zum Nachttisch, auf dem das Ding lag. Die Nummer kannte ich nicht, aber wenigstens war sie nicht unterdrückt. Na, mal sehen, wer da so früh etwas von mir wollte.

»Hallo, hier ist der Soundso.« Den Namen hab ich echt wieder vergessen. Doch als die männliche Stimme am anderen Ende mir sagte, für wen sie arbeitete, war ich schlagartig voll da, ehrlich. Die 30 Grad draußen waren jetzt Nebensache.

Der Typ meinte, dass er von der *Bild*-Zeitung sei und dringend mit mir sprechen müsste. Na toll, die *Bild*.

»Oh ja, hallo«, stammelte ich vor mich hin, »was gibt's?«

Der Typ fackelte nicht lange und meinte, dass ich einer der wenigen Showkandidaten von *Star Search* sei, der eine interessante Vergangenheit und vielleicht eine Hintergrundgeschichte auf Lager hätte.

Obwohl es mir bei dem Wort »Vergangenheit« schon eiskalt den Rücken runterlief, stellte ich mich erst einmal dumm. Mir schoss aber alles Mögliche gleichzeitig durch den Kopf: Mein Vater, der von nichts wusste, die Bewährungsstrafe, die Sozialstunden, das Haschisch, das in Wirklichkeit Kokain gewesen war, und die Tatsache, dass es bis zu diesem Zeitpunkt keinen Menschen gab, der wirklich alles wusste. Eigentlich hatte ich mit der Sache längst abgeschlossen. Das war alter Käse und die Vertragssache mit der Produktionsfirma hatte ich erfolgreich in die hinterste Ecke meines Hirns verdrängt.

> **»Es verging keine Minute, dann klingelte es wieder. Der Reporter sagte, dass ich wohl vorbestraft sei.«**

»Äh, ja und…«, hörte ich mich ins Handy stottern. Der Typ fragte mich jetzt direkt, ob es denn stimme, dass ich vorbestraft sei. In diesem Moment habe ich das Handy wie ferngesteuert von meinem Ohr genommen und auf die rote Taste gedrückt. Dann schleuderte ich das Ding auf mein Bett, als ob es mich gerade gestochen hätte. Ich stand komplett neben mir, hatte nur die Unterhose an und schwitzte jetzt nicht mehr wegen der 30 Grad draußen, sondern wegen dem Typen von der *Bild*.

Es verging keine Minute, dann klingelte es wieder. Der Reporter sagte, dass ich wohl vorbestraft sei. Das stimmte ja auch, aber irgendwie war das ein anderer Martin, von dem der *Bild*-Typ da sprach. Nicht der Martin, der gerade auf einer nie da gewesenen

EINMAL DIE NATION UND MICH SELBST VERARSCHT

Welle surfte und Dinge machte, von denen er vor ein paar Wochen noch nicht mal zu träumen gewagt hatte. Hey, ich war im Begriff, etwas zu erreichen. Alle um mich herum, die mir etwas bedeuteten, waren stolz auf mich. Und das war schon sehr lange nicht mehr der Fall gewesen.

Ich ging ans Handy, bevor sich die Mailbox einschaltete. Diesmal sagte er nicht einmal mehr »Hallo« oder Ähnliches. Seine Sätze waren direkt und glasklar. Wenn ich das Viertelfinale gewinnen würde, dann würden sie die Story bringen. Sie wüssten ja ungefähr, was passiert sei. Ich schluckte und das Ja blieb mir im Hals stecken. Dann fragte er mich, wo wir uns treffen könnten, und wir verabredeten uns für denselben Abend in der Hotellobby. Nachdem ich aufgelegt hatte, hallten zwei Wörter durch meinen Kopf:

Haschisch, Kokain, Haschisch, Kokain, Haschisch, Kokain, Haschisch, Kokain, Haschisch, Kokain, Haschisch, Kokain, Haschisch, Kokain, Haschisch, Kokain...

Verdammte Kacke, niemand wusste, dass es sich damals eben nicht um Hasch, sondern um Koks gehandelt hatte. Ich hatte zwei Jahre auf Bewährung bekommen. Damals hatte ich auch selbst das Zeug durch die Nase gezogen und dann halt nicht alles selbst... sondern mal hier und mal da und... na ja, ihr versteht... wie gesagt, nicht umsonst gab es diese satte Strafe.

Das Allerschlimmste war aber nicht, dass die *Bild* die Geschichte bringen wollte, sondern dass mein Vater NICHTS davon wusste. Rein gar nichts! Meiner Mutter habe ich damals alles gebeichtet, mein Bruder wusste auch Bescheid, aber meinen Vater wollte ich einfach nicht enttäuschen. Ich wollte, dass er gut über mich denkt, dass er stolz auf mich ist. Das ist so eine typische Vater-Sohn-Geschichte. Wir reden nicht viel miteinander, aber wenn es darum geht, dass ich ihn nicht enttäuschen will, dann würde ich Berge in Bewegung setzen.

Jetzt hatte ich einen Haufen Probleme: die Haschisch-Lüge, die Beichte bei meinem Vater, die Produktionsfirma im Nacken, die *Bild* auf den Fersen und meine Zukunft in deren Händen. Eine tolle Kombination. Und was tat ich? Ich ging damit auf die typische Kesici-Art um. Anstatt die Probleme aus dem Weg zu räumen, verschlimmerte ich alles noch mehr. Ich behielt die Haschisch-Lüge bei, weil ich einfach nicht wollte, dass die Kokain-Geschichte an die Öffentlichkeit kam. Die Tür hatte ich außerdem ja schon bei der Produktionsfirma zugestoßen.

Apropos Produktion! Ich beschloss, zunächst einmal wieder die vierte Etage der Studios aufzusuchen. Den Aufzug habe ich diesmal ausnahmsweise nicht genommen, um noch etwas mehr Zeit zu schinden. Auf der Treppe überlegte ich, wie die *Bild* eigentlich an diese Information gekommen war. Gab es da Leute, die über uns recherchierten und bei der Polizei in den Akten forschten? Nein! Das musste anders laufen. Warum tauchten wohl immer wieder so viele Geschichten über Kandidaten auf? Weil es spannend war und die Zuschauer auf Geschichten warteten. Würde es die nicht geben, könnte die Quote sinken. Ist die Quote aber im Keller, wird die Sendung abgesetzt und es gibt keine Nachfolgesendungen mehr – und das will bestimmt kein Sender. Ohne Show keine Werbung und ohne Werbung kein Geld. Dies würde auch für die Produktionsfirma finanzielle Einbußen bedeuten, deswegen setzen die natürlich alles daran, die Show so interessant und quotenmäßig erfolgreich wie möglich zu gestalten.

Tja, heute weiß ich, wie so was funktioniert. Damals rätselte ich im Treppenhaus des Studiokomplexes, wie die *Bild* wohl an diese Information gekommen sein mochte. In Wirklichkeit war es aber gar nicht die *Bild*, die sich die Mühe machte, sondern es gab Maulwürfe in den eigenen Reihen.

EINMAL DIE NATION UND MICH SELBST VERARSCHT

Die Leute im vierten Stock wussten also schon längst, warum der Maddin da kreidebleich angekrochen kam, und gaben mir den Ratschlag, doch möglichst ehrlich von meiner Vergangenheit zu erzählen. Wie gesagt, damals habe ich mich gewundert, heute muss ich über meine eigene Dummheit lachen. Aber was soll's, ich war halt noch ziemlich grün hinter den Ohren, was die Machenschaften der Medienwelt betrifft.

Am Abend wartete ich dann wie verabredet in der Hotellobby auf den Reporter. Es kam ein kleiner, untersetzter Typ, Mitte 30. Ich weiß noch genau, dass ich mich wunderte, dass der keinen Stift und keinen Block dabeihatte. Irgendwie habe ich auch die Fotokamera um den Hals vermisst. Hey, der Typ war Reporter bei der *Bild*, warum sah er dann nicht so aus, wie ich mir das immer vorgestellt hatte? Nach einer kurzen Begrüßung meinte er, ob wir nicht in ein Hinterzimmer verschwinden wollten. Also kippte ich den letzten Rest meines Bierchens in mich hinein und antwortete mit einem freundlichen: »Ja klar.« Dann sollte ich erzählen. Ich brachte die Geschichte auf den Tisch, sagte, dass ich mal hier und da was vertickt hatte und dann mein Telefon abgehört worden war. Anhand dieses Beweismaterials konnten mir die besagten viermal 10 Gramm nachgewiesen werden. Aber ich blieb bei der Haschisch-Version. Punkt und aus. Der Typ sah mich durchdringend an und fragte, ob es denn wirklich nur Haschisch gewesen sei. Daraufhin blickte ich ihm tief in die Augen und antwortete im härtesten Ton, den ich draufhatte: »He, klar Mann! Die Bullen haben das Telefon von meinem Dealer abgehört und sind dann in meine Bude eingeritten und haben alles auseinandergenommen. Natürlich hab ich denen nicht erzählt, woher ich den Stoff hatte, und deswegen haben die mich gleich hart rangenommen.«

Er sah mich noch eine ganze Weile lang an. Ich glaube fast, dass er Mitleid mit mir hatte, aber er schien mir zu glauben und ich war mehr als glücklich darüber. Ab diesem Zeitpunkt war ich nicht mehr nur der Kinnteufel, sondern auch der Hasch-Martin.

Schließlich gab er mir die Hand und verabschiedete sich.

»Wann kommt das dann in der *Bild*?«, fragte ich.

Er drehte sich noch einmal um und meinte, dass sie es bringen würden, wenn ich das Viertelfinale gewinnen würde. Dann wünschte er mir noch einen schönen Abend.

Dieses: »Schönen Abend noch, Martin!«, hallte bis tief in die Nacht in meinem Kopf. Mir ging es nicht wirklich gut. Ich bin zurück zu den anderen in die Lobby und trank ein Entspannungsbierchen. Ich wusste, dass ich eine Hürde noch vor mir hatte: die Beichte bei meinem Vater. Sollte ich wirklich bei der Hasch-Geschichte bleiben oder gleich reinen Tisch machen?

Einen Tag später stellte sich mir diese Frage nicht mehr. Ich saß zu Hause am Küchentisch und blickte in die klaren und reinen Augen meines Vaters. Ich brachte es einfach nicht übers Herz, ihm von dem Koks und der Dealerei zu erzählen. Also blieb ich bei der Geschichte mit dem Hasch. Wie ein kleiner Schuljunge saß ich am Tisch und heulte. Ich konnte nichts dagegen machen. Der harte Rocker, der Typ, der Mikrofonständer quer über die Bühne schmiss und ins Mikro brüllte, saß klein und heulend vor seinem Vater.

Aber ich heulte nicht, weil mir etwas leidtat, sondern über meine eigene Dummheit und darüber, dass ich meinem Vater, zu dem ich heute noch aufblicke, beichten musste, dass ich groben Scheiß gebaut hatte und es keinen Grund gab, stolz auf mich zu sein. Das brach mir fast das Herz. Dieser Mann hat immer zu mir gehalten. Er war hart zu mir, klar, das müssen Väter sein, aber er hat mir beigebracht, wie ich mich durchs Leben schlagen kann. Ich wollte doch nur, dass er stolz auf mich sein konnte. Und jetzt, da ich zum ersten Mal allen zeigen konnte, was ich draufhatte, kam diese herbe Niederlage. Das tat weh!

EINMAL DIE NATION UND MICH SELBST VERARSCHT

Papa, wenn du diese Zeilen gelesen hast, hoffe ich, dass du mir verzeihen kannst, dass ich dich damals wie übrigens die ganze Nation angelogen habe. Es war kein Haschisch, es war Kokain. Papa, das ist die Wahrheit. Mein Respekt vor dir ist zu groß und mein Mut leider zu gering, deswegen musst du das hier in meinem Buch lesen. Es tut mir leid!

Der Tag des Viertelfinales kam und wie ihr wahrscheinlich wisst, gewann ich auch diese Runde bei *Star Search*. In der *Bild* stand einen Tag später auf Seite eins: »Darf so einer Deutschlands neuer Superstar werden?«

Ich war total im Arsch und von da an eben der Hasch-Martin. Aber immer noch besser als der Kokser-Martin von *Star Search*, der vom Wettbewerb ausgeschlossen worden war und von da an nie mehr eine Chance bekommen hatte, im Musikbusiness Fuß zu fassen.

Die Lawine war also in Gang gebracht und ich musste bei sämtlichen Boulevard-Magazinen antreten und alles erklären. Die Lokal- und Stadtzeitungen standen Schlange. Alle wollten das Geständnis persönlich in ihre Diktiergeräte gesprochen bekommen oder mit ihren Kameras festhalten. Der Fleck auf meiner weißen Weste war nun in der gesamten Republik bekannt. Da ich mit diesem Thema in den Interviews recht offen umgegangen bin, sah ich jedes Mal in die entsetzten Augen der Interviewer. Aber mein Gott, es war eben passiert, ich hatte meine Strafe dafür erhalten. In den Interviews meinte ich: »Hey, egal! Sie haben mich halt damals erwischt. Ich hatte einfach Pech.«

Dass ich nur die halbe Wahrheit erzählte, verdrängte ich einfach.

Ich weiß echt nicht mehr, ob das Ganze der Sendung quotentechnisch etwas brachte, aber egal. Ich war Gesprächsthema Nummer eins in Deutschland, zumindest einen verfickten Tag lang.

Lasst mich dieses Kapitel bitte mit folgenden Gedanken abschließen. Für mich war es verdammt schwer, das hier zu schreiben und endlich zur ganzen Wahrheit zu stehen. Ich denke, dass heute in Deutschland nahezu 80 Prozent der Menschen Drogen nehmen oder mit Drogen zu tun haben – egal, ob mit Hasch, Koks oder anderen harten Sachen. Von Alkohol und Zigaretten ganz zu schweigen.

Die Geschichte im Reichstag, als ein Reporterteam heimlich einen Kokstest auf den Toiletten vornahm und fast auf jedem Klodeckel Spuren dieser Droge nachgewiesen wurden, war für mich persönlich Beweis genug, dass Drogen nahezu in allen Bereichen unseres alltäglichen Lebens eine Rolle spielen. Ich selbst bin total weg von dem Zeug. Meine Droge ist heute die Musik. Das hört sich vielleicht extrem saubermännisch an, aber mir ist es egal, was ihr da draußen über mich denkt.

Ohne Drogen auf die Bühne zu gehen ist das Größte, was einem passieren kann. Die Energie all der Menschen, die einen gut finden, einem zujubeln und die Songs mitsingen, ist einfach unglaublich. Besser als jedes Rauschmittel. Die Kraft, die von diesen Menschen ausgeht und die dich durchströmt, ist mit nichts zu vergleichen. Man muss es einfach selbst erlebt haben.

BEHIND BLUE EYES

★ **Markus Grimm**

Alle Sicherungen waren durchgebrannt, die Hysterie, die Tränen der Freude und des Leids der anderen Kandidaten und der Kampf um jede Runde hatten mich gepackt – ich war verloren, meine alten Bandjungs konnten mich nicht mehr bremsen. Ich ließ sie zurück, egoistisch und unfair. Ich begrub einen gemeinsamen Traum für meinen neu entdeckten Egotrip.

Irgendwie hatte ich immer noch die Hoffnung, dass wir, unabhängig davon, ob ich bei *Popstars* meinen Weg gehen würde oder auch nicht, weiterhin zusammen Musik machen und unser Ding fortsetzen könnten. Nie hätte ich gedacht, dass sich die Musik und mein Leben so verändern würden, dass ich kurzzeitig die Fähigkeit verlieren würde, einen normalen Bandalltag mit Proben, Grillen, Saufen und Auftreten zu führen.

Doch irgendwann gab es Musik nur noch in vorgefertigten Häppchen, nicht aus den Federn der Freunde mit Texten von mir, sondern von anderen Musikern rund um den Globus, die alle ihren Teil zur Musik von Nu Pagadi beitragen sollten. Ich sang nur noch auf fertige MP3-Dateien meine Stimme ein. Es fehlte die Basis, das Gefühl für den Song, die Möglichkeit, seine Entstehung zu erleben und das Verständnis für die Aussage des Stückes zu entwickeln – alles war weg oder niemals da gewesen.

Es folgte Runde um Runde und Freunde wie Feinde verabschiedeten sich auf diesem kurzen gemeinsamen Lebensweg wieder voneinander. Jede Entscheidungsshow forderte große Opfer und schürte Intrigen. Derjenige, der die besten Chancen hatte weiterzukommen, wurde plötzlich der Freund aller. Ich war lange Zeit eher der Außenseiter und verbrüderte mich deswegen auch eher mit solchen Typen.

Daniel Romberg – Wursti –, der einzige Kandidat, der noch etwas mehr auf den Rippen hatte als ich, wurde mein Begleiter. Doch nicht nur die Schwachen bildeten mit mir eine Front, da war noch jemand anderes. Es funkte heftig zwischen uns – nicht sexuell –, wir sprachen musikalisch eine Sprache und hatten beide schon mehr Nächte in schimmelnden Proberäumen verbracht als auf der Sonnenseite des Lebens. Die beiden Faktoren Musik und Lebensweg, die uns entsprechend der Hoffnung der Produzenten eigentlich zu erbitterten Feinden hätten machen sollen, machten uns zu Freunden. Es war Pat Boinet, ein ungehobelter Klotz, muskulös und offenbar nicht ganz dicht in der Birne, was ihn noch sympathischer machte. Er hatte sein Glück bei *Star Search* schon einmal versucht und Martin Kesici bei einem lokalen Berliner Casting auf den zweiten Platz verwiesen.

Der erbitterte Kampf um den Einzug in die Band entbrannte also nicht zwischen uns, vielmehr war Pat von nun an meine Unterstützung. Obwohl er beim Training und Joggen ganz vorne allen hätte davonlaufen können, blieb er hinten im Feld neben mir, dem schnaubenden Walross, und feuerte mich an, wenn Detlef darauf wartete, dass ich das Handtuch warf. Die Angst, die ich vor Detlef D! Soost gehabt hatte, war längst verflogen, ebenso waren auch 10 Kilo verschwunden, die ich vorher noch vorne und hinten an meinem Bauch mit mir herumgeschleppt hatte.

Mit Detlef verbindet mich ein ganz besonderes Erlebnis, das ich nie vergessen werde, auch wenn er einer der Menschen ist, die nach allem ihren Weg weitergegangen sind und mich vergessen haben. Irgendwann hatten wir keinen Kontakt mehr. Auch das gehört eben dazu, dass Menschen, die meinen Weg begleitet haben und die ich naiv, wie ich sein kann, in mein Herz geschlossen hatte, später am Telefon auflegten oder nie mehr erreichbar waren. Der Nutzen ist anscheinend entscheidend, und wer gerade nicht gebraucht wird, verschwindet von der Liste.

Zurück zu dem Erlebnis mit D!. Der Workshop war so geplant, dass die Jungs vier Wochen in einer verschimmelten, ausgemusterten Bundeswehrkaserne in Stadtoldendorf bei Bremen ausharren sollten und die Mädels dafür ihren Workshop in einem Schloss im mondänen Schweizer Örtchen Locarno abhalten durften. Alles für den Erfolg der Fernsehshow, und da zählt nun einmal nur der krasse Gegensatz, alles andere wäre nicht spannend genug gewesen.

Die Kaserne in Stadtoldendorf stand seit vier Jahren leer und der Bau verweste vor sich hin. Die Fußböden in unseren Zimmern waren die reinste Dünenlandschaft und es gab kein fließend warmes Wasser. Hey, Moment, ich heul jetzt hier nicht rum, meine Wohnung zu Hause war auch nicht trocken, in meinem Schlafzimmer lebten mehr Bakterien als in einer ganzen Palette Joghurtdrink, und unser Proberaum stand in puncto Feuchtigkeit meiner Bude in nichts nach – aber hier ging es schließlich um Gesang und natürlich wurde jeder Zweite von uns krank und heiser.

Aber so war eben die Show, nichts von wegen warme Sonne in Orlando, Florida, wie die Boygroup vor uns – Schimmel in der Stadtoldenburger Kaserne war angesagt.

Diese Kaserne war für mich der Beweis dafür, dass es die richtige Entscheidung gewesen war, den Zivildienst zu leisten – und dieser brachte mir durch die Arbeit mit geistig behinderten Menschen noch den Vorteil, dass ich seitdem verlogene Menschen auf 100 Meter gegen den Wind riechen kann.

Wir saßen alle zusammen in einem Kreis am trockensten Ort der Kaserne, der ehemaligen Mensa, und arbeiteten an dem Song *Behind Blue Eyes*. Detlef wollte Emotionen und Bilder in uns wecken und nutzte dafür dieses Lied. Wir sollten in uns gehen und erkennen, was wir mit diesem Lied gemein haben. In dem Song geht es darum, dass niemand weiß, was in einem oder hinter den schönen blauen Augen und der selbst errichteten Fassade so abgeht. Damit hatte Detlef bei mir mitten ins Schwarze getroffen. In mir kochte alles hoch und ich war kurz davor, mitten in den Raum zu kotzen. Ja, auch ich hatte meine Maske auf, nein ich hatte eher pro Tag und Stimmung 50 von diesen bescheuerten Masken, hinter denen es sich perfekt leben ließ, auch wenn man sich damit nur selbst einkerkerte.

Als ich in dieser bescheuerten alten Bundeswehrkaserne mit noch recht fester Stimme das erste *No One Knows What It's Like* rausbrachte, verschwanden all diese Masken mit einem Schlag. Ich konnte es nicht stoppen, ich wehrte mich mit aller Kraft gegen die Tränen, die mir in die Augen schossen, versuchte nur an den Text des Liedes zu denken und weiterzumachen. Kämpfen, bloß nicht aufgeben – aber jedes einzelne verfickte Wort dieses Liedes brachte mich näher zu dem Jungen, den ich hinter den Masken zu verstecken versucht hatte. Als die erste Träne wie Feuer auf meiner Wange brannte und langsam über meine Backe rollte, war alles zu spät. Die Angst und die Verzweiflung verwandelten sich in eine Mischung aus Wut, Mut und Hass, und so wurde dieses Lied meine Abrechnung mit all dem, was ich durchgemacht hatte.

Obwohl ich weinte, blieb ich stehen. Die Tränen waren mir plötzlich egal, und auch wenn nun all die Idioten vor dem Fernseher hocken sollten, die mich jahrelang gequält hatten, jetzt war ich stärker als sie.

Für die Dauer dieses Liedes war ich wieder der 16-jährige, 108 Kilo schwere Junge mit den schiefen Zähnen, der allein mit seinem

BEHIND BLUE EYES

Walkman in der letzten Reihe der Schulbank saß und am liebsten tot gewesen wäre, um die Demütigungen nicht mehr ertragen zu müssen.

Natürlich musste ich auch noch schwul sein, um noch mehr am Rand zu stehen und als Schwuchtel erst recht einen Grund zu liefern, eine aufs Maul zu kriegen von all den coolen Typen, die dann abends doch bei mir auftauchten, um herauszufinden, wie es ist, wenn man schwul ist… Tagsüber eins auf die Fresse und abends streicheln – wie gesagt, jeder hat seine Masken und bei den meisten heißt sie »Coolness«.

»Während der dreieinhalb Minuten dieses Songs habe ich Tränen geheult, die so alt waren wie ich selbst – ich hatte noch nie wegen mir selbst weinen können, doch bei diesem Lied passierte es.«

Ich war wieder der, der täglich durch den Lehrerausgang abgehauen ist, um einer Tracht Prügel aus dem Weg zu gehen, und dann später am Bahnhof doch wieder von den Arschlöchern aus meiner Klasse eingeholt wurde und einen Tritt in den Rücken bekam. Für diesen Moment, in dem ich weinend vor fast fremden Kandidaten oder Konkurrenten diesen Song mit gebrochener Stimme sang, war ich wieder der, dem selbst die Klassenlehrerin höchstens eine Karriere als Arbeitsloser oder Kfz-Mechaniker vorausgesagt hatte, der sich allein in sein Zimmer eingeschlossen hatte und *Who Wants to Live Forever* von Queen hörte und beschloss, nicht ewig leben zu wollen.

Im Endeffekt war ich dann zu feige oder doch zu mutig, um einen Schlussstrich zu ziehen. Ich gab die Hoffnung nicht auf, dass irgendwann alles anders werden würde und ich all das hinter mir lassen könnte. Und das war der Moment. Während der dreieinhalb Minuten dieses Songs habe ich Tränen geheult, die so alt waren wie ich selbst – ich hatte noch nie wegen mir selbst weinen können, doch bei diesem Lied passierte es. Ich schrie alles heraus, was sich fast 24 Jahre lang angestaut hatte, und brach beim letzten Akkord zusammen. Detlef richtete mich auf und nahm mich in den Arm. Er wischte mir übers Gesicht und sprach mir wieder Mut zu.

Dabei ging es nicht darum, dass er mich gesondert behandeln oder mich ins Finale durchschleusen wollte. Es ging darum, ob ich bereit war, diesen Weg nun mit der Gewissheit zu gehen, dass der Mann, vor dem ich die meiste Panik gehabt hatte, hinter mir stand und mich immer ein Stück weiter treten würde, als ich selbst laufen konnte. Und so lief ich los. In all der Zeit des Castings, der provozierten Intrigen und Lügen, des ganzen Plastiks und der Verarsche war das für mich der einzig wahrhaftige Moment bei *Popstars*.

Als im Finale als Erstes mein Name als Sieger fiel und ich Detlef in die Arme stürzte, sagte er: »Siehst du, ich habe es dir gesagt, Großer! Du hast es geschafft – ganz allein.«

Nein, nicht allein, sondern mit der Hilfe von Leuten, die mich früher mit Sicherheit aus Gruppenzwang auch verprügelt hätten. Dafür danke ich Detlef und vor allen Dingen Pat – schön, dass es auch echte Momente gegeben hat.

SHOWTIME

★ **Martin Kesici**

Mein erster großer Tag. Ich wachte im Dorint Hotel in der Nähe der Berliner Adlershof-Studios auf. Der Sommer 2003 war, wie bereits gesagt, extrem heiß. Draußen hatte es bis zu 35 Grad und in meinem Zimmer mindestens auch. Die Klimaanlage funktionierte zwar, aber schon am Abend vor dem Schlafengehen hatte ich das Ding mal wieder auf null gestellt. Für Sänger ist die Klimaanlage der größte Feind. Die Stimmbänder trocknen dadurch so schnell aus, dass man schon nach ein paar Minuten das Gefühl hat, zwei schön angebratene Scheiben Speck im Hals stecken zu haben. Das war genau das, was ich für meinen ersten Auftritt im Fernsehen nicht brauchen konnte.

Ich duschte und ließ ausnahmsweise das Wasser etwas länger über mich laufen. Die Shows, die bisher auf Sat.1 gelaufen waren, hatte ich mir im Fernsehen natürlich angeschaut. Das Kribbeln in meiner Magengegend war enorm, aber ich konnte mir beim besten Willen nicht vorstellen, dass ich bald auf der gleichen Bühne stehen würde und vor Millionen von Menschen singen sollte. Doch das Bald war HEUTE!

Die Show heute war das Achtelfinale und mir war klar, dass ich im besten Falle nur viermal die Chance hatte, im Fernsehen aufzutreten.

Pünktlich um zehn stand ich im Foyer zu den Studios. Zusammen mit ein paar Kollegen, die ebenfalls um diese Uhrzeit vor Ort sein mussten. Dass ich nachts die Klimaanlage ausgestellt hatte, war bis zu diesem Zeitpunkt eine echt gute Idee gewesen. Allerdings nur bis zu diesem Zeitpunkt. Da in Deutschland Hochsommer war, lief in den Büros und den Studios die Klimaanlage auf vollen Touren. Draußen 30 Grad und drinnen gerade mal 18! Meine ganze Prävention war also im Arsch.

Es ging los mit Vocalcoaching, also Gesangstraining. Danach zur Kostümprobe und dann ins große Studio, um die Stell- und Lichtprobe zu machen. Ich werde den Augenblick nie vergessen, als ich zum ersten Mal das Studio betrat. Es war einfach nur enttäuschend. Alles sah so trostlos aus. Von der Decke kam nur ein aschfahles Licht und die Bühne sah extrem schäbig aus. Manche Sachen waren so notdürftig aus Holz zusammengezimmert, dass jeder Schreiner wohl einen Herzinfarkt bekommen hätte, wenn er das gesehen hätte. Im Fernsehen sah das doch alles immer so glamourös aus!

Zum ersten Mal begriff ich, was Licht bewirken konnte. Als zum Soundcheck die Systeme hochgefahren wurden, fühlte ich mich schon wesentlich wohler. Das Schäbige war wie weggeblasen. Alles glitzerte, funkelte und erstrahlte sprichwörtlich in neuem Glanz. Dass im Bühnenboden Monitorboxen eingelassen waren, fand ich sehr gut. Denn die Nummer mit In-Ear-Systemen wie bei *Popstars* und *DSDS* hasste ich wie die Pest. Das war schon mal ein positiver Anfang.

Ich machte meinen Soundcheck mit *She's Like the Wind*. Es war ein komisches Gefühl, vor all den leeren Sitzplätzen zu singen. Zwar waren Kameramänner da und Aufnahmeleiter, aber sonst niemand. Normalerweise passten fast 500 Leute in das Studio. Irgendwie war es echt gespenstisch, vor diesen leeren Rängen zu singen. Prompt kam dann auch mein altes Problem wieder. Ich hatte

SHOWTIME

keine Gitarre und keinen Mikrofonständer, um mich an etwas festzuhalten. Eine Gitarre wäre bei *She's Like the Wind* wohl auch fehl am Platz gewesen, aber einen Mikrofonständer konnte ich doch sicherlich ordern...

Das wurde später übrigens zum Running Gag des Soundchecks.

»Ey, ich brauch mal 'nen Ständer!«

Mit diesen Worten wurde ich nach kurzer Zeit sogar von den Maskenmädels begrüßt. Irgendwie ganz spaßig, aber auf Dauer auch nervig. Andererseits hat es mich immer wieder von meiner Nervosität abgelenkt. Also war es eigentlich ganz gut, dass um meinen Ständer so ein Brimborium gemacht wurde.

Die Generalprobe war um 14 Uhr. Hier traf ich auch zum ersten Mal in meinem Leben auf Kai Pflaume. Ein echt cooler Typ, kann man nicht anders sagen. Er begrüßte mich mit den Worten: »Na, Martin, alles klar?« – »Sicher doch«, grüßte ich kurz zurück und dann lief das Ganze extrem professionell ab. Später durfte ich auch seine Frau und seine beiden Kinder kennenlernen. Familie Pflaume ist einfach DIE Vorzeigefamilie Deutschlands schlechthin. Ich kann echt verstehen, warum man über Kai in den Klatschspalten so wenig liest. Der ist einfach nur normal und kein bisschen abgehoben. Von ihm könnten sich meiner Meinung nach viele Nachwuchsmoderatoren eine dicke Scheibe abschneiden. Also ich mag ihn einfach, da kann man nichts machen.

Nach der Generalprobe musste ich durch das Foyer laufen, um backstage zum zweiten Maskentermin zu kommen. Das war der Moment, in dem ich zum ersten Mal aus meinem Trott gerissen wurde. Ich sah die Menschen, die draußen vor den Studios auf dem roten Teppich anstanden, um nach dem Einlass die besten Plätze zu ergattern. Und erst da wurde mir so richtig bewusst, dass ich am Abend im Fernsehen sein und vor ein paar Millionen Menschen singen würde. Verdammte Scheiße, heute Abend würde ich es tun. Von da an rannte ich wie der Hamster im Rad und fühlte mich die ganze Zeit, als sei ich im falschen Film. Ich nahm alles nur irgendwie verschwommen wahr, alles ging plötzlich ganz schnell und automatisch. Ich fühlte mich wie in einem Mühlenrad. Alles dreht sich irre schnell um einen und man wird hin und her geschubst. Man bekommt nichts mehr wirklich mit. Zeitweise habe ich mich wie ein Roboter oder wie eine Flipperkugel in einem Flipperautomaten gefühlt.

Jetzt war für mich der Punkt erreicht, an dem ich mich dringend ausklinken musste, sonst hätte mich um 20.15 Uhr wohl niemand im Fernsehen singen hören und sehen können. Also packte ich mich in meine eigene Zeitschleife und verzog mich mit meinem MP3-Player in die hinterste Ecke der Cafeteria. Heimlich habe ich mir einen Jägermeister eingepfiffen, um nur endlich wieder so ruhig wie vorhin zu werden. Alkohol ist allerdings nicht gerade das beste Mittel, um zur Ruhe zu kommen. Man hört zwar hin und wieder, dass selbst große Opernsänger vor dem Auftritt mal ein Schnäpschen kippen, aber die ultimative Lösung kann das nicht sein.

Die Halle begann sich zu füllen und der Uhrzeiger raste immer noch unaufhörlich auf 20.15 Uhr zu.

Der Countdown vor dem Showbeginn war für mich ein echtes Erlebnis. Alter, ich kam doch aus dem wirklichen Leben, stand mit beiden Beinen fest auf der Erde und hatte schon jeden, wirklich jeden Scheiß gefressen, und jetzt stand ich da plötzlich hinter den Kulissen einer Welt, die ich noch niemals vorher gesehen hatte. Das war alles so künstlich, so aufgeblasen und so unehrlich, dass ich zu zweifeln begann, ob das wirklich alles richtig war.

Herr Oberfuchshuber ist mir besonders im Gedächtnis hängen geblieben. Der hieß wirklich so. Er ging um kurz vor acht auf die Bühne und brachte den Zuschauern im Studio doch tatsächlich

SHOWTIME

bei, wie man richtig klatscht. Das war für mich eine völlig neue Erfahrung. Ich hatte noch nie von einem Warmupper gehört. Irgendwie war ich davon ausgegangen, dass die Menschen in diesen Shows einfach Spaß daran hatten, sich das anzuschauen, und wäre nicht im Traum darauf gekommen, dass man denen gute Laune auch noch beibringen musste. Warum waren sie denn dann überhaupt gekommen? Hatten die etwa gar keine Lust auf die Show und somit auch gar keine Lust darauf, uns singen zu hören? Es war einfach krass. Bei jeder noch so kleinen Pause musste Herr Oberfuchshuber den 500 Leuten in der Halle vorklatschen. Ihr könnt euch gar nicht vorstellen, wie sehr mir das schon nach der ersten Werbepause auf die Nüsse ging.

Die Tatsache, dass ich mich darüber aufregte, half mir, mich von meiner aufkommenden Nervosität zu befreien. Im Publikum entdeckte ich auf der rechten Seite meine Kumpels aus den Rockerkreisen. Sie waren nicht zu übersehen. Warum, muss ich wohl nicht erklären. Die passten optisch genauso wenig in das Schema der Show wie ich. Wenn ich mich in diesem Moment allerdings im Spiegel gesehen hätte, dann hätte ich erschreckenderweise feststellen müssen, dass ich gegenüber meinen Kumpels bereits eine deutliche Veränderung durchgemacht hatte. Schuld waren die Stylisten der Show. Die Klamotten, die ich anziehen musste, waren ganz und gar nicht mein Geschmack. Ich erinnere mich daran, dass ich an diesem Tag eine viel zu enge Halskette tragen musste. Nach der Show riss ich sie mir sofort ab, ich hatte tatsächlich schon Abdrücke davon. Das wäre ein Ding gewesen, wenn die Kette während des Singens vor lauter Halsspannung gerissen wäre.

Um 20.10 Uhr wurden wir hinter die Bühne gebracht. Es war dunkel und überall herrschte hektisches Treiben, keiner lief mehr normal herum. Entweder rannten die Leute vorbei oder sie gestikulierten wild und wisperten in irgendwelche Funk-Headsets. An der Rampe, die hinaus ins Licht und somit auf die Bühne führte, sah ich Kai Pflaume stehen. Er stand da in seinem Anzug und schaute konzentriert auf seine Moderationskarten. Er war der Einzige, der sich total von diesem Stress abzukapseln schien. Niemand traute sich an ihn heran. Die Aufnahmeleitung deutete ihm nur von Weitem mit einem Fingerzeig die letzte Minute bis 20.15 Uhr an.

Die Showmusik ließ mich völlig kalt, bei so einem Scheiß bekomme ich grundsätzlich keine Gänsehaut. Die anderen Kandidaten neben mir schienen förmlich zu explodieren. Als Pflaume sein Zeichen erhielt, ging er raus und begrüßte die Zuschauer. Exakt so, wie es sein Moderationstext vorgesehen hatte. Mit genau den gleichen Worten, die er in der Generalprobe benutzt hatte. Ich hatte das Gefühl, dass ich das Ganze im Fernsehen sehen würde, nur dass ich heute mal kein Bierchen in der Hand hatte und die Füße nicht auf dem Wohnzimmertisch lagen. Aber nein: ICH STAND HINTER DER BÜHNE UND MUSSTE DA GLEICH RAUS!

In dem Moment packte es mich auch. War das Lampenfieber? Keine Ahnung! Dieses Gefühl hatte ich so extrem noch nie gehabt.

Durch die Kulisse schaute ich raus in das Studio. Die Jury bewertete gerade die Kindersänger. Alexandra Kamp saß von mir aus ganz rechts, daneben Hugo Egon Balder und Jeanette Biedermann. Zusätzlich gab es immer noch einen Gastjuror. Das war in meinem ersten Achtelfinale der Bulle von Tölz alias Ottfried Fischer. Nach der Bewertung der Kindersänger ging es in die Werbepause. Jetzt kam wieder Herr Oberfuchshuber. Ich spielte mit den Fingern an meinen Händen und versuchte, mein Lampenfieber in den Griff zu bekommen.

So zog die Show Stück für Stück an mir vorbei. Die Comedians waren abgehakt und die Models auch. Ich hatte weder Augen noch Ohren für das, was da auf der Bühne ablief. Zum Schluss standen nur noch meine Gesangskollegin, die gleichzeitig natürlich meine Konkurrentin war, und ich hinter der Bühne. Wir haben uns in der Werbepause gegenseitig Glück gewünscht und uns umarmt. Ich

SHOWTIME

weiß aber noch genau, dass ich überhaupt nicht darüber nachgedacht habe, wer von uns wohl das Ding gewinnen wird. Mir war das in diesem Moment völlig egal. Ich wollte nur raus und singen. Außerdem musste ich meine Premiere hinter den Kulissen des Showbusiness erst mal verdauen. Ich war doch Musiker. Natürlich wollte ich schon immer bekannt werden, aber doch nicht so. Ich wollte live spielen, ich wollte auf Tour gehen und so weiter, das war für mich Rock 'n' Roll, nicht das hier, diese verlogene Show aus Pappe, mit der ich meine Karriere anschieben wollte. Ich wollte nur ehrliche Musik machen.

Heute weiß ich, dass das Fernsehen ein gutes Mittel sein kann, um für sich Werbung zu machen. Verteufeln will ich das ganz bestimmt nicht.

Als meine Konkurrentin fertig war, verfolgte ich über den Monitor die Punkteverteilung. Jeder der Jurymitglieder konnte maximal fünf Punkte vergeben, das heißt, dass jeder Kandidat, wenn er von allen die Höchstpunktzahl bekam, 20 Punkte erreichen konnte. Danach kam noch das Voting des Publikums. Auch hier gab es noch mal bis zu 19 Punkte. Eine 20 war eher unrealistisch, da man ein Telefonverhältnis von 200 000 Anrufern zu null erreichen musste, und das war so gut wie nicht möglich. Weiß der Teufel, wie das alles genau vor sich ging, aber wichtig war ja eigentlich nur der Endpunktestand.

Ich stand im Dunkeln hinter den Kulissen. Nur wenige Meter entfernt war mein Mikrofonständer aufgebaut. Auf diesem Teil der Bühne war es dunkel. Kai Pflaume bekam sein Moderationszeichen und begann auf der linken Seite der Bühne mich anzusagen. Währenddessen spielte ich mit dem Mikro in meinen Händen und bekam noch schnell eine Umarmung von meinem Vocalcoach. Dann nannte Pflaume meinen Namen und meinte noch: »…liebevoll wird er hinter den Kulissen als Kinnteufel bezeichnet…«

Im ersten Moment war ich extrem sauer auf diesen Typen. Kinnteufel – gut, ich hatte diese beiden Zöpfe in meinem Bart, aber musste ich deshalb gleich der Kinnteufel sein? Was für Konsequenzen das noch haben sollte, war mir zum damaligen Zeitpunkt natürlich nicht klar.

In diesem Moment bekam ich das Zeichen dafür, auf die Bühne zu gehen. Ich weiß heute nicht mehr genau, wie ich dahin kam, es ging ganz automatisch. Normalerweise schalte ich auf der Bühne völlig ab und lebe dann nur noch für die Musik. Das ist dann nicht mehr die normale Welt, in der ich mich bewege. Es ist schwer zu beschreiben. Bei *Star Search* auf der Fernsehbühne wollte sich dieses Gefühl aber nicht so richtig einstellen.

Ich kann mich an keine Sekunde dieses Auftritts mehr erinnern. Ich muss wie in Trance gesungen haben. Aufgewacht bin ich dann erst wieder, als eine Welle mit gigantischem Applaus auf mich zurollte. Meine alten Kumpels standen auf den Sitzen und klatschten, und ich dachte nur: »Was ist denn los? Ich hab doch nur gesungen.«

Dann kam Kai auf die Bühne und fragte bei der Jury die Punktezahl ab. Von Alexandra Kamp kam so ein Satz wie: »Der Mann hat ein Charisma, da zieht es einem ja die Schuhe aus«, und Balder sagte: »Endlich mal ein Typ, der nicht reinpasst, der cool ist, der sein Ding durchzieht und anders ist.« Biedermännchen fand es wohl auch ganz okay und meinte, ich solle ihr versprechen, das nächste Mal zu rocken.

Nichts leichter als das! Ich erhielt die maximale Punktzahl, 20 fette Punkte von der Jury. Dann musste ich runter von der Bühne. Hinten angekommen, gratulierten mir ein paar Leute, während im Fernsehen die Werbung lief. Nach der Unterbrechung musste ich dann zusammen mit meiner Konkurrentin wieder raus zu Kai Pflaume. Der Höhepunkt der Show war die Punktevergabe des Publikums. Wieder lief alles wie in einem Film ab. Das Gesamtergebnis

SHOWTIME

war dann so, dass sie 37 Punkte bekam und ich sensationelle 39. Das hieß, dass ich von den Zuschauern noch mal 19 Punkte bekommen hatte – eigentlich fast unmöglich.

Wenn ich mich selbst im Fernsehen gesehen hätte, dann hätte ich wahrscheinlich während der Punktevergabe ein neues Bier geholt und zu meiner Freundin gesagt, dass der Typ ganz bestimmt nicht weiterkommt, weil er da gar nicht reinpasst. Aber es sollte eben anders kommen.

Das Strahlen verschwand für längere Zeit nicht mehr aus meinem Gesicht. Ich wurde von wildfremden Menschen umarmt. Als die Show aus war, bekam ich die Anweisung, noch auf der Bühne zu bleiben. Für einen kurzen Moment schloss ich die Augen, und als ich sie wieder öffnete, konnte ich kaum geradeaus schauen. Ein Blitzlichtgewitter brach los. Bis alle Fotografen ihr Bild gemacht hatten, vergingen ein paar Minuten und mir taten schon die Backen vom langen Dauergrinsen weh.

Hinter der Bühne stürmte meine Mutter mit Tränchen in den Augen auf mich zu und umarmte mich. Mein Vater und mein Bruder waren stolz wie Bolle und liefen mit wichtigen VIP-Ausweisen backstage herum. Ich habe mir erst mal ein Bierchen gegönnt und musste dann ein Interview nach dem anderen geben. Teilweise war es, als würde ich mir selbst beim Reden zuhören. Ich stand echt manchmal komplett neben mir und schaute mir zu, in Gedanken redete ich mit mir selbst.

»He, Kesici! Ey, Alter, da hast du echt mal was geschafft. Warum hast du das so gut gemacht? Na Mann, ich hab das getan, was ich am besten kann, was mir Spaß macht. Singen! Ich hab nicht geschauspielert oder so. Nö, ich hab einfach nur gesungen.«

So philosophierte ich in Gedanken weiter, während ich den bis dato längsten Interviewmarathon meines Lebens absolvierte.

Nachdem alles vorbei war und meine Eltern auf dem Nachhauseweg waren, ging ich in die Garderobe, stieg wieder in meine gute alte Tarnhose und machte mich allein auf den Weg ins Hotel. Ich ließ noch mal alles in mir wirken. Mittlerweile war es zwei Uhr morgens und ich war echt überwältigt von dem, was in den letzten sechs Stunden passiert war. Mit dem Gedanken daran, dass es in fünf Tagen weitergehen würde, erreichte ich die Schwingtür des Hotels. In der Lobby stieg eine fette Party und ich wurde mit großem Hallo begrüßt. Nach weiteren zwei Stunden fiel ich todmüde und ziemlich besoffen in mein Hotelbett. Auf meinem Handy hatte ich mehr als hundert SMS-Nachrichten und mit dem Gedanken, dass ich mir morgen eine neue Handykarte kaufen musste, fiel ich ins Koma.

ZURÜCK IN DIE ZUKUNFT

★ **Markus Grimm**

Knips, »hihihi«. Das war alles, was ich gerade gesehen beziehungsweise gehört hatte. Ich konnte es nicht fassen – ein Handy und eine zitternde Mädchenhand, die sich da durch den Kleiderständer zwischen den Herrenhosen durchquetschte. Mehr habe ich zuerst nicht wahrgenommen. Hat dieses Mädel da gerade ein heimliches Foto von MIR mit ihrem Handy geschossen? Nein, das musste ein Irrtum sein. Wieso von mir? Das Licht ging mir erst ein paar Sekunden später auf.

Auch wenn wir, also Martin und ich, einen ähnlichen Weg gingen, um später mal auf der Bühne stehen zu können, so waren die Castings doch unterschiedlicher, als man meinen würde. Martin war immer live auf Sendung. *Popstars* hinkte, was die Produktion und die Ausstrahlung der Sendungen betraf, mehr als vier bis sechs Wochen hinterher. Was bedeutet, dass alles, was vor sechs Wochen gedreht worden war und in der Sendung passiert ist, mit einer Verzögerung von eben genau diesen vier bis sechs Wochen ausgestrahlt wurde.

Dies führte dazu, dass ich mich seit dem ersten Casting und dem Workshop nicht mehr fühlen konnte. Das ist total schwierig zu erklären, aber das lag wohl daran, dass ich, seitdem ich bei

Popstars vor die Kameras getreten war, in der Zukunft gelebt hatte. Während ich im wirklichen Leben schon lange durch den *Popstars*-Workshop durch war und kurz vor dem Einzug ins Bandhaus stand, war ich für die Menschen vor dem Fernseher noch einer von 9000 Kandidaten, weil das Ganze zeitversetzt ausgestrahlt wurde.

Wenn ich mich also in den Produktionspausen auf die Straße wagte, war alles so wie immer. Keine Sau nahm Notiz von mir. Wenn ich gewusst hätte, wie krass sich das ändern würde, dann hätte ich diese Zeit definitiv mehr genossen.

Während im Fernsehen also eine Masse an Kandidaten abgefertigt wurde, musste ich damit zurechtkommen, dass ich ja schon einer von den letzten sechs Finalkandidaten war, was aber noch niemand wusste. Plötzlich fängt dann diese Zeit an, dich aufzuholen. Ich lebte in der Zukunft und merkte, wie mein anderes Ich, das da im Fernsehen existierte, nach und nach und Woche für Woche näher an das echte Leben heranrückte. Echt hart wurde es, als das Bandhaus für uns beendet war und wir bereits mit den Vorbereitungen für das Nu-Pagadi-Album starteten. Weitere vier Wochen lebte ich in der Zukunft. Keiner der Fernsehzuschauer wusste, wer das Bandhaus »überleben« und somit im Finale sein würde.

Wir standen damals zu sechst im Studio und hatten natürlich jede Menge freie Zeit, da man immer nur mit einem von uns arbeiten konnte. Jeden Tag ging ich an der Straßenecke in die Videothek oder aber rüber zu einer riesigen Kaufhalle, um mich mit Süßigkeiten oder Getränken einzudecken. Ich genoss die Sonne des Münchner Spätherbstes und alles war noch einigermaßen normal. Zu diesem Zeitpunkt war ich noch unter den letzten 36 Kandidaten und fiel dabei im Fernsehen noch nicht groß auf.

Dann kam der Tag, an dem die letzte Entscheidung im Bandhaus gefällt und ausgestrahlt wurde. Yeah, ich war im Finale, coole

ZURÜCK IN DIE ZUKUNFT

Sache! Für mich war das allerdings schon vier Wochen her. Für ein paar Millionen Zuschauer aber war das erst gestern Abend gegen 22.15 Uhr entschieden worden.

Als ich am nächsten Tag wie immer rüber in die Kaufhalle gegangen war, kam plötzlich dieses Handy durch den Kleiderständer mit Anzughosen. Ein paar Sekunden später – viel Zeit zum Überraschtsein blieb mir nicht – bekam ich einen Eindruck meines zukünftigen Lebens. Sieben aufgeregte, kichernde Mädels verfolgten mich mit Fotohandys bewaffnet durch den ganzen Laden. Was für ein komisches Gefühl! Die Handymädels blieben an diesem Tag leider nicht die einzige gewöhnungsbedürftige Begegnung. Die Frau am Backwarenstand, die mich gestern noch keines Blickes gewürdigt hatte, als ich meine Nussschnecke bezahlte, zitterte heute am ganzen Leib und brachte vor Aufregung fast kein Wort raus. Ich weiß noch, dass ich versuchte, sie zu beruhigen, sie dadurch anscheinend aber eher noch nervöser machte. Zum Abschied nickte ich ihr zu und wünschte ihr einen schönen Tag. Aus den Augenwinkeln heraus sah ich dann noch, wie sie mit feuerrotem Gesicht extrem aufgeregt auf ihre Kollegin einsprach. Teufel noch mal ... die meinte MICH!

> **»Sieben aufgeregte, kichernde Mädels verfolgten mich mit Fotohandys bewaffnet durch den ganzen Laden. Was für ein komisches Gefühl!«**

In diesem Moment wurde mir bewusst: Scheiße, das ist live, mein Lieber. Niemand hatte mich davor gewarnt, was passieren würde. Mein Fernseh-Ich hatte mich wieder eingeholt. Herzlich willkommen im Jetzt und Hier. Ich war wieder EINE Person. Dieser Moment hatte aber auch etwas Magisches, denn ich konnte mich selbst wieder spüren, diesen Tag werde ich niemals vergessen. Es war, als hätte man geschlafen und die Seele wäre abgehauen und hätte sich mal eben kurz die Welt angesehen. Man selbst aber war allein zurückgeblieben, bis die Seele nach einer gewissen Zeit wieder zurückgekehrt war. Es war, als ob man siamesische Zwillinge, die man getrennt hat, wieder zusammenbringt.

Bis heute kann ich dieses Gefühl nur sehr schlecht beschreiben. Ich war einfach wieder ein Ganzes und lebte nicht mehr in der Zukunft.

★ Martin Kesici

Wie die Schulkinder wurden wir in eine Art Klassenzimmer beordert. Ehrlich, es fehlten nur noch die bunten Zeichnungen an den Wänden, dann wäre das wie früher gewesen. 16 Kandidaten und zwei zusätzliche Ersatzkandidaten. Alle mit Blickrichtung nach vorn zur imaginären Tafel. Dann ging die Tür auf und Jochen Schuster von der Plattenfirma Universal betrat zusammen mit Tom Bohne, dem obersten Boss von Universal Music, den Raum.

Fast hätte ich erwartet, dass die ganze »Klasse« geschlossen aufsprang und, »Guten Morgen, Herr Bohne«, brüllte. Stattdessen war jeder still und wartete gespannt auf das, was da kommen würde. Das »Guten Morgen« übernahmen die beiden Herren. Gleich danach kamen sie auch zur Sache. »Wir machen eine gemeinsame Single. Alle zusammen. Was meint ihr? 'Ne geile Sache, oder?«

Eine Welle der Freude spülte durch die »Klasse«, ich aber dachte nur: »Ach du heilige Scheiße. Wird das jetzt so was wie *Free Like the Wind* oder diese *DSDS*-Schnulze *We Have a Dream*? Dann bin ich draußen, dann werfe ich doch noch alles hin und hau ab.«

Irgendwas hielt mich jedoch zurück, meine Schnauze aufzumachen. »Erst mal anhören, Kesici. Sei nicht immer gleich so impulsiv und zeig nicht immer sofort, was du denkst«, sagte ich zu mir selbst.

ZURÜCK IN DIE ZUKUNFT

Die Herren schoben eine CD in den kleinen Rekorder auf dem Tisch und drückten auf Play. Der Song hieß *Every Single Star* – eine einfache Popnummer, wie ich es befürchtet hatte. Nachdem die Demoversion fertig war, sahen die beiden uns mit erwartungsvollen Blicken an. Wie früher in der Schule saß ich ziemlich weit hinten und deshalb merkte man mir meine Bedenken Gott sei Dank nicht an. Die anderen fanden den Titel toll und gaben Bohne und Schuster genau das, was sie wollten. Begeisterung pur. Ich war mit meinen Gedanken schon wieder weiter weg von diesem ganzen Schauspiel. Erst das Wort »Videodreh« holte mich wieder zurück in das »Klassenzimmer«.

Bohne meinte, dass wir diesen Song alle gemeinsam einsingen sollten und danach selbstverständlich auch ein Video gedreht werden sollte. »Was, ich? Ein Video? Ich in einem Video? In einem Musikvideo?« Im ersten Moment gefiel mir zugegebenermaßen dieser Gedanke, aber im zweiten kamen dann wieder die typischen Kesici-Zweifel. »Kann ich das denn? Wie sehe ich da aus? Wann soll das sein? Übermorgen?«

Tom Bohne meinte tatsächlich, dass jeder den Song jetzt als Demo mitbekäme und wir dann zwei Tage später das Video dazu drehen sollten. Diesen Schock verdaute ich erst mal auf meine ganz besondere Art und Weise. Ich genehmigte mir zu Hause ein Bierchen mit meinen Freunden und einen dicken Joint. Feine Sache!

Am Drehtag war ich anfangs komplett durch den Wind. Eine riesige Crew und ein gigantisches Studio taten das Übrige. Dann kam auch noch der ganze Quatsch mit Maske und so und nach endlosem Warten war ich dann an der Reihe. Ich hatte vergessen, meinen Kaugummi rauszunehmen, und natürlich sah die Regie das über den Monitor und bat mich, das Ding auszuspucken. Die Regieassistentin, eine ältere Tussi mit dicken Titten, musste dran glauben. Denn auf den Boden wollte ich das Teil natürlich nicht spucken, und meine Position durfte ich wegen des Lichts auch nicht mehr verlassen. Also spuckte ich der Assistentin den Kaugummi in die Hand. Ich muss heute noch grinsen, wenn ich daran denke, mit welcher Abscheu sie zu einem Mülleimer lief.

Es war das erste Mal, dass ich vor einer Kamera stand und singen musste. Ich hatte keine Gitarre und keinen Mikrofonständer und schon kam die alte Kesici-Krankheit wieder durch. Wohin bloß mit meinen Händen? Ich wollte ja schließlich nicht in die alte Michael-Jackson-Gewohnheit verfallen. Die Blöße wollte ich mir echt nicht geben, schon gar nicht bei meinem ersten Auftritt in einem Musikvideo.

Irgendwie habe ich das dann schon hingekriegt, aber es war keine leichte Arbeit. Nach dem ersten Dreh kam der Regisseur zu mir und meinte: »Martin, du bist mir zu unbeweglich. Beweg dich mehr zur Musik, versuch einfach, die Musik zu fühlen. Das ist sonst zu steif.«

Na toll! Ich war Headbanging gewöhnt, manchmal habe ich auch einen Mikrofonständer quer über die Bühne geschmissen, aber eine Choreografie à la Detlef D! Soost, das konnten die echt nicht von mir verlangen. Ich wollte meine Hand oder, schlimmer noch, meine Faust nicht dramatisch in Richtung Kamera strecken, nein, das war nicht ich und so wollte ich auch nicht in meinem ersten Video rüberkommen.

Irgendwie habe ich das dann geschafft. Der Regisseur hat nach einiger Zeit wahrscheinlich einfach aufgegeben und mich machen lassen. War auch besser so.

Das Schlimmste für mich war aber, dass es nicht reichte, meine Lippen synchron zum Text und der Musik zu bewegen. Vielmehr sollte ich während meiner Parts laut mitsingen. Super, vor allen Leuten hier am Set laut singen. Warum musste ausgerechnet ICH das jetzt tun? Erschwerend kam hinzu, dass wir alle ja den Text

ZURÜCK IN DIE ZUKUNFT

noch nicht auswendig draufhatten. Deshalb stand ein Typ mit einer großen Tafel und einem Zeigestock die ganze Zeit neben der Kamera und deutete auf meinen Text. Oh Mann, was für ein großer Scheiß. Ich kam mir ziemlich blöd vor und war nach Drehschluss der festen Überzeugung, dass die mich allein schon wegen dieses peinlichen Videoauftritts niemals gewinnen lassen würden.

Der Tag, an dem wir das Endergebnis schließlich vorgespielt bekamen, war für mich so eine Art Erleuchtung. Die ganz private Kesici-Erleuchtung. Damals hätte ich das nie zuzugeben, aber ich fand mich gar nicht so schlecht in diesem Video. Ich war echt überrascht, wie ich mit ein bisschen Schminke aussehen konnte und was ein wenig Licht bewirken konnte. Das hätte ich vorher niemals gedacht. Im Endeffekt bin ich mit einem Lächeln aus diesem Meeting raus und dachte nur: »Mensch, Kesici, ein bisschen Schminke und du schaust gar nicht so schlecht aus.«

Für mein Selbstvertrauen war das ein ganz wichtiger Tag im Laufe meiner Karriere bei *Star Search* und bereitete mich ganz gut auf das vor, was noch kommen sollte.

SEX SELLS

★ **Martin Kesici**

Viele fragen mich immer wieder, wie es ist, berühmt zu sein. Eine pauschale Antwort darauf habe ich nicht. Es kommt immer darauf an, in welcher Tagesverfassung ich bin. Eines aber kann ich mit Sicherheit sagen: Es ist geil, erkannt zu werden und somit natürlich auch anerkannt zu werden. Nicht als Mensch, nein, das wäre zu viel verlangt. Die Leute da draußen kennen mich schließlich nur aus dem Fernsehen oder von der Bühne. Um mich als Person gut zu finden, sollte man mich schon näher kennen. Ich kann ja auch nicht sagen, dass ich Axl Rose von Guns N' Roses geil finde. Ich kenne den Typen ja nicht persönlich. Aber seine Songs finde ich zum Teil extrem genial und die Bühnenshow sowie die ganze Show drum herum ist echt nach meinem Geschmack. Klar, was ich meine?

Wenn jemand zu mir kommt und sagt: »Ich find dich geil«, dann fühle ich mich zwar geehrt, aber den Bodenkontakt darf man deshalb auf keinen Fall verlieren. Derjenige, der mich gut findet, meint ganz bestimmt nicht mich persönlich, sondern das, was ich auf der Bühne fabriziere oder was ich in meinen Songs auszudrücken versuche.

Ich glaube, dass das eine wichtige Erkenntnis ist, die das Berühmtsein erleichtert. Wenn man das als Künstler erkannt hat, dann fällt es einem leichter, auf dem Boden zu bleiben. Es fällt einem leichter, in Restaurants oder Clubs erkannt zu werden und dabei gelassen zu bleiben. Es fällt einem leichter, auch mit den negativen Seiten des Business umzugehen. Man weiß ja schließlich, wie man selbst ist und wie bestimmte Dinge gewesen sind oder dass es eben nicht so war, wie es in der Zeitung steht oder im Fernsehen ausgestrahlt wird. Ein Problem gibt es dabei allerdings. Das komplette weitere Umfeld weiß das NICHT!

Diese Lektion habe ich nach dem ersten Halbfinale gelernt. Thomas Wohlfahrt stand bereits im Finale. Ich musste eine Woche später gegen Michael Wurst im zweiten Halbfinale antreten. Wir waren also in der Gesangskategorie nur noch zu dritt. Thomas hatte einen entscheidenden Vorsprung. Er konnte daher relaxen und uns beiden in Ruhe zusehen. Hinzu kam, dass sich Herr Wohlfahrt mit einem geschickten Schachzug weiter nach vorn katapultierte. Denn noch in der Liveshow des ersten Halbfinales machte er seiner Freundin einen Heiratsantrag. Man muss nicht viel Fantasie haben, um sich vorstellen zu können, was für eine geniale Promotion das für Thomas war. Die halbe Nation bekam zur besten Sendezeit pure und vor allem ehrliche Emotion auf die Couch geliefert. Da kann man sich selbst die Seele aus dem Leib singen und es bringt nur halb so viel. Natürlich hat Thomas das nicht aus Berechnung gemacht. Seine Kleine ist wirklich ein zuckersüßes Ding und die beiden haben danach schließlich ja auch geheiratet, aber es war sicherlich nicht gerade die schlechteste Voraussetzung fürs Finale. Zumal sich Kai Pflaume auch gleich noch bereit erklärt hatte, den Trauzeugen zu spielen. Na ja, auch er ist halt ein echter Profi und weiß, dass diese außergewöhnlichen Aktionen eine perfekte Promotion sind.

An diesem Abend wurde natürlich noch gebührend gefeiert. Am folgenden Tag reiste die zukünftige Ehefrau dann wieder zurück ins Allgäu, also ans andere, südliche Ende der Republik. Thomas konzentrierte sich aufs Tagesgeschäft und Michael Wurst und ich bereiteten uns auf das zweite Halbfinale vor, allerdings nicht ohne eine dicke, fette Lektion in Sachen Showbiz zu bekommen.

Als wir nach einer der Proben oben in den Räumen der Redaktion der Produktionsfirma antreten mussten, hieß es, dass wir uns für den Abend bereithalten sollten. Ein Kamerateam des damaligen Sat.1-Boulevardmagazins *BLITZ* und ein Fotograf der *Bild*-Zeitung wollten eine ganz besondere Story mit uns drehen. Gegen 22 Uhr sollten wir uns unten in der Lobby unseres Berliner Hotels direkt gegenüber der Studios einfinden. Das Team drehte Interviews und plötzlich kam draußen vor dem Hoteleingang eine 10 Meter lange Stretchlimousine vorgefahren. So ein Ding, wie man es eigentlich nur aus dem Film kennt. Wurst, Wohlfahrt und ich freuten uns wie die kleinen Kinder und ließen uns nicht lange bitten, in dieses abgefahrene Ding einzusteigen. Drinnen ging es sofort der Champagnerflasche an den Kragen. Der Redakteur des Kamerateams eröffnete uns, dass er einen Entspannungsabend vorgesehen habe, und schon ging es ab in die Berliner Innenstadt. So einen Spaß hatten wir ehrlich gesagt schon lange nicht mehr. Wir feierten und fühlten uns wie die ganz Großen im Business. Währenddessen filmte das *BLITZ*-Team und der Fotograf der *Bild* machte seine Fotos. Business as usual sozusagen.

Thomas gab Vollgas. Solche Limos haben zum Fahrer hin ja immer elektrische Scheiben, die man hoch- und runterfahren kann. Nach jeder Menge Schampus grölte er immer wieder zum Fahrer vor: »Alfred, fahren Sie bitte etwas langsamer!« Ich muss heute noch schallend lachen, wenn ich daran denke. Das war Rock 'n' Roll!

Wir fuhren durch das nächtliche Berlin und hielten plötzlich in der Oranienburgerstraße. Eine Art Touristenmeile, in der die Huren stehen und auf Kundschaft warten und die Tabledance-Bars die besten Mädels an der Stange anbieten. JAWOLL! »Das war doch die Krönung«, dachte ich mir. Nichts wie raus hier und Party machen. Am Eingang der Bar gab es die üblichen Dollarscheine und drinnen tanzten ein paar Babes oben ohne. Also erst mal rein und ein Bierchen ordern. Das Kamerateam von *BLITZ* war bald danach wieder weg. Die bekamen ihre Bilder und fertig. Der Fotograf von der *Bild* blieb allerdings länger und feierte mit. Ab und zu machte er noch ein Foto, aber nur für unseren privaten Gebrauch, wie er meinte. Er wollte sie uns dann per Mail schicken.

Heute würde ich anders auf so etwas reagieren. Aber damals war ich so naiv und unerfahren, dass ich ihm glaubte. Mit zunehmender Menge an Bier und Cocktails war es uns irgendwann auch egal, was der Typ für Fotos schoss.

Die Mädels waren total heiß auf uns und nach einer guten Stunde bat man Michael, Thomas und mich in eine Art Separee ein Stockwerk höher. Da wir so etwas Ähnliches wie prominent waren, dachte ich mir weiter nichts dabei. Sie schickten uns auf Kosten des Hauses zwei Blondinen und eine Schwarzhaarige in das Zimmer. Ich kannte diese Separees noch von früher. Für die, die noch nie in so einem Schuppen waren, sei gesagt: Die Mädels beim Tabledance darf man niemals berühren. Man darf nur die imitierten Dollarscheine, die man sich am Eingang kaufen kann, während der Shows in die Tangas der Mädels stecken oder sie zwischen ihren Titten platzieren und das war es. Anfassen darf man die Babes nicht. Somit besteht zwischen einer Tabledance-Bar und einem Puff ein himmelweiter Unterschied.

Bei einem Private Dance im Separee gelten diese Regeln normalerweise auch, allerdings ziehen sich die Tänzerinnen dabei auch den Tanga aus und es kommt auf die jeweilige Situation an, ob man seine Hände für ein paar Sekunden einsetzen darf oder nicht.

Wursti, Thomas und ich waren alkoholtechnisch wirklich gut dabei. Der *Bild*-Fotograf hatte zwar noch seine Kamera bei sich, fotografierte aber schon länger nicht mehr. Wir ließen uns von den Mädels ihre Tanzkünste an der Stange zeigen und hatten echt jede Menge Spaß. Da war er wieder, der Rock 'n' Roll!

Die Schwarzhaarige hatte es ganz besonders auf Thomas abgesehen. Ich warnte ihn noch: »Alter, du hast gestern deiner Freundin einen Heiratsantrag gemacht, also halt dich mal ein bisschen zurück.«

Er lachte nur und meinte: »Ey, ich mach doch gar nichts. Gucken wird ja wohl noch erlaubt sein.«

In diesem Moment drehte sich die schwarzhaarige Tänzerin, die nur noch einen Hauch von Tanga anhatte, der gerade mal eben das Allernötigste bedeckte, mit dem Hintern zu Thomas und drückte selbigen richtig schön tief in sein Gesicht. Im selben Moment stellte Thomas sein Bierglas auf ihrem Arsch ab. Da machte es »klick« und aus den Augenwinkeln sah ich – über das Bierglas und den sexy Hintern hinweg –, wie der Fotograf lächelnd seine Kamera wieder herunternahm. Ein Schnappschuss, der böse Folgen haben sollte.

Ich war nicht mehr in der Lage, einen wirklich klaren Gedanken zu fassen. Der Alkohol, die nackten Ärsche und Titten und das ganze verruchte Ambiente machten mich nahezu willenlos. Ich war natürlich auch nicht das Kindermädchen von Thomas Wohlfahrt. Wir beide waren die ältesten Teilnehmer der Show, er musste einfach selbst wissen, was er da tat.

Sehr spät in der Nacht wurden wir mit der Limo wieder zum Hotel gefahren. Ein genialer Abend ging zu Ende und ich wankte angetrunken in mein Hotelzimmer. »Es lebe der Rock 'n' Roll«, dachte ich gerade, als der Fahrstuhl mit seinem bekannten »Ping« das vierte Stockwerk ankündigte. Das »Ping« krönte ich diesmal mit einem lauten Rülpser und musste schallend lachen.

Am Morgen danach ging ich mit einem dicken Kopf und noch immer leicht benebelt ins Studio zur Probe. Da kam ein Redakteur ganz aufgeregt zu mir und meinte: »Hast du es schon gelesen?«

Ich fragte nur müde: »Ne, was denn und wo denn?«

SEX SELLS

»Na in der *Bild* auf der Titelseite!«, antwortete er und konnte sich gar nicht beruhigen.

Dazu sollte man eines wissen: Unter den Promis in Deutschland gilt eine ganz bestimmte Regel. Wenn du in der *Bild* stehst, ist das gut, egal warum du da drin stehst. Nahezu ganz Deutschland liest diese Zeitung und man ist einfach im Gespräch, wenn man eine Rolle darin spielt. Erscheint man allerdings auf Seite eins noch oberhalb des Knicks, dann ist das einem Sechser im Lotto gleichzusetzen.

»**Darüber stand dick und fett: ›Hasch-Martin und Sexferkel Thomas unterwegs‹.**«

Oberhalb des Knicks bedeutet, dass jeder, der auch nur an einem Zeitungsstand vorbeigeht, diese Schlagzeile lesen kann, ohne sich das Ding kaufen zu müssen. Wenn das Ganze dann auch noch bundesweit zu lesen ist, dann ist das an Promotion kaum mehr zu übertrumpfen.

In unserem Falle waren Thomas Wohlfahrt und ich groß abgebildet. Thomas sah man mit der schwarzhaarigen Tänzerin, die ihren Allerwertesten, auf dem ein Bierglas thronte, gerade halb in sein Gesicht drückte, und mich mit zwei anderen Tussis, die sich gerade gegenseitig den Schampus aus dem Bauchnabel leckten. Darüber stand dick und fett: »Hasch-Martin und Sexferkel Thomas unterwegs«.

Rrrrrummmsss! Das saß mal wieder. Aber irgendwie musste ich auch grinsen, als ich es sah. Thomas verging das Grinsen recht schnell. Denn zeitgleich hatte wohl seine zukünftige Ehefrau im erzkatholischen Allgäu beim Frühstück die *Bild*-Zeitung auf dem Tisch und verbiss sich mal eben in das Frühstücksbrötchen beziehungsweise in die, wie man im Süden Deutschlands sagt, Frühstückssemmel. Da flossen dicke Tränen und Thomas hatte jede Menge zu tun, um am Telefon zu erklären, wie das wirklich gewesen war und dass da eigentlich gar nichts passiert war. Mein Problem war das nicht, aber in der Haut von Thomas wollte ich damals auch nicht gerade stecken. Es war ein unvergesslicher Abend, und wenn die *Bild*-Zeitung »Sexferkel« schreibt, dann ist das normalerweise auch nicht gerade ein Weltuntergang. Aber es kommt halt immer auf die Situation an, und die war bei Thomas denkbar ungünstig.

Meiner Meinung nach gehören zum Rock 'n' Roll immer auch Sex und Drugs dazu. Die Drogen kann man sich echt sparen, aber den Sex und den Rock 'n' Roll ... Das ist eben das alte Klischee und mir hat das noch nie richtige Probleme bereitet. Man muss nur wissen, wie man es richtig anstellt, und vor allem, wie man es so macht, dass die Nation es nur dann mitkriegt, wenn man das selbst auch will. Und damit sind wir wieder bei der Frage, wie es ist, berühmt zu sein. Es gibt Spielregeln, die es zu beachten gilt. Das Spiel mit den Presseleuten ist ein Seiltanz. Wenn man ihn beherrscht, dann kann man es riskieren und die positiven wie negativen Effekte gut für sich nutzen.

Ich vergleiche das auch gern mit dem Klavierspiel. Wenn du die Klaviatur des Berühmtseins beherrschst, dann kannst du es ganz weit schaffen. Verspielst du dich aber nur ein einziges Mal, kann das die Karriere komplett zerstören. Aber nicht nur die Karriere steht auf dem Spiel. Denn das Privatleben ist unmittelbar mit der Karriere verbunden. Siehe Thomas Wohlfahrt. Er nutzte mit seinem Heiratsantrag während der Liveshow die positiven Seiten des Business und beherrschte die Klaviatur seiner eigenen Promotion perfekt. Nur einen Tag später verspielte er sich und setzte damit nicht nur seine Karriere, sondern auch seine private Zukunft aufs Spiel.

Wenn ihr mich fragt, was letzten Endes wichtiger ist, dann kann ich nur eine einzige klare Antwort geben: Man selbst und die Menschen, die man liebt, sind wichtig, alles andere ist nur Beiwerk, Kleinkram, den man niemals über sein persönliches und privates Glück stellen sollte. Übrigens nicht nur, wenn man prominent ist.

Davon kann ich euch auch eine Menge erzählen. Wie jeder weiß, hat es mich während *Star Search* gehörig erwischt. Das passiert ja immer dann, wenn man überhaupt nicht daran denkt oder es gerade überhaupt nicht brauchen kann, weil andere Dinge vermeintlich viel wichtiger sind. Kurz gesagt, ich fuhr Achterbahn. Während der wichtigsten Phase meines Lebens begann ich, mich zu verlieben. Dolle Sache... Meine Hände zitterten und waren schweißnass. In meinem Hirn schossen wirre Glücksmoleküle hin und her und selbst wenn mein Kopf einen Durchmesser von zwei Metern gehabt hätte, wäre mein Grinsen trotzdem einmal rundherum gegangen.

Bis zum Finale von *Star Search* dauerte es noch zwei Wochen. An einem der Tage vor meinem Halbfinale ging ich wie immer in die Lobby des Hotels, um mir ein Bierchen zu genehmigen. Unten saßen die üblichen Verdächtigen und waren schon kräftig am Tanken. Ich setzte mich auf eine große Couch direkt am Fenster. Rechts von mir war ein leerer Sessel und links saß Maureen mit einem mir unbekannten Typen und unterhielt sich. Ich bestellte mein Bier und lehnte mich über den Couchrand links von mir hinter Maureens Rücken rüber zur anderen Sitzgruppe und wechselte ein paar Worte mit Thomas Wohlfahrt.

Irgendetwas störte mich an diesem späten Nachmittag, allerdings habe ich lange gebraucht, bis ich wusste, was es war. Auf den Sessel zu meiner Rechten hatte sich, von mir völlig unbemerkt, ein relativ hübsches Mädel gesetzt. Ich wusste nicht, wie lange die da schon saß, aber ich merkte, dass sie mich einfach nicht aus den Augen ließ. Die gierte geradezu rüber zu mir auf die Couch. Ehrlich gesagt war ich etwas verwirrt. Bis zu diesem Zeitpunkt war mir so etwas noch nicht passiert. Die Autogramm-Arie vor dem Hotel war schon bald Routine geworden, aber zum ersten Mal hatte sich ein Fanmädel in die Lobby geschlichen und besaß die Dreistigkeit, mich von rechts anzugieren. Nicht, dass sie da nicht hätte sitzen dürfen, die Lobby war ja schließlich für jeden Hotelgast da und nicht von uns Fernsehnasen gemietet, aber dieser durchdringende und nervende Dauerblick in meine Richtung ging mir nach einer Weile echt auf den Sack.

Also beschloss ich, in die Vollen zu gehen, und drehte mich mit einem Ruck zu ihr. »Na, wer bist du denn?«, fragte ich ziemlich direkt und guckte ihr ganz tief in die Augen. Mit dieser Aktion wollte ich sie ein wenig einschüchtern, aber Fehlanzeige. Sie antwortete total cool: »Ich hab gehört, dass ihr hier im Hotel rumhängt, und wollte dich mal in Wirklichkeit sehen.«

Während sie sprach, ließ ihr Blick nicht von mir ab, und sie beugte sich zu mir herüber. Ehrlich gesagt war ich leicht irritiert. Ihre Titten sprangen mir förmlich aus dem tief ausgeschnittenen T-Shirt entgegen und ich hatte Mühe, meinen Blick in der Zone oberhalb ihres Halses zu halten.

Das war mir dann einfach too much. Es war alles zu offensichtlich und viel zu leicht. Ich hätte wahrscheinlich nur aufstehen und sie sozusagen aus dem Regal nehmen müssen. Wie in einem Supermarkt, nach dem Motto: »Ich hab Hunger, komm lass uns schnell reingehen, was holen und dann wieder gehen.« So war ich aber nicht und so bin ich auch heute nicht. Keine Frage, ich steh auf schöne Frauen und guten Sex. Ich liebe auch den Rock 'n' Roll, aber mal eben die schnelle, unemotionale Nummer ist nicht mein Ding.

Die Rettung saß links von mir. Aus den Augenwinkeln beobachtete ich, dass der Typ, mit dem sich Maureen die ganze Zeit unterhalten hatte, aufstand und ging. Diese Chance nutzte ich. Nicht

SEX SELLS

um Maureen anzumachen, sondern um mich dieser Tussi rechts von mir zu entledigen.

»Na, alles okay bei dir?«

Sie schaute mir direkt in die Augen und lächelte. Mit einer Stimme, die so sanft war, wie ich es noch nie gehört hatte, antwortete sie: »Ja klar, und bei dir?«

In diesem Augenblick wurde mir bewusst, dass wir seit Beginn dieser Staffel noch nie ein Wort gewechselt hatten. Während *Star Search* waren allein schon wegen der Bewerberinnen in der Kategorie Model ziemlich viele gut aussehende Mädels um mich herum, aber ich hatte sie nie wirklich wahrgenommen. Ich war so mit mir und meinen Auftritten beschäftigt gewesen, dass ich gar nicht bemerkt hatte, dass es da auch noch andere Dinge gab, die mich sonst nie so kalt ließen.

Es fiel mir leicht, mich mit Maureen zu unterhalten. Es gab kein peinliches Schweigen, sondern ein nettes Gespräch, in dem ein Satz den anderen gab. Binnen Sekunden hatte ich vergessen, dass diese aufdringliche Tussi noch auf dem Sessel rechts von mir saß. Ich blickte in Maureens Augen, wir lachten und hatten eine sehr entspannte Unterhaltung. Natürlich ging es hauptsächlich um die Show. Aber es war kein Honig-ums-Maul-Geschmiere. Ich fühlte mich die ganze Zeit echt wohl, wusste aber zu diesem Zeitpunkt noch nicht, warum das so war.

Ich fragte Maureen um Rat. In der Halbfinalshow wollte ich von Poison *Every Rose Has Its Thorn* singen. Plötzlich hörte ich mich fragen, ob sie einen Teil davon hören wollte. »Ja, klar«, meinte sie und schaute mich mit ihren intensiven, wunderschönen braunen Augen erwartungsvoll an.

Und was tat ich? Immerhin waren wir mitten in der Hotellobby und ich saß einem schönen Mädchen gegenüber, dem ich etwas vorsingen wollte. Kesici, geht's noch? Das war nicht gerade der Kesici, den ich bisher kannte. Egal! Ich tat es und sang diesen Song:

Every Rose Has Its Thorn

Interpret: Poison, Text: Bret Michaels

We both lie silently still
In the dead of the night
Although we both lie close together
We feel miles apart inside

Was it something I said or something I did
Did my words not come out right
Though I tried not to hurt you
Though I tried
But I guess that's why they say

Every rose has its thorn
Just like every night has its dawn
Just like every cowboy sings his sad, sad song
Every rose has its thorn

Yeah it does ...

An dieser Stelle brach ich ab. »Wow, das hört sich wirklich geil an«, meinte sie. Ich lächelte zufrieden und dachte nur: »Boah, was für ein süßes Teil, diese Frau.«

Rechts von mir klatschte jemand Beifall. Das war wie in einem schlechten Film. Ich musste mich umdrehen, da ich mich während des Songs mit meinem ganzen Oberkörper in Richtung Maureen gelehnt hatte. Diese Tussi saß immer noch da und schaute mich erwartungsvoll an. Der Blick sollte mir wohl sagen: »Hey, lass dieses blöde Model in Ruhe, ich bin viel geiler als die.«

SEX SELLS

Demonstrativ drehte ich mich von ihr weg, wieder hin zu Maureen. Eine Kellnerin der Hotelbar lief an unserer Couch vorbei und ich hob reflexartig die Hand und rief: »Ein Bier, bitte!«

»Trinkst du immer so viel Bier?«, fragte Maureen. Bumm, das hatte gesessen. Maureen schaute mich immer noch mit einem zuckersüßen Blick an, aber in diesem Moment hielt sie mir einen imaginären Spiegel vor und zeigte mir, dass ich kurz davor war, zum Casting-Alkoholiker zu mutieren.

»Ja, äh, nein, also nööö, eigentlich nicht«, stammelte ich und versuchte, mich vor einer ehrlichen Antwort zu drücken. Mit ihrer Frage hatte sie zielgenau ins Schwarze getroffen. Zum Glück ließ sie sich von meinem Rumgeeiere nicht abschrecken und setzte schnell eine ganz normale Unterhaltung mit mir fort. Erst jetzt erfuhr ich, dass sie 17 Jahre alt war. Ihre Mutter war im selben Hotel untergebracht, zusammen mit Maureens Stiefschwester und ihrem Stiefvater. Das war mir vorher allerdings schon aufgefallen, dass die immer ziemlich cool waren, und das war auch mit ein Grund, dass ich Maureens Alter erst mal beiseiteschob und ihr weiter zuhörte, während die andere Tussi mich immer noch von rechts aufmerksam und vor allem aufdringlich ansah. Dieses Gieren ging mir so was von auf den Sack, dass ich mich nach ungefähr zehn Minuten von Maureen verabschiedete.

»Ich muss dann mal los, ich will noch duschen und so.«

Mit einem kleinen Augenzwinkern versuchte ich ihr zu verstehen zu geben, dass ich nur einen Vorwand suchte, um diese Tussi abschütteln zu können. Ich hoffte, dass Maureen meinen Wink verstand und nachher immer noch in der Lobby sitzen würde. Das Duschen zog ich diesmal länger hinaus als sonst. Auf der einen Seite wollte ich schnell wieder in die Lobby, um Maureen zu sehen, auf der anderen Seite hoffte ich, dass jede Minute länger warten bedeuten könnte, dass die andere aufgab.

Ich ging extrem langsam zum Aufzug. Als ich unten um die Ecke bog, sah ich von Weitem, dass mein Plan nicht wirklich aufgegangen war. Denn die Tussi saß tatsächlich noch immer wie angewurzelt auf ihrem Sessel. Maureen war allerdings auch noch da. Tja, jede Rose hat so ihre Dornen!

Diesmal setzte ich mich sofort zu Maureen an den Tisch. Thomas Wohlfahrt war auch dabei, der mittlerweile schon das ein oder andere Bierchen intus hatte. Wir unterhielten uns zu dritt und hatten jede Menge Spaß. Mit der Zeit merkte ich, dass ich mein »grinsiges Gefühl«, wie ich es nenne, nicht mehr loswurde. Ich kann mich noch heute an nahezu jede Bewegung von Maureen erinnern. Jedes Lächeln, jede Geste brannte sich regelrecht in mein Hirn ein. Wir haben viel gelacht an diesem Abend und verstanden uns von Minute zu Minute immer besser. Gegen Mitternacht machten wir uns dann auf den Weg zum Fahrstuhl. Die Aufzugtür ging auf und wir gingen zu dritt hinein: Thomas, Maureen und ich.

Den Moment, als die Tür sich wieder schloss, werde ich niemals vergessen. Der Fahrstuhl setzte sich mit einem kleinen Ruck in Bewegung. Bei mir schlug in diesem Moment die Bombe ein. Meine Knie fingen an zu zittern, meine Hände wurden schweißnass und ich musste bis über beide Ohren grinsen. Ich war verliebt!

Von mir aus hätte diese Fahrt ewig dauern können. Im dritten Stock ging die Tür dann allerdings wieder auf. Ein letztes Mal für den heutigen Abend blickten wir uns in die Augen. »Gute Nacht«, rief ich ihr noch zu, bevor die Tür wieder zuging.

Thomas stand neben mir, da platzte ich los: »Boah, Alter, Hammer!«

»Was ist denn los?«, fragte mich Thomas verständnislos.

»Ich glaub, mich hat es erwischt!«

Thomas grinste nur und stieg ein Stockwerk höher aus. In der Nacht konnte ich dann nicht wirklich gut schlafen.

SEX SELLS

Am nächsten Vormittag hatten wir ein Interview bei MTV in Berlin. Auch diese Autofahrt werde ich nie vergessen. Wir fuhren in einem Bus mit Sitzen, in denen man sich gegenübersaß. Maureens und meine Blicke trafen sich geschätzte 120 000 Mal. Wie sollte das weitergehen und wo enden? Auf der Rückfahrt schloss ich meine Augen und sang im Kopf *Every Rose Has Its Thorn*. Das Lächeln bekam ich nicht aus meinem Gesicht.

DIE ERSTE NACHT

★ **Martin Kesici**

Es war einer der nicht enden wollenden Probentage. Ich stand auf der Bühne und musste mal wieder warten. Wer Fernsehen einfach nur von zu Hause von der Couch her kennt, der wird wahrscheinlich nicht wissen, dass man unfassbar viel Geduld braucht, wenn man dort arbeitet. Manchmal hatte ich das Gefühl, dass ich stundenlang nutzlos auf der Bühne abgestellt wurde und mich nicht bewegen durfte. Diese Übung diente dazu, mich einzuleuchten. Denn Licht ist das A und O beim Fernsehen. Manche Dinge wirken einfach nur mit Licht, daher rührt wahrscheinlich auch die Floskel »ins rechte Licht rücken«. Ich weiß nicht.

Jedenfalls stand ich schon eine ganze Weile auf der Bühne herum, während eine Horde von Menschen um mich herum geschäftig werkelte. Ein Lichttechniker richtete einen Scheinwerfer direkt in meinem Rücken ein und dabei strahlte er ganz kurz in den leeren Zuschauerraum. Bei solchen Proben herrschte dort normalerweise gähnende Leere. Heute saß aber eine einzige Person in der ersten Reihe – Maureen! Noch vor 20 Minuten hatte ich sie kurz hinter der Bühne gesehen, es war also noch nicht lange her, aber trotzdem traf mich ihr Blick wie ein Blitzschlag.

»Martin, bist du bereit? Wir könnten dann!«, rief der Regisseur, der die Proben leitete, über die Lautsprecher des Studios. Ich lächelte Maureen kurz an und nahm mein Mikrofon aus dem Ständer.

»Klar, wann immer ihr wollt.«

Keine fünf Sekunden später wurde das Playback von *Every Rose Has Its Thorn* angespielt. Während des gesamten Songs schauten wir uns an. Ich blickte ihr so tief in ihre wunderschönen braunen Augen, wie ich es noch nie bei einer Frau getan hatte. Beim letzten Refrain schloss ich meine Augen und genoss unsere Zweisamkeit, obwohl uns mindestens fünf Meter trennten. Als der Song zu Ende war, öffnete ich meine Augen wieder. Der Platz in der ersten Reihe war leer. Sie war weg.

Was hatte ich auch erwartet? Applaus etwa? Nein, das wäre ja bekloppt gewesen. Warum sollte sie das tun? Schließlich war es nur eine Probe, und es musste ja auch nicht gleich jeder merken, was sich da gerade zwischen uns anbahnte. Zumindest hoffte ich das.

»Danke, Martin, achte bitte drauf, dass du das nächste Mal nicht ganz so stocksteif dastehst, ansonsten machen wir das morgen in der Sendung ganz genauso. Du hast Feierabend.«

Ich nickte kurz ins dunkle Nichts und ging hinter die Bühne. In der Garderobe war niemand mehr und die Maske hatte ebenfalls schon geschlossen. Also schnappte ich mir meine Jacke und ging zum Ausgang, um mich auf den Weg ins Hotel zu machen.

»Hi«, hörte ich eine Stimme sagen, als die Studiotür ins Schloss fiel. Da stand sie. Ich hatte einen dicken Kloß im Hals und brachte nur ein krächzendes »Hey« heraus.

»Das war wunderschön gerade eben.«

»Danke, irgendwie habe ich gehofft, dass es dir gefällt.«

»Warum?«, fragte sie ganz unschuldig.

»Öh, na ja. So halt«, stammelte ich unbeholfen. Sie lächelte nur und schwieg.

Den Weg ins Hotel legten wir größtenteils schweigend zurück. Ich suchte zwar nach einem Thema, aber mir fiel ums Verrecken nichts ein. Wir nahmen den Hintereingang, weil vorn jede Menge Fans auf Autogramme hofften und wir beide keinen Bock auf Gesellschaft hatten. Als ich in meiner Jackentasche nach der Keycard für das Hotel kramte, um die Tür ins Erdgeschoss zu öffnen, stellte sie sich demonstrativ vor den Kartenleser. Verdammt, warum müssen immer Frauen so was tun? Warum haben wir Männer nicht den Mut dazu? Keine Ahnung. Vielleicht liegt es daran, dass wir, wenn wir es wirklich ernst meinen, immer Angst davor haben, etwas falsch zu machen. Bei mir trifft das auf jeden Fall zu. Auf der Bühne lass ich ja gern den Rocker raushängen, aber privat, wenn es um etwas geht, was mir wichtig ist, dann will ich sicher sein, dass das auch klappt, was ich da vorhabe, und dann werde ich schüchtern. Klingt blöd, ist aber so.

»Ich spürte ihre weichen Lippen auf meinen und sog ihren Duft ganz tief in meine Nase ein.«

Aber jetzt ging ich aufs Ganze und beugte mich leicht zu ihr rüber. Maureen machte es mir leicht, denn sie war die Erste, die ihre Lippen fest auf meine drückte. Dieser Moment ging mir durch und durch. Es war einfach wie im Film. Ich spürte ihre weichen Lippen auf meinen und sog ihren Duft ganz tief in meine Nase ein.

An diesem Abend blieb es bei diesem ersten Kuss, der im Nachhinein völlig unspektakulär war. Kein wildes Gezüngel, einfach nur ein langer, intensiver Kuss, der das besiegelte, was wir beide schon seit ein paar Tagen wussten, uns aber nicht einzugestehen gewagt hatten.

Das Halbfinale habe ich nur für Maureen gesungen und natürlich auch gewonnen. Maureen zog ebenfalls ins Finale ein und so hatten wir eine weitere wunderschöne Woche vor uns. Drei Tage vor

DIE ERSTE NACHT 14

dem Finale nahm ich meinen ganzen Mut zusammen und sagte betont beiläufig: »Kannst ja nachher noch bei mir im Zimmer vorbeischauen, wenn du Lust hast.«

An diesem Abend verließ ich schon gegen elf die Hotellobby und verschwand nach oben. Zwei Stunden lang passierte nichts. Ich lag auf meinem Bett und wartete. Als es dann endlich an meiner Zimmertür klopfte, rutschte mir das Herz echt ein paar Stockwerke tiefer. Ich sprang auf und ging zur Tür. Sie hatte nur ihr Nachthemdchen an und ein Kissen unter dem Arm. Und da war es wieder, dieses unglaubliche »Hi«. Oh Mann, wie mich schon allein dieses »Hi« immer komplett durcheinanderbrachte.

Wir legten uns auf das Bett und sprachen über den Tag. Sie lag in meinem Arm und ich war einfach nur glücklich. Ich dachte wirklich keinen einzigen Moment an Sex. Wir küssten uns und schmusten uns durch die gesamte restliche Nacht, bis sie irgendwann in meinem Arm einschlief.

Am nächsten Tag war wohl selbst für den größten Idioten in der Produktion ziemlich deutlich erkennbar, was da zwischen Maureen und mir vor sich ging. Am Nachmittag kam daher eine Redakteurin zu mir.

»Sag mal, was läuft denn da zwischen dir und diesem Model?«

Erst druckste ich ein wenig herum, aber wohl nicht geschickt genug, dann gab ich zu, dass da was wäre zwischen uns, und bat sie gleichzeitig, es für sich zu behalten. Die Redakteurin schaute mich lächelnd an und meinte: »Ach komm schon, Martin, da müssen wir eine Story für *BLITZ* draus machen. Das ist doch total super für die Show.«

Ich trat einen Schritt zurück. »Ey, nein, bloß nicht. Warum denn das?«

Aber ich bekam keine richtige Antwort mehr. Die Maschinerie war in Gang gesetzt und schon am nächsten Tag konnten wir uns beide im Fernsehen Händchen haltend durch einen Park in Berlin laufen sehen. Im Nachhinein muss ich trotzdem sagen, dass ich tierisch stolz auf uns beide bin, denn wir haben den Ball echt flach gehalten. Keine wilden Knutschattacken oder sonstige privaten Geschichten. Natürlich mussten wir unser Geheimnis preisgeben, aber wir haben das nie nach dem Motto: »Koste es, was es wolle«, getan.

Es dürfte wohl hinlänglich bekannt sein, dass wir beide das Finale gewonnen haben. Schon damals war uns klar, dass das, was da gerade passierte, wohl ziemlich einmalig für ein Pärchen sein dürfte. Wir waren beide Teilnehmer in der gleichen Castingshow und haben die auch noch jeder in seiner Kategorie gewonnen. Echt krass, oder?

Die Voraussetzungen dafür, dass das Ganze auf Dauer halten würde, waren nicht gerade gut, aber das war uns von Anfang an bewusst. 14 Jahre Altersunterschied. Beide mussten wir quer durch die Weltgeschichte reisen. Maureen hatte Modeljobs in ganz Europa, und ich tourte mit meiner Band durch die deutschen Hallen. Es ist ein wahres Wunder, dass die Beziehung bis Anfang 2009 gehalten hat und wir es auch noch geschafft haben, uns im Guten zu trennen. Unser kleines Geheimrezept war wohl, dass wir uns kennengelernt hatten, bevor wir prominent wurden. Das war immer sehr beruhigend. Dass es jetzt vorbei ist, ist völlig okay, und wir beide telefonieren noch heute fast täglich und tauschen uns aus.

Warum suchen sich denn Promis meistens ihresgleichen als Partner aus? Prestige ist sicher ein Faktor, aber ich denke, ein noch viel wichtigerer Grund ist, dass sich beide nichts mehr beweisen müssen. Außerdem weiß man doch als Promi nie, ob der Partner nur mit einem zusammen ist, um sich im Licht des anderen zu sonnen. Woher soll man wissen, ob es jemand wirklich ernst meint oder nur aufgrund des Berufes mit einem zusammen ist? Im Grunde verstehe ich Menschen wie Robbie Williams. Man lernt jemanden

DIE ERSTE NACHT

Interessanten kennen und weiß nicht, ob dieser es ernst meint oder doch nur mit einem zusammen ist, weil man prominent ist.

Bei Maureen und mir hat es sicher deshalb so lange gehalten, weil wir es beide von Anfang an ehrlich gemeint haben. Wir sind gemeinsam gewachsen. Das ist echt der Hammer. Das ist wie ein Sechser im Lotto.

Ich habe eine Castingshow gewonnen und hatte das Glück, mir dann auch gleich noch das Gewinnermodel abzugreifen. Das gesamte Paket sozusagen. Wenn das kein Rock 'n' Roll ist, was dann?

ARSCHLOCH

★ Markus Grimm

Die Erlebnisse von Martin und mir mögen für Außenstehende vielleicht sehr ähnlich klingen. Klar, wir haben beide an Shows teilgenommen, die mit Casting zu tun hatten. Würde man aber unsere beiden Geschichten über einen Kamm scheren, dann befände man sich ordentlich auf dem Holzweg.

Im Folgenden werde ich aus meiner Sicht beschreiben, wie es war, als ich auf den »Thron« des Popstars gehoben wurde. Als ich zum ersten Mal lesen durfte, wie Martin seine Finalnacht beschreibt, hatte ich diesen absoluten Wow-Effekt, den man manchmal hat, wenn man etwas erfährt, was man vorher nicht für möglich gehalten hätte. Unfassbar, wie unterschiedlich das war, was wir beide gefühlt und erlebt haben.

Die Nacht, in der meine *Popstars*-Staffel zu Ende ging, sollte eine denkwürdige Nacht werden. Zumindest habe ich mir das in meinen Tagträumen so vorgestellt. Wenn man *Popstars* schon öfter angeschaut hat, dann weiß man, dass das Finale meistens gleich abläuft. Die Show ist zu Ende, alle fallen sich um den Hals, die Band fährt zu Stefan Raab ins Studio, danach stehen Fans vor dem Savoy Hotel in Köln, die Familie wartet in der Lobby, man muss allerdings erst an allen vorbeilaufen und zum x-ten Fotoshooting des Tages gehen, danach noch mal Fankontakt und Interviews für die Nachberichterstattung, dann ist es irgendwann zwei oder drei

Uhr nachts und man hat endlich Zeit für das erste private Wort mit den Liebsten.

Was soll ich sagen! *Popstars* ist eine Doku-Soap, bei der nahezu jeder Schritt im Fernsehen gezeigt wird. Genau so war es bei Nu Pagadi auch. Ich weiß noch, dass der Glitterregen auf mich herabprasselte, die Melodie des Abspanns zu laufen begann, der Jubel keine Grenzen kannte und die Kameras plötzlich alle aus waren. Dann wurden wir von einem Interview zum nächsten gezerrt und hatten wirklich keine Sekunde Zeit, um zu kapieren, was da eben passiert war.

Du bist erst seit ein paar Stunden Popstar, es ist immer noch dieselbe Nacht, allerdings fühlt es sich an, als wäre es schon 15 Nächte her. Genau so habe ich mich schon kurz nach dem Ende der Finalshow gefühlt. Überall klebte dieses Glitterzeug, das tonnenweise von der Studiodecke herabgerieselt war, es hatte sich auch auf meinem ganzen Körper festgesetzt. So vollgeglittert tauchten wir dann schließlich bei Stefan Raabs *tv total* auf. Unser großes Problem – was da draußen an den Bildschirmen kein Mensch mitbekam – waren unsere Kostümchen. Was bei den Mädels dank der kurzen Röcke kein Thema war, war bei Pat und mir einfach nur die Hölle. Wir sahen ja alle aus wie die kleine Ausgabe von Dschingis Khan. Da musste ich Stefan Raab leider recht geben. Das, was wir da auf unsere Leiber geschneidert bekommen hatten, war eine Mischung aus *Planet der Affen* und *Master of the Universe*. Ich trug eine »geile« enge Samthose, in der meine Haut null atmen konnte. Als ich das Ding zum ersten Mal anhatte, verschworen sich sämtliche Haarwurzeln an meinem Bein gegen mich und schwollen schon nach ein paar Minuten an. Aus Protest! Das sah so schwul aus, das war unglaublich. Selbst Pat sah schwuler aus als ich, und das will wirklich was heißen.

Die Kostüme hatten wir seit halb sieben Uhr abends an. Die Show begann um 20.15 Uhr auf ProSieben und um 3 Uhr nachts hatten wir das Zeug immer noch an. Zwischendrin mehrere schweißtreibende Auftritte und Fotoshootings und dazu noch dieser verdammte Glitter. Im Fernsehen sieht das toll aus, in Wirklichkeit sind das Aluschnipsel, die sich einzeln in deine Haut bohren. Das alles zusammen fühlte sich an wie ein Feuchtbiotop zwischen meinen Beinen. Bei Männern gibt es dann halt das Problem, dass man sich sehr schnell einen unangenehmen »Wolf« läuft. Was ja unheimlich gut zu unserem Bandnamen und unserem Logo passte. Wie sehr das juckt, will ich jetzt nicht in allen Einzelheiten beschreiben. Aber ein echtes Problem ist, dass man sich, wenn etwas juckt, auch kratzen will. Nur wie, wenn überall Kameras sind und Menschen, die alle etwas von dir wollen? Wie asozial sieht das denn aus, wenn du bei Raab auf der Couch sitzt und dich im Schritt kratzt? Typen vom Schlag eines Pat oder auch Martin Kesici, die würden jetzt wohl sagen: »Alter, das ist Rock 'n' Roll«, aber für mich gehört sich das einfach nicht und deswegen habe ich das unterdrückt. Es war fürchterlich: Ich war gerade Popstar geworden, saß bei Raab, Millionen schauten mir zu und ich konnte nur daran denken, wann ich endlich diese bescheuerte Hose ausziehen könnte.

»Ich war gerade Popstar geworden, saß bei Raab, Millionen schauten mir zu und ich konnte nur daran denken, wann ich endlich diese bescheuerte Hose ausziehen könnte.«

Um vier Uhr morgens habe ich es dann an diesem Abend zum ersten Mal auf die Toilette geschafft. Wenn man auf Schritt und Tritt von Kameras und Fotografen verfolgt wird, dann lernt man solche Momente auf dem stillen Örtchen wirklich sehr zu schätzen und der Satz: »Ich bin mal kurz auf der Toilette«, bekommt eine ganz neue Bedeutung, denn selbst die Herren von der Security folgen einem nicht bis zum Äußersten. Auch hier gibt es Grenzen.

ARSCHLOCH

Danach lief ich den Leuten der Produktion über den Weg, nüchtern war da allerdings schon lange keiner mehr. Die Einzigen, die in dieser Nacht wirklich nüchtern blieben, sind die, die eigentlich feiern müssten bis zum Umfallen. Aber das Finale ist der Vorgeschmack auf das, was kommt, wenn man es in die Band schafft.

Auf dem Weg zum Hotelzimmer – in Gedanken war ich schon längst in den flauschigen Kissen meines Bettes versunken – sah ich IHN in etwa vier Metern Entfernung an der Hotelbar in einem fetten, bequemen Ledersessel. Ein Glas hochprozentiges Zeug in der linken Hand und eine Zigarre in der rechten.

ER war Holger Roost-Macias, der Chef der Produktionsfirma, die *Popstars* im Auftrag von ProSieben produzierte. Holger war, wenn man so will, mein neuer Chef. Einer der Menschen, die ich nicht einschätzen konnte. Immer distanziert, professionell und korrekt. Auch in dieser Nacht hatte er wieder einen dieser dunklen Anzüge an. Er winkte mich zu sich, als er mich sah.

»Nicht auch noch du«, dachte ich, »ich kann doch eh nichts mit dir anfangen.« Etwas nuschelnd sprach er mich an, als ob ich der letzte Penner auf der Straße wäre. Um es höflich auszudrücken – meinen Namen benutzte er dabei nicht. Als ich dann neben ihm stand, setzte er noch einen obendrauf, indem er meinte, dass er das alles so nicht gewollt hätte, wie es jetzt im Finale gekommen sei. Diesen Satz habe ich komplett falsch verstanden. Ich weiß auch gar nicht mehr genau, wie ich reagiert habe. Ich habe wohl gelächelt und genickt und damit war die Unterhaltung auch schon wieder zu Ende. Ich kann mich jedenfalls an weitere Sätze von Holger Roost-Macias an diesem Abend nicht erinnern.

Das Problem war, dass ich das auf mich bezogen habe. Wer mich genauer kennt, der weiß, dass man mit solchen Sätzen bei mir vorsichtig sein muss. Aber Holger bekam ja eh nicht mehr viel von dieser Nacht mit und somit war ich mit diesem bescheuerten Satz allein. Natürlich deutete ich ihn so, dass er mich nicht in der

Band haben wollte. Erst viel später habe ich herausgefunden, dass er damit nicht mich gemeint hatte, sondern meine Bandkollegin Doreen. Schon als Doreen bei der Finalshow als erstes Mädchen von den Zuschauern in die Band gewählt wurde, war Nu Pagadi tot. Das mag für manche da draußen vielleicht extrem hart klingen, aber leider war es wirklich so. Ich liebe Doreen über alles. Wir haben auch heute noch intensiven Kontakt und ich schätze sie immer noch sehr. Vielleicht jetzt sogar noch ein bisschen mehr als damals, als die Band gegründet wurde. Nichtsdestotrotz war Nu Pagadi mit der Wahl von Doreen tot. Der Grund dafür war, dass Kris, die nach der Wahl von Doreen in die Band kam, sie absolut nicht ausstehen konnte, und erschwerend kam noch hinzu, dass Kati, die es nur knapp nicht in die Band schaffte, die beste Freundin von Kris war – wohlgemerkt zum Zeitpunkt der Gründung der Band. Anstatt Kati in die Band zu wählen, hatten sich die Zuschauer für Doreen entschieden.

Viel später hat mir ein ehemaliger Produktionszugehöriger auch noch eine andere Version der Vorgänge erzählt, die ich aus rechtlichen Gründen aber unter Verschluss halten muss.

Egal. Ich habe Holger Roost-Macias damals in der Lobby in Köln auf jeden Fall falsch verstanden, und das sollte sich auf mich bei zukünftigen Verhandlungen nicht wirklich gut auswirken, aber dazu später mehr.

DIE HÄRTESTEN 48 STUNDEN MEINES LEBENS

★ **Martin Kesici**

»Finale, oh oh, Finale, ohohoooo« – diesen bescheuerten Ohrwurm setzten wir uns am Abend vor dem Finale in der Hotelbar selbst. Ich ging besoffen damit schlafen und stand acht Stunden später mit einem leichten Schädelbrummen und ebendiesem blöden Ohrwurm wieder auf. Eigentlich alles wie immer, nur dass da eben dieser Song war, an den ich vor fünf Wochen noch nicht gedacht hatte. Aber da war eben diese winzige Chance und ich denke, dass jeder der Teilnehmer vorher garantiert schon mal darüber nachgedacht hatte, was wäre wenn…

Es herrschte mal wieder eine Gluthitze in Berlin. Der 10. August 2003 begann wie fast jeder Tag meiner Zeit bei *Star Search*: duschen, fertig machen, Bart zurechtbiegen und runter zum Frühstück. Eines war aber anders: mein Bauchgefühl. Es kribbelte mehr als sonst. Das »Ping« der Aufzugtür im Erdgeschoss war allerdings immer noch das Gleiche. Ich musste lächeln, als ich es hörte. Keine Ahnung warum, aber das war halt so.

Heute ging es um meine Zukunft. Heute sollten sich Leben entscheiden. MEIN Leben sollte sich heute entscheiden! Niemals zuvor war mir das so extrem bewusst gewesen wie an diesem Tag. Ich war mein eigener Schienenwärter. Ich hatte es selbst in der Hand, die Weiche zu stellen – entweder zurück in meinen Alltag und sich orientierungslos von Job zu Job ackern oder das Ding gewinnen und dann… Ja und dann? Keine Ahnung. Ich hatte echt keine Ahnung, keinen blassen Schimmer, was da auf mich zukommen würde. Woher denn auch? Meine Vision war und ist es, ehrliche Musik zu machen, guten Rock 'n' Roll. Die Leute zu begeistern und sie mit meiner Musik und meiner Band glücklich zu machen. Die Gleichung war ganz einfach. Wenn die Menschen, die meine Musik hören, glücklich sind, dann bin ich es auch. Punkt, aus und Amen.

Apropos glücklich, unten im Frühstücksraum herrschte eine merkwürdige Stimmung. Alles war am Lachen und Strahlen, so als ob alle die gleiche Droge genommen hätten. Es muss wohl so eine Art Glücksdroge geben, die »Finale« heißt. Kein Wunder, denn an *Star Search* arbeiteten knapp 100 Menschen seit mehr als fünf Wochen. Jede Woche eine Liveshow auf Sat.1 und jede Woche der gleiche Hammerstress. Heute sollte alles ein Ende haben, die Sieger würden dann feststehen und alle waren glücklich, dass heute der letzte Tag war. Der letzte große Entscheidungstag.

Jurymitglied zu sein, finde ich ehrlich gesagt eine echt harte Aufgabe. Denn du entscheidest über Leben und Tod. Na ja, nicht wirklich über den Tod, aber immerhin über einen extrem entscheidenden Punkt im Leben eines Menschen. Bei der zweiten Staffel von *Star Search* wurde ich ins Finale eingeladen und sollte in der Jury Punkte vergeben. Man möge es mir verzeihen, aber ich habe damals allen Finalteilnehmern die volle Punktzahl gegeben. Erstens war keiner von denen schlecht und zweitens war ich so aus dem Schneider. Niemand konnte mich dissen und im Nachhinein schlecht über mich reden. Auch der Presse habe ich damals keinen Angriffspunkt mehr geliefert. Ich hatte ja schließlich dazugelernt.

DIE HÄRTESTEN 48 STUNDEN MEINES LEBENS

Zum Frühstück aß ich an meinem Finaltag nicht wirklich viel. Ich war zu sehr davon fasziniert, was da für eine Stimmung um mich herum herrschte. Fast ein wenig unheimlich. Das Shuttle, das mich vom Hotel zum Studio bringen sollte, nahm ich diesmal nicht in Anspruch. Womöglich war der Fahrer ähnlich beseelt von diesem Tag und hätte mich mit seinen Glückshormonen weiter beschossen. Das wollte ich aber auf keinen Fall. Von Maureen war weit und breit nichts zu sehen, und so ging ich den Weg zu Fuß. Ich stöpselte mir die Kopfhörer meines MP3-Players in die Ohren und kapselte mich ab.

Zwei Songs sollte ich heute performen. Von Metallica *Nothing Else Matters* und von Faith No More *Easy*. Für Metallica habe ich echt lange gekämpft, weil einige Leute von der Redaktion meinten, dass die Nummer zu hart sei fürs Fernsehen. Aber ehrlich, ich lag fast mit einem Lachkrampf auf dem Boden, als die mir das verklickern wollten. Schon im Viertelfinale hatte ich angekündigt, dass ich, wenn ich ins Finale kommen sollte, diesen Song singen würde und keinen anderen.

Nachdem ich im Studio angekommen war, hatte ich den ersten Termin des Tages beim Gesangscoach. Danach bin ich hoch zur Songfindung und Benne, ein wirklich begnadeter Arrangeur und Coach meinte: »Junge, wenn du das heute Abend so singst, dann wird das eine geile Show.«

Das tat mir unglaublich gut und war wie eine extra Spritze Selbstvertrauen. Benne, es sei dir gedankt dafür. Das war echt wichtig!

Auf der Treppe nach unten kam mir Thomas Wohlfahrt entgegen. Wir klatschten uns kurz ab, dann meinte ich: »Alter, heute Abend müssen wir richtig einen brennen, also so richtig, mein Alter. Ich will Party machen, egal, wer von uns beiden gewinnt.« Thomas grinste mich nur an.

»Mann, wir hatten hier eine echt besondere Zeit, und wenn man da draußen Millionen von Deutschen fragen würde, ob sie so etwas schon einmal durchgemacht haben, dann würden alle logischerweise mit Nein antworten und deswegen müssen wir das begießen.«

Ich weiß noch, dass Thomas mir bei dieser Begegnung ganz tief in meine Augen geschaut hat. Er sagte nicht viel, aber wir waren uns beide bewusst, dass heute Abend einiges auf dem Spiel stand. Natürlich wollte Thomas das Ding unbedingt gewinnen, und wenn ich ehrlich bin, dann muss ich das Gleiche auch von mir zugeben. Ja, ich wollte gewinnen. Das wird man doch auch zugeben dürfen. Was soll dieses Gelaber von wegen »möge der Bessere gewinnen« oder »ich sing dann mal, aber ob ich gewinne, ist mir egal«. Schwachsinn! Ich hatte mich doch nicht umsonst ins Finale gerobbt.

Jetzt kam der beschissenste Teil des Tages: die Kostümprobe. Jede Zicke hätte die größte Freude an mir gehabt: »Nein, das Hemd ziehe ich nicht an. Diese Hose passt nicht zu mir und meinem Style. Nein, das Outfit ist mir zu glatt. Nein, nein, nein, nein ...«

Die Stylisten von *Star Search* haben mich sicherlich gehasst, aber bitte schön, ich lasse mich nicht verbiegen. Früher nicht und heute auch nicht. Ich bin Martin Kesici und ich bin stolz darauf, dass ich das heute, nach allem, was passiert ist, immer noch bin. Natürlich bin ich auch kompromissbereit, sonst hätte Maureen es wohl nicht so lange mit mir ausgehalten.

Schließlich habe ich mich für ein weißes Hemd entschieden. Damit konnte ich einigermaßen leben und es sah vor der Kamera auch nicht ganz so bescheuert aus.

In der Zwischenzeit war Maureen im Studio erschienen. Ich weiß noch genau, dass von da an das Finale nicht mehr wichtig war. Ich sah in ihre Augen und alles um mich herum wurde zur Nebensache.

DIE HÄRTESTEN 48 STUNDEN MEINES LEBENS

Diese merkwürdige und extrem positive Stimmung, die mir schon beim Frühstück aufgefallen war, setzte sich auch im Studio fort. Es war alles viel relaxter als sonst. Jeder hatte einen Scherz auf den Lippen, lächelte den anderen an und jeder war irgendwie froh, dass es nur noch ein paar Stunden dauern würde, bis der Spuk vorbei war.

Am Nachmittag kamen dann die ersten Fans an, die später auch im Publikum sitzen sollten. Ich habe ehrlich noch nie so viele »Freunde« gehabt wie an diesem Tag. Ich hatte das Gefühl, dass sich ganz Berlin-Reinickendorf vor dem Studio versammelt hatte. Da waren Leute dabei, die sehe ich, wenn es hochkommt, zweimal im Jahr. Es war einfach überwältigend, als ich kurz einen Fuß vor die Studiotür setzte. Alle brüllten meinen Namen und hielten Plakate und Banner hoch, auf denen mein Gesicht zu sehen war und mein Name stand. Wenn 200 Menschen gleichzeitig nach dir schreien, dann ist das ein unvorstellbares Gefühl. Ich konnte damals überhaupt nicht damit umgehen. Ich dachte nur immer: »Was wollt ihr denn alle? Ich bin es doch nur, der Martin.«

»MARTIIIIIIN! WIR LIEBEN DICH! DU SCHAFFST DAS! WIR HABEN DAS IMMER SCHON GEWUSST.«

Wenn man mich in dieser Situation als Comicfigur gezeichnet hätte, dann hätte man mir dicke und fette Fragezeichen in meine Augen malen können, denn exakt so habe ich mich gefühlt.

»ICH LIEBE DEINE BLAUEN AUGEN!«, schrie ein Mädel in der ersten Reihe.

Gutes Stichwort! Diese Sache habe ich den Make-up-Mädels von *Star Search* zu verdanken. Die malten mir Zeug ins Gesicht, das angeblich meine Augen unterstützen sollte. Na und? Ich bin ein

Rocker, mir kommt es nicht auf meine Augen an, sondern auf den Rock 'n' Roll auf der Bühne. Meine Güte, ist doch scheißegal, welche Augenfarbe ich habe. Ich kann doch nichts dafür, dass mir der da oben oder wer auch immer dafür verantwortlich ist, blaue Augen gegeben hat.

Die Tussis in der Maske fuhren jedenfalls regelmäßig total darauf ab und unterstützten das mit allen Mitteln und Tricks. Selbst mein Bart wurde für die Shows nachgemalt. Als ich irgendwann mal einen Auftritt von mir auf dem Monitor sah, erschrak ich fast selbst, wie geil das aussah, aber ich schwöre, dass ich das nicht absichtlich gemacht habe. Ich habe nicht auswendig gelernt, wann die Kamera auf mich gerichtet ist und wann ich da mit welchem Blick reinschauen soll. Das war halt mein eigener Flow, den ich hatte. Das ist das Gefühl, das sich bei mir aufbaut, wenn ich singe. Ich habe niemals auf irgendwelche roten Lichter an Kameras geachtet. Alles, was da auf der Bühne passiert ist, habe ich intuitiv gemacht und gefühlt. Ich wäre wohl der Albtraum für Detlef D! Soost gewesen. Alles, was man mir diesbezüglich gesagt hatte, habe ich in den Wind geschossen. Ich war ich selbst auf der Bühne und ich bin stolz darauf, dass ich das heute immer noch über mich sagen kann.

Zum Start des Finales um 20.15 Uhr saß ich ganz allein in meiner Garderobe und schaute mir auf dem Monitor den Auftritt von Kai Pflaume an. Na ja, so ganz allein war ich nicht, wenn ich mir das recht überlege. In meiner Jackentasche hatte ich mir ein kleines Fläschchen Jägermeister in die Garderobe geschmuggelt.

Hey, Leute, wenn ihr jetzt denkt, dass der Kesici Alkoholiker ist, dann liegt ihr falsch. Ich muss allerdings zugeben, dass ich in diesen fünf Wochen *Star Search* insgesamt bestimmt zwei bis drei Fässchen Bier vernichtet habe, aber ich habe das irgendwie gebraucht. Andere

DIE HÄRTESTEN 48 STUNDEN MEINES LEBENS

machen Sport und laufen sich die Seele aus dem Leib, und ich trinke eben mal ein Bierchen. Außerdem habe ich in diesen fünf Wochen enorm abgenommen. Also, da war nichts mit Bierbauch oder so.

Egal, der Jägermeister musste dran glauben, und als Pflaume die Kinderstars ansagte, schmiss ich genüsslich das kleine grüne leere Fläschchen in den Papierkorb. Yeah! Treffer! Versenkt!

Da klopfte es an meiner Garderobentür. Nachdem ich: »Immer rein da«, gerufen hatte, sah ich Thomas Wohlfahrt, der in der Tür stand und mich angrinste.

»He, Alter, hast du schon von meiner Single gehört, die ich aufgenommen habe?« Ich guckte ihn verwundert an und meinte: »Wie, du hast auch schon eine Single aufgenommen?«

»Na klar, was denkst du denn? Die wollen hier auf Nummer sicher gehen. Egal wer gewinnt, in einer Woche werfen die die Single auf den Markt und dann geht's ab.«

Das muss man sich mal vorstellen: Nach dem Halbfinale habe ich meine Single *Angel of Berlin* aufgenommen und alle anderen drei potenziellen Finalisten haben das Gleiche gemacht. Was das wohl gekostet haben mag? Aber daran kann man auch sehen, dass es schnell gehen kann, wenn Plattenfirmen etwas unbedingt haben wollen. Dann ist plötzlich alles am Laufen und nicht so wie sonst, dass sie dich monatelang hinhalten. Zeit ist eben Geld und niemand befolgt dieses Motto so konsequent und zielgerecht wie die Plattenfirmen.

> »Das muss man sich mal vorstellen: Nach dem Halbfinale habe ich meine Single *Angel of Berlin* aufgenommen und alle anderen drei potenziellen Finalisten haben das Gleiche gemacht.«

Während Kai Pflaume unten im Studio fröhlich den Gewinner der Kinderstars ermittelte, spielten sich Kesici und Wohlfahrt oben in der Garderobe schon mal gegenseitig ihre Gewinnersongs vor. Echt krass, oder?

Daniel gewann schließlich den Kids-Contest und bekam dafür einen Scheck über 15 000 Euro für sein Sparkonto. Danach kamen die Models dran. Ich ging runter, hinter die Bühne, und sah meine kleine Maus sichtlich aufgeregt in einem atemberaubenden Kleid. Ich versuchte in diesem hektischen Backstage-Treiben an sie heranzukommen, aber das war schwieriger, als ich gedacht hatte. Eine ganze Traube von Stylisten und Make-up-Tanten umschwänzelte meine Kleine. Ich bahnte mir einen Weg zu ihr. Eine letzte kurze Umarmung und ein tiefer Blick, dann musste sie an die Rampe, die hinaus ins Scheinwerferlicht führte.

Ich weiß, warum Maureen die Show damals gewonnen hat. Sie hat zwar von der Körpergröße keine Modelmaße – ihr Body ist natürlich erste Klasse –, aber Maureen hat anders überzeugt. Wenn sie über den Laufsteg ging, dann passierte da etwas ganz Besonderes. Ich schreibe das jetzt nicht, weil ich damals eine rosarote Brille aufhatte oder so. Nein, ich bin der festen Überzeugung, dass es ihre Ausstrahlung war, die die Zuschauer überzeugt hat. Hugo Egon Balder, der damals in der Jury saß, prägte den besten und stimmigsten Satz über Maureen. Er sagte in einer Bewertung mal: »Wo hat man schon jemals so viel Weiblichkeit gesehen?«

Ich kann diesen Worten nichts hinzufügen. Hugo Egon hat es genau getroffen, besser kann man das nicht sagen.

Als Kai Pflaume ihren Sieg bekannt gab, stand ich hinter der Bühne und ballte triumphierend meine Faust. Natürlich habe ich das so gemacht, dass es niemand sehen konnte, aber ich habe mich wirklich sehr über Maureens Sieg gefreut. Als sie tränenüberströmt nach hinten kam, konnte ich sie nur für ein paar Sekunden umarmen und dann wurde sie sofort vor die Presse gezerrt. Von diesem Moment an begann Maureens ganz eigener Trip durch eine für sie und für mich völlig neue Welt.

DIE HÄRTESTEN 48 STUNDEN MEINES LEBENS

Wieder einmal war es übrigens diese wundervolle und bezaubernde Frau, die mich von meinem eigenen Schicksal bestens ablenkte. Ich dachte in diesen Minuten kein einziges Mal an meine bevorstehenden Auftritte und den Battle zwischen mir und Thomas Wohlfahrt.

In der Werbepause bin ich dann wieder hoch in meine Garderobe gegangen. Ich muss gestehen, dass ich mich mit keinem der Texte, also weder mit *Nothing Else Matters* noch mit *Easy*, wirklich intensiv auseinandergesetzt hatte. Ich war ja schließlich kein Karaoke-Sänger und habe es schon immer bevorzugt, meine eigenen Songs zu singen, anstatt öde irgendwelche anderen Stars zu imitieren. Aber gut, so war eben das Spiel und ich hatte es ja selbst so gewollt.

Schon in der Schulzeit hatte ich Probleme mit dem Auswendiglernen von Gedichten. Einzig und allein der *Erlkönig* ist mir irgendwie hängen geblieben. Jetzt aber, in meiner Garderobe, versuchte ich ganz konzentriert, die beiden Texte noch besser zu verinnerlichen. Irgendwie musste ich über mich selbst schmunzeln, denn wenn ich damals in der Schule so zielstrebig und effektiv an etwas gearbeitet hätte wie in diesen 15 Minuten in meiner Garderobe bei *Star Search*, dann wäre vieles doch etwas besser gelaufen. Aber jetzt galt es, das Beste aus mir herauszuholen.

In der letzten Pause vor meinem Auftritt bin ich dann wieder hinuntergegangen. Comedian Ingo Oschmann hatte gerade sein Finale gewonnen und musste eine ähnliche Prozedur über sich ergehen lassen wie vorher schon Daniel und Maureen.

Ich linste durch den Vorhang auf die von mir aus gesehen rechte Seite vor der Bühne. Da saßen Leute, die ich teilweise schon vier oder fünf Jahre nicht mehr gesehen hatte. Krass, echt! Die waren alle wegen mir ins Studio gekommen. Mir bereitete das ehrlich gesagt etwas Unbehagen, denn vor fremdem Publikum zu singen ist was anderes als vor Menschen, die man gut kennt und die viel über einen wissen. Die erwarten natürlich von Haus aus schon mal mehr, und das trug nicht gerade dazu bei, mein kribbelndes Bauchgefühl, das man wohl Lampenfieber nennt, zu verringern.

Bisher war ich in jeder Show als Letzter aufgetreten, das zog sich wie ein roter Faden durch die vergangenen fünf Wochen. Thomas Wohlfahrt war auch heute der Erste von uns beiden, der auf die Bühne musste. Er sang *It's Not Unusual* von Tom Jones. Das hat er echt geil gemacht. An diesem Abend war es besser, als Tom Jones es wahrscheinlich jemals selbst auf der Bühne hätte performen können. Ich spürte in diesem Moment nur einen großen Respekt für Thomas und dachte überhaupt nicht daran, dass ich jetzt nachlegen müsse und besser sein müsse als er. Ich fand das einfach nur geil, weil es unter uns Künstlern für mich keinen echten Wettbewerb gab.

Es gab stehende Ovationen und der Saal brodelte regelrecht. Als Kai Pflaume dann mich ansagte, wurde ich von einem Bühnenarbeiter im Dunkeln auf meinen Platz geführt. Ich linste rüber zu Kai und sah, wie er konzentriert in die Kamera moderierte. In diesem Moment wurde ich ganz ruhig. *Easy* war mein erster Song und ich spulte ab dem Augenblick, als die Scheinwerfer angingen, mein komplettes Programm ab. Ich habe versucht, das Ding zu fühlen, und ich glaube, dass es mir trotz des hohen Drucks ganz gut gelungen ist. Der Saal tobte jedenfalls und ich fand meine Leistung ganz annehmbar.

An diesem Zeitpunkt begannen die wohl härtesten 48 Stunden meines Lebens. Ich stand hinter den Kulissen von *Star Search* und war vollkommen allein. Alles war dunkel um mich herum. Kein Maskenbildner in Sicht, keiner, der mir einen Ablaufplan unter die Nase hielt und wichtig in sein Funkgerät sprach. Ich versuchte in der Dunkelheit des Backstage-Bereichs irgendetwas zu erkennen, aber es war beinahe unmöglich. Thomas stand vorn auf der Bühne und brachte seinen letzten Auftritt vor einem Millionenpublikum hinter sich. Wie ich da so im Dunkeln wartete, dachte ich nur an Thomas. Mir ging noch einmal die geile Show durch den Kopf, die er in den vergangenen Wochen abgezogen hatte. Mit *Here I Go Again* von Whitesnake hatte er wirklich den Vogel abgeschossen. Er hatte die gesamte Nation mit seinem großen Gesangstalent begeistert. Schon damals war ich überzeugt davon, dass er es bis ins Finale schaffen würde.

Dann sah ich plötzlich Kai Pflaume im Halbdunkeln ein paar Meter von mir entfernt stehen. Er war ebenfalls allein und studierte seine letzte Moderationskarte. Er war wohl so konzentriert, dass er mich gar nicht wahrgenommen hatte. Ich bin mir sicher, dass in diesem Moment nur er und ein paar wenige, die hinter den Kulissen arbeiteten und diesen Job schon über Jahre hinweg ausübten, wussten, wie wichtig und wie magisch die nächsten Minuten werden sollten. Ich denke nicht, dass Kai daran dachte, wie viele Millionen vor den Bildschirmen saßen und ihn in wenigen Sekunden sehen würden, sondern nur daran, wie er eine möglichst gute und perfekte Moderation machen könne, um dann dem ganzen Finalwahnsinn einen würdigen und feierlichen Rahmen zu geben, ohne sich das Ruder der Show aus der Hand nehmen zu lassen.

Während mir das alles durch den Kopf ging, beobachtete ich, wie das Licht des einzelnen Scheinwerfers, der für Kai Pflaume bestimmt war, durch die Ritzen der Videowand blitzte. Dann öffnete sich die Wand wie von Zauberhand und Kai ging ins grelle Licht hinaus. Er betrat eine brodelnde Halle, in der sich Hunderte Fans verzückt die Seele aus dem Leib schrien und für Thomas applaudierten. Spätestens jetzt war Herr Oberfuchshuber, der Warmupper, wirklich nicht mehr nötig.

Ich spähte durch den schwarzen Vorhang auf der rechten Seite und verfolgte die Szene. Nach der Verkündigung des Juryurteils wurde Thomas von Kai nach hinten geschickt. Als er die schlichte Holztreppe hinter der Bühne herunterkam, blähte er seine Backen auf und blies die Luft in einem Schwall durch seinen Mund wie ein Marathonläufer, der gerade durchs Ziel gekommen ist. Thomas sah mich und kam zu mir rüber.

»Alter, bitte gewinn du das Ding!«

Verstört sah ich ihn an und meinte: »Wieso das denn? Wieso ich denn? Gewinn du doch gefälligst!«

Wir grinsten uns beide an, denn irgendwie wussten wir wohl beide, was dem Sieger nach der Show blühen würde. Obwohl wir neu in diesem Geschäft waren, spürten wir, dass sich für den, der die Show gewinnen würde, das Leben komplett verändern würde. Es war nur normal, dass wir beide davor gehörigen Respekt hatten. Wir waren und sind beide Musiker und Sänger mit Herz und Seele und kannten das System mit Plattenfirmen, Promotionabteilungen, Marketingmenschen und sonstigen Pseudowichtigtuern nicht im Geringsten. Wir singen beide einfach zu gern, um uns darüber einen Kopf zu machen.

Schließlich haben wir uns umarmt und Thomas sah mir in die Augen und wünschte mir Glück. Ich hatte dabei Gänsehaut, denn ich spürte, dass er es zu 100 Prozent ehrlich meinte. Dann packte mich eine Hand an der Schulter und ich hörte: »Martin, wir müssen los!«

Ein Aufnahmeleiter zog mich in den dunklen, von mir aus gesehen rechten Teil der Bühne. Ich setzte meinen Fuß auf die Plexiglasplatten und sah, dass sich alle auf Kai Pflaumes Moderation konzentrierten. Niemand bemerkte mich, als ich vor zu meinem Mikrofon ging. Noch nie in meinem Leben war ich so elektrisiert wie auf diesem kurzen Weg zwischen den Kulissen und dem Mikrofon. Ich dachte nur: »Martin, egal, wie du diesen Song auch singst, die Hauptsache ist, dass du ihn fühlst, mit allem, was du hast, mit jeder einzelnen Zelle in deinem Körper. Jetzt ist es so weit. Sing deine Gefühle über das Mikro in die Boxen und dann nach draußen zu den Menschen in dieser Halle und an den Bildschirmen.«

DIE HÄRTESTEN 48 STUNDEN MEINES LEBENS

Als Kai *Nothing Else Matters* von Metallica anmoderierte, machte es plötzlich klick bei mir. Ich stand tatsächlich vor Millionen von Menschen im Finale von *Star Search* und sang einen Song von einer der für mich bisher größten Bands. Die ersten Akkorde beamten mich in ein anderes Universum. Ich schaute in keine Kamera, ich schloss meine Augen und begann mit »…so close no matter how far…«. Dann machte ich die Augen wieder auf und dieses Gefühl kann ich kaum beschreiben. Ich nahm alles wie durch einen Wattebausch wahr. Ich war hoch konzentriert, ich ließ es fließen und fühlte mich selbst und den Song.

Ich habe mich niemals danach so extrem in einem anderen Universum gefühlt wie während dieser gut vier Minuten.

Im Mittelteil, wo der hohe Schrei kommt und das Solo und es auch endlich mal ein bisschen härter wird, bin ich abgegangen wie ein Zäpfchen. Ich rockte die Bühne und sah die Leute auf den Sitzen stehen und ausflippen. Das kann man einfach nicht beschreiben. Es geht durch und durch. Wenn ich heute einen schlechten Tag habe, dann muss ich mich nur kurz an diese Momente erinnern und schon habe ich wieder Gänsehaut.

Den letzten Satz des Songs habe ich so gefühlvoll wie möglich in das Mikro gehaucht und der Applaus danach zog mir fast den Boden unter den Füßen weg. Für mein Gefühl hat es ewig gedauert, bis sich die Menschen im Saal wieder beruhigt hatten und Kai sich mit seiner Moderation Gehör verschaffen konnte.

Ich setzte mein verschmitztes Grinsen auf, das nach draußen hin wohl vermitteln sollte: »Was war denn los, Leute? Alles ganz normal. Der Maddin hat nur probiert, schön zu singen, das ist alles.«

Thomas hatte in der vorherigen Jurywertung die volle Punktzahl erhalten. Eine glatte 20. Ich bekam ebenfalls die 20 und dann kam eine Werbepause, in der das Publikum für uns anrufen konnte.

Ich trank nur Wasser, viel Wasser. Die Fans draußen schrien immer wieder meinen Namen. Grinsend stand ich hinter der Bühne und freute mich eigentlich nur auf die bevorstehende Party, bei der ich das Wasser in meiner Hand gegen das eine oder andere Fässchen Bier eintauschen wollte. Einfach Gas geben und wegbrennen, aber es kam ganz anders.

Thomas und ich standen nebeneinander auf der Bühne und ich muss ehrlich zugeben, dass ich angespannt war. Natürlich wollte ich mir das nicht anmerken lassen, weiß aber nicht, ob mir das wirklich gelungen ist. Nur noch ein paar Minuten, dann war entschieden, wer *Star Search* gewonnen hatte. Kai Pflaume kam herüber zu uns und stellte sich in unsere Mitte. Mir ging vieles durch den Kopf, am öftesten aber ehrlich gesagt die 150 000 Euro Siegprämie. Dieser Betrag spukte immer wieder durch meinen Kopf.

Thomas war als Erster dran, er bekam insgesamt 17 von 19 möglichen Punkten vom Publikum. Der absolute Hammer und bis dahin das beste Ergebnis bei *Star Search*.

Haltet mich jetzt bitte nicht für absolut bescheuert und überheblich, aber in dem Moment, als ich die Zahl 17 hörte, wusste ich, dass ich das Ding gewonnen hatte. Keine Ahnung, warum. Ob das eine Eingebung von wem auch immer war oder so was wie eine Vision, ich weiß es bis heute nicht. Wenn ich mir das Videoband von damals anschaue, dann sieht man, wie ein kleiner Ruck durch meinen Körper geht. Wer das Band noch zu Hause hat – wahrscheinlich die wenigsten –, der kann, wenn er genau hinsieht, sehen, was in diesem Moment durch meinen Kopf schoss. Ich war für den Bruchteil einer Sekunde ein offenes Buch für die ganze Nation.

Kai Pflaume machte es natürlich besonders spannend. Bei mir wurden die Punkte von eins aufwärts gezählt. Es gab eine Art Countdown nach oben. Bis zu 14 Punkten ging das recht schnell, dann kamen die 15 und 16. Ab diesem Moment muss ich wohl aufgehört haben zu atmen. Man sah mir die Anspannung regelrecht an. Ich

DIE HÄRTESTEN 48 STUNDEN MEINES LEBENS

schluckte, als die 17 auf der Videowand eingeblendet und mit großem Getöse gefeiert wurde. Im Publikum saß keiner mehr auf den Sitzen. Gleichstand zwischen Thomas und mir!

In diesem Moment hoffte ich nur, dass es keine Kommazahlen geben würde, das hätte ich nicht ausgehalten.

18! Dann kam noch die 19 hinterher. Es brach ein unfassbarer Jubelsturm aus und mir zog es die Füße weg. Ich sank auf die Knie, weil mein Körper das so wollte, nicht weil ich hier einen auf Show machen wollte. Mein Körper hielt diesem Moment einfach nicht stand. Ich warf den Kopf in den Nacken und blickte in das gleißende Licht eines Scheinwerfers. Er blendete mich und von da an weiß ich bis heute nicht mehr genau, was in mir vorging.

Da die Show ja live ausgestrahlt wurde, weiß ich, dass ich ungefähr zehn Sekunden am Boden kniete und dann von Kai und Thomas wieder hochgezogen wurde. Aber selbst wenn ich mich extrem anstrenge und mir die Aufzeichnung immer und immer wieder anschaue, will mir nicht mehr einfallen, was ich in diesen zehn Sekunden meines Lebens genau gedacht habe. Es war, als würde die Zeit komplett stillstehen. Die Menschen um mich schrien. Vom Studiohimmel fiel silbernes Konfetti herab und ich spürte, wie Thomas mich an der Schulter packte. Ich befand mich in einem Zeitloch, einem Zeitloch, in dem einem Menschen wohl ziemlich viel mit Lichtgeschwindigkeit durch den Kopf schießt, an das man sich später aber nicht mehr erinnern kann.

Erst als Kai Pflaume meinen Namen schrie, kehrte ich wie in Zeitlupe wieder auf diesen Planeten, in dieses Land, in diese Stadt und auf diese Bühne zurück. Denn Pflaume hatte meinen Namen wie immer falsch betont. Insgeheim habe ich mich die ganzen fünf Wochen lang darüber aufgeregt, habe mich aber nie getraut, ihm das einmal zu sagen. Ich heiße KeSICI und nicht KEsici. Kai legte die Betonung immer und immer wieder auf das KE von Kesici und eben nicht auf das SICI. Das nervte mich und komischerweise holte mich eben genau das falsch betonte KEsici wieder aus meinem Zeitloch und katapultierte mich zurück in die Liveshow.

Es fühlte sich an, als ob jemand den Volume-Knopf wieder langsam hochdrehen würde. Ich kam zu mir und umarmte als Erstes Thomas Wohlfahrt, danach Kai, Maureen und die komplette Jury.

Wahrscheinlich hatten die meisten erwartet, dass ich herumspringen, schreien und mich über die Maßen über meinen Sieg freuen würde. Aber Leute, ich kann nur sagen: DAS GEHT NICHT. Mir hatte es gerade die Füße weggezogen und ich hatte das wohl einschneidendste Erlebnis meines Lebens. Fünf Wochen lang habe ich Dinge durchgemacht, die wohl kaum jemand nachvollziehen kann. Jetzt, in den ersten Sekunden des Triumphes, konnte ich mich einfach nicht so freuen, wie das jeder von mir erwartet hätte. Ich war fertig mit meinen Nerven und komplett mit der Situation überfordert.

Später habe ich ganz oft den Vorwurf bekommen, dass ich mich nicht genügend gefreut hätte. Das kann ich ja auch verstehen, aber es ging in diesem Moment einfach nicht. Ich habe mich wirklich tierisch gefreut, aber eben auf meine Art und Weise und ehrlich: Ich sinke nicht so einfach theatralisch in die Knie. Das war ein Kniefall vor all denen, die für mich angerufen haben, ein Kniefall vor meinen Fans und, wenn ihr wollt, auch ein Kniefall vor der Nation. Jetzt habe ich hier noch einmal die Chance, mich bei allen zu bedanken. DANKE, OHNE EUCH HÄTTE DAS NICHT GEKLAPPT. ICH WEISS, WAS ICH EUCH ZU VERDANKEN HABE UND WERDE DAS NIE IN MEINEM LEBEN VERGESSEN.

Wie ging es dann weiter? Hart, aber herzlich, kann ich nur sagen, obwohl – so herzlich war das alles plötzlich gar nicht mehr. Ihr müsst selbst entscheiden, ob ihr jetzt weiterlesen wollt oder nicht. Falls ja, kann ich euch eines gleich sagen: Der Traum nahm ein jähes Ende und schon in dieser Nacht bekam ich die ersten Anzeichen dafür zu spüren, die ich zwar wahrnahm, aber noch nicht verstand.

DIE HÄRTESTEN 48 STUNDEN MEINES LEBENS

Kai Pflaume verabschiedete sich vom Fernsehpublikum und nach dem Abspann gingen die ersten Lichter im Studio aus. Mein neues Leben begann im Blitzlichtgewitter von Dutzenden von Fotografen, die als Einzige noch im Studio bleiben durften. Hier Fotos mit Thomas, da Fotos mit allen, noch eines mit Kai Pflaume und jetzt bitte noch mal da vor dem *Star-Search*-Logo allein. Das komplette Programm überrollte mich wie eine gigantische Welle. Mir taten die Backen vom Grinsen weh und jeder kam und klopfte mir auf die Schulter und umarmte mich. Ich weiß noch, dass ich mal kurz daran gedacht habe, dass das hier sein musste wie bei der eigenen Hochzeit. Ich wurde gefeiert wie der Bräutigam, nur die Braut fehlte.

Maureen hatte ihren ganz eigenen Stress an diesem Abend und ich sollte sie erst zwei Tage später wiedersehen. Aber es war irgendwie merkwürdig. Heute weiß ich, dass meine Braut an diesem Abend Universal hieß und in Gestalt eines Major-Plattenlabels daherkam. Wie unromantisch! Noch auf der Bühne wurde meine »Ehe« mit einem Künstlerexklusivvertrag besiegelt. Eine Ehe für gute und schlechte Tage. Aber halt! Während der guten Tage war diese Ehe wirklich schön und vielversprechend, aber die schlechten Tage waren die Hölle. Erschwerend kam hinzu, dass die Plattenfirma bestimmte, was die »schlechten Tage« waren, und irgendwann ganz einfach die Scheidung vollzogen hat, ohne mich, den Bräutigam, zu fragen. Läuft das in einer echten Ehe etwa genauso? Wenn ja, dann möchte ich niemals in meinem Leben mehr einen »Bund fürs Leben« eingehen. Drauf geschissen, ganz ehrlich!

Martin Kesici war mit einem Mal Eigentum einer Plattenfirma, die die Option hatte, drei Alben mit ihm zu produzieren. Natürlich hatte ich diesen Wisch damals unterschrieben, aber ehrlich gesagt hatte ich nicht wirklich damit gerechnet, die Show zu gewinnen und somit Sklave einer großen Company zu werden und das machen zu müssen, was DIE mir anschafften.

Das Blitzlichtgewitter nahm irgendwann ab und ich brüllte zum ersten Mal quer durchs Studio: »Leute, ich brauch jetzt mal ein Bier!«

Alle noch Anwesenden lachten sich den Arsch ab, aber keiner reagierte wirklich.

Dann wurde ich in eine andere Halle verfrachtet. Ja, wirklich, »verfrachten« ist genau der richtige Ausdruck dafür. Dass ich noch selbst laufen durfte, grenzt fast an ein Wunder. Türen wurden mir aufgehalten, ein Auto kam vorgefahren, auch da wurde die Tür aufgehalten. Wir fuhren keine 200 Meter und schon waren wir da. Hier, vor der riesigen Halle, in der die After-Show-Party stattfand, wurde mir so richtig der Hof gemacht. Anders kann ich das nicht sagen. Überall, wo ich hinkam, legte man mir den roten Teppich aus. Ich hatte fast 30 Kumpels – alles langhaarige Rockertypen – VIP-Tickets für diese Party zukommen lassen. Und auf diese Jungs freute ich mich echt tierisch. Als ich die ersten im Gewühl aus fast 400 Partygästen entdeckte und gerade losspurten wollte, ging erneut ein Blitzlichtgewitter auf mich nieder. Es waren andere Fotografen, die ihre Akkreditierung nur für die Partylocation und nicht fürs Studio hatten, und so ging das ganze Gepose wieder von vorn los.

Nach einer guten Viertelstunde hatte ich auch das überstanden, aber jetzt wollten die Leute von der Presse erst mal wissen, wie es mir ging. Mikrofone, Handys und Aufnahmegeräte wurden mir im 30-Sekunden-Takt unter die Nase gehalten. Immer wieder dieselben Fragen: »Martin, wie geht es dir jetzt?«, »Martin, wie fühlst du dich jetzt?«, »Martin, wie ist es jetzt?«

Mit der Zeit wurden meine Antworten immer patziger: »Ich kann grad nichts fühlen. Ich hab das Ding gewonnen und jetzt will ich erst mal feiern. Ich kann jetzt nichts sagen. Was ich fühle? Ich fühl mich gut, aber jetzt lasst mich doch mal feiern, ich kann ja gar nicht so schnell verarbeiten, was da gerade passiert ist!«

DIE HÄRTESTEN 48 STUNDEN MEINES LEBENS

Wie es aber wirklich in mir aussah, wollte ich damals niemandem sagen. Natürlich habe ich durch meine patzigen Antworten ein bisschen Einblick in mein Seelenleben gewährt. Ich fühlte mich wie ein leerer Sack, der durch die Menschenmassen gezerrt wird. Wie ein Ausstellungsstück, das gerade von der Bühne heruntergenommen wurde und jetzt von jedem begutachtet werden darf.

Es ging schon auf ein Uhr nachts zu, als ich die ersten langhaarigen Kumpels endlich zu Gesicht bekam. Die Party war in vollem Gange: Mädels liefen mit leckerem Essen herum und alles soff Wodka und Bier, nur der Kesici hatte bis dahin noch keinen Bissen bekommen, geschweige denn ein kleines Bierchen. Ich sah Jeanette Biedermann und den Rest der Jury in einer Ecke sitzen. Jeanette nuckelte genüsslich an ihrem Drink und zog eine Zigarette nach der anderen weg. Ich setzte mich kurz dazu, um mich für die Bewertungen zu bedanken, und auch, weil es eine einigermaßen ruhige Ecke war. Aber ich saß noch keine zwei Minuten, da verspürte ich plötzlich einen tierischen Drang, aufs Klo zu gehen. Ich entschuldigte mich kurz, stand auf und bahnte mir einen Weg durch Hunderte Schulterklopfer in Richtung Toilette. In dem Moment, da ich die Tür zum Klo schloss, also wirklich die Tür zur kleinen Scheißhauszelle, war Ruhe. Eine unfassbar angenehme Ruhe. Seit 20.15 Uhr, also seit Beginn der Show, hatte ich keinen einzigen Moment Ruhe gehabt. Ich muss gestehen, dass ich noch nie zuvor in meinem Leben beim Pinkeln eine so extrem große Freiheit gespürt habe wie in diesem Augenblick. Hört sich vielleicht blöd an, war aber wirklich so.

Ich stand noch fast eine Minute in dieser Zelle und fand es einfach nur geil, niemanden um mich herum zu haben. Dann drehte ich das Schloss der Tür nach links und drückte die Türklinke herunter. Es dauerte keine zwei Sekunden – ich hatte noch nicht einmal meine Hände gewaschen oder auch nur das Waschbecken gesehen –, bis ich von rechts hörte: »Ey, Maddin Kesici, saugeil, Alter, du hier auf dem Klo? Glückwunsch! Voll krass, die Show! Geil gelaufen, oder?«

Ich nickte nur und brachte ein kleines Lächeln auf die Lippen.

Der Securitymann vor der Toilette schaute mich voller Mitleid an, sagte allerdings keinen Ton. Ich kannte die Jungs schon von den vorherigen Shows und muss sagen, dass es, wenn ich mich überhaupt mit jemandem verbunden fühlte an diesem Abend, diese Jungs waren. Ich habe ja selbst schon ein paarmal diesen Job gemacht und daher wusste ich genau, dass diese Leute wohl noch die normalsten an diesem Abend waren. Dieser Job ist echt unterbewertet, denn diese Jungs sind cool und die meisten haben echt was auf dem Kasten.

Nun stand ich also wieder mitten im Partygetöse und überlegte gerade, wie ich schnellstmöglich an ein Bier kommen könnte, als ich die nächste Hand auf meiner Schulter spürte. Diesmal war es allerdings ein Typ von der Plattenfirma, also quasi mein neuer »Ehepartner«.

»Martin, du solltest nicht zu lange feiern heute. Wir holen dich morgen früh um fünf Uhr im Hotel ab.«

»Was? Um fünf? Morgen? Wie jetzt, was wollt ihr denn morgen früh um fünf?«

»Na ja, da fängt dein Videodreh an. Hier in Berlin für *Angel of Berlin*.«

Mir fiel die Fresse bis auf den marmorierten Fußboden der Partylocation herab.

»Wollt ihr mich verarschen? Das ist ja schon in vier Stunden?«

»Nö du, es ist so weit alles vorbereitet.«

»Sag mal, seid ihr bescheuert? Ich hab gerade die Sendung gewonnen und ihr wollt, dass ich um fünf schon wieder aufstehe?«

»Ja klar, wenn wir das nicht schaffen, dann kriegen wir das mit VIVA und MTV nicht hin, und wenn nächste Woche die Single veröffentlicht wird, dann sollten wir das Video so schnell wie möglich auf Rotation kriegen.«

Ich konnte es nicht fassen und das war das erste Mal, dass ich mich seit dem Sieg auf der Bühne unwohl fühlte. Ich wollte einfach

DIE HÄRTESTEN 48 STUNDEN MEINES LEBENS

Party machen. Jeder normale Mensch feiert doch, wenn er etwas gewonnen hat. Wenn du bei einem Preisausschreiben oder im Lotto etwas gewonnen hast, dann willst du doch feiern. Das ist doch normal, oder nicht?

Der Typ, der mir diese Hiobsbotschaft überbracht hatte, verschwand im Partygetümmel und ließ mich wie einen begossenen Pudel stehen. In diesem Moment kam schon der Nächste auf mich zu.

»Martin, da draußen warten Leute, die nicht reingekommen sind, die wollen dich sehen. Bitte geh kurz raus und sag Hallo!«

Es war jemand von der Produktionsfirma, der für den reibungslosen Ablauf der Party zuständig war. Vor der Tür warteten wirklich noch ein paar Kumpels, die nicht auf der Gästeliste gestanden hatten, und so machte ich mich auf den Weg nach draußen. Dort erwartete mich ein Bild, das ich schon kannte. Applaus, Lobeshymnen, Geschrei und Party. Es schien, als hätten alle wieder mal die gleiche Droge genommen. Diesmal stand auf dieser Droge allerdings mein Name. Sie hoben mich auf ihre Schultern in den Berliner Nachthimmel und feierten meinen Sieg. Es wäre gelogen, wenn ich sagen würde, dass ich das nicht cool gefunden hätte. Eines fiel mir aber schon in dieser Nacht auf und machte mir gleichzeitig Sorgen. Diese Leute sahen mich nicht mehr als Martin, sondern als Martin Kesici. Das klingt jetzt vielleicht blöd, aber wenn Freunde plötzlich nicht mehr deinen Vornamen rufen, sondern deinen Vor- UND Nachnamen, dann klingt das sehr komisch.

Zwischen Martin und Martin Kesici liegt nämlich ein himmelweiter Unterschied. Martin ist der langhaarige Bauarbeiter, der ein bisschen Mucke mit seiner Metalband macht. Martin Kesici ist der Gewinner von *Star Search* und somit also auch der »unerreichbare« Star. Wobei sich bei der Bezeichnung »Star« bei mir schon alle Härchen aufstellen und mein Körper automatisch Abwehrhaltung einnimmt.

Ich glaube, dass man sich selbst nicht so sehr verändert, wenn man eine Show wie *Star Search* gewinnt, aber das Umfeld verändert sich gewaltig. Auch die Freunde verändern sich. Gott sei Dank nicht alle, aber es ist schon merkwürdig, wenn plötzlich viele auf der Straße anstatt: »He, Martin, wie geht's dir«, jetzt: »He, Martin Kesici, wie geht's dir?«, rufen.

»Wow, plötzlich wurde mir bewusst, was ich da gerade gesagt hatte. Das war doch echt cool, ich hatte einen Videodreh.«

Habe ich euch früher vielleicht auch immer mit dem Vor- *und* Nachnamen angequatscht, oder was?

Es war gerade zwei Uhr nachts, als ich meinen Jungs auf meiner eigenen Party sagen musste, dass ich jetzt gehen würde. Die schauten mich an, als wäre ich direkt einer Geisterbahn entsprungen. Keiner verstand, warum ich nach dem Sieg die Party schon um zwei verlassen wollte.

»Ey, Alter, geht's noch? Hau doch mal richtig rein. Mach Party, zieh dich aus, mach dich nackig und mach Party!«

»Geht nicht, ich hab morgen einen Videodreh, ich muss fit aussehen.«

Wow, plötzlich wurde mir bewusst, was ich da gerade gesagt hatte. Das war doch echt cool, ich hatte einen Videodreh. Ich, Maddin aus Berlin-Reinickendorf. Irgendwie war das cool, aber irgendwie war es auch scheiße, denn das Ganze sollte eben schon in drei Stunden stattfinden.

Aber es ging eben nicht anders. Also bin ich zurück ins Studio gefahren und habe mich abschminken lassen. Danach musste mich die Security durch den Hinterausgang schleusen. Im Hotel ange-

DIE HÄRTESTEN 48 STUNDEN MEINES LEBENS

kommen, mied ich unter größter Anstrengung die Bar in der Lobby und begab mich ohne über Los zu gehen direkt in mein Hotelzimmer. Noch drei Stunden schlafen, dann musste ich nüchtern und verdammt gut aussehend wieder in der Lobby stehen. Mit diesem Horrorgedanken fiel ich auf mein Bett und schlief ein.

Als der Weckruf um Punkt fünf Uhr morgens kam, befand ich mich in einem komatösen Tiefschlaf. Ich griff nach links zum Telefonhörer und hob ihn kurz an, um ihn dann wieder auf die Gabel plumpsen zu lassen. Ich war wach, so viel stand fest. Zumindest wenn man diesen Zustand als wach bezeichnen möchte. Mein Schädel brummte, als ob gerade eine komplette Panzerbrigade darüber weggedonnert wäre. Ich hatte einen Geschmack im Mund, als ob ich die ganze Nacht über in eine Couchecke gebissen hätte.

Nach einer kurzen Katzenwäsche und nur den allernötigsten Handgriffen, was Geruch und Aussehen anging, stand ich um halb sechs in der Lobby des Hotels. Zwei Leute von der Plattenfirma begrüßten mich mit den Worten: »Na, alles fit?« Ich sah das als rhetorische Frage an und folgte beiden wortlos in das bereitstehende Auto. Meine Single *Angel of Berlin* hatte ich ja schon vor einer Woche in Stuttgart eingesungen. Unter Gähnen fragte ich die beiden Gestalten vorn im Auto, wie das Video denn aussehen sollte und was sie sich überlegt hätten.

»Viele Locations, mein Lieber. Überall in Berlin. Wir fangen auf der Straße des 17. Juni an und dann geht das den ganzen Tag.«

»Den ganzen Tag?«, fragte ich müde.

»Ja, wir machen das schon mit dir. Das wird ein geiles Video. *Angel of Berlin* eben.«

Es war noch nicht viel Verkehr auf der Straße des 17. Juni, aber der Mittelstreifen war komplett vollgestellt mit kleineren Lkws.

Jede Menge hektische Leute liefen zwischen den Absperrungen mit Kabeln auf den Schultern herum. Aus den Augenwinkeln sah ich mächtige Scheinwerfer und einen kleinen freien Platz. Dort hielten wir an.

»So Martin, du musst bitte gleich in die Maske und dann ist dein erster Dreh dort vorn auf dem freien Platz.«

Der Typ von der Plattenfirma deutete auf genau diese eine freie Stelle zwischen den Scheinwerfern. Ich nickte ihm zu und wurde zur Maske gebracht. Ich muss wohl einen ziemlich roten Schädel aufgehabt haben, denn der Puder, den mir das Maskenluder ins Gesicht pfefferte, hätte für mindestens 20 wunde Ärsche gereicht. Danach kamen Augentropfen gegen meine stark geröteten Augen direkt in die Linsen und zum Schluss reichte mir die nette Dame noch ganz diskret ein kleines Mundspray. Ich muss wohl noch eine ziemliche Fahne gehabt haben.

Dann stand Sequenz Nummer eins auf dem Drehplan meines ersten eigenen Videos. Ehrlich gesagt hätte ich mir nie träumen lassen, bei meinem ersten eigenen Videodreh in so einem Zustand zu sein, aber die hatten das ja unbedingt gewollt. Was blieb mir also anderes übrig, als mitzuspielen?

Mein schlechter Zustand hielt den ganzen Tag lang an. Wir sind von einer Location in Berlin zur nächsten gezogen, das war echt hart. Meine Beine wurden immer schwerer, ich hatte keinen richtigen Hunger und das Ganze fand seinen Höhepunkt in der Schönhauser Allee. Die vorletzte Sequenz des Videos mussten wir unbedingt auf einer der meistbefahrenen Kreuzungen Berlins drehen, wo es doch schon schwer genug für mich war, überhaupt bei Laune und auf den Füßen zu bleiben. Es dauerte nicht lange, dann standen knapp 100 Leute hinter der Absperrung am Set und guckten zu, wie der Kesici sein erstes Video drehte. Ganz toll! Die kannten mich ja zu allem Übel plötzlich alle auch noch. Ich musste lippensynchron tausendmal die gleiche Passage von *Angel of Berlin* »singen«.

DIE HÄRTESTEN 48 STUNDEN MEINES LEBENS

Die Musik dazu dröhnte aus einer kleinen Box, die vor mir aufgebaut war. Echt hart. Nach dem x-ten Mal nahm der Regisseur dann ein Megafon und blökte über die Straße, dass ich doch bitte schön mehr Ausdruck haben solle. Ja klar, dann mach ich jetzt einen auf Alexander Klaws oder wie? Faust zum Himmel und Handbewegung in Richtung Herz? Na gut, auch das habe ich ihnen gegeben. Der Rocker auf der Kreuzung mitten in Berlin mit der Faust in Richtung Himmel. Ich beugte mich der Plattenfirma und gab ihnen die Gesten, die sie haben wollten.

Als wir dieses Set abgedreht hatten, wollte ich eine kleine Pause haben. Nur eine halbe Stunde, um die Füße hochzulegen und ein wenig Wasser zu trinken.

»Nein, Martin, das müssen wir auf später verschieben. Die bauen da drüben das letzte Set auf und du musst jetzt zum Fotoshooting für das Singlecover. Danach haben wir noch drei Radiointerviews und die *BRAVO* und die *Yam* kommen auch gleich noch.«

Ich konnte es nicht fassen. Ich war total am Ende und die pressten mir einen Termin nach dem anderen rein.

Als die letzte Szene gedreht wurde, begann es schon dunkel zu werden. Ausgerechnet die war 43 Stunden nach dem Finaltag die härteste. Der Regisseur des Videos hatte wohl die Anweisung von der Plattenfirma, sich extrem auf meine blauen Augen zu fixieren. Damit die so richtig zur Geltung kamen, wurde ein 2000-Watt-Strahler aufgebaut und dann hieß es: »Martin, schließ die Augen und mach sie dann auf Kommando für die Kamera ganz weit auf und schau in den Strahler.«

Super, und das in meiner Verfassung. Natürlich versuchte ich auch hier, mein Bestes zu geben. Zehnmal hintereinander, dann hatte ich die Schnauze gestrichen voll und sah nur noch weiße Ringe vor meinen Augen. Klar, ich weiß, dass das alles pure Kalkulation war. Die Mädels da draußen sollen angeblich auf blaue Augen stehen, und da versucht man eben genau in diese Richtung zu produzieren. Martin Stosch aus der *DSDS*-Show Anfang 2007 kann auch ein Lied davon singen. Der hat es zwar nicht geschafft, *DSDS* zu gewinnen, aber wenn über ihn geschrieben wurde, dann war in jedem zweiten Satz von seinen »tollen blauen Augen« die Rede. Der arme Kerl, der kann doch genauso wenig dafür wie ich. Hätte man mein Video ohne Schminke und ohne diesen enormen Aufwand an Licht gedreht, dann wäre es wohl nicht gelungen, mich ins »rechte Licht« zu rücken.

Nachdem endlich Drehschluss war, wollte mein Körper nur noch ins Bett. Es waren gut 46 Stunden vergangen, aber was tat Kesici aus purem Reflex?
»Hat jemand Lust auf ein Bierchen?«
Ich konnte nicht glauben, dass dieser Satz gerade meinen Mund verlassen hatte, aber es war so. Jetzt kommt vielleicht wieder die alte Leier von wegen »Martin ist doch Alkoholiker« oder so was Ähnliches, aber NEIN, ich trink einfach gerne Bier. Ich liebe dieses Getränk und ich kann nichts dafür, dass da Alkohol drin ist. Was soll da so schlimm daran sein? Außerdem sagt ein altes »hauseigenes« Sprichwort: »Trinkt der Kesici noch ein Bier, dann fühlt er sich besser.«

Es waren sicher die ereignisreichsten und zugleich die härtesten 48 Stunden in meinem Leben, die gerade zu Ende gingen. Ich belohnte mich dafür, indem ich mich nach Hause fahren ließ und dann in mein eigenes Bett fiel. Mit dem Gedanken an eine weitere »Best of Star Search«-Show in der kommenden Woche und meine bevorstehenden Albumaufnahmen in Stuttgart schlief ich ein. Ich schlief mehr als zwölf Stunden den Schlaf der Gerechten und irgendwie auch endlich den »Schlaf der Sieger«.

AFTER-SHOW-PARTYS

★ **Markus Grimm**

»Scheiße, hätte ich jetzt Lust auf Sex!«

Ich weiß noch genau, dass ich nach der Finalnacht mit diesem Gedanken aufgewacht bin. Warum? Ganz einfach. Richie, der im Bett nebenan lag, wurde genau zum gleichen Zeitpunkt wach und sprang, obwohl er das Finale in der Show am Abend zuvor verloren hatte, mit einem fröhlichen Liedchen auf den Lippen aus seinem Bett und marschierte in Richtung Badezimmer.

In meinem Kopf gab es nur zwei Gedanken. Der eine ging natürlich in die Richtung, dass ich Richie am liebsten sofort ins Badezimmer gefolgt wäre, und der zweite war ungefähr der: »Was ist eigentlich passiert? Bin ich jetzt Popstar? Hab ich das Finale echt gewonnen?«

Ich kann mich noch genau an diesen Tag erinnern. Jede Minute, jede Sekunde hat sich eingebrannt. Manchmal wache ich morgens auf und falle wieder zurück in diese unwirkliche Szenerie in der Suite des Kölner Savoy Hotels. Mehr als drei Jahre ist das nun schon her.

Wie gesagt, ich war mit meinen Gedanken zwischen Popstars und Badezimmer, als ich merkte, dass irgendetwas mit mir nicht stimmte. Ich wurde krank. Mein Körper hatte sich wohl selbst den Befehl gegeben, ab jetzt zu entspannen und die Abwehr auf Urlaub zu schicken oder so. Meine Nase war dicht, mein Kopf fühlte sich schwer an und meine Beine taten so weh, als ob ich erst gestern der Siegerurkunde bei den Bundesjugendspielen hinterhergerannt wäre. Was war los? Ich hatte das Finale gewonnen. Alle Türen standen mir offen. Die gesamte Nation hatte gestern am Fernseher gesessen und gesehen, dass ich mit Pat, Doreen und Kris zur Siegerband gehörte – aber ich fühlte mich scheiße.

Mein Handy vibrierte auf dem Nachttisch neben meinem Kopf und versuchte mir klarzumachen, dass ich aufstehen sollte. Das bescheuerte Ding wusste ja nicht, wie es sich anfühlt, nur zwei Stunden geschlafen zu haben, außerdem war es mit Glückwunsch-SMS überlastet. Ein Blick darauf offenbarte mir zuerst die Alarmzeit. Als ich die Vibration ausschaltete, sah ich eine hohe zweistellige Zahl neu eingegangener Nachrichten und eine mörderische Anruf-in-Abwesenheit-Liste.

Guten Morgen, Herr Markus Popstar Grimm. Unfassbar. Ich hatte eine Nacht mit Fotoshootings, Interviews und Autogrammstunden hinter mir. Dann eine Party mit so vielen neuen »Freunden«, dass mir nur beim Gedanken daran kotzübel wurde.

Nach einer kurzen warmen Dusche ging es mir etwas besser. Den letzten kalten Schwall Wasser, den ich mir üblicherweise morgens ins Gesicht klatsche, sparte ich mir diesmal. Schließlich wollte ich nicht mit einer Schnupfenstimme in meinen ersten Tag als Popstar gehen.

Im Frühstücksraum des Hotels schien zunächst alles wie immer zu sein. Doch als ich an der Müslitheke vorbeigelaufen war und in Richtung Tisch ging, fiel mir auf, dass viele der Leute, an die ich mich gewöhnt hatte und mit denen ich täglich seit Beginn der Staffel zu tun gehabt hatte, nicht mehr da waren. Der Stab hatte sich enorm verkleinert. Die, die mich monatelang beim Frühstück über die Welt da draußen auf dem Laufenden gehalten und sich mit mir unterhalten hatten, waren plötzlich alle verschwunden.

AFTER-SHOW-PARTYS

Es schien, als sollte sich mein Leben wieder normalisieren. Keine Kameras, keine Dispos, keine hektischen Aufnahmeleiter und Realisatoren, keine Jury. Nach dem Frühstück packte ich meine Tasche und wartete in der Lobby auf meine Bandkollegen. Um zehn Uhr sollte Abfahrt zum Training sein, was auch immer damit gemeint war. Ich war pünktlich, aber vom Rest der Crew war noch nicht viel zu sehen, deswegen beschloss ich, die erste Zigarette des Tages zu rauchen. Also ging ich durch die Lobby in Richtung Ausgang. In der Lobby war nicht viel los, ein ganz normaler Tag eben. Zwei Angestellte an der Rezeption blickten nur kurz auf und lächelten mich freundlich an, als sie mich sahen. Wie gesagt, wie immer. Sie hatten dasselbe freundliche Lächeln auf den Lippen, das sie jedem Gast in diesem edlen Hotel schenkten. Während ich in meiner Hosentasche nach dem Feuerzeug kramte, sah ich aus den Augenwinkeln heraus, wie sie miteinander tuschelten, dann senkte ich meinen Kopf, um die Zigarette, die schon in meinem Mund steckte, in Richtung Feuerzeug zu bewegen. Währenddessen schwang die automatische Tür des Hotels lautlos auf.

Was dann passierte, lässt sich fast nicht beschreiben. Ich hörte einfach nur Kreischen – ohrenbetäubend, wie von einer anderen Welt. Plakate und Poster wurden mir vor das Gesicht gehalten und aufgeregte Fans wollten Autogramme haben. Viele von ihnen streckten mir mit zitternden Händen dicke Stifte entgegen und wussten nicht, ob sie weinen, schreien oder lachen sollten. Einige machten einfach alles gleichzeitig. Ein eigenartiges Gefühl war das, ein Gefühl, an das man sich wohl erst nach Jahren gewöhnen kann. Hatte ich vorhin noch den Eindruck gehabt, dass sich mein Leben normalisierte, war ich jetzt Lichtjahre davon entfernt.

Die Zigarette hatte ich längst fallen lassen. Ich gab Autogramme, schrieb meinen Namen auf übergroße Bilder mit meinem Gesicht und versuchte, jedem Wunsch irgendwie gerecht zu werden.

»Markus, bitte darf ich dich kurz umarmen?«

Erst habe ich gar nicht begriffen, was dieses wildfremde Mädchen von mir wollte. Und beinahe hätte ich nach dem Grund dafür gefragt, aber dieses peinliche Warum kam mir Gott sei Dank nicht über die Lippen. Also befriedigte ich den Wunsch des unbekannten Mädchens und drückte sie kurz an mich. Diese glänzenden und dankbaren Augen werde ich mein Leben lang nicht vergessen. Ich habe doch nichts getan! Ich war eine kurze Zeit im Fernsehen zu sehen und habe gesungen, und jetzt kann ich Menschen glücklich machen, indem ich sie einmal kurz umarme. Wahnsinn! Wahrscheinlich fragt ihr euch, wie sich das anfühlt. Ich versuche es mit einem Vergleich zu erklären. Macht einfach mal die Augen zu und stellt euch euren ganz persönlichen Wunschtraum vor. Ein Lebensziel, wie unerreichbar es auch zu sein scheint. Und dann stellt euch vor, dass ihr es erreicht habt und ein Mensch, der euch verdammt wichtig ist, das sieht und unfassbar stolz auf euch ist. Auch ihr selbst seid stolz auf euch und könntet die ganze Welt umarmen…

»Ich war eine kurze Zeit im Fernsehen zu sehen und habe gesungen, und jetzt kann ich Menschen glücklich machen, indem ich sie einmal kurz umarme.«

Habt ihr jetzt Gänsehaut bekommen? Genau dieses geniale Gefühl ist es.

Der Lärmpegel und die Nervosität vor dem Hotel wurden noch lauter, als meine Bandkollegen kamen. Irgendjemand schob uns vier dann in einen wartenden Van mit verdunkelten Scheiben und wir fuhren los.

Das ist übrigens auch so ein unglaubliches Gefühl, das man wohl nur nachvollziehen kann, wenn man es selbst schon einmal erlebt hat. Diese Ruhe vor beziehungsweise nach dem Sturm. Mit Sturm

AFTER-SHOW-PARTYS

meine ich in diesem Fall die Fans, die sich auf der Jagd nach Autogrammen und Handyfotos fast selbst zerdrücken. Und dann die Ruhe, die einkehrt, wenn jemand die Schiebetür des Vans schließt und das Auto davonbraust. Genau in diesen Situationen habe ich oft gemerkt, dass Kris, Doreen und Pat mit denselben Gefühlen zu kämpfen hatten wie ich. Das Schlimme ist nur, dass einem keiner sagen kann, wie man damit umgehen soll. Es bleibt jedem selbst überlassen, diese Erlebnisse zu verarbeiten. Ich kann verstehen, dass sich viele Kollegen beim Verarbeiten »helfen« lassen und dann Drogen nehmen und sich immer mehr in ihre eigene Welt zurückziehen.

Der verdunkelte Van raste durch Köln und dann weiter über mir unbekannte Landstraßen. Ein blaues Tankstellenschild tauchte am Horizont auf und sofort forderte ich einen Stopp ein. Innerhalb der Band wurde mir im weiteren Verlauf unserer Touren bald ein Tankstellenwahn und eine Dackelblase nachgesagt, da ich bei jedem Tankstellenschild auf der Autobahn zum einen pinkeln und zum anderen shoppen musste. Dieser erste Tankstopp sollte allerdings eine Überraschung bereithalten. Nachdem ich am Waschbecken mit Schrecken festgestellt hatte, dass ich trotz meiner morgendlichen Dusche immer noch aussah wie ein Vampir auf Heroin, und beschlossen hatte, einen Abschminkkurs bei einer meiner Bandkolleginnen zu absolvieren, kehrte ich von der Toilette zurück. Ich ging zu den anderen, die lachend und quietschend vor dem Zeitungsregal standen. Da streckte mir Doreen die aufgeklappte *BRAVO* entgegen und ich sah mich zum ersten Mal auf einem Poster. Kein selbst gebasteltes Plakat wie die Bilder, die mir am Morgen vor dem Hotel entgegengehalten worden waren, nein, ein Poster in der *BRAVO*. Wie sich das anfühlt? So ungefähr wie das erste Mal – nur ohne schlechtes Gewissen und Flecken, die man wegwischen muss. Ein Gefühl, wie wenn einen eine Starkstromleitung im Nacken trifft.

»Wer zur Hölle hängt sich das denn übers Bett?«, rief ich.

Klar, ich, König des Selbstzweifels, hatte *Popstars* gewonnen und trotzdem das Gefühl, ein Wurm zu sein. Ich konnte mir beim besten Willen nicht vorstellen, dass sich irgendjemand dieses Bild ins Zimmer hängen würde. Pat war da anderer Meinung und meinte: »Nicht nur dass dieses Bild über dem Bett hängt, du willst sicher gar nicht wissen, was diejenigen machen, die darunterliegen und es ansehen.«

Ich muss wohl einen ziemlich bescheuerten Gesichtsausdruck aufgesetzt haben, schüttelte nur den Kopf und ging wortlos zur Kasse.

»Ich will es nicht wissen!«, war dann mein Kommentar, als ich wieder ins Auto stieg und den immer noch grinsenden Pat ansah. Schnell stöpselte ich meinen MP3-Player ins Ohr und schloss die Augen, nicht ohne eben diese Bilder vor Augen zu haben, die Pat gerade in meinen Schädel gepflanzt hatte.

Der MP3-Player sollte auf all den Fahrten mein bester Freund werden – rein ins Ohr und ausklinken, nicht mitbekommen, was gerade passiert. Die Bilder, die im Kopf wie in einem B-Movie ablaufen, kann dieser kleine Helfer allerdings nicht abschalten.

Heute noch verstehe ich die Poster und Titelblätter nicht, auf denen sie uns wie Helden feierten – Helden haben Kriege gewonnen, wir aber wurden gerade erst aufs Schlachtfeld geführt und unsere Waffen wussten wir noch gar nicht zu nutzen.

Wir fuhren in ein Sportzentrum irgendwo in einen Außenbezirk von Köln. Niemand wusste, dass wir dort proben sollten, also warteten auch keine Fans auf uns. Dafür stand Detlef D! Soost in der Turnhalle, um uns auf unseren ersten 10 000er vorzubereiten. Der erste 10 000er? Das war kein Berg oder vielleicht doch in einem gewissen Sinne. Der erste 10 000er war der erste Auftritt vor 10 000 Menschen. Live!

AFTER-SHOW-PARTYS

In der Halle stank es nach Schweiß und alten Turnschuhen. Keine Popstar-Atmosphäre, die irgendetwas mit Glitter oder Glamour zu tun gehabt hätte. Im Gegenteil. Wir bekamen von D! unsere Songs um die Ohren geknallt und mussten so tun, als ob wir vor 10000 Menschen stünden. Kristina musste immer und immer wieder diesen wilden Begrüßungsschrei »Hallo Oldendorf!« proben. Eine absurde Szenerie. Wie soll sich in so einer Turnhalle das Gefühl entwickeln, vor 10000 Menschen zu stehen? Ganz ehrlich, ich hatte Verständnis und in diesem Moment auch ein wenig Mitleid mit Kris. Es hörte sich einfach nur lächerlich an.

Erschwerend kam hinzu, dass uns nun, da die *Popstars*-Kameras nicht mehr da waren, ein Kamerateam samt Redakteur des ProSieben-Magazins *taff* auf Schritt und Tritt begleitete. Wir hatten zwar vollstes Vertrauen zu diesem Redakteur, den wir ja seit der ersten Castingstunde kannten und mit dem wir zusammen mit seinem Team schon jede Menge erlebt hatten, aber trotzdem war es ein bescheuertes Gefühl. Vor meinem geistigen Auge sah ich schon, wie wir bei *taff* wie die Vollidioten herumtanzten, und hörte den Off-Text des Sprechers: »Hier, in dieser Turnhalle proben sie für ihren ersten großen Auftritt. Wird alles gut gehen? Warum tun sich die vier jungen Popstars so schwer, sich in die Sache hineinzufühlen blablabla...«

Aber hallo, soll sich doch mal jemand in uns hineinfühlen, wenn es heißt, dass man die neue deutsche Glam-Rock-Band Nu Pagadi ist und wilden Rock spielt und singt, sich dabei aber zu den Schritten von Detlef D! Soost bewegen soll. Hatte Axel Rose von Guns N' Roses oder Freddie Mercury von Queen damals echt eine Choreografie zu seinen Songs? Ich wage es ehrlich gesagt zu bezweifeln.

Zu *Sweetest Poison* mussten wir im Takt wilde Schreie ausstoßen und dann nach vorne an den Bühnenrand schweben. Dazu singen, auf die Ausstrahlung achten und die Schritte zählen. Ein Wunder, dass ich damals vor lauter Taktzählen und anderem Scheiß nicht von der Bühne gefallen bin.

Egal, wir waren Nu Pagadi und es war, wenn man all diese Umstände mal beiseitelässt, ein fantastischer Tag. Wir hatten das Finale gewonnen. Natürlich hatte das noch keiner von uns so wirklich realisiert, geschweige denn verarbeitet, aber irgendwie hatten wir noch dieses Zusammengehörigkeitsgefühl. Und genau das war es, was in der darauffolgenden Zeit mehr und mehr zerfiel.

Die kommenden Wochen und Monate sollten die schwierigsten meines Lebens werden. Mal abgesehen von den Monaten und Jahren nach der Bandauflösung.

Gelernt habe ich daraus, dass Dinge, von denen man glaubt, dass sie auf Lebenszeit halten, so schnell wieder in sich zusammenbrechen können, dass man später nicht einmal mehr den Grund dafür sagen kann, warum das passiert ist.

Wir lebten das Leben von vier Personen als eine einzige Person und hießen alle zusammen Nu Pagadi. Für die Presse waren wir am Anfang ein gefundenes Fressen. Unser Privatleben wurde einmal komplett auseinandergenommen und dann in den Teenie-Magazinen, Boulevardzeitungen, Tageszeitungen und im Fernsehen komplett verdreht wieder zusammengefügt. »Markus ist schwul!«, »Doreen ist magersüchtig!«, »Kris mag ihre Brüste nicht!«, so und so ähnlich klangen die Schlagzeilen, die uns nun fast täglich begleiteten. Einige der »Skandalthemen« waren mir selbst neu und ich fragte daher manchmal direkt bei den anderen nach, ob da was dran sei.

»Bist du echt magersüchtig, Doreen?« Ausgerechnet Doreen! Sie hat eine sportliche Figur. Von Magersucht war da allerdings weit und breit nichts zu bemerken. Doreen hielt ihr Gewicht konstant, man hätte sich damals eher mehr Sorgen um Kris machen müssen. Denn

AFTER-SHOW-PARTYS

sie mutierte mehr und mehr zu einem Strich in der Landschaft und wir mussten sie teilweise schon mit einer kleinen Packung Pommes zwangsernähren. Die Presse bekam davon allerdings nichts mit. Sie drückte den Stempel Magersucht Doreen auf und fertig. Es war nicht mal so, dass die Journalisten der Klatschmagazine schlecht recherchierten oder wir so gut dichthielten, nein – die Leute von der Presse schrieben einfach nur das, was gerade alle brüllten oder was sie eben selbst als eine gute Story empfanden.

Ich erinnere mich noch sehr gut an das Nacktshooting für die *Bild*-Zeitung. Damals waren wir für die Aufzeichnung der Chartshow *The Dome* in Salzburg. Ein Kamerateam von *taff* begleitete uns auf Schritt und Tritt. Wir wussten etwa eine Woche zuvor, dass die *Bild* eine Story mit uns wollte und dazu die passenden Bilder schießen musste. Entsprechend dem guten alten Sprichwort: »Sex sells«, überlegte sich ein Fotograf, dass er uns alle vier gerne nackt ablichten wollte. Kris und Doreen waren skeptisch, Pat und ich machten das Shooting von der Entscheidung der Mädels abhängig. Kris fühlte sich am unwohlsten bei dieser Sache. Das ganze Shooting lief dann letztendlich sehr seltsam ab. Wir bekamen hautfarbene String Tangas, die man später in der Nachbearbeitung wegretuschieren wollte, und die Fresse von Kris hing am tiefsten. Sie wollte sich nicht nackt zeigen, da ihr ihre kleinen Brüste unangenehm waren. Am Set sollten wir unsere Arme vor dem Oberkörper verschränken, sodass bei den Mädels nur der Brustansatz zu sehen war. Wir setzten uns genau so hin, dass jede einzelne Problemzone so gut wie möglich kaschiert wurde. Kris bekam während des ganzen Shootings kein einziges Lächeln über die Lippen. Zum Schluss verkrampfte sie komplett und nach ein paar Bildern mussten wir abbrechen. Das Ergebnis war katastrophal. In der *Bild* erschien ein halbseitiges Foto und darüber stand in fetten Buchstaben: »Eltern, seht her – auf solche Typen stehen eure Kinder«. Über jedem Kopf stand dann noch eine kleine weitere Schlagzeile. Und ausgerechnet über Kris stand: »Meine Brüste sind zu klein.«

Ich weiß, dass sie damals vor Wut tobte und sich mehrere Tage nicht aus dem Haus traute. Ich konnte Kristina sogar verstehen, schließlich wusste von da an die gesamte Nation, dass sie kleine Titten hatte und damit auch noch ein persönliches Problem hatte. Ich weiß nicht, wie sie heute dazu steht, aber damals hatte sie ordentlich daran zu knabbern. Vielleicht hat ihr ja ihre Rolle als Flittchen Olivia bei *Verbotene Liebe* ein bisschen darüber hinweggeholfen.

Über mich gab es solche Geschichten übrigens nie, nur einmal berichtete ein Magazin, dass mein Vater im Sterben läge, ich mit ihm nicht mehr reden würde, eh nur mit ihm über meinen Lebensweg gestritten hätte und wir uns nicht mehr verstünden. Das war total aus der Luft gegriffen. Mein Vater starb 2005 an Lungenkrebs. In meiner Jugend haben wir oft über meine Musik und meine Schauspielerei diskutiert, aber wir hatten uns nie zerstritten. Er war ein guter Vater, der sich Sorgen darüber machte, wie sein Sohn von seinen Träumen leben sollte. Als dieser Bericht erschien, waren wir gerade in der Schweiz und mein Vater lag im Krankenhaus. Ich rief sofort bei meiner Familie an und riet ihr, die Zeitung von ihm fernzuhalten – wenn die Krankheit ihn nicht das Leben gekostet hätte, dann hätte dieser Bericht ohne eine Gegendarstellung von mir ihm mit Sicherheit das Herz gebrochen.

Das sind dann eben die Dinge, mit denen man leben muss: Es interessiert nur, was gedruckt ist; wie man das wieder geradebiegt oder wieder auf ein normales Level zurückkehren kann, das interessiert keinen und darüber wird auch nicht geschrieben. Stempel darauf und fertig.

Es kam so viel Neues auf uns zu. Sicherlich wurde versucht, uns darauf vorzubereiten, aber die Gespräche waren meist mehr als kurz.

AFTER-SHOW-PARTYS

Klar, das kostete Geld, sich um die Band und ihre privaten Sorgen zu kümmern, und viel wichtiger noch war der Fakt, dass die Verantwortlichen um uns herum damit kein Geld verdienen konnten. Also konzentrierte man sich auf das Wesentliche, und das war nun einmal das Geldverdienen mit Nu Pagadi. Wie wenig davon bei uns ankommen sollte, das wussten wir in diesem Moment noch nicht. Wenn ich das in dieser Phase schon geahnt hätte, dann wäre vieles wohl anders gelaufen, aber wir wussten es einfach nicht. Natürlich schützt Unwissenheit nicht vor Strafe, das ist mir klar, aber wir hatten damals echt verdammt viel zu tun – mit der Band, mit den Menschen drum herum, mit den Fans, mit der Pressearbeit und natürlich auch mit uns selbst. Vier Stunden Schlaf pro Nacht waren über Monate hinweg die Regel. Natürlich haben wir diese Zeit auch genossen, aber hätte mir nur einer gesagt, wie die ganze Sache enden würde, ich hätte vieles anders gemacht.

Der Tag nach dem Finale war merkwürdig, ich hatte ständig das Gefühl, etwas ganz Besonderes erreicht zu haben, aber dann doch irgendwie wieder bei null anzufangen. Das bekamen wir übrigens auch ständig zu hören.
»Das Fernsehen ist so gut wie durch mit euch, jetzt seid ihr eine Band und müsst euch beweisen.«
Natürlich habe ich diese Sätze gehört, aber ehrlich gesagt habe ich sie nicht wirklich verstanden oder begriffen, wie sie gemeint waren. Ich habe echt nicht den Bodenkontakt verloren, dazu bin ich einfach zu bodenständig, und habe auch vor *Popstars* schon jede Menge Mist durchgemacht. Diese Sätze, die aus dem Nu-Pagadi-Umfeld zu hören waren, hießen eigentlich: Die Show ist durch, die Quote wurde gemacht, das Fernsehen und die Produktionsfirma haben Geld mit euch verdient, jetzt liegt es an euch. Denn die nächste Staffel ist schon in Auftrag und das Casting dafür beginnt in vier Monaten. Alles, was ihr ab jetzt macht, kostet Geld und

bringt kaum mehr etwas ein, also arbeitet und funktioniert gefälligst, so lange es geht, und dann tschüss.

Ja, das wäre die Wahrheit gewesen!

★ Martin Kesici

»Cabin Crew, we are ready for landing, please take your seats.«

Wie oft ich diesen Spruch des Piloten schon gehört habe, ist wirklich unglaublich. Seit dem Finale war ich ständig unterwegs, heute von Berlin nach Köln, dann wieder zurück nach Berlin und am nächsten Tag nach München oder nach Stuttgart. Früher war Fliegen etwas Besonderes für mich, heute nutze ich die knappe Stunde eines innerdeutschen Fluges, um Schlaf nachzuholen. Oft penne ich noch vor dem Start ein und wache erst wieder durch das Rütteln der Landung auf.

Zu den Albumaufnahmen musste ich in den Süden der Republik nach Stuttgart fliegen. Dort war das Maritim Hotel für die kommenden Wochen meine zweite Heimat. Vom Album hatte ich schon vorab zur Probe ein paar Songs gehört, die von irgendwelchen Studiosängern eingesungen worden waren. Jedes Mal, wenn ich voller Erwartung auf die Play-Taste gedrückt hatte, war ich bereits nach den ersten Sekunden extrem enttäuscht worden. Natürlich hatte ich die Illusion gehabt, ein eigenes Album Marke Kesici produzieren zu können, zu dem ich auch stehen konnte. Die Musik, die der Künstler da kreiert und produziert, sollte er schließlich auch selbst gut finden. Natürlich sollten die Menschen, die das Ganze dann im Plattenladen kaufen, die Songs auch lieben, aber wenn sie den Künstler gut finden, dann ergibt sich das mit der Musik doch von allein oder umgekehrt. Das ist doch eigentlich der einfachste Gedankengang der Welt. Weit gefehlt! Das war eine totale Illusion, die ich da hatte und die Schritt für Schritt und Tag für Tag immer weiter

AFTER-SHOW-PARTYS

zerstört wurde. Die Menschen von der Plattenfirma, bei denen ich automatisch durch den Gewinn des Finales von *Star Search* unter Vertrag stand, hießen mich schnell in der Realität willkommen.

»Deine Stimme gehört uns und du musst singen, was wir dir sagen.« Diesen Spruch werde ich niemals mehr in meinem Leben vergessen. Was ich erst im Nachhinein begriff, war, dass man keine Chance auf persönliche Ansichten oder eigene Meinungen hat, wenn man einen Künstlerexklusivvertrag unterschreibt. In meinem Vertrag stand, dass ich kein besonderes Mitspracherecht bezüglich der Singles und auch in Sachen Songauswahl für das Album nicht viel zu melden hatte. Da die Show aber schon drei Tage her war und nach Meinung der Firmen um mich herum die Erinnerung der Konsumenten, sprich der TV-Zuschauer, schnell verblasst, musste innerhalb der nächsten zwei bis drei Wochen dringend das Album veröffentlicht werden. Es wurde einfach ignoriert, dass eine normale Albumproduktion mindestens zwei bis drei Monate, wenn nicht sogar ein halbes Jahr dauert und eben ein Prozess sein sollte, der aus der Zusammenarbeit zwischen dem Künstler, den Studiomusikern und den Produzenten entsteht. Bei mir wurde alles außer Acht gelassen, nur um so schnell wie möglich an bares Geld zu kommen. Völlig egal, ob der Konsument, sprich der Käufer meiner Platte, dann drei gute, fünf mittelmäßige und vier total bescheuerte und für den Müll produzierte Songs für sein hart verdientes Geld bekommen würde. Hauptsache, die zwölf Songs, die im Vertrag standen, waren in zwei Wochen auf dem Markt, egal wie gut oder schlecht sie waren. Wichtig war nur, dass die CD – auch Einheit genannt – so oft wie möglich über den Kassenscanner der großen Elektrofachgeschäfte – ihr wisst selbst am besten, welche ich meine – wandert.

Am ersten Tag meiner Albumproduktion bekam ich acht Songs, die mir allesamt nicht gefielen. Das war diese Art von Musik, die ich vorher noch nie gesungen hatte. In die Richtung »soft« oder »Pop« hätte man mich früher prügeln müssen und auch dann wäre ich nicht bereit gewesen, den Mund dafür aufzumachen. Aber jetzt steckte ich in der Klemme. Ich hatte eine Studiomannschaft, die nur auf mich wartete, eine Fangemeinde da draußen, die mich hören wollte, und eine Plattenfirma, deren moderner Sklave ich war, nur weil ich vor mehr als fünf Wochen völlig unwissentlich und als Neueinsteiger ein Stück Papier unterschrieben hatte, von dem ich angenommen hatte, dass es sowieso für die Tonne wäre.

Es gab in diesem Studio nicht einmal ein echtes Schlagzeug oder eine Gitarre, und wenn es sie gegeben hätte, dann hätte ich sie wohl nicht mal anschauen dürfen, denn es stand ja in meinem Vertrag, dass alles schnell gehen musste. Echte Instrumente im Studio einzuspielen hätte aber einen enormen Zeitaufwand bedeutet, den sie mir nicht gewährten. Deshalb kam alles aus dem Computer, und wenn ich zugebe, dass selbst meine Stimme im Endeffekt ein Produkt des Computers war, dann tut mir das jetzt noch weh, da ich es nur aufs Papier bringe.

Selbstverständlich habe ich alle Songs selbst eingesungen, aber anschließend wurde eben alles am Computer bearbeitet. Wenn es so schnell gehen muss, dann hat das nichts mehr mit künstlerischer Arbeit zu tun, sondern erinnert eher an Fließbandarbeit.

Im Keller des Studios war meine Kabine, in der ich die Songs der Reihe nach einsingen musste. An Tag eins bekam ich den ersten Song mit dem Titel *This Is My Love* vorgelegt.

»So, Martin, den singst du jetzt unten mal schnell ein.«

Mit diesen Worten kam der Typ vom Studio zu mir. Mir war dieses Ding ein Graus, das war so schnulzig und glatt... Ich habe diesen Song bis heute nie wieder angehört, obwohl er auf meiner ersten Platte verewigt ist. Der ist so unglaublich schnöde und einfältig und beschissen.

Ich habe wirklich wie am Fließband im Kellerraum des Stuttgarter Studios eingesungen. Peter Hoff, der damalige Produzent, ist mittlerweile ein sehr guter Freund von mir geworden. Er erkannte

AFTER-SHOW-PARTYS

ziemlich schnell meine beschissene Lage und half mir, wo es nur ging. Diese Verbindung habe ich bis heute erhalten und »Pedda« wird wohl in Zukunft noch sehr oft meine Songs produzieren.

Zwischen Kellerloch und Warteraum im Studio setzten mir die Plattenleute dann noch Eva vor. Eva kam aus New York und schliff mich in Sachen englischer Aussprache. Sie war beziehungsweise ist ein echt cooles Latina-Chick und hat eine geniale Stimme. Ich will mich ja auch nicht nur beschweren, denn ich habe in dieser Zeit wirklich viel von ihr gelernt und generell auch viel mitgenommen.

Für das Album waren natürlich auch Coversongs vorgesehen.

Selbstverständlich stand ich dem skeptisch gegenüber, aber als sie damit ankamen, dass ich *Nothing Else Matters* von Metallica aufnehmen

»**Dann setzten sie mir noch zwei Songs vor, die so beschissen, so schnulzig waren, dass sich selbst meine Oma die Dinger nicht angehört hätte.**«

sollte, wurde ich richtig wütend und habe mich mit Händen und Füßen dagegen gewehrt. Metallica war und ist für mich das Nonplusultra des Metal, und ausgerechnet die sollte ich auf meinem ersten Album covern. Das ging einfach nicht. Ich hatte Metallica in der Finalshow gesungen, das musste reichen. Jetzt aber sollte ich diesen Song ohne fettes Studioschlagzeug und vernünftige Gitarren noch einmal einspielen. Ich hatte keine Chance, mich dagegen zu wehren, ich wurde quasi dazu gezwungen.

Dann setzten sie mir noch zwei Songs vor, die so beschissen, so schnulzig waren, dass sich selbst meine Oma die Dinger nicht angehört hätte. Noch nicht einmal ein Schlagersender hätte diese Songs freiwillig über den Äther geblasen. Also bin ich im Studio buchstäblich in den Gesangstreik getreten.

»Leute, ich bin kein Karaoke-Sänger. Ehrlich, das, was ich hier mache, ist schon scheiße genug. Aber ich habe nicht 15 Jahre lang

Musik gemacht und Titel selbst geschrieben, damit ich jetzt hier so ende.«

Nach dieser Ansage waren alle für einen kurzen Moment still. Mir war klar, dass ich vielleicht gerade den Beginn meiner Karriere gekillt hatte, aber schließlich habe ich auch einen gewissen Stolz und den sollte man nicht über die Maßen strapazieren. Mit meiner Band Enrichment habe ich vielleicht vier oder fünf Songs nachgesungen, aber das waren Songs, die mir gefallen haben und die ich unbedingt singen wollte. Der Rest war Marke Eigenbau, und das sollte ich jetzt für *Star Search* so einfach über den Haufen werfen? An einem Tag einen Song zu lernen, das Gefühl dafür zu bekommen und dann auch noch einzusingen, das ging einfach nicht. Schon gar nicht, wenn einem das Lied total gegen den Strich ging und man sich durch die einzelnen Parts quälen musste.

Die Stimmung im Studio war schlecht und die Telefonleitungen von Stuttgart nach Berlin in die Plattenfirma glühten. Schließlich wurde ich ans Telefon zitiert und da bekam ich zum ersten Mal so richtig Gegenwind.

»Martin, du musst laut Vertrag die Songs einsingen.«

Jetzt reichte es mir wirklich und ich holte zum finalen Gegenschlag aus.

»Ey, pass mal auf«, blökte ich in den Hörer, »ich muss gar nichts. Ich muss aufs Klo und irgendwann muss ich mal sterben, aber ich muss nichts singen, was ich nicht will. Und mir ist es auch scheißegal, ob ihr mir jetzt eine Vertragsstrafe aufbrummen wollt oder was auch immer ihr mit mir machen wollt. Ich sing den Schrott nicht!«

★ **Markus Grimm**

Piep, piep, piep... Mein Handy machte Terror ohne Ende. Also griff ich hinüber zum Nachttisch, um das nervende Etwas zu packen. Wenn ich nur genügend Kraft gehabt hätte, dann wäre das

AFTER-SHOW-PARTYS

Ding wohl direkt an die Hotelzimmerwand gedonnert. Dann öffnete ich langsam die Augen und drehte meinen Kopf nach links in Richtung Fenster. Die Vorhänge waren zugezogen, aber das, was ich durch einen kleinen Spalt erkennen konnte, verriet mir, dass da draußen wohl noch nicht mal die Sonne aufgegangen war. Wie auch? Im April um halb fünf Uhr morgens.

Dies war einer der wenigen Morgen, an denen ich allein im Hotelzimmer aufwachte. Denn ausnahmsweise hatten wir mal alle Einzelzimmer bekommen. Eine echte Seltenheit in meiner Zeit bei Nu Pagadi. Normalerweise teilten Pat und ich uns immer ein Doppelzimmer und Doreen und Kris waren in einem Zimmer daneben untergebracht. Die Kosten sollten ja schließlich möglichst gering gehalten werden. Von wegen Popstar und tolle Suite und so – alles Scheißdreck!

Es gab keinerlei Intimsphäre oder so was Ähnliches. Den ganzen Tag und die ganze Nacht hatte man jemanden an seiner Seite, den man erst seit ein paar Monaten kannte. Das war bei Pat und mir nicht ganz so schlimm, weil wir uns beide ja gut verstanden haben. Bei den Mädels war das nicht so einfach. Aber dieser Konflikt bahnte sich erst sehr langsam an. Wie das eben so ist, wenn die Ruhe vor dem Sturm herrscht und der Sturm dann den Rauswurf eines Bandmitglieds zur Folge hat und das ganze Projekt in eine tiefe Krise stürzt. Aber wie gesagt, so weit war es ja noch nicht.

Mein Kopf weigerte sich an diesem Morgen, den Befehl zu geben, die Bettdecke wegzuschieben. Irgendetwas brachte mich dann aber schließlich doch dazu, aufzustehen. Ganze drei Stunden Schlaf hatte ich diesmal gehabt. Wir waren am Abend zuvor aufgetreten und hatten danach noch ein Interview und ein Fotoshooting. Und heute Morgen standen uns 150 Kilometer mit dem Auto nach Hamburg bevor, um dort bei einer Morgenshow Special Guest zu sein.

Irgendwann war ich dann wieder so klar im Kopf, dass ich zumindest kurz über das nachdenken konnte, was passiert war und was heute kommen sollte. Ich blickte gerade in den Spiegel, als plötzlich wilde Blitze durch meinen Kopf zuckten. Oh nein, ich durfte jetzt einfach nicht krank werden. Dummerweise hatte ich vergessen, die Klimaanlage auszuschalten. Aber ich konnte unmöglich krank werden. Mein Hals tat weh, aber das lag sicher nur daran, dass ich am Tag zuvor zu wenig oder eigentlich fast gar nichts getrunken hatte. Das war immer der sichere Tod für mich. Denn normalerweise brauche ich zwei bis drei Liter Wasser am Tag, sonst kriege ich Probleme mit der Verdauung, und das ist dann der Beginn eines echten Horrortages, aber darauf will ich jetzt ausnahmsweise mal nicht näher eingehen.

Ein dumpfes Plumps und danach gleich noch einmal ein Plumps – dann gaben die beiden Aspirin-Tabletten das vertraute Zischen von sich und ich kippte das Zeug in einem runter. Im Bauch zischte und grummelte es weiter. Aber egal, ab unter die Dusche. Zehn Minuten lang lief das warme Wasser einfach nur so an mir herunter. Beinahe wäre ich im Stehen wieder eingeschlafen. Als ich mich nur leicht zur Seite drehte, um das Handtuch von der Stange zu nehmen, machte mein Magen kurzzeitig Anstalten, sich mal eben komplett umzudrehen. Wo sollte das heute noch enden?

Während der Casting- beziehungsweise Workshop-Zeit musste ich mich in ziemlich kurzer Zeit von einem unsportlichen und dicken Typen zu einem »Sporty Spice« verwandeln. Wer aber ein »Sporty Spice« mit mir vergleicht, der muss schon eine ziemlich verschobene Wahrnehmung haben, um nur den Hauch einer Gemeinsamkeit zu entdecken. So viel Sport brachte natürlich auch meinen Körper enorm durcheinander. Deswegen entwickelte sich meine Tasche zu einem Vorratslager, das einer gut sortierten Apotheke in Deutschland jederzeit hätte Konkurrenz machen können. Dies allerdings hatte zur Folge, dass ich an diesem besagten Morgen nach den beiden Kopfschmerztabletten gleich noch ein Medikament gegen

AFTER-SHOW-PARTYS

grippalen Infekt einwarf und mit zwei bis drei homöopathischen Wundermittelchen ergänzte.

Da ich spät dran war, mir nur noch drei Minuten bis zur Abfahrt nach Hamburg blieben und ich noch keine Klamotten am Leib hatte, verdrängte ich zunächst den Gedanken daran, vielleicht krank zu werden, und verfiel in Hektik. Das war allerdings ein weiterer grober Fehler, denn ich merkte recht schnell, dass jetzt gleich was ganz Blödes passieren würde. Keine zehn Sekunden später kotzte ich aus Leibeskräften in die Kloschüssel des Hilton-Hotels. Gut, dass mich so nie jemand gesehen hat, denn halb angezogen über der Schüssel zu hängen und mit Hochdruck und in extremer Zeitnot den kompletten Mageninhalt wieder hergeben zu müssen, ist keine schöne Sache.

Pat begrüßte mich an diesem Morgen in der Lobby mit den Worten: »Gib mir mal die Tasche mit dem Zeugs.« Dann durchwühlte er die ganze Tasche und fragte: »Hast du auch was gegen Halsschmerzen? Und eine Aspirin bräuchte ich auch.«

Das Einzige, was ich ihm in meinem Zustand antworten konnte, war: »Ist alles in der Tasche, aber sei vorsichtig damit.«

Er blickte nicht einmal auf, als ich das sagte, sondern wühlte nur weiter wie ein Junkie darin herum und gab ein abwesendes »Hmh« von sich.

Ich habe in einem Jahr so viele Tabletten gegen Kopfschmerzen und sonstigen Scheiß geschluckt, dass man wohl ein eigenes Klärwerk benötigen würde, um meinen Körper von den Überbleibseln zu reinigen.

★ **Martin Kesici**

Zugegeben, in manchen Dingen bin ich echt ein Dickkopf, aber ich bin auch zu Kompromissen bereit. Und das erste Album war für mich ein einziger, dicker, fetter Kompromiss, aber das wollten die bei der Plattenfirma in Berlin nicht wirklich einsehen. Noch am gleichen Tag, an dem ich im Studio Terror gemacht hatte, setzte sich der A&R-Manager von Universal Music in den Flieger und kam nach Stuttgart. Am Abend probierte er es dann bei mir mit klugen Sprüchen und tiefen Blicken in die Augen. Er versuchte die verständnisvolle Nummer und kam auch mit der rechtlichen Seite, aber er hatte keine Chance. Die Flug- und die Hotelkosten hätte sich Universal echt sparen können.

Ich habe das Album dann innerhalb von zwölf Tagen eingesungen, und zwar so, wie ICH es wollte. Das Mitspracherecht bei der Auswahl der Songs hatte ich natürlich nicht wirklich, aber wenigstens durfte ich sie nach meinen Vorstellungen einsingen. Wofür andere Bands drei Monate oder sogar ein halbes Jahr brauchen, habe ich in nicht mal zwei Wochen geschafft. Es blieb noch nicht mal Zeit, ein echtes Schlagzeug einzuspielen. Alles wurde per Computer gelöst. Ich sang jeden Song in der Kabine ein, Passage für Passage, und dann gingen meine gesammelten Tonspuren einen Stock höher. Dort saß ein Typ und ließ die Spuren durch einen Rechner laufen. Es gibt ein Programm namens Melodyne, das schiefe Töne korrigiert und richtig abspeichert. War ich also mal »flat« oder »sharp«, wie man in der Fachsprache sagt, dann hat es der Typ am Computer nebenan einfach ausgebessert. Das größte Problem bei Melodyne ist aber, dass man die Töne zwar korrigieren kann, ein Gefühl aber nicht nachträglich in die Stimme gepresst werden kann.

Ich weiß nicht, wie viele Kollegen mit Melodyne arbeiten, aber wahrscheinlich ist diese Software auf fast allen Studiocomputern. Es spart einfach Zeit und somit natürlich auch Geld, wenn man die ganzen Spuren nicht tausendmal einsingen muss und die Sängerin oder den Sänger in der Kabine immer und immer wieder die gleiche Passage singen lassen muss, nur weil es noch nicht passt.

AFTER-SHOW-PARTYS

Wie gesagt, die Arbeit im Studio ist reine Fließbandarbeit. Der Computer gleicht aus, was an Können und Talent fehlt, und so kann man heutzutage schnell und vor allem günstig Songs produzieren. Wenn man es als Sänger schafft, einen Song gefühlsmäßig zu treffen, dann ist der Rest Nebensache. Melodyne & Co. machen das schon.

Das Geile beim Rock oder Metal ist aber, dass man dieses Programm hier nicht benutzen kann, weil Melodyne die harten Töne nicht genau erkennt. Wahrscheinlich haben sie auch dieses Problem in der Zwischenzeit gelöst. Damals hieß das aber noch, dass Rocker im Studio einfach korrekt singen MUSSTEN. Wenn das nicht klappte, dann musste dieser beschissene Part so lange eingesungen werden, bis er passte. Für mich ist das einer der großen Unterschiede zwischen Pop und Rock.

Klar, kaum einer ist ein perfekter Live-Sänger. Ein bisschen schief kann es manchmal schon klingen, aber das hören die meisten eh nicht. Manchmal hört man es selbst nicht, weil mal wieder zu viele Drogen im Spiel waren oder aber vorher Alkohol in rauen Mengen geballert wurde. Was soll's, das Publikum bei solchen Konzerten ist ja meistens auch ganz gut dabei und somit gleicht sich das dann wieder aus.

Ich finde, dass der »Fun« stimmen muss, auf und vor der Bühne. Das ist es doch, was ein Live-Konzert ausmacht, oder? Die Fans sollen ruhig merken, dass sie nicht verarscht werden für ihr bezahltes Ticket. Wenn ich mal nicht 100 Prozent korrekt bin und das Publikum meine Schwäche merkt, dann finde ich das gar nicht mal so schlecht.

Ich will ganz bestimmt nicht auf Kollegen herumhacken oder das Lästern anfangen, denn jeder, der auf der Bühne steht, hat Respekt verdient. Trotz Melodyne und all den anderen Hilfsmitteln, die es bei Live-Auftritten gibt, hat jeder im Publikum das Recht auf eine geile Show. Zum Beispiel Tokio Hotel: Ich will gar nicht wissen, welche Computerprogramme im Studio und auch live auf der Bühne benutzt werden, um die Jungs gesanglich gut aussehen zu lassen, aber was soll's? Wenn ich an den Auftritt der Jungs bei den MTV European Music Awards 2007 zurückdenke, dann muss selbst ich als hartgesottener Rocker und Vertreter der härteren Gangart sagen, dass das an Coolness und Professionalität nicht zu überbieten war. Ich würde sogar so weit gehen zu behaupten, dass die Jungs als einzige Band an diesem Abend wirklich klar bei Sinnen und ohne Drogen waren und genau wussten, dass da eine Milliarde Menschen in ganz Europa vor den Bildschirmen sitzen, die in diesem Moment vielleicht noch nicht ganz so viele Vorurteile gegen Bill & Co. hatten. In Deutschland ist der Neidfaktor nicht zu unterschätzen und dass man auf diese Jungs neidisch sein kann, kann ich nachvollziehen. Ich denke, dass es an der Zeit ist, in Deutschland umzudenken, was das angeht. Denn Erfolg zu haben ist, egal woher man kommt und was man vorher gemacht hat, eine grandiose Sache, und das sollte man jedem von ganzem Herzen gönnen.

Ich bin mit Leib und Seele Musiker und stehe am liebsten mit einer fetten Monitorbox oder besser noch einer ganzen Batterie an Monitorboxen auf der Bühne und spiele mit meiner Band. Wenn das dann draußen ankommt, umso besser. Ich weiß auch, dass ich gewisse Dinge nicht singen oder produzieren werde. Auf meinem ersten Album sind maximal drei Songs, die ich persönlich vertreten kann. Der Rest läuft unter dem Motto: »Augen zu und durch.« So was will ich nie wieder machen.

Bestes Beispiel ist der Song *Liebesluder*. Wer da reinhört, der merkt, dass ich dieses Ding nur mit vieeeeeeel Bier habe durchstehen können, weil ich einfach das Gefühl für den Song nicht finden konnte. Erschwerend kam hinzu, dass ich noch nie zuvor deutsch gesungen hatte. Wer mich kennt und weiß, wie ich ticke, der wird mich vielleicht verstehen, und eines Tages werden in Deutschland

AFTER-SHOW-PARTYS

vielleicht noch ein paar mehr sagen: »Mensch, der Kesici, der hat sich gemacht. Der macht gute Mucke.« Mich persönlich würde es tierisch freuen und es wäre Bestätigung genug dafür, die letzten Jahre nicht umsonst geschuftet zu haben.

★ Markus Grimm

Musik ist wie Sex! Ich habe lange überlegt, ob ich an diesen Satz ein Ausrufezeichen oder ein Fragezeichen hängen soll. Wie ihr seht, habe ich mich für das Ausrufezeichen entschieden. Warum? Es stimmt einfach. Es ist nicht eine persönliche Feststellung, nein, es ist eine Tatsache mit einem dicken, fetten Ausrufezeichen.

Vollkommen egal, ob ich damals vor 15 Leuten stand und gesungen habe oder wie mit Nu Pagadi im Westfalenpark vor 40 000 Menschen – es ist ein orgastisches Erlebnis, auf der Bühne zu stehen und seine Musik zu präsentieren. Es gab damals wirklich Situationen, in denen ich fast mit einem Ständer von der Bühne gegangen bin, ohne es so richtig zu merken. Das war einfach so geil. Um es jugendfreier auszudrücken: Es ist wie Weihnachten, Ostern und alle anderen Feste zusammen auf einen Moment gebracht.

Womit wir wieder zum Thema kommen. Nach solchen Veranstaltungen, Fernsehaufzeichnungen für *The Dome* oder die *BRAVO Supershow* oder auch einfach nur Open-Airs wie damals im Westfalenpark, gibt es die sogenannten After-Show-Partys. Eine Veranstaltung, bei der man nicht nur Kollegen trifft, sondern auch »Freunde«. Anfangs hatte ich mir das unheimlich cool vorgestellt. Ich dachte, dass man nach der Show ein bisschen relaxen kann und mit ein paar Leuten feiert, die man im Job kennengelernt hat... Um eines gleich vorwegzunehmen: Das ist Bullshit und war zugegebenermaßen ein sehr romantischer Gedanke, den ich da in meinem Hirn zusammengebastelt hatte. Das habe ich allerdings erst kapiert, als in der Presse und in Internetforen böse Berichte über mich erschienen. So was wie: »Markus ist in Wirklichkeit ein arrogantes Arschloch. Ich war auf der After-Show-Party und der wollte mir nicht mal ein Autogramm geben. Der hat mich gar nicht beachtet.«

Als ich das gelesen hatte, musste ich erst mal scharf nachdenken und kam, leider erst ziemlich spät, auf den Kern des Problems. Eine After-Show-Party ist in Wirklichkeit wie ein Zoo. Man geht nicht mit Kollegen dorthin, sondern man geht dahin, um »after« der Show noch einmal eine Show zu geben. Das beginnt schon mit dem roten Teppich vor der Location (spätestens da hätte mir das ja auch auffallen müssen) und endet damit, dass auf der Party viele Leute sind, die bei Radiosendern oder TV-Stationen exklusive VIP-After-Show-Party-Tickets gewonnen haben. Das bedeutet: Man feiert nicht mit Freunden und Kollegen ein intimes Festchen, sondern wird von allen Seiten begafft und um Autogramme gebeten.

»Markus, hier hab ich ein tolles Bild von dir, bitte signier mir das doch, und hier ist mein Foto. Bitte lass uns noch eines gemeinsam machen. Kannst du dann noch hier auf dem Poster unterschreiben? Meine Schwester findet dich auch ganz toll, wäre cool, wenn du...«

Ich hatte echt gedacht, dass ich nach der Show auf der After-Show-Party Feierabend hätte. Es war ja schließlich nach der Show, aber stattdessen ist man der Elefant im Streichelzoo, dem man ein paar Nüsse hinwerfen und den man mit etwas Glück auch mal streicheln darf.

Dann gibt es übrigens auch noch die Spezies an Fans, die es eben nicht geschafft haben, ein VIP-Ticket für die Party zu ergattern. Die stehen zwar schon ganz am Anfang beim roten Teppich, aber die haben Durchhaltevermögen und stehen auch nach der Party noch in der Kälte draußen. Da ist der Teppich längst aufgerollt und wieder im Keller des Veranstalters verschwunden. Wenn man

AFTER-SHOW-PARTYS

sich dann dazu entschließt, zu später Stunde ins Hotel abzuhauen, dann hat man »after« der After-Show-Party immer noch keinen Feierabend.

An eine After-Show-Party kann ich mich noch ganz besonders gut erinnern. Das war die nach dem ersten Stefan-Raab-Turmspringen in München. Wir waren alle im Marriott Hotel untergebracht und die After-Show-Party fand in der Hotellobby statt. Ich saß mit Lucy von den No Angels an der Bar und sie begann damit, mich innerhalb kürzester Zeit unter den Tisch zu saufen. Sie hat so schnell geredet und getrunken und so schnell wieder neue Gläser beschafft, dass ich kaum nachkam und mein Glas noch gar nicht geleert hatte, als sie schon wieder mit einer neuen Ladung vor mir stand. Ein sehr lustiger Abend.

Die Lobby wurde immer voller und voller, es war hektisch und laut. Ich musste Lucy fast anschreien, um überhaupt noch eine Unterhaltung führen zu können. Plötzlich stand ein blonder Typ neben mir und meinte: »Hier im Hotel findet noch eine andere Party statt, die ist privater und da geht es auch etwas ruhiger zu. Hast du Lust? Kommst du mit?«

Da mir sowohl die blonde Birne als auch das Angebot gefielen, heftete ich mich an seine Fersen. Wir fuhren mit dem Lift in den siebten Stock. Erst jetzt merkte ich, dass mir die Drinks mit Lucy ganz schön zugesetzt hatten. Das »Ping«, mit dem der Fahrstuhl ankündigte, das Stockwerk erreicht zu haben, klang irgendwie verzerrt in meinem angetrunkenen Schädel. Dann öffnete sich die Fahrstuhltür und ich stand mit der blonden hohlen Birne vor einer angelehnten Hotelzimmertür. Es war keine laute Musik zu hören, was ich ziemlich cool fand, und ich überlegte noch, ob die Leute wohl okay sein würden und ich vielleicht Pat treffen würde. Na ja, was soll ich sagen, Pat war nicht da, stattdessen standen in diesem Raum bei gedämpftem Licht und Lounge-Musik fünf Typen herum, die alle um die 20 waren. Das war mal eine After-Show, denn die hatten alle keine Hosen an und zeigten ihren nackten Arsch und noch mehr. Ein schwuler Gangbang war da am Laufen. Im ersten Moment wusste ich nicht genau, wie ich reagieren sollte. Der Alkohol in meinem Kopf war in den ersten Sekunden spurlos verschwunden und ich versuchte, einen klaren Gedanken zu fassen. Und dann? Ich ließ es einfach geschehen. Was sollte das denn auch? Ich war im Himmel. Die Typen sahen gut aus und die hatten alle Spaß. Warum sollte ich keinen Spaß haben? Schließlich hatte mich der blonde Typ extra von der Bar weggeholt, und ganz abgesehen davon lag hier gerade mein bevorzugtes Beuteschema auf der Matratze. Blond, gut gebaut und doch etwas zum Anfassen dran, keine dürre Brechstange mit Kate-Moss-Syndrom. Anhand der wenigen restlichen Klamotten, die diese Typen noch am Leib trugen, erkannte ich, dass sie zur Fraktion der Skater gehörten – ja, das mag der Markus. Typen, die etwas Normales ausstrahlen, dazu am besten noch echte Kerle sind und sich anstatt ihrer Madonna-Plattensammlung lieber stolz die Ansammlung von kleineren Narben und Schrammen vorangegangener Extremsportunfälle zeigen. Keiner der hier Anwesenden war ein Promi, aber für mich waren sie die Stars der Nacht und hätten einen Goldenen Otto für eine perfekte Performance verdient.

»Das war mal eine After-Show, denn die hatten alle keine Hosen an und zeigten ihren nackten Arsch und noch mehr.«

Ich habe mich die ganze Nacht den Verlockungen eines Popstars hingegeben. Es war geil und ich würde es jederzeit wieder machen. Drogen haben mich nie so richtig interessiert. Meine Droge war immer mein Leben. Klingt jetzt vielleicht sehr brav, aber Alkohol und Zigaretten gehören leider auch zu meinem Leben, doch ich

AFTER-SHOW-PARTYS

weiß, wann Schluss ist und wann ich meinem Körper nichts Gutes mehr tue. Vom Kiffen bin ich völlig weggekommen. Kiffen macht mich nachdenklich. Einmal habe ich das probiert und dann bin ich noch mehr in mich selbst versunken. So viel Grimm vertrage aber selbst ich nicht, ich bin ja schon anstrengend, wenn ich abends in die normale Denkerpose verfalle.

Die Lines mit Koks, die der schwule Gangbang-Club in dieser Nacht im Hotelzimmer vertilgte wie Brausepulver, interessierten mich nicht im Geringsten. Ich sah zu, ich wurde verwöhnt, aber Koks wollte und brauchte ich nicht, um geil zu werden. Dafür sorgten schon fünf gut gebaute Jungs. Wie gesagt, für mich war es in dieser Nacht der Himmel auf Erden und die After-Show-Party schlechthin.

Sex gab es auf solchen Partys übrigens jede Menge. Auch der heterosexuelle Mann oder die heterosexuelle Frau wurden gut bedient, wenn sie wollten. Egal, ob intern oder extern. Intern? Extern? Ihr fragt zu Recht, was das bedeutet. Intern heißt, dass Künstler und Promis unter sich Sex haben, und extern, dass Fans ins Spiel kommen.

Sex gab es allgemein an den ungewöhnlichsten Orten und in den ungewöhnlichsten Situationen. Zwei Minuten vor dem Auftritt in irgendwelchen aufgestellten Garderoben-Containern im Backstage-Bereich oder dann später im Hotel nach den Partys. Auch ich habe mich dem Ganzen nicht immer entziehen können. Da ich mir ja meistens mit Pat ein Hotelzimmer teilen musste, wurde dann schon genau abgesprochen, wer wann den Zimmerschlüssel haben und nach oben gehen durfte. Absprechen war da ganz wichtig, sonst hätte es in der einen oder anderen Situation durchaus böse Überraschungen geben können.

Komischerweise sehen so After-Show-Typen immer gleich aus. Nettes und unverbindliches Lächeln, gut angezogen, gut gebaut. Man selbst fühlt sich lange nicht so attraktiv. Kein Wunder, denn die Jungs, die auf diese Party gingen, hatten vorher stunden-, wenn nicht sogar tagelang Zeit, sich darauf vorzubereiten. Ich aber stieg mit meiner Band um fünf Uhr morgens in den Flieger, stand um zehn Uhr auf der Bühne für die Auftrittvorbereitung und danach gab es jede Menge Interviews, Termin in der Maske, Fotoshooting, Timeslot für den roten Teppich, Autogramme, Interviews auf dem Teppich, Spezialinterviews mit ProSieben in der Garderobe und dann der Auftritt. Danach ging es mit Interviews und Fototerminen weiter, und wenn man dann ins Hotel zurückkam, war meistens nur kurz Zeit für eine Dusche und schon stand der Fahrer für die After-Show-Party vor der Tür. Natürlich war ich dann spätestens um Mitternacht tierisch müde und wollte eigentlich nur noch ins Bett, alle anderen After-Show-Typen aber waren nicht müde. Der Gedanke daran, dass der Flieger am nächsten Morgen um sieben Uhr starten und der nächste Tag so ähnlich wie der heutige aussehen würde, tat meist sein Übriges.

Aber wo waren wir stehen geblieben? Ah ja, After-Show-Partys in Hotels. Genauer gesagt in den Wellnessbereichen der Luxusherbergen. Es ist unvorstellbar, wie schnell sich eine Dampfsauna mitten in der Nacht zum reinsten Puff verwandeln kann. Es liefen unglaubliche Szenen ab, die ich teilweise mit eigenen Augen gesehen habe oder aber am nächsten Morgen unter dem strengsten Siegel der Verschwiegenheit erzählt bekommen habe.

Es soll ja auch Fans geben, die sich extra in diese Hotels einmieten und dann nachts schon mal vorsorglich in die Sauna oder das Dampfbad gehen. Immer in der Hoffnung, dass ihr Star auch dorthin kommt. Meistens klappt das dann auch. Will man Sex, dann bekommt man den. In Massen! Popstar zu sein hat in dieser Beziehung auch sein Gutes. Ich weiß von vielen Kollegen, dass sie sich in ihrer Zeit als Popstar mehr als ausgetobt haben. Viele davon leben jetzt in einer gefestigten Beziehung, und wenn sie sich nicht von den Drogen haben auffressen lassen, dann geht es ihnen wirklich gut und sie vermissen nicht viel.

AFTER-SHOW-PARTYS

Was die Dampfsauna betrifft, so weiß ich nicht, ob ein paar Mädels vielleicht während des Sex da drinnen verdampft oder ganz zerflossen sind, ist mir aber auch egal. Schließlich muss jeder selbst wissen, was er da nachts in den Wellnessbereichen anstellt.

Die schönste Zeit, die wir vier oder später dann drei bei Nu Pagadi hatten, war meines Erachtens die Zeit der Sommertour und der After-Show-Partys, die wir absichtlich nicht besuchten. Stattdessen schnappten wir uns unsere Band und schlossen uns in einem der Zimmer ein. Natürlich floss auch hier Alkohol in Strömen, aber es lief privat zwischen uns ab und wir hatten Spaß. Nein, nicht das, was ihr denkt. Wir machten Musik, wir schrieben Songs, wir jammten, was das Zeug hielt, und hatten einfach nur Spaß an unserem Job.

Selbstverständlich wachte der eine oder andere auch mal morgens im Schwimmbad auf und hatte die Senioren beim täglichen Schwimmtraining um sich. Natürlich wusste man dann nicht so wirklich, wie man da hingekommen war, aber egal – wir hatten Spaß. Ich erinnere mich noch, dass wir am Morgen nach einer privaten Zimmerparty verzweifelt unseren Gitarristen suchten. Der war nachts auf der Suche nach einem geöffneten Fast-Food-Restaurant einfach verschwunden. Wir fanden ihn schließlich vor dem Hotel auf einer Parkbank wieder. Kurz vor Abfahrt kam dann unser Schlagzeuger namens Gibelium mit einem aufgemalten Clownsgesicht in die Lobby. Keiner von uns fand heraus, wer das Gesicht da mit wasserfestem Stift aufgepinselt hatte.

Das waren die schönsten Momente. Wir waren nur wir selbst und mussten nichts spielen. Nichts davon stand danach in einer Zeitung oder kam im Fernsehen. Es hatte mit Musik zu tun und war kein Schaulaufen. Da legte niemand Wert auf Schminke oder Klamotten. Es war völlig egal, wie wir aussahen. Wir kannten uns und wir hatten Spaß. Keiner musste auf dicke Hose machen. Ich weiß nicht, was die Mädels denken, die bei den After-Show-Partys am roten Teppich stehen und schreien. Glauben die wirklich, dass ich denen ein Kind mache und sie dann auch in so einem tollen Auto vorfahren dürfen? In demselben Auto, in das ich vor 20 Sekunden am Hintereingang eingestiegen bin, um dann um die Ecke zu fahren und als Protz-Popstar wieder auszusteigen?

Nein, Mädels, das ist alles eine große Lüge. Fallt nicht darauf herein. Natürlich sollt ihr deswegen nicht das Fan-Sein aufgeben, auf keinen Fall, aber liebt die Jungs nicht wegen ihres Geldes oder wegen ihrer Popularität. Liebt sie wegen der Musik und vielleicht auch wegen ihres Aussehens. Das geht völlig in Ordnung, aber prostituiert euch nicht. Das haben die nämlich nicht verdient. Die nehmen sich doch nur, was sie brauchen, und werfen es danach wieder weg.

WER FICKEN WILL, MUSS FREUNDLICH SEIN

★ **Markus Grimm**

Wie jeder weiß, bekamen wir den ach so wohlklingenden Namen Nu Pagadi, was auf Russisch so viel heißt wie: »Na wartet, ich zeig's euch!« Nu Pagadi ist auch eine Zeichentrickserie, im Prinzip die östliche Ausgabe von *Tom und Jerry*. Ein Hase, der dem Wolf zeigt, wo es langgeht.

Gezeigt haben wir viel in dieser Zeit. Viel nackte Haut, vor allem die Mädels. Gut, musikalisch haben wir vielleicht nicht so viel gezeigt. Aber immerhin haben wir ein ganzes Album hingekriegt und auch zwei Singles. Nein, wir hatten nicht NUR unseren Nummer-eins-Hit *Sweetest Poison*. Es gab auch noch eine zweite Single und somit waren wir kein One-Hit-Wonder. Wir waren ein 1,5-Hit-Wonder, wenn es so was überhaupt gibt. Falls es so was nicht gibt, dann führe ich es jetzt einfach ein.

Auf jeden Fall hatte Nu Pagadi ein geiles Logo. Das ist übrigens mal nicht ironisch gemeint. Ich fand den Wolf in diesem Stern echt cool, auch die Message fand ich cool. Da hat sich jemand wirklich etwas überlegt. Schließlich ging es um eine Castingband, um Rockmusik und echte Musiker, also passte das Motto: »Wir zeigen's euch.«

So weit, so gut. Problematisch an der Geschichte war nur, dass es neben der Zeichentrickserie im tiefen Osten unseres Landes noch eine Firma gab, die einen Nuss-Nougat-Brotaufstrich mit dem seltenen Namen Nu Pagadi entwickelt hatte. Und das übrigens schon, Jahrzehnte bevor die Menschheit mit Casting-Sendungen bombardiert wurde.

Einen Werbedeal mit dieser Firma gab es übrigens leider nie. Vielleicht wäre das ja mal eine Gelegenheit gewesen, Geld zu verdienen, aber darauf kamen unsere Verantwortlichen nicht. Vielmehr machten wir den Eindruck, dass wir vier einfach eine Castingband waren, die so blöd war, dass sie sogar auf Milch schwamm. Aber vielleicht auch gut so, denn wenn wir so einen Deal gehabt hätten, wäre ich wahrscheinlich wieder dick geworden.

Ein ganz anderes Problem brachte der Bandname aufseiten der Fans mit sich. Einige schlaue Köpfe kauften sich so ein Glas Nu Pagadi und schickten es mir zum Signieren in den Verlag. Nicht so schlimm, das Zeug ist ja ewig haltbar und so lange würde die Band wohl nicht zusammenbleiben, als dass das Haltbarkeitsdatum einer Nuss-Nougat-Creme überschritten wäre. Gut so, wenn da nicht ein paar Fans auch gleich noch ein zweites Glas für den lieben Sänger mit ins Paket gepackt hätten und dazu noch ein bisschen Weißbrot und Toast, damit der sich das Ganze zu Hause auch sofort zubereiten kann. Prima, wenn er denn dann auch bald wieder zu Hause gewesen wäre. Leider waren wir das in den ersten Bandmonaten nur selten und so weiß ich heute, dass Nu Pagadi wenigstens die Haltbarkeit von Weißbrot und abgepacktem Toast deutlich überschritten hat.

Tatsache ist, dass mein Postfach im Verlag, als ich es nach fünf Wochen wieder leeren wollte, bis zum Himmel stank.

Nicht ganz so schlimm war mein Erlebnis mit Stofftieren, die auch massenhaft auf die Bühne geflogen kamen. Für echte Rocker wie Pat und mich war das manchmal fast schon eine Demütigung.

WER FICKEN WILL, MUSS FREUNDLICH SEIN

Weil ich aber nichts wegwerfen kann, lagern die Teddys und anderen Tierchen immer noch in meiner Wohnung in einem Extrazimmer. Am Anfang war es echt schwierig, denn viele Fans denken wohl, dass es klasse ist, wenn sie dieses Stofftier mit Parfum einsprühen. Besucher, die in meinem Stofftierzimmerlager übernachten mussten, beschwerten sich regelmäßig darüber, dass sie sich nach einer Nacht fühlten, als hätten sie in einem 18 Stockwerke hohen Bordell geschlafen, weil sie nach allen Parfums dieser Erde stanken.

Übrigens bin ich auf irgendeiner Bühne in Deutschland, Österreich oder der Schweiz – keine Ahnung mehr, wo genau – mal knapp an einer Gehirnerschütterung vorbeigeschrammt. Schuld daran war eine 1,20 Meter große Spongebob-Schnecke, die mir direkt in die Fresse geworfen wurde. Ich wäre sicher der erste schwule Rocker gewesen, der von einem Stofftier-Wurfgeschoss niedergemäht und dann ins Krankenhaus eingeliefert worden wäre. Wie peinlich wäre das gewesen!

Trotzdem, Fans zu haben ist das Größte, was man sich vorstellen kann. Ehrlich, manche sind so gut informiert, die wissen einfach alles, und das ist schon fast unheimlich.

Die wenigsten wissen zum Beispiel, dass ich eine große Sammlung mit Drei-Fragezeichen-Büchern zu Hause habe. Es fehlt fast keine Folge, nur die Nummer 73. Irgendwie ist es dann schon höchst seltsam, wenn man ein Fanpaket aufmacht und genau diese Folge 73 darin liegt. Da schaut man sich eben doch mal in der eigenen Wohnung um, ob nicht irgendwo heimlich eine Webcam oder so was installiert wurde.

★ **Martin Kesici**

Manchmal hatte ich das Gefühl, in einem riesigen Ozeandampfer festzusitzen und ganz unten in den Laderaum gepfercht zu sein. Nur auf Anweisung durfte ich mich an das Oberdeck begeben und das Licht der Sonne sehen. Ich habe meine Plattenfirma immer mit dem Ozeandampfer verglichen. Zwar ist so ein Schiff sicher und geht im Normalfall nicht unter, aber wenn man sich mal auf dem falschen Kurs befindet und wenden will, dann ist das ein echt schwieriges Unterfangen.

Meine Chefs auf diesem Dampfer wollten mir beispielsweise immer vorschreiben, was für Klamotten ich anziehen sollte. So wie man mich von Live-Konzerten und vom Fernsehen her kennt, bin ich eigentlich schon immer rumgelaufen, und jetzt plötzlich wollten sie mir vorschreiben, was ich anziehen sollte.

Was die Shows betraf, habe ich echt versucht, mich im Rahmen meiner Möglichkeiten an die Situation anzupassen. Ich bin Kompromisse eingegangen, was Hosen und Hemden anging, habe mich aber niemals verkleiden lassen. Meinen Bart hatte ich immer schon so und den wollten sie Gott sei Dank auch nie verändern. Da ich im Fernsehen in erster Linie Balladen sang, musste ich mich neben meinen Klamotten auch musikalisch ziemlich anpassen. Die Songs, die ich auf der *Star-Search*-Bühne sang, waren ein krasser Gegensatz zu dem, was ich sonst so auf Bühnen performte. Ich fand Death Metal, Hardcore Metal und Heavy Metal geil. So etwas habe ich mit größter Leidenschaft bei Konzerten zum Besten gegeben und die passende Show darum gemacht. Natürlich war mir bewusst, dass ich das in einer Castingshow nicht wirklich bringen konnte, aber trotzdem habe ich mich nicht allzu weit von meiner Linie entfernt.

Nach dem Finale wurde ich dann zum ersten Mal mit dem Wort »Glaubwürdigkeit« konfrontiert.

»Martin, wir müssen an deiner Credibility arbeiten«, meinte der Typ von der Plattenfirma. Wie bitte? Leute, ich bin ich, und wenn das nicht authentisch ist, was dann? Was ist näher an mir dran als ich selbst? Und ich war und bin immer noch ich selbst.

Nach Single Nummer zwei *Losing Game* und Single Nummer drei *Hang On* kam jeweils der gleiche Anruf von der Plattenfirma.

WER FICKEN WILL, MUSS FREUNDLICH SEIN

»Martin, wir müssen uns unterhalten. Komm doch bitte morgen mal in Berlin vorbei, wir buchen dir den Flug.«

Nach Losing Game konnte ich das in letzter Minute gerade noch abbiegen, aber dann war Schluss. Ich musste zum Rapport zum »Ozeandampfer«.

»Martin, du brauchst mehr Glaubwürdigkeit«, so wurde ich in der Konferenz empfangen. »Wir müssen dich im Markt exakter positionieren. Du musst ein eigenständiger Künstler sein.«

Was sollte »eigenständig« heißen? Ich fühlte mich ehrlich gesagt selten so eigenständig wie auf der Bühne.

»Du kannst nicht jedes Mal mit den gleichen Klamotten auf die Bühne gehen.«

»Wieso denn?«, jetzt fing ich richtig an zu bocken: »Eine ganz einfache Frage nur. Wieso?«

Die Assistentinnen schauten mich entsetzt an. Wahrscheinlich hatte sich bis heute kein Künstler jemals getraut, das Wort gegen seinen Plattenboss zu erheben. Manche werden jetzt vielleicht denken, dass der Kesici zu Recht keinen Labelvertrag mehr hat, weil er eh nur immer gebockt hat. Ja und nein. Aber warum soll ich mich verbiegen lassen? Ich bin, wie ich bin, und ich bin es mir selbst und meinen Fans schuldig, dass ich authentisch bleibe und keine miese Show abziehe, die ich in Wahrheit selbst ganz schrecklich finde.

Ich blickte also in die schweigende Runde und wandte mich wieder an den Manager: »Haben denn Bryan Adams, Phil Collins oder Billy Idol bei jedem Auftritt andere Klamotten getragen?«

»Ja, haben sie. Und wenn du dir jemals ein Video oder eine DVD von denen angeschaut hättest, dann wüsstest du das auch.«

Na gut, ich gab also nach. Natürlich war mir klar, dass alle drei ihre Klamotten und Bühnenoutfits wechselten. Aber ich meinte doch etwas ganz anderes. Weder Bryan Adams noch Phil Collins oder Billy Idol hätten jemals ihren Stil komplett verändert. Jedes

Jahrzehnt hatte zwar seine Moderichtungen, von denen auch die großen Stars beeinflusst waren, aber trotzdem blieben sie ihrem Grundstil immer treu.

Was die aber von mir hier verlangten, war eine komplette Veränderung. Und das wollte ich keinesfalls zulassen, daher wehrte ich mich total gegen alles, was sie mir aufzuzwängen versuchten.

»Martin, du musst morgen bei VIVA sein, das ist live, einen Tag später haben wir eine Aufzeichnung bei *TRL* und am späten Nachmittag *Top of the Pops*. Zwölf Stunden später musst du dann bei der *Mc-Chart-Show* sein. Du kannst und darfst nicht jedes Mal die gleichen Klamotten tragen.«

»Mann, ich bin 30 Jahre alt«, raunte ich dem Typen auf der anderen Seite des Konferenztisches zu.

»Ich hab keinen Bock, für euch die Marionette von der Augsburger Puppenkiste zu sein und mich verkleiden zu lassen.«

In dem Moment stand der Typ auf und meinte: »Martin, komm mal mit nach draußen.«

★ **Markus Grimm**

In diesen Tagen hatten wir mit der Single *Sweetest Poison* sowie mit dem Album Platz eins der Charts erreicht. Unsere zweite Single, eine Auskopplung aus dem Album, lief aber nicht mehr berauschend. Wir haben es, glaube ich, damit nur noch knapp in die Top 20 geschafft. Also war es an der Zeit, etwas zu tun. Viele haben uns immer und immer wieder unter die Nase gerieben, dass wir nur noch diese eine Chance hätten.

Das Telefonat und damit auch die Nachricht, dass wir alle vier nach München zu einem Meeting mit dem Plattenlabel fliegen sollten, um in diesem Punkt eine Entscheidung zu treffen, kam bei mir zu einem denkbar ungünstigen Zeitpunkt.

WER FICKEN WILL, MUSS FREUNDLICH SEIN

Ich saß zu Hause und hatte mir einen Magen-Darm-Virus eingefangen. Alles, was ich aß, kam nach ein paar Minuten wieder heraus. Eine hässliche Angelegenheit, die im Nachhinein betrachtet wohl auch mit der Situation und dem ganzen Drumherum um die Band zu tun hatte.

In den vergangenen Wochen hatte ich immer wieder versucht, den Verantwortlichen klarzumachen, dass wir noch eigene Songs in der Schublade und somit gute Chancen hätten, zurück in die Charts zu kommen. Dabei dachte ich an den Song *Krieger* – nur ein geänderter C-Part noch und dann wäre es der Song gewesen. Aber nein, weder mir noch Pat wollte jemand zuhören.

So wurden wir an diesem Morgen abkommandiert nach München-Unterföhring zu Cheyenne Records. Wir sollten Sachen für drei Tage packen. Es hieß, dass uns ein Song vorgestellt werden sollte, den wir nur wenige Stunden danach aufnehmen mussten.

Eine Single ist meiner Meinung nach das Aushängeschild einer Band oder eines Künstlers. Das ist wie bei einem Gemälde. Man kreiert es selbst. Es kommt aus dem tiefen Inneren eines Menschen. Es hat eine Botschaft, zu der man steht und mit der man an die Öffentlichkeit geht. Eine Single ist ein Stück Privates. Ein Stück von einem selbst. Bei *Sweetest Poison* war das so was Ähnliches. Wir hatten die Botschaft, dass hier keine übliche Boygroup oder so was auf die Bühne kommt, sondern etwas Besonderes, Kräftiges – eine Band, die eben keine Popmusik macht.

Jetzt hatten wir also ein Problem, alle gemeinsam. Das gab es bei Nu Pagadi nicht oft. Wir wussten aber alle nicht, wie schlimm es noch kommen würde.

Wir liefen also in München ein und hatten nur diese einzige Frage im Gepäck. Wie soll ein Song, der nicht von einem selbst kommt, der einem aufgezwungen wird und hinter dem du nicht zu 100 Prozent stehen kannst, wie soll dieser Song Chancen haben, in die Charts zu kommen? Die Antwort darauf wussten wir alle. Er hat keine Chance.

Aber vielleicht sollten wir ja nicht recht behalten.

Im Büro angekommen, wurde uns dann eine Demoversion eines grottenschlechten Songs vorgespielt, dessen Titel ich am liebsten gar nicht erwähnen würde. Er hieß *Wer ficken will, muss freundlich sein*.

Ganz ehrlich! Ich dachte erst an eine versteckte Kamera oder so was. Wir vier waren wohl kreidebleich, als die letzte Note dieses fürchterlichen Songs aus den Boxen krachte. Das war eine Mischung aus Rammstein und ABBA gewesen. Stellt euch das einmal vor – ein Mix aus ABBA und Rammstein! Der Labelmanager, dessen Namen ich bereits verdrängt habe, fing an, uns die Entscheidung zu erklären. Er meinte, wir sollten kontroverser an das Thema herangehen und zeigen, wo es langgeht. In diesem Moment schoss mir der Gedanke durch den Kopf, wie wir da draußen mit diesem Song wohl eine Chance haben sollten, wenn doch Sido gerade mit dem *Arschficksong* durch die Teeniezimmer geisterte. Wie sollten wir dann mit so einer Scheiße jemanden hinter dem Ofen hervorlocken? Mit *Wer ficken will, muss freundlich sein* wollte auf jeden Fall keiner von uns auf die Bühne gehen. Ganz abgesehen davon, dass zu mir noch keiner freundlich sein musste, um mit mir zu poppen, nur gut aussehen war angesagt, dann klappte das schon von allein. Aber wie sollte ich das dem Label verklickern? Das ist, wie wenn du Usher Beethovens Neunte erklären musst.

»Wir vier waren wohl kreidebleich, als die letzte Note dieses fürchterlichen Songs aus den Boxen krachte.«

WER FICKEN WILL, MUSS FREUNDLICH SEIN

Es half nichts, der Song sollte es sein und sonst keiner. In der Zwischenzeit mussten wir uns das Teil zum zweiten Mal anhören. Die Chöre klangen wie bei Rammsteins *Engel*. Nur dass sie nicht sangen: »Wir haben Angst und sind allein«, sondern dass es hieß: »Wir haben Angst und sind allein, komm schieb ihn rein, wer ficken will, muss freundlich sein.«

Wir lehnten also zum ersten Mal einstimmig eine Single ab. Und das war auch noch unsere Nummer drei, die in der Branche als absolut wichtigste Single gilt. Wir saßen vor den Menschen, die uns eigentlich schon in der Nacht nach dem Finale abgeschrieben hatten, und meinten lässig: »Nö, das Ding wollen wir nicht.«

Natürlich kann man sich dazu so seine Gedanken machen, die Vermutung liegt auf jeden Fall nahe, dass dieser Vorschlag eine geplante Abschussaktion vonseiten der Plattenfirma war. Man hatte vielleicht keinen Bock mehr auf uns und wollte nur schnell mit einer neuen Staffel *Popstars* beginnen. Nu Pagadi hatte im Fernsehen die Erwartungen erfüllt, die Nummer eins gab es auch und jetzt wollte man das Produkt abschießen.

Das Meeting ging jedenfalls unbefriedigend zu Ende. Wir hatten zwar Sachen für drei Tage gepackt, wurden aber am selben Abend wieder nach Hause geschickt. Natürlich versprach man uns, auf unsere Wünsche Rücksicht zu nehmen, und gab uns auch die Hausaufgabe ins Gepäck mit, uns um eine eigene Nummer zu kümmern, aber das schlechte Gefühl blieb. Vielleicht hätten wir freundlicher sein sollen, um im Plattenbusiness mitzuficken.

Lustigerweise stieß ich später irgendwann auf genau diesen Song als Single einer Gothic-Band aus der Schweiz. Exakt so, wie wir ihn damals als Demo gehört hatten. Ich musste lachen, als ich den Clip im Internet sah. Die Jungs machten mir den Anschein, »echt« zu sein. Wenn die wüssten, dass eine Castingband zwei Jahre zuvor den Song hätte singen sollen...

★ **Martin Kesici**

Nach meiner Dickkopf-Arie in Sachen Styling und der Aufforderung, das Meeting bei der Plattenfirma zu unterbrechen und mit nach draußen zu kommen, ging ich davon aus, dass ich es jetzt wohl zu weit getrieben hatte. Aber weit gefehlt! Im Aufenthaltsraum stand eine Couch, auf der sich Unmengen von Kleidung stapelten. An manchen Teilen hingen sogar noch die Preisschilder dran. Zwei Stylisten waren wohl über mehrere Tage hinweg damit beschäftigt gewesen, die richtigen Sachen für mich zu finden. Ich muss zugeben, dass mich das ein wenig beeindruckte und ich sogar das eine oder andere Teil ganz cool fand. Also spielte ich mit und suchte mir ein paar Sachen aus. Das war echt kein billiges Zeug und ich hatte da so eine Idee, wie ich meinen Vorteil daraus ziehen könnte.

Während ich anprobierte, begriff ich plötzlich, warum Bands wie Bro'Sis zu kurzen Auftritten bei VIVA immer mit ganzen Koffern voller Klamotten anreisten. Da waren Kostüme und Outfits für zehn Castingbands drin. Für jede Gelegenheit die passende Farbe und jedes Teil frei kombinierbar mit allem, was sich noch im Koffer befand. Ey, FUCK IT! Ich bin ROCKMUSIKER und keine Popschwuchtel, ich brauche das nicht. Meine Lieblingsfarbe ist schwarz und ich stehe auf Tarnhosen und Workershirts.

Mein Entschluss stand fest. Ich spielte das lustige Verkleidungsspielchen im Vorraum der Plattenfirma mit und packte die Sachen in meinen Koffer. Zu Hause angekommen, verteilte ich alles unter meinen Kumpels. Die freuten sich die Hacken ab und ich war den ganzen Scheiß erst mal los.

Dann kam der Tag, an dem die geplanten Auftritte stattfanden. Zum Glück war niemand von der Plattenfirma dabei. Eine Woche nachdem die Sendungen ausgestrahlt worden waren, kam dann das große Donnerwetter. Das Handy klingelte um die Mittagszeit. Mein A&R-Manager von der Plattenfirma machte sich nicht ein-

WER FICKEN WILL, MUSS FREUNDLICH SEIN

mal die Mühe, seinen Namen zu nennen. Er begann gleich mit der Frage: »Warum hast du die Sachen nicht getragen?«

»Weil ich keinen Bock darauf hatte, weil ich Martin bin und keine Modepuppe zum Anziehen«, antwortete ich trocken.

Was sollten sie schließlich tun? Ich hatte deutlich gemacht, was ich davon hielt, und mir war völlig egal, ob das Konsequenzen haben würde oder nicht. Mir war nur meine Musik wichtig. Ich habe schon immer das gemacht, worauf ich Bock hatte, und das wollte ich auch nicht ändern.

Bei meiner ersten Tour durch Deutschland kochte das Thema noch ein einziges Mal hoch. Kurz vor dem Auftritt hatte ich mir Rasta-Zöpfe geflochten. Als der Tourmanager der Plattenfirma in die Garderobe kam, rastete er tierisch aus.

»Wie siehst du denn aus? Mann, das geht gar nicht. So kannst du nicht auf die Bühne. Die Leute wollen dich so nicht sehen.«

Ich drehte mich einfach um und ging in Richtung Bühnenaufgang. Die Fans fanden meine eigenwillige Frisur an diesem Abend übrigens sehr geil. Das Forum im Internet platzte aus allen Nähten. Und ich fühlte mich wohl und legte eine starke Bühnenshow auf die Bretter. Was erwartet man denn mehr? Woher will der Heini von der Plattenfirma wissen, was die Leute da draußen gut finden und was nicht? Das Problem ist, dass sie probieren, die Künstler und die Fans zu manipulieren.

Früher kannte ich kein MTV oder VIVA. Ich habe mir die Platten meiner Idole gekauft, um die Musik zu hören. Was die für Klamotten oder Frisuren hatten, war mir doch völlig wurscht.

Das Klamottenthema zog sich durch meine gesamte Zeit, in der ich Dauergast im Fernsehen und auf Deutschlands Bühnen war. Seit ein paar Jahren habe ich einiges an Kilos zugenommen. Natürlich liegt das am Bier, aber egal, scheiß drauf! Ich sehe nicht aus wie zwei Ölfässer nebeneinander, ich habe einen Bauch, aber ich fühle mich wohl. Und ich muss nicht abnehmen, um mehr Platten zu verkaufen. Hat meine Musik vielleicht etwas mit meinem Bauchumfang zu tun? Wer das glaubt, der muss mir mal sinnvoll diesen Zusammenhang erklären.

Ich habe in dieser Zeit echt graue Haare von dem Thema bekommen. Denn ich war in fast jeder deutschen Show und jedes Mal kam es zur Diskussion darüber, ob ich jetzt das eine oder das andere Hemd anziehen sollte. Darauf geschissen! Ich bin froh, dass ich meinen Stil so gut wie immer durchgezogen habe.

Zu meinem Stil gehört übrigens auch mein Bart. Ich bin so froh, dass diese Zöpfe *meine* Idee waren und ich die, wie bereits erwähnt, schon lange vor meiner *Star-Search*-Zeit hatte. Vor einem Jahr habe ich sie übrigens mal für eine kurze Zeit abrasiert, aber irgendwie hat mir etwas gefehlt. Ich stehe dazu, ich finde die geil und es ist eben mein Markenzeichen. Allerdings ist es mein Markenzeichen, weil *ich* es geil finde und nicht, weil ein Heini von der Plattenfirma eine glorreiche Vermarktungsidee hatte. Darauf bin ich stolz!

SARGNÄGEL

★ **Martin Kesici**

Vor ein paar Wochen habe ich zu Hause noch auf meiner Couch gesessen und bei ein paar Flaschen Bier über meine Zukunft nachgedacht und jetzt kannte mich die ganze Nation aus dem Fernsehen. Nur noch vier Kandidaten waren übrig und hinter den Kulissen veränderten sich die Abläufe enorm.

»Martin, können wir noch was für dich tun? Fühlst du dich wohl? Wenn irgendetwas sein sollte, dann kannst du dich immer und jederzeit an uns wenden.«

Diese und ähnliche Sprüche hörte ich jetzt verdammt oft. Zuerst gab ich nichts darauf. Die Leute waren eben einfach nur höflich und wollten mir helfen, falls ich ein Problem hatte. Irgendwann sah ich mir dann die Menschen, von denen diese Fragen kamen, mal genauer an. Es waren eigentlich nur zwei, die immer so sorgsam nachfragten, und die waren weder von der Produktionsfirma noch von Sat.1 direkt. Eines Nachmittags griff ich mir daher mal eine Dispositionsliste, im TV-Fachjargon heißt so was Dispo, und schaute genauer darauf. Grundsätzlich werden diese Listen täglich neu erstellt und auf der ersten Seite stehen dann alle Namen mitsamt genauer Berufsbezeichnung und Telefonnummer. Danach folgt der exakte Tagesablauf in Timeslots. Je näher wir dem Finale rückten, desto öfter stand auch mein Name darauf. Kein Wunder, denn ich war ja Teil der Produktion und wurde somit also auch in diese Timeslots eingeteilt.

Heute standen dort allerdings zwei mir unbekannte Namen unter meinem Namen. Danach noch die Bezeichnung Management Kick Media AG.

Alles klar! Bei Kick Media AG machte es K(l)ick bei mir. Ich hatte diesen Namen ganz am Anfang der Shows in meinem Vertrag gelesen. Dort stand, dass diese Firma im Falle des Sieges bei *Star Search* mein Management übernehmen würde.

Da ich damals keine Sekunde mit dem Gedanken gespielt hatte, diese Show irgendwann einmal wirklich zu gewinnen, war mir ziemlich egal gewesen, wer sich Manager von Martin Kesici »schimpfen« würde.

Während des Halbfinales und des Finales nahmen diese Menschen von der Kick Media allerdings überhand und es war unübersehbar, dass sich die Firma bereits Gedanken darüber machte, welches Marketinggebilde am schnellsten zu barem Geld führen würde. Okay, ich bin ja nicht doof! Der Weg zum Schotter führt natürlich über eine gute Strategie, die dann Kohle für das Management abwirft und somit auch für mich, den Künstler. So stand das jedenfalls im Vertrag. Immer öfter hörte ich, dass die Leute von Kick eine Tour vorhatten und an eine Gesamtvermarktung aller Gewinner von *Star Search* dachten – Kinderstars, Models, Comedians und Sänger. Aber das war genau das, was ich nicht wollte. Irgendwelche Aktionen mit allen Gewinnern waren definitiv nicht in meinem Sinn. Nicht dass ich die nicht alle geschätzt und respektiert hätte. Schließlich war ja auch meine Freundin Maureen unter den Gewinnern. Aber mir ging es darum, meinen eigenen Weg zu gehen und mich abzuheben von allen, die bisher eine solche Castingshow gewonnen hatten. Ich wollte langfristig erfolgreich sein. Die Leute sollten merken, dass sie es mit mir zu tun haben und nicht mit einer Marionette der Plattenfirma und des Managements oder der kompletten Musikindustrie.

Nach meinem Finalsieg, dem Videodreh und den Plattenaufnahmen in Stuttgart traf ich dann in Köln das erste Mal auf den

SARGNÄGEL

obersten Boss der Kick Media AG, Götz Elbertzhagen. Das Treffen war für 15 Uhr im Kölner Hilton Hotel angesetzt worden. Ich kam relativ pünktlich in der Lobby an und sah im hintersten Eck einen gut gekleideten Herren Ende 40 sitzen. Als er mich erblickte, stand er auf und machte einen Schritt auf mich zu. Dann drückte er fest und bestimmt meine Hand und ließ mich nicht mehr aus den Augen. Ich hatte den Eindruck, dass der hier auf alles oder nichts gehen wollte und vielleicht hoffte, jemanden vor sich zu haben, der von Tuten und Blasen keine Ahnung hatte. Ein bisschen einschüchtern und dann ist der Kesici wieder auf Linie gebracht.

Ich lächelte freundlich und hörte mir erst einmal in Ruhe an, was er zu sagen hatte. Da kamen dann so Sätze wie:»Wir müssen nun sehen, Martin, wo wir dich als Künstler positionieren. Entscheidend ist, wie wir deine Credibility halten und weiter aufbauen können.«

So etwas hatte ich schon öfter gehört und mir war klar, dass er mich einfach nur einschüchtern wollte. Es ging um Glaubwürdigkeit bei den Fans und natürlich um das Scheffeln von Kohle. Ist ja auch in Ordnung und gehört irgendwie zum Business, aber ich konnte dieses Gelaber einfach nicht mehr hören. Für mich war mein Weg schon lange klar, da brauchte ich keine Glaubwürdigkeit aufzubauen. Natürlich hatte ich jetzt *Star Search* gewonnen, aber deswegen hatte ich den Kontakt zum Boden doch nicht verloren. Ich wollte nur meinen eigenen Weg gehen und deswegen wollte ich mir auch keinen Klamottenstil aufdiktieren lassen – ich kreiere meinen eigenen Stil.

Die Diskussion über den wiedererkennbaren Stil hatte ich ja nun schon öfter geführt und davon offen gestanden ziemlich die Nase voll. Trends sind doch auch aus dem Grund entstanden, dass Leute ihren Kopf durchgesetzt haben und auch mal Mut zum Risiko hatten. Also, darauf geschissen, meine Herren!

Kurz gesagt, das ganze Gerede ging mir tierisch auf den Sack. Was die bei Kick wohl übersehen hatten, war, dass ich schon fast

30 Jahre alt war und eben nicht mehr so einfach zu formen war wie andere Stars, die sie unter Vertrag nahmen. Ich wollte guten Rock 'n' Roll machen, live auf Tour gehen und Alben produzieren, nicht andauernd im Fernsehen bis zum Äußersten ausgeschlachtet werden.

Nachdem Götz zu Ende referiert hatte, grinste ich ihn an und sagte: »Sorry, aber auf dieser Basis kann und will ich nicht mit euch zusammenarbeiten. Ich mag euch, ihr seid als Menschen echt okay und macht bestimmt einen guten Job, aber rein geschäftlich kann ich mit euch nicht. Ich habe etwas anderes vor, ich will nicht nach einem Jahr verbraucht und von der Bildfläche verschwunden sein.«

Ich hege wirklich keinen persönlichen Groll gegen Götz oder seine Mitarbeiter. Die wissen ganz genau, was sie tun, und haben ihren Job echt drauf. Für so einen Individualisten wie mich ist das allerdings nichts. Ich gebe ja zu, dass ich manchmal ein ganz schöner Sturkopf sein kann und es bestimmt nicht einfach ist, mit mir zusammenzuarbeiten, aber ich bin halt Martin und Martin hat seinen eigenen Kopf und seine eigenen Ziele.

Götz sah mich lange an und wies mich dann in einem scharfen Tonfall auf meine aktuelle Vertragslage hin und was es bedeuten würde, wenn ich diesen nicht erfülle.

★ Markus Grimm

Ja, ich war neu in diesem Geschäft – im Big Business. Außerdem war ich meilenweit entfernt von der Souveränität, die Martin an den Tag legte. Ich wollte meinen Status als Popstar einfach genießen. Wer hätte das in meiner Situation auch nicht getan? Allerdings verschloss ich meine Augen auch nicht vor dem, was da hinter den Kulissen lief, und mir entging nicht, wer sich den Geldkuchen

SARGNÄGEL 19

sorgfältig aufteilte und darauf achtete, den Künstlern auf jeden Fall das kleinste Stück davon abzuschneiden.

Wenn ich zurückblicke, muss ich leider zugeben, dass ich dumm und blöd war und dass mir aufgrund meiner bescheuerten Gutgläubigkeit teilweise sogar mit meinem Wissen das Geld aus der Tasche gestohlen wurde. Ich war eben ein Neuling und konnte manche Vorgänge und Abzocke einfach nicht kennen – was allerdings auch keine Ausrede sein soll.

Ich habe mich einlullen lassen und man hat versucht, mich mit Sex zu bestechen. Noch heute bin ich für dümmliches, nettes und pseudofreundliches Gelaber sehr empfänglich. Auch das muss ich ehrlich gestehen. Allerdings habe ich dazugelernt und weiß jetzt, dass ich fast ausnahmslos mit Abzockern und geldgierigen Arschlöchern zu tun hatte.

Wenn man sich den Job eines Managers einmal genauer ansieht, dann erkennt man, dass es sich dabei um die Aufgabe handelt, Sachen für einen zu erledigen und nach neuen Jobs, Auftritten, Songs, Singles, Alben, Engagements und ähnlichen Aktivitäten, die Geld bringen, zu suchen. Wenn es gut läuft, dann schafft der Künstler brav die Kohle ran und der Manager nimmt seine vertraglich festgelegten 20 Prozent.

Das Verhältnis zwischen Manager und Künstler ist einem Seiltanz sehr ähnlich und sollte immer ausgewogen sein. Sobald ein Ungleichgewicht auftritt, fangen die Probleme an, und wenn es um Geld geht, wird bekanntlich nicht nur die Zusammenarbeit schwieriger, sondern hört auch jede Freundschaft auf. Bei Nu Pagadi kann man in Sachen Management nicht mehr von einem Ungleichgewicht sprechen. Wenn ich beim Gleichnis mit dem Seiltanz bleiben will, dann muss man sagen, dass schon auf dem ersten Meter der Tänzer aus einer ordentlichen Höhe sauber auf die Fresse gefallen ist.

Ich habe bisher noch keinen Künstlermanager kennengelernt, der seriös arbeitet. Ich hatte ausschließlich mit einer grauen Masse an

Menschen zu tun gehabt, die den Beruf des Künstlermanagers immer sehr vorteilhaft für sich selbst ausgelegt haben. Natürlich habe ich noch nicht mit allen Agenturen in Deutschland zusammengearbeitet, aber das liegt auch daran, dass ich mich nach meinem freien Fall auf die Fresse nie wieder richtig habe aufrappeln können.

Manager leben von deiner Arbeit und halten dich umgekehrt auch am Leben. Ein Geben und Nehmen, das bei Nu Pagadi von Anfang an gestört war.

Von der Produktionsfirma bekamen wir zwei Frauen an unsere Seite gestellt: Joy Bernahu, die Frau, die jetzt als die große und erfolgreiche Managerin von Monrose gilt, obwohl sie bei uns damals immer nur die Person war, die mit im Auto saß und uns gesagt hat, wo wir unseren nächsten Termin haben. Dame Nummer zwei hieß Susanne Foecker und befand sich die meiste Zeit in ihrem Büro bei der Produktionsfirma Tresor und war für uns so gut wie nie erreichbar. Ihr Hauptjob war Managerin von Overground – der Vorgängerband von Nu Pagadi. Immer wenn ich versucht habe, Frau Foecker zu erreichen, hatte ich das Glück, *This Is How We Do It*, die damals letzte und erfolgloseste Single von Meiko, Marq, Akay und Ken, als Freizeichen hören zu können. Wer die favorisierte Band von Frau Foecker war, war somit unmissverständlich klar, und vielleicht lässt sich daraus auch schließen, dass sie so gut wie nie ans Telefon ging, weil meine Nummer auf ihrem Display erschien.

Schade, denn als Neuling im Geschäft hat man logischerweise die eine oder andere Frage, die ein Manager relativ leicht klären kann. Außerdem war mein Ego sowieso schon leicht angekratzt und da ist es doppelt blöd, wenn die Managerin, die für dich zuständig ist, keinen Bock auf die Band hat.

Für 16-jährige, leicht formbare Jungs – da nehme ich Meiko mal raus, weil der schon älter war – schien sich die gute Dame wohl mehr zu interessieren als für uns. Wir waren allesamt schon der

SARGNÄGEL 19

Teeniezeit entwachsen, hatten entsprechende Banderfahrungen und natürlich auch einen eigenen Kopf und eigene Vorstellungen. Mit einem Wort – wir waren schwierig.

Manchmal konnte ich es einfach nicht fassen, dass ich Stunden mit dem Versuch zubringen musste, die Dame zu erreichen und mir dann immer wieder den Song von Overground reinziehen musste, nur weil sie keinen Bock oder keine Zeit hatte, ans Telefon zu gehen.

Da wir alle mit der Gesamtsituation extrem unzufrieden waren, waren wir natürlich leichte Beute für Menschen, die uns offenbar genau das anboten, wonach wir suchten. Und genau das passierte dann auch in Nürnberg beim N1-Nacht-der-Stars-Festival. Wir hatten uns gerade am Büfett im Hotel bedient und nahmen irgendwann nachts unsere erste anständige Mahlzeit zu uns, weil vorher wie immer nur wenig Zeit gewesen war, etwas zu essen. Pat und ich saßen an einem kleinen Tisch in der Ecke, als ein blonder, etwas dicklicher Typ auf uns zukam und dreist danach fragte, wer denn der Homo unter uns wäre. Im ersten Moment fand ich das wirklich witzig, denn erstens gab es kaum Leute, die so direkt solche Fragen stellten, und zweitens sah es aus, als ob der Typ Pat in unserer Combo für den »Verzauberten« hielt. Darüber musste ich lachen und bat dann den Typen zu uns an den Tisch. Die Unterhaltung lief wie geschmiert. Heute weiß ich, warum Sebastian Lang – so hieß der Mann – direkt und ohne Umschweife auf uns zukam. Er kannte unsere Lage sehr genau und ich fresse einen Besen, wenn er nicht schon vorher genau wusste, wer der Schwule bei Nu Pagadi war. Er wollte sich einfach nur einschmeicheln bei mir, was ihm in wenigen Minuten leider gelang. Ich hing an seinen Lippen und später dann auch Pat. Nicht weil Pat sich für diesen Typen interessiert hätte, sondern weil er uns genau das erzählte, was wir in unserer beschissenen und hilflosen Lage hören wollten.

Der Mann outete sich schnell als Insider und erzählte uns, dass er der Manager von den Vanilla Ninjas sei. Die Vanillas waren damals eine sehr erfolgreiche Girlgroup. Sie konnten ihre Instrumente zwar halten, aber niemals im Leben spielen, was ihrem Erfolg aber keinerlei Abbruch tat. Sie verkauften anscheinend genügend CDs, um ständig in den Top Ten vertreten zu sein, und bekamen so natürlich teuer bezahlte Auftritte bei den Festivals in Deutschland, Österreich und der Schweiz. Der Produzent der Vanilla Ninjas war ein gewisser David Brandes. Von diesem Namen hatte ich schon gehört. Brandes soll die Vanillas in Estland aufgetan haben, wo sie noch viel erfolgreicher gewesen sein sollen als bei uns in Deutschland und sogar eine eigene Eissorte nach ihnen benannt wurde. Brandes soll die Mädels ganz fix nach Deutschland importiert und hier dann zum schnellen Geldverdienen benutzt haben. Bis zu einem gewissen Zeitpunkt hat das auch gut funktioniert. Später ging die Rechnung dann allerdings nicht mehr auf. Einige Zeit nachdem Nu Pagadi wieder in der Versenkung verschwunden war, ging auch der Stern der Vanillas und des David Brandes unter.

Die Boulevard-Zeitungen überschlugen sich. David Brandes wurde mit wilden Anschuldigungen vor Gericht gezerrt. Nachdem Gras über die ganze Sache gewachsen war, machte er nur noch Schlagzeilen durch die angebliche Liaison mit Gracia Bauer, die damals bei *DSDS* und beim *Grand Prix* kläglich versagte. Seitdem habe ich nichts mehr von Brandes und den Vanillas gehört.

Mit Gracia habe ich ab und zu noch Kontakt und ich würde mir wünschen, bald wieder etwas von ihr zu hören. Sie scheint wie wir immer nur an die Falschen geraten zu sein. Ich mag Gracia sehr und finde, dass sie eine der wenigen deutschen Casting-Sängerinnen ist, die mehr draufhätten, wenn man sie ließe. Aber hallo, wir reden ja vom deutschen Markt und da wird man nun einmal nicht mehr herangelassen, wenn man einmal verbrannt wurde. Aber zurück zum Thema…

SARGNÄGEL 19

Nachdem wir in Nürnberg noch lange mit Sebastian Lang gesprochen hatten, trennten sich unsere Wege vorerst wieder. Zwei Wochen später kam ich dann abends in Köln im Hotel Radisson in die Lobby und sah Doreen mit einem mir irgendwie bekannten jungen Herren sprechen. Es war ... Sebastian Lang. Ich ging zu den beiden hinüber, die wohl schon länger ein angeregtes Gespräch führten. Doreen schien sich sichtlich wohl bei ihm zu fühlen und auch ich ließ mich auf ein weiteres Gespräch ein. Es hörte sich einfach alles zu gut an, was er da erzählte. Da wir seit Tagen wieder nichts von Susanne Foecker gehört hatten und Joy ebenfalls nicht mehr mit uns unterwegs war, war ich besonders empfänglich dafür. Wir hatten zu der Zeit nur noch einen Security-Mann an unserer Seite, der für das Fahren des Autos zuständig war und uns grob sagte, was wir tun sollten und wohin es als Nächstes ging.

★ Martin Kesici

Götz Elbertzhagen saß mir in dieser Kölner Hotellobby gegenüber wie ein starres Stück Holz. Das Grinsen war ihm nach meinen deutlichen Worten vergangen. Er machte einen auf harten Businessmann, aber ich grinste ihn nur weiter an und dachte: »Okay, jetzt kommt er auf diese Schiene.« Dann sagte ich mit einem Lächeln im Gesicht: »Schade, ich hätte gedacht, dass wir uns diese ganze Arie hätten sparen können.«

Ich war eben keine 18 Jahre mehr alt und hatte mich natürlich vorher längst erkundigt. Vor Gericht kriegt so gut wie immer der Künstler recht. Was soll das auch bringen, wenn der Künstler nicht mit dem Management arbeiten will. Eine vernünftige Basis ist das nicht und da gibt jedes Gericht der Künstlerseite recht.

Aber Götz war auch nicht blöd und wusste, dass er mich, wenn dieses letzte Gespräch nichts bringen würde, einfach ziehen lassen musste. Unser Meeting im Kölner Hilton zog sich daher noch etwas hin, aber keiner von uns wich auch nur einen Zentimeter von seiner Grundhaltung ab, und so verabschiedeten wir uns mit dem Gefühl, dass wir uns wohl so oft nicht mehr begegnen würden.

Selbstverständlich prophezeite mir Götz, dass ich mit dieser Strategie nach einem Jahr wieder weg vom Fenster wäre, und irgendwie war es dann ja auch so, aber es hat immerhin länger als ein Jahr gedauert und ich bin den Weg selbst gegangen, ohne eine Marionette zu sein. Darauf bin ich sehr stolz. Ich weiß, dass es bei mir noch nicht vorbei ist und sich neue Möglichkeiten öffnen werden. Mir war von Anfang an klar, dass der von mir gewählte Weg der härtere sein würde, aber in Zukunft vielleicht doch der stabilere und somit auch der erfolgreichere.

Und ich behielt recht, denn die Kick Media AG musste mich gehen lassen. Daraufhin schaltete ich die Hidden Force Entertainment, jetzt Fast Break, ein. Christian Radtke nahm mich für die nächsten zwei Jahre unter Vertrag. Zwar kam auch er mit den branchenüblichen Sprüchen daher, aber ich hatte immerhin die Möglichkeit, Einfluss auf seine Entscheidungen zu nehmen. Wenn es irgendwann dann doch ganz schlimm wurde, dann schaltete ich einfach ab und ließ ihn im Glauben, dass ich das Spiel mitspielte. In Wirklichkeit hatte ich jedoch immer mein persönliches Ziel vor Augen. Das war und ist mein Masterplan.

Die Entscheidung für diese Firma habe ich selbst getroffen und ich sehe jede Entscheidung im Leben als eine Art Schicksal an, welches man sich vorgibt, bei dem man aber nicht vorhersehen kann, wie es enden wird. Es kann in die Hose gehen, sich aber auch gut entwickeln, es kann sich aber auch einfach gar nichts tun.

★ **Markus Grimm**

Sebastian Lang, den wir eigentlich nur flüchtig kennengelernt hatten und von dem wir null Komma nichts wussten, echauffierte sich über das, was bei uns hinter den Kulissen abging. Er redete sich richtig in Rage und erzählte, wie gut und strukturiert das alles bei den Vanilla Ninjas ablaufen würde. Schließlich sei das auch das Geheimnis des Erfolges: ein gutes Management, das sich um alles kümmert, sodass sich der Künstler nur seiner Arbeit widmen könne. Der ganze Rest sei Sache des Managers und Aufgabe des Büros, das nur für die Band arbeite und sonst für niemanden.

Das war Musik in meinen Ohren. Ich wollte den Typen unbedingt besser kennenlernen, denn er sagte genau, wo es langgehen sollte. Zugegebenermaßen war er erst nach ein paar Bierchen so richtig hübsch, aber ich konnte mit diesem Typen etwas anfangen. Sebastian erzählte keinen Stuss, er wollte, dass wir weiter Erfolg hatten, und sah mich auch immer so ... wie soll ich sagen ... na ja, so nett an.

Einen Tag später wollte Sebastian uns seinen Kollegen in Köln vorstellen. Der Mann hieß Christian Helbig und war Geschäftsführer der Stage Division – eines Künstlermanagements mit Sitz in Köln. Kurze Zeit später saßen wir mit diesen beiden Typen in München im Büro der Produktionsfirma Tresor und sahen in das ziemlich erstaunte Gesicht eines Holger Roost-Macias. Gut, das Gesicht war nicht wirklich erstaunt, eher entsetzt. Damals wusste ich nicht, warum, heute weiß ich es. Wir waren seit ein paar Wochen die Siegerband von *Popstars* und somit quasi das Eigentum der Produktionsfirma. Aber jetzt kamen wir an und präsentierten dem Mann, dem wir vertraglich mit Haut und Haaren gehörten, ein neues Management, das er nicht kannte.

Dazu sollte man noch wissen, dass wir kurz vor der Sommertour standen. Das bedeutete, dass wir bei mehr als 16 Festivals fest gebucht waren und zusätzlich noch Hauptattraktion bei den Happy-Family-Events der REWE-Kette waren. Die Kassen sollten diesen Sommer noch ordentlich klingeln. Die Supermarktkette bezahlte unsere Auftritte mehr als gut und durfte im Gegenzug natürlich auf der Nu-Pagadi-Erfolgswelle mitsurfen.

Dass diese Aktionen bares Geld bedeuteten und man damit viel mehr umsetzen konnte als mit dem mageren CD-Abverkauf, wusste Holger Roost-Macias aus den vergangenen Staffeln. Daher rechnete er natürlich fest mit seinen vertraglich zugesicherten Prozenten. Sebastian Lang und Christoph Helbig wussten das ebenfalls. Kein Wunder, die Jungs hatten ja auch ein paar Staffeln von *Popstars* lang Zeit, sich das Spiel anzuschauen, um genau zu analysieren, wo Geld zu holen war. Nur wir, also die Band, wussten von nichts. Wir lebten in unserer rosaroten *Popstars*-Welt. Da draußen schrien sich die Fans die Seele aus dem Leib und wir durften vor zigtausend Menschen auftreten und Musik machen. Unser Traum ging in Erfüllung und wir hatten niemanden, der uns an der Hand genommen und gewarnt hätte: »Schön, dass es so ist, aber bitte bleibt mit den Füßen auf dem Boden und arbeitet daran, dass es so weitergeht. Spart euer Geld und versucht aus dem harten Vertrag mit der Produktionsfirma rauszukommen, um euren eigenen kleinen Mikrokosmos aufzubauen.«

»Wir hatten nur uns selbst und waren schon mit dem eigentlichen Job, Künstler zu sein, von Anfang an komplett überfordert.«

Wir hatten nur uns selbst und waren schon mit dem eigentlichen Job, Künstler zu sein, von Anfang an komplett überfordert. Der damalige Freund von Kris war der Einzige, der immer wieder versuchte, uns auf den Boden der Tatsachen zu bringen. Kris kam sehr oft mit seinen Ratschlägen in die Band. Ich hörte mir das zwar immer an und sprach mit ihm selbst, aber ich wollte einfach nicht wahrhaben, dass wir auf dem falschen Dampfer waren. Es fühlte sich alles so wahnsinnig gut an, und ich schob alles andere beiseite. Im Nachhinein behielt er in vielen Punkten recht. Ich denke, dass er ein Grund dafür war, dass Kris zum heutigen Zeitpunkt

SARGNÄGEL

die Einzige von uns ist, die richtigen und dauerhaften Erfolg hat. Durch seine Sparaktionen hatte sie die nötige Kohle, um den Forderungen des Finanzamtes nachzukommen, und behielt das bisschen Geld, das von Nu Pagadi übrig blieb, einigermaßen im Griff.

★ **Martin Kesici**

Seit knapp zwei Jahren bin ich ohne Management, mittlerweile habe ich angefangen, die Kontakte, die ich hatte, wieder zu aktivieren und aufzubauen. Ich habe die Erfahrung gemacht, dass es gut ankommt, wenn der Künstler persönlich bei den Entscheidern anruft und den Kontakt herstellt. Früher wusste ich nie, was meine Manager am Telefon gelabert hatten, jetzt habe ich das selbst in der Hand. Quatsch ich Bockmist, dann muss ich mir den Schuh selbst anziehen. Das Gute daran ist, dass ich auf einem völlig anderen Geschäftsfeld neue und wertvolle Erfahrungen sammle. Wofür die nützlich sind, weiß ich heute auch noch nicht, aber ich glaube fest daran, dass ich es bald merken werde.

Falls ihr euch irgendwann einmal ein Management suchen müsst, dann achtet darauf, was die Leute euch im ersten Gespräch erzählen und welche Hoffnungen sie euch machen. Erzählen sie irgendwelche Wunderdinge, gilt es vorsichtig zu sein. Denn das, was ihr vorhabt, ist ein hartes Stück Arbeit und wichtig dabei ist in erster Linie ein professionelles Umfeld und in zweiter Linie leider auch verdammt viel Glück.

25 Prozent der hart verdienten Kohle an das Management abzutreten, ist nicht in Ordnung. Üblich sind maximal 20 Prozent. Und unterschreibt bitte keine Verträge, die länger als ein oder zwei Jahre laufen. Das bindet euch zu sehr an eine Firma. Und wer weiß schon, was in zwei Jahren ist?

Sucht euch jemanden, dem ihr vertrauen könnt, denn in schweren Zeiten ist ein Manager Vater, Mutter, Onkel und die ganze Familie zugleich. Wenn es hart auf hart kommt, dann ist der der beste Manager, der zu euch hält und euch durch Arbeit wieder nach oben bringt. Natürlich muss der Künstler ebenfalls hart arbeiten, denn auch ein gutes Management ist keine Garantie für beruflichen Erfolg.

★ Markus Grimm

Zu dem Zeitpunkt, als Christoph Helbig und Sebastian Lang uns in die Hände bekamen, standen wir kurz vor unserem persönlichen »Jahresjackpot« und wussten es nicht einmal. Die Auftritte waren allein schon durch unsere Teilnahme bei *Popstars* ausgemachte Sache. Das lag wie gesagt nicht an Nu Pagadi, sondern einfach daran, dass die Veranstalter auf der Welle unserer Bekanntheit mitreiten wollten und uns deshalb gebucht hatten. In manchen Fällen sogar nach dem Motto: »Koste es, was es wolle.« Wir selbst fanden uns einfach nur toll und glaubten, dass WIR der Grund für den Rummel waren.

In dem Vertrag, den wir mit der *Popstars*-Produktionsfirma Tresor abgeschlossen hatten, stand, dass diese 20 Prozent von all unseren eingenommenen Geldern als Managementgebühr bekommen sollte. Irgendwie schafften es Christoph Helbig und Sebastian Lang, dass wir auch mit ihnen einen Vertrag über 20 Prozent abschlossen. Keine Ahnung, was uns da geritten hatte, aber irgendwie glaubte ich, dass sich der Vertrag mit der Tresor dadurch aufheben würde, was natürlich nicht der Fall war.

Heute weiß ich, dass wir einen Wisch unterschrieben hatten, der es unseren »Managern« möglich machte, frei über unsere Gagen zu verfügen. Lang und Helbig rieben sich wahrscheinlich glücklich die Hände, denn der Nu-Pagadi-Jackpot gehörte ab sofort ihnen. Sie mussten nichts tun und verdienten mit uns eine gigantische Kohle. Unsere Auftritte waren für den Sommer fest gebucht und

SARGNÄGEL

das Einzige, was Sebastian tun musste, war, sich bei einer Autovermietung einen Tourbus zu mieten, uns den Sommer über quer durch Deutschland zu fahren, eine geile Zeit zu haben und am Ende die Hand aufzuhalten und unsere Kohle abzuzocken. Gleichzeitig hatten wir ja auch noch unseren gültigen Vertrag mit der Produktionsfirma. Laut diesem mussten wir auch hier Teile unserer Gage abtreten und die Reisekosten für unsere Auftritte selbst übernehmen.

Sebastian mietete ein geiles Auto nach dem anderen und schickte die Rechnungen einfach der Tresor, die uns wiederum alles von den Gagen abzog und natürlich zusätzlich noch die vertraglich festgelegten 20 Prozent einkassierte. Danach zockte Christoph Helbig noch seine 20 Prozent ab und wir durften uns den kläglichen Rest durch vier, später durch drei teilen. Am Ende des Jahres blieb für uns kaum etwas übrig, der Spruch: »Außer Spesen nichts gewesen«, trifft es ziemlich genau.

Heute weiß ich, dass ich Lang und Helbig damals nicht hätte trauen dürfen und ich viel zu blauäugig durch die Welt gegangen bin. Sie haben so gut wie nichts für uns erreicht und am Ende immer nur die Hand aufgehalten. Außerdem haben sie konsequent daran gearbeitet, dass sich die Band untereinander in die Haare bekam. Das hatte den Vorteil, dass sich nach dem Abschöpfen der Kohle nach außen hin leichter der Eindruck erwecken ließ, die Band hätte sich nicht mehr verstanden und deswegen aufgelöst. Nur so konnte meines Erachtens das Ganze funktionieren.

Als es nach der Sommertour an die Verteilung der Kohle von Nu Pagadi ging, schauten wir ordentlich in die Röhre.

Sebastian Lang bat mich im Sommer einmal darum, meine Kreditkarte bei einer Autovermietung als Sicherheit zu hinterlegen, da er selbst keine eigene Kreditkarte besaß und somit kein Auto mieten konnte. Weil ich überzeugt davon war, dass die Kreditkarte nur als Sicherheit diente und die Rechnung an die Produktionsfirma gehen würde, gab ich sie ihm ohne Weiteres. Das mag aus heutiger Sicht dumm erscheinen, aber ich vertraute diesem Mann einfach blind. Später bemerkte ich dann, dass von meiner Karte ein Betrag in Höhe von 900 Euro für die Mietkosten eines Kleinbusses sowie zusätzliche 400 Euro für Knöllchen für Falschparken und Geschwindigkeitsübertretungen abgebucht worden waren. Bis heute habe ich von diesem Geld nie wieder etwas gesehen. Der Gipfel der Unverschämtheit war aber, dass Sebastian die Karre nicht einmal für uns ausgeliehen hatte, sondern für die Mädels von Vanilla Ninja.

So blöd kann der Grimm doch gar nicht gewesen sein, mag jetzt mancher vielleicht denken. Und zu Recht! Allerdings haben die beiden Herren es wirklich richtig gut angestellt. Sebastian spielte den herzensguten Jungen. Er beschriftete Socken mit Edding, stapelte selbst immer ordentlich tief und schimpfte auf seinen Partner Christoph Helbig. Der arme Sebastian werde ja so kurz gehalten und verdiene kaum Geld. Nur Christoph stecke alles ein, aber das sei ja auch okay, denn er würde alles nur zum Wohle der Band tun...

Mittlerweile weiß ich, wie das »Good Guy, Bad Guy«-Prinzip funktioniert. Wie es hinter unserem Rücken zugegangen ist, möchte ich gar nicht wissen.

Nachdem die Sommertour zu Ende war und der Geldfluss langsam versiegte, hörte man von den beiden tage- und wochenlang nichts mehr. Wir saßen zu Hause, hatten nichts mehr zu tun und natürlich auch kein Geld, um über die Runden zu kommen. Helbig und Lang ließen uns in dem Glauben, dass am Ende des Jahres noch Geld fließen würde. Auf diesen Geldsegen warteten wir jedoch vergeblich.

Neun Monate nachdem wir Popstars geworden waren, standen wir nun also mit leeren Händen da. Jeder behauptete, dass wir uns

SARGNÄGEL

intern zerpflückt hätten, dabei haben diese Arbeit hinter den Kulissen ganz andere erledigt. Aber was kann man tun, wenn man unzufrieden ist, sich selbst nicht mehr finanzieren kann, obwohl man gerade seinen großen Traum lebt, und sich ganz andere den finanziellen Ertrag der gelebten Träume teilen?

Immerhin, ich habe dazugelernt. Sehr viel und sehr intensiv. Heute weiß ich, dass ich mich habe blenden und leider auch verarschen lassen. Ich kann froh sein, dass ich mein Leben Schritt für Schritt wieder in den Griff bekomme und meine Schulden Monat für Monat weniger werden. Ich weiß jetzt, woran ich bin und was ich noch vorhabe. Allerdings werde ich dann ausnahmsweise mal nicht als der begossene Pudel dastehen und nichts auf die Reihe bekommen haben. Ich werde es packen, da bin ich mir sicher, und da steht mir auch keiner mehr im Weg.

Christoph Helbig und Sebastian Lang waren echte Tiefschläge. Aber innerhalb dieser neun Monate bekamen wir mehr solcher Tiefschläge und jeder Schlag saß so, dass ich mir bei jedem einzelnen Schritt heute zweimal überlege, ob ich ihn gehen soll oder nicht. Sebastian ist ein Mensch, der offensichtlich kein Gewissen kennt. Er überwies mir zum Beispiel Geld vom Konto seiner Mutter mit der Betreffzeile »sexuelle Gefälligkeiten«. Sehr witzig! Auf seiner Business-Plattform zelebriert er sich selbst, indem er ein Bild eingestellt hat, das ihn mit einem Champagnerglas auf der Rückbank eines Maibachs zeigt. Mehr muss ich dazu wohl nicht sagen.

Wenn ihr Musik macht und irgendwann einmal vorhabt, euch bei einer Castingshow zu bewerben, dann haltet euch von Menschen fern, die Goldkettchen und schlecht sitzende Anzüge tragen. Sprüche wie: »Ich bring dich ganz groß raus«, oder: »Ich hab schon ganz erfolgreiche Bands gemacht«, sind meistens Bullshit. Geht euren eigenen Weg und wägt jeden eurer Schritte ganz genau ab. Holt verschiedene Meinungen ein und lasst euch nicht einlullen von schönen Worten oder Taten. Alles, was sich unbequem anhört, gilt es zu überprüfen, alles, was sich bequem anhört, ist Schwachsinn und geht zu euren Lasten. Lasst euch nicht mit Blutsaugern ein. Grundsätzlich glaube ich zwar immer noch an das Gute im Menschen, aber wichtig ist, in jeder Situation seinen Verstand zu gebrauchen und nur auf eine einzige Person zu hören: auf sich selbst.

110 DEZIBEL FÜR EINEN FURZ

★ **Martin Kesici**

Es war sieben Uhr morgens und ich ertappte mich dabei, wie ich völlig gedankenverloren in einen offenen Kamin starrte, in dem nur noch eine kleine Glut vor sich hinglimmte. Es muss der erste klare Moment seit Stunden gewesen sein. Mein Schädel brummte und ich fühlte mich einfach nur schlecht. Irgendwie kam es mir vor, als hätte ich mit dieser Glut im Kamin einiges gemeinsam. Ich war ein Star und jeder wollte etwas von mir. Alle zerrten an mir herum und ich flog am Tag zweimal quer durch die Republik, um von einem Termin zum nächsten geschoben zu werden. Ich wurde verheizt! So wie diese Holzscheite, die die Hotelangestellten heute Nacht wohl irgendwann einmal nachgelegt hatten. Die Leute verbrannten mich und meine Seele, bis nur noch ein Häufchen Asche übrig sein würde.

Was war nur passiert? Was hatten die mit mir gemacht? Wo war ich eigentlich und was machte ich hier? Mit diesem Schwall von Fragen in meinem Kopf setzte ich mich auf, wobei mir schlecht und schwindlig zugleich wurde. Nur mit Mühe konnte ich den Raum verlassen, der sich offenbar in einem hinteren Bereich einer Hotellobby befand.

»Herr Kesici?«

Ich drehte mich um und sah verschwommen eine Frau im Kostüm vor mir. Mühsam brachte ich ein »Mhm« heraus.

»Ihre Zimmernummer ist die 412. Hier ist Ihre Karte. Darf ich Ihnen behilflich sein?«

Wieder kam nur ein »Mhm«. Von diesem Moment an kann ich mich an nichts mehr erinnern.

Das Nächste, was ich wieder weiß, war, dass mich wohl zehn Stunden später mein Manager aus dem Hotelbett klingelte. Er hörte sich verzweifelt an und sagte vorwurfsvoll, dass er mich in einer halben Stunde auf dem Flughafen erwarte und ich mir ein Taxi nehmen solle.

Mit einem Schlag war ich wieder klar im Kopf. Ich wusste wieder, wer ich war und was am gestrigen Tag und in der vergangenen Nacht geschehen war. Zumindest bis drei oder vier Uhr morgens. Dann hatte ich einen Blackout, aber so viel dürfte dazwischen nicht mehr passiert sein.

Ich befand mich in Stuttgart und gestern hatte ich meinen ersten Auftritt bei *The Dome*, der Chartshow von RTL II, gehabt.

Im Taxi saß ich wie immer hinten rechts. Es ist einfach krass, wenn mich völlig fremde Menschen, die ich in meinem Leben noch nie gesehen habe, beim Einsteigen in ein fremdes Auto mit den Worten: »Guten Tag, Herr Kesici. Wo darf ich Sie denn hinfahren?«, begrüßen. Vielleicht hört sich das ganz banal an, aber es ist weit weg von banal. Ich habe wirklich lange gebraucht, um mich daran zu gewöhnen, und ehrlich gesagt zucke ich heute noch manchmal zusammen, wenn so etwas passiert.

Zum Glück war der Taxifahrer keine Labertasche und ließ mich auf dem Weg zum Flughafen allein mit meinem dröhnenden Schädel und meinen Gedanken, die mir durch den Kopf schossen.

Seitdem ich gewonnen hatte, war ich nur unterwegs. Meine Single war von null auf Platz eins geschossen und ich hatte es damals nicht einmal richtig registriert. Ich weiß noch, dass mich ein Kumpel anrief und in den Hörer schrie: »MADDIN, DU BIST AUF DER EINS!!«

110 DEZIBEL FÜR EINEN FURZ

Ja und? Eigentlich sollte man sich darüber doch freuen, aber ich hatte gar keine Zeit dazu. Natürlich habe ich zig E-Mails bekommen und jeder gratulierte mir zur Nummer eins. Meine Plattenfirma sprang förmlich im Dreieck, aber ich dachte nur: »Na ja, Platz eins mit einer Nummer, mit der ich nie so wirklich was zu tun hatte. Ich habe sie nicht geschrieben und nicht getextet.«

Angel of Berlin war sicherlich nicht die schlechteste Popnummer, ich fand den Song sogar schön und stehe auch heute noch voll dazu. Dieser Titel hat die Figur »Martin Kesici« geprägt, und wenn die Fernsehstationen mich buchen, dann spielen sie noch heute vorher diese Nummer an, um mich bei den Leuten da draußen wieder in Erinnerung zu rufen. Das ist auch okay so.

Was eine Nummer eins alles nach sich zieht, ist echt der Hammer. Man wird in jede noch so bescheuerte Show eingeladen, denn alle wollen auf der Welle mitreiten, solange es geht. Natürlich ist das gut, weil es ungemein dabei hilft, sich selbst und seinen Song zu promoten.

»**Das Wichtigste ist doch, dass man von seiner Musik leben kann, oder?**«

Kostenlose Werbung ist nie schlecht und eigentlich ist es nichts anderes, wenn man in die Fernseh- und Radiosender eingeladen wird. Außerdem ist es bares Geld, denn allein über die Verkäufe von CDs verdient man heutzutage nichts mehr. Mit etwa 5000 Tonträgern – auch Einheiten genannt – ist man heute schon der Top-Ten-Neueinsteiger der Woche. Dass das im Vergleich zu mehr als 80 Millionen Einwohnern in Deutschland in keiner Relation steht, dürfte auch denjenigen einleuchten, die in Mathe absolute Nieten sind. Da wird der Platz eins in den Charts plötzlich zur Nebensache.

Das Wichtigste ist doch, dass man von seiner Musik leben kann, oder? Bei 5000 verkauften Einheiten, wenn nach Abzug aller Kosten ein Nullkommanochwas-Prozentsatz übrig bleibt, funktioniert das aber nicht. Außerdem muss man sich die Kohle auch noch mit dem Management teilen, und dann lohnt es sich wirklich nicht mehr, eine CD zu veröffentlichen. Früher musste man 150 000 bis 200 000 Platten verkaufen, um in die Top Ten zu kommen. Scheiß auf Platz eins, es gibt Wichtigeres! Das Internet hat mittlerweile eine viel größere Bedeutung als der CD-Markt. Onlinelabels wie www.youmusic24.com halte ich für eine geniale Erfindung. Dort kann jeder seine selbst gemachten Songs zum Verkauf reinstellen und es kostet rein gar nichts. Man braucht daher keine Plattendeals mehr, bei denen man extrem hohe Prozentsätze an Menschen abgeben muss, die mit der Musik gar nichts zu tun haben. Man muss einfach seine selbst komponierte MP3 hochladen und fertig. Bei diesen Onlinelabels kriegt man nach Abzug der Kosten 80 Prozent vom Gewinn der verkauften Songs ausbezahlt, und das jeden Monat! Gibt es was Cooleres als das Internet? Wenn ich heute mit meiner Band einen Song fertig gemacht habe, dann packe ich ihn noch am selben Abend auf diese Plattform, schreibe eine Rundmail an meine Fans – und fertig ist mein Plattendeal, ohne irgendwelche bescheuerten und geldfressenden Verträge.

Mittlerweile war ich am Flughafen in Stuttgart angekommen. Mein Manager erwartete mich am Check-in-Counter und begrüßte mich mit einem vorwurfsvollen: »Mensch Martin!« Dann checkten wir ein, und als wir zum Flieger liefen, fragte er ganz beiläufig, wie ich denn meinen ersten Auftritt bei *The Dome* gefunden hätte. Klar, das war der Grund, dass ich hier war! Langsam kehrten wieder Erinnerungen an den vergangenen Tag zurück. Ich war zur RTL-II-Show *The Dome* nach Stuttgart in die Schleyerhalle eingeladen worden. Im Großen und Ganzen ja nicht unbedingt mein Ding – mehr Pop als Rock und dazu noch kreischende Teenies. Allmählich konnte ich mich wieder an das Geschehene erinnern. Gestern waren wir

110 DEZIBEL FÜR EINEN FURZ 20

zur Schleyerhalle gefahren und ich hatte am Backstage-Eingang meinen Ausweis und die berühmten Bändchen fürs Handgelenk bekommen. Nachdem meine Band und ich »eingecheckt« hatten, führte man uns in eine riesige Vorhalle. Überall wuselten hektische Menschen mit Headsets auf dem Kopf herum. Wir liefen durch einen langen Korridor an mindestens 40 Künstlerkabinen vorbei, auf denen bekannte Namen standen. Die No Angels waren gegenüber von mir untergebracht. Bro'Sis und Ferris MC waren meine direkten Nachbarn. Auf meinem Türschild stand »Martin Kesici und Band«. Das »und Band« stand allerdings wesentlich kleiner unter meinem Namen, ein Detail, das mich mal wieder echt nervte. Meine Band war in dieser Zeit für mich so ziemlich das Wichtigste, was es gab. Christian und Jens – die beiden sind heute noch mein Schlagzeuger und mein Gitarrist – und all die anderen Jungs sind mir sehr ans Herz gewachsen. Ich wollte immer meine Band dabeihaben und bin, glaube ich, nie ohne Band aufgetreten. Schließlich bin ich ja auch kein Alexander Klaws oder Daniel Küblböck. Ich bin Bandmusiker und bin es gewöhnt, nicht allein, sondern eben mit meinen Jungs auf der Bühne zu stehen. Für mich ist das eine Gemeinschaft, ja sogar eine zweite kleine Familie.

Natürlich hat so ein Bandleben auch negative Folgeerscheinungen. Der Alkoholkonsum und die Partydichte waren durch die Jungs nicht unerheblich. Die hatten es aber auch gut, während ich arbeiten musste und zu Promoterminen gefahren wurde, konnten die schon mal ordentlich feiern. Die mussten ja nur dann ran, wenn es wirklich ernst wurde, das heißt, wenn wir auf die Bühne mussten.

Auch hier in Stuttgart war es das Gleiche. In der Kabine angekommen, hatte ich kurz Zeit, meine Tasche abzustellen, schon wurde ich wieder rausgezerrt. Der Manager legte mir einen Tagesplan vor, der von elf Uhr mittags bis 20 Uhr abends mit Terminen gespickt war. Ein Interview folgte dem nächsten, stundenlang sollte es von einem Fotoshooting zum nächsten gehen und zu guter Letzt würde ich in einem riesigen Saal landen, der zu einer Art Lounge umgebaut worden war. Jeder Fernsehsender und jeder nur erdenkliche Radiosender hatte hier ein paar Quadratmeter für sich und die Künstler mussten den Interview-Marathon ihres Lebens beginnen. Das war, wie wenn man Tischtennis spielt und dabei einen Rundlauf veranstaltet – von einem Sender zum nächsten.

Ich fand es schwierig, dass jeder Journalist die exakt gleiche Frage stellte: »Martin, wie hat sich dein Leben seit dem Sieg von *Star Search* verändert?«

Mann Leute, echt! Ich verstehe ja, dass das jeden interessiert, aber ich hatte bis dahin die Frage schon mindestens 300-mal beantwortet und die Antwort war überall ausgestrahlt und gedruckt worden. Besonders kreative Redakteure beziehungsweise die, die sich dafür hielten, fragten andersherum: »Martin, welche Frage kannst du denn überhaupt nicht mehr hören?«

Oh Mann, genau das war *die* Frage.

Meine Standardantwort war übrigens: »Ich bin auf meinem Konto nicht mehr im Minus und brauche den Dispo nicht mehr!«

Mit dieser Antwort pisste ich mir irgendwie aber auch immer wieder selbst ans Bein. Doch es war einfach zu verlockend, das immer und immer wieder zu sagen, obwohl es in Wirklichkeit nicht stimmte. Jeder da draußen dachte, dass ich längst Millionär wäre und gar nicht mehr wüsste, wohin mit der Kohle. Aber ganz ehrlich, das war nicht so. Das Finanzamt steht als Abkassierer an erster Stelle, gleich danach kommen das Management und die Plattenfirma, die die Hand aufhalten. Alles in allem gehen 80 Prozent der Kohle flöten. Natürlich ist es immer noch besser, zu 20 Prozent am Kuchen beteiligt zu sein als überhaupt nicht. Außerdem muss ich zugeben, dass man sich die Kohle auf dem Bau wesentlich härter erarbeiten muss als in dem Job, den ich da gerade absolvierte. Trotzdem bin ich in der letzten Zeit zu dem Entschluss gekommen,

110 DEZIBEL FÜR EINEN FURZ

dass ich in meinem nächsten Leben Manager werde oder aber mit Vor- und Nachnamen Finanzamt heißen möchte.

Nach meinem persönlichen Frage-Antwort-Marathon ging es zurück in mein Plastikkabuff, das sich Umkleidekabine schimpfte. Dort warteten meine Bandkollegen, die den ganzen Tag Zeit gehabt hatten, sich den Magen vollzustopfen, sich mit Kollegen und anderen Künstlern zu unterhalten und sich natürlich das eine oder andere Bierchen zu genehmigen. Da hatte ich jetzt extremen Nachholbedarf. Nach dem Soundcheck zog ich mir deshalb noch auf die Schnelle drei Fläschchen rein – dann konnte der Auftritt kommen.

Ich stand direkt am Bühnenaufgang und wartete auf das Zeichen der Aufnahmeleiterin, um dann die Stufen hochzugehen und in das Licht der Scheinwerfer zu stapfen. Yvonne Catterfeld sagte mich damals ganz niedlich an. Ich musste unwillkürlich schmunzeln, als ich das Zeichen bekam, da mir in diesem Moment klar wurde, dass der alte Rocker Martin gleich 15 000 Teenies zum Schreien bringen würde. Was mich dann aber auf der Bühne erwartete, toppte meine Vorstellungen um das Tausendfache. So was habe ich bis heute nicht mehr erlebt. Ich kam auf die Bühne und das Playback zu *Angel of Berlin* setzte ein. In diesem Moment rollte eine unfassbare Geräuschwand auf mich zu. Die war zum Greifen, so laut war dieses »Ungetüm«. 15 000 Teeniestimmen kreischten mich an und schrien um die Wette.

Beim Soundcheck hatte ich mich tierisch darüber aufgeregt, dass ich zusammen mit der Band Vollplayback spielen musste. Denn ich hasse diese Playback-Scheiße abgrundtief. Den Mund zu bewegen zu etwas, was man eigentlich gut kann. Zu wissen, dass man mit seinem echten Gesang die Halle noch mehr mitreißen könnte als mit dem, was da vom Band kommt, aber dass man das eben nicht darf. Doch in diesem Moment begriff ich, dass keine Monitorboxen der Welt gegen diese Geräuschwand angekommen wären. Und das Schlimmste, was einem Sänger passieren kann, wenn er live singt, ist, dass er sich oder die Band nicht hören kann. Man liegt dann zwangsweise falsch und die Wahrscheinlichkeit, falsch zu singen, befindet sich bei 100 Prozent.

Dieses Schreien beamte mich noch Minuten nach dem Auftritt total weg. Ich konnte einfach nicht fassen, was da gerade eben geschah. Ich musste während der Show an die Beatles denken, die New Kids on the Block, die Backstreet Boys und an Take That. So müssen sich diese Jungs gefühlt haben, als sie ihre Zeit hatten und mit ihren Hits durch die Welt tourten. Es ist so unfassbar schwer, dabei nicht den Bodenkontakt zu verlieren und seine Sichtweise nicht zu verändern. In diesem Moment begriff ich, was es heißt, ein Star zu sein.

Um nicht abzuheben, hilft es, sich bewusst zu machen, warum die Kids da unten so ausflippen. Es kann nicht sein, dass sie nur wegen des Künstlers austicken. Wie auch, da unten wusste doch keiner, wie ich wirklich bin. Die kannten mich nur aus dem Fernsehen und schrien, weil ich fast jeden Tag zu ihnen nach Hause ins Wohnzimmer geliefert wurde. Ich konnte mir einfach nicht vorstellen, dass 15 000 Kids nur wegen meiner Musik schrien. Mir schossen Tausende Gedanken durch den Kopf, während ich meine *Angel of Berlin*-Show abzog.

Wahrscheinlich hätte ich auch einfach nur ins Mikrofon furzen können und die hätten da unten immer noch eine 110-Dezibel-Geräuschkulisse erzeugt. Das klingt jetzt vielleicht hart, aber ich denke, es ist die Wahrheit.

Während des zweiten Refrains geschah allerdings etwas, das mich aus meiner üblichen Show-Routine, die ich mittlerweile hatte, komplett herausriss. Aus den Augenwinkeln sah ich wie in Zeitlupe einen gigantisch großen Teddybären durch die Luft segeln. Ich drehte meinen Kopf in diese Richtung und sah das Teil wie in diesem berühmten Matrix-Effekt auf mich zufliegen. Die Flugbahn neigte sich auf Höhe des Bühnengrabens langsam nach unten. Genau dann, als ich beide Hände fest um das Funkmikrofon geklammert hatte, landete das Stofftier an beziehungsweise in meinen Klöten. Bummmmm!

In diesem Moment war ich wirklich froh, dass ich Playback sang, denn hätte ich live performt, wäre mir wohl reflexartig ein »Urrrgh« über die Lippen gekommen. Ehrlich gesagt weiß ich nicht, ob ich weitergesungen hätte. Es tat nicht sonderlich weh, aber wenn ein Mann etwas gewaltsam in seine Weichteile bekommt, nimmt er automatisch eine Schutzhaltung ein. Die Jungs unter euch wissen, wovon ich spreche. Nach dem ersten Schreck lächelte ich leicht und »sang« weiter. Ein zweiter Teddy ließ übrigens nicht lange auf sich warten. Auch den sah ich wie in Zeitlupe auf mich zufliegen. Allerdings machte ich diesmal einen Schritt zur Seite, sodass mich das Teil knapp verfehlte. Ich muss zugeben, dass ich die Bühne an diesem Tag nicht ohne ein kleines Trauma verließ, das erst bei einem Folgekonzert kuriert wurde, als ein Höschen und ein BH auf der Bühne landeten. Ja, da war die kleine Kesici-Welt wieder in Ordnung. Gegen weibliche Unterwäsche habe ich nichts einzuwenden. Nur zu, davon vertrage ich tonnenweise.

Nach dem Auftritt und weiteren Interviews wurden meine Band und ich zum Hotel gefahren. In der Lobby stieg die größte After-Show-Party, die ich bisher erlebt hatte. Alkohol floss in rauen Mengen und irgendwann spät nachts kam ich zum ersten Mal seit langer Zeit wieder mit meiner alten Droge in Berührung – Kokain. Im Kaminzimmer hinter der Lobby genehmigte ich mir eine Line und irgendwann hatte ich dann meinen Blackout. Den Rest der Geschichte kennt ihr ja schon.

Auf dem Flug von Stuttgart nach Berlin begriff ich plötzlich, dass ich aufpassen musste, wenn ich nicht auf die schiefe Bahn geraten und mich zu sehr in die Szene ziehen lassen wollte. Denn ich wusste, dass mir das nicht guttun würde. Heute bin ich heilfroh, dass ich damals Maureen hatte, die mich teilweise unbewusst immer wieder auf die richtige Bahn gebracht hat. Ein Anruf von ihr und ich wusste wieder, was mir wichtig war. Dafür bin ich ihr heute noch sehr dankbar.

In Berlin angekommen, fuhren wir direkt zu einem Radiosender. Ich war live in einer Abendshow und die erste Frage des Moderators war… na ja, ihr kennt sie ja jetzt: »Martin, wie hat sich dein Leben nach *Star Search* verändert?«

SEI EIN GOTT!

★ **Markus Grimm**

Ich werde nie vergessen, wie Lukas Hilbert in seinen ausgelatschten Cowboystiefeln und seiner abgegriffenen Jeansjacke vor uns stand und seinen Zeigefinger mahnend hob. Er schwang eine Rede vor uns vieren, wie ich sie noch nie gehört hatte. Er meinte, wir seien unantastbar. Uns könne nichts aus der Bahn werfen. Wenn wir auf der Bühne wären, dann sollten wir unsere Fans verzaubern und danach einfach wieder gehen. Und dann kam der Schluss dieser Predigt, der mich beinahe umwarf. Er stand vor uns und sagte tatsächlich, dass wir Götter seien.

Was hatte der gerade gesagt? Ich soll ein Gott sein? Das Wort hallte noch Minuten nach dieser absurden Ansprache durch meinen Kopf. Ein Gott soll ich sein? Ausgerechnet der Typ, der das Wort »Durchschnitt« nicht nur geprägt hat, sondern es auch heute noch Tag für Tag lebt, soll plötzlich etwas Übernatürliches sein? Markus Grimm, der lebende Beweis dafür, dass es funktioniert, sich in der Massenbewegung des Durchschnitts durchs Leben zu wabern, um bloß nicht aufzufallen und nicht in alle Fallen gleichzeitig zu tappen, die das Leben für einen bereithält, soll ein Gott sein?

Nach Hilberts Worten musste ich dringend aufs Klo zum Pinkeln. Beim Händewaschen sah ich in den Spiegel und erschrak. Ich hatte in den letzten Wochen zwar abgenommen, aber die Pelzklamotten, die ich da anhatte, gingen einfach gar nicht. Ich beugte mich ganz nah zum Spiegel und sagte einfach so zum Spaß »Gott« zu mir. Das Ganze war so absurd, dass ich grinsen musste. Als ich mir die Hände abtrocknete, fiel mir ein Zitat aus einem meiner Lieblingsfilme ein. Es stammt aus dem Hollywoodstreifen *Der Club der toten Dichter*. Während eines Fußballspiels fällt da der Satz: »Sei in deinem Tun ein Gott!« Für mich war das gleichbedeutend mit dem Streben nach Perfektionismus. Es hatte nichts mit einer bestimmten Macht zu tun. Es ging darum, etwas zu Ende zu bringen, wenn man es angefangen hat. Um den Versuch, in seinem Tun perfekt zu sein. Der Film hat mich damals sehr geprägt und nur deswegen kam ich mit Lukas Hilberts Worten plötzlich wieder klar. Ich befürchtete zwar, dass Lukas diese Gott-Geschichte etwas anders gemeint hatte, aber für mich ging das nur klar, wenn ich es eben mit Perfektionismus gleichsetzen durfte.

Ich habe immer alles durchgezogen, was ich machen musste. Mein ganzes bisheriges Leben habe ich das getan. Selbst während meiner Ausbildung zum Einzelhandelskaufmann in einem Baufachmarkt habe ich nie ans Aufgeben gedacht. Ich habe Zementsäcke geschleppt, bis ich mit 16 meinen ersten Bandscheibenvorfall bekam, und ich habe mich morgens um acht mit betrunkenen Bauarbeitern herumgestritten, um mich danach zu einem cholerischen Chef ins Büro zu setzen. Ich habe es durchgezogen. Auch meinen Zivildienst in einer Behindertenschule habe ich ohne Murren geleistet. Und da gab es nicht immer nur angenehme Tage. Aber eines habe ich dort gelernt, was mir bis heute weitergeholfen hat und was ich im Musik- oder Showbusiness schmerzlich vermisse: Ehrlichkeit. Nicht nur geistig behinderte Kinder sagen einem ohne Umschweife und ganz direkt, ob sie einen gut oder scheiße finden. So was kann man von einem Plattenmanager natürlich nicht verlangen. Der grinst einen frech an und kommt gerne auch mal mit der Geschichte vom Hasen und vom Igel. Alle erzählen nur, wie toll man ist und wie gut man aussieht. Ich hatte mal einen Stylisten, der mich in ein viel zu enges T-Shirt stecken wollte, in dem ich aussah wie eine Presswurst. Er aber meinte, dass es gaaaanz toll aussehe und ich doch für jeden Look wie geschaffen sei. Ja klar! Der Typ war nicht blind, aber ich habe ihn wohl blind gemacht beziehungsweise hat mein damaliger Status als Popstar ihn unzurechnungsfähig werden lassen.

Da fällt mir noch eine Geschichte ein, und zwar über eine Managerin einer Mädchenband. Selten habe ich bisher solche Leute kennengelernt. Besagte Managerin hat damals auch für kurze Zeit für Nu Pagadi gearbeitet und war »unsere beste Freundin«. Ich habe in irgendeiner angesehenen Tageszeitung mal einen einseitigen Bericht über die unglaublichen Managementfähigkeiten dieser Dame gelesen. Leider hat sie diese Fähigkeiten bei Nu Pagadi nicht eingesetzt. Sie leitete damals als rechte Hand von zahlreichen anderen Managern die Geschicke der ✪. Als Ausgleich für die etwas holprigen Anfänge gab ihr ihr Chef immer mehr Verantwortung in die Hand. Noch heute erzählen mir Kollegen, dass sie das heimliche zusätzliche Bandmitglied von ✪ sei. Und auch aus den Kreisen von ✪ höre ich, dass sich daran nichts geändert haben soll. Sie fühlt sich in dieser Scheinwelt offenbar immer noch sehr wohl. Professionell ist in meinen Augen etwas anderes, aber ich muss mich ja nicht mehr unter ihre Fittiche begeben.

In der Boomzeit von Nu Pagadi waren wir auch zur sogenannten Weißwurstparty beim legendären Stanglwirt in Kitzbühel eingeladen. Diese Ehre wird jedes Jahr aufs Neue allen B-, C- und D- sowie einigen X-, Y- und Z-Promis zuteil. Vor der Party mussten wir auf einem abgesteckten Parcours ein Skidoo-Rennen für einen guten Zweck fahren. Der übliche Wahnsinn tobte um uns herum und wir wurden mit VIP-Bändchen und Anhängern geradezu dekoriert, um überall hinzukommen. Ohne Security ging natürlich nichts, und ein ProSieben-Team hatten wir ebenfalls ständig im Nacken sitzen. Meine erste merkwürdige Begegnung des Tages hatte ich am späten Nachmittag im eiskalten Backstage-Bereich der Skidoo-Anlage. Da stand eine Frau in einem Leopardenskianzug mit dem Rücken zu uns. Um sie herum wuselte es wie in einem Bienenstock. Aus den Augenwinkeln sah ich, wie sie gerade ihre riesige Sonnenbrille, die nahezu ihr gesamtes Gesicht verdeckte, abnahm. Unvorsichtig wie immer und wohl auch zu laut meinte ich zu Pat: »Schau dir die mal an! Die sieht aus wie eine 🎿.« Pat lachte. In diesem Moment

»Ohne Security ging natürlich nichts, und ein ProSieben-Team hatten wir ebenfalls ständig im Nacken sitzen.«

drehte sich der Betreuer dieses Promi-Clans um und schaute uns mit einem bösen und zugleich verdutzten Blick an.

»Wer quatscht hier so eine Scheiße?«, fragte er in meine Richtung. Ich sah ihn wohl ebenfalls etwas komisch an und wiegelte dann schnell ab. »Äh, ne, also, ich meinte ...« Mehr brachte ich nicht heraus, denn in diesem Moment drehte sich das Leopardenteil um und ich blickte direkt in die Augen von Cora Schumacher, der Ehefrau des Formel-1-Rennfahrers Ralf Schumacher, des Bruders »unserer« lebenden Rennfahrerlegende Michael Schumacher.

Allein die erschrockenen Augen des Starbetreuers waren meiner Meinung nach der Beleg dafür, dass ich mit meiner Feststellung an diesem späten Nachmittag in Kitzbühel irgendeinen empfindlichen Nerv getroffen haben musste. Oh Mann, ich und meine Fettnäpfchen. Bei Cora hatte der Stylist versagt – na ja, damit hätten wir dann etwas gemeinsam, immerhin rannte ich ja auch lange Zeit in bescheuerten Fellkostümen durch die Gegend.

SEI EIN GOTT!

Wer uns an diesem Abend noch über den Weg lief, war Gerry Friedle, garantiert nicht schwul, aber dafür ein echtes ♥. Kennt ihr nicht? Kein Wunder, er tritt ja auch unter einem Künstlernamen auf. DJ Ötzi heißt in Wirklichkeit Gerry Friedle und wohnt in einem Luxusbunker bei Salzburg. Am Abend dieser Weißwurstparty in Kitzbühel traf ich auf besagten Herrn Friedle. Ich sollte für Pro-Sieben ein paar berühmte Menschen vor die Kamera zerren und bescheuerte Fragen stellen. Während alle mehr oder weniger professionell darauf reagierten, dass da gerade ein gehypter Star das Mikrofon schwang und verkehrte Welt spielte, fühlte sich DJ Ötzi gleich tierisch angepisst. Die Antworten waren für meinen Geschmack etwas zu patzig. Für die unwillkommene Unterbrechung konnte er sich also leider nicht begeistern und gab mir deutlich zu verstehen, dass ich mich doch anderen Gästen zuwenden sollte. Eine Lappalie brachte den »Spaßkönig« aus der Fassung. Profi? Fehlanzeige! Sorry, ich kann nicht anders, aber dieser Ötzi hat es einfach nicht besser verdient. *Ein Stern, der deinen Namen trägt* ist eine uralte Nummer und wurde damals von Nik P. schon totgespielt. Dass Ötzi diesen fürchterlichen Song covern musste und die Nation ihn für mehrere Wochen auf Platz eins der Charts hievte, spricht weder für DJ Ötzi noch für den Geschmack der Deutschen.

Wie ihr sicher schon gemerkt habt, trage ich mein Herz auf der Zunge. In meinem Job ist das aber ein großer Fehler. Leider tue ich das schon seit frühester Kindheit an und bin es auch gewohnt, damit ziemlich oft anzuecken, aber was soll's. Mein zweiter Schwachpunkt ist, dass ich nur sehr schwer Geheimnisse für mich behalten kann. Auch das hat mich schon oft in echte Schwierigkeiten gebracht. Wenn ich etwas vorhabe, dann muss es auch raus an die Öffentlichkeit. Dass ich dann später der Depp bin, habe ich schon oft zu spüren bekommen, denn nicht alles klappt so, wie man es sich vorstellt und wie man es schon vorab nach außen kommuniziert hat. Aber ich laufe eben gerne los und halte nur ungern an, bevor ich nicht am Ende bin. Genauso war es mit Nu Pagadi. Es ging los und ich rannte allen davon. Für mich gab es lange Zeit kein Aus. Ich musste da durch und ich habe versucht, uns vier durchzubringen. Nach Doreens Ausstieg, der für jeden anderen Menschen auf dieser Welt ein echter Schuss vor den Bug gewesen wäre, habe ich weitergemacht und mich mit Nummern wie *Wer ficken will, muss freundlich sein* auseinandergesetzt. Ich habe von allen Seiten eines auf die Fresse gekriegt und bin immer wieder aufgestanden. Warum? Weil ich für die Musik lebe und keine dumme Plastikpuppe auf der Bühne bin, die nur die Geldbörsen der Teenies abzocken will. Man muss doch auch etwas leisten, um zu beweisen, dass man etwas draufhat. Man kann nicht nur einmal mit einer Nummer eins kommen und sich dann volllaufen lassen und sich die Nase mit Koks verstopfen. Ich stand nie auf diese angesagten Aufschneider-Partys, bei denen sich die Loser gegenseitig auf die Schulter klopfen und sich dann in irgendwelchen Pseudo-Edelbordellen treffen, den billig importierten Kaviar lutschen und sich von der bekannten Zuhältergröße Bert Wollersheim oder eben irgendeiner anderen zwielichtigen Kiezgestalt eine Nutte an die Seiten stellen lassen. Das ist echt nicht meine Welt.

Könnt ihr euch noch an Christian von *Big Brother* erinnern? Keine Ahnung, in welcher der bereits ausgestrahlten, gefühlten drei Millionen Staffeln das war, aber Christian wurde bekannt als der Nominator. Vorab sei gesagt, dass ich mich mit Christian saugut verstehe. Aber warum ist dieser Mann spurlos von der aktuellen TV-Fläche verschwunden? Klare Antwort: Weil er ehrlich ist und sagt, was er denkt. Christian wurde mit zunehmender Ehrlichkeit zu unbequem und verschwand in der Versenkung. Ich will es jetzt mal ganz krass und überspitzt formulieren, aber so kapiert es dann auch wirklich jeder: Du musst Nutten vögeln, Koks in die Nase ziehen,

SEI EIN GOTT!

auf Partys der Partylöwe sein und bis zum Hals ganz tief im Arsch derer stecken, die was zu sagen haben, dann hast du Erfolg.

Fickt euch doch alle ins Knie, so bin ich einfach nicht. Ich bin überzeugt davon, dass man, wenn man ehrliche und gute Arbeit abliefert, früher oder später auch ohne diesen ganzen Scheiß wahrgenommen wird. Und wenn dann wirklich nichts mehr geht, dann schreibt man eben ein Buch. Nein, im Ernst, ich denke, ihr wisst, warum wir das hier alles mal zu Papier bringen müssen. Lasst euch einfach nicht verarschen! Das soll meine Botschaft sein. Das sind keine Götter, die euch da das geile Leben vorführen. Ganz im Gegenteil. Menschen, die in der Öffentlichkeit leben, sind alles andere als göttlich. Die Plattform, auf der sie ihre Meinung oder ihre Lebenseinstellung kundtun, ist vielleicht größer als die von Otto Normalverbraucher, aber das muss doch nicht heißen, dass das, was diese Promis an Weisheiten von sich geben, auch wirklich Weisheiten sind.

Die Luft, die man als Promi atmet, wird mit steigendem Bekanntheitsgrad immer dünner. Das ist, als würde man im kalten Wasser schwimmen und mit jedem Zug die Temperatur immer mehr absinken. Der Körper schreit dann nach Wärme und Wärme entsteht durch Reibung. Wer im Physikunterricht gut aufgepasst hat, weiß das. Allerdings bedeutet Reibung im Promibusiness, dass man aneckt. Wer dieses Prinzip öffentlichkeitswirksam praktiziert, kann dadurch seinen Status als Promi schnell verlieren und wieder zum Otto Normalverbraucher werden. Nicht, dass das schlimm wäre, aber wenn man diese Promi-Luft einmal geschnuppert hat, dann tut man sehr viel dafür, sich den Status zu erhalten. Manche tun aber zu viel dafür und stürzen ab. Pech gehabt, denn danach kräht kein Hahn mehr nach ihnen, und das kann fürchterlich schmerzen und psychisch nicht ohne Folgen bleiben. Wenn man dieses Spiel allerdings nicht mitspielt, kann es sehr schnell sehr schwierig werden. In diesem Business ein Einzelgänger zu sein, ist nicht einfach, und so mancher ist schon kläglich daran gescheitert. Alle schreien von Networking und Teamarbeit, aber wenn man sich diese Goldkettchen nicht um den Hals hängt und keine Partys mit Pseudotypen und Security samt billigen Nutten im Hotelzimmer feiert, gehört man schon nicht mehr dazu und wird bei der nächsten Planung einfach außen vor gelassen. Spielverderber und Spaßbremsen sieht man in diesem Business eben nicht gern. Nur ganz wenige haben den Absprung von diesem Drumherum geschafft und mischen trotzdem immer noch oben mit. DJ Bobo ist so ein Typ. Ich ziehe den Hut vor diesem Mann. Er ist durch und durch ein Businesstyp, hat Erfolg ohne Ende und steht mit beiden Beinen fest auf der Erde. Da kann ich nur dazu gratulieren. Die wenigsten können sich meines Erachtens diesen »Orden« an die Brust heften.

Vielleicht ist das Geheimrezept von DJ Bobo auch, dass er kein Deutscher ist, sondern aus der Schweiz kommt. Wir kopieren doch eh nur alle das, was uns die Amerikaner oder die Engländer vormachen. Das beste Beispiel war die erste Ausgabe der RTL-Show *Das Supertalent*. Dieter Bohlen saß mal wieder mit zwei anderen Kollegen in der Jury. Ich habe zufällig die Originalausgabe dieses Formats gesehen und war doch sehr verwundert, dass in England ein ganz ähnlicher Typ gewonnen hat wie bei uns in Deutschland. Da wurde eine Show aus dem Ausland nahezu eins zu eins für den deutschen Markt adaptiert. Nicht, dass nur die Kulissen und das Konzept übernommen worden wären, nein es gewann auch gleich noch jemand, der dem Sieger im Originalformat von der Insel sehr ähnlich war. Sicher ist eben sicher und sicher bedeutet in diesem Fall, dass die Quote stimmen muss und es eben nicht um das Supertalent aus Deutschland geht.

Warum traut sich in diesem Land keiner, zu eigenen Produkten zu stehen und stolz Dinge aus der eigenen Schmiede umzusetzen? Die deutsche Zapper-Mentalität geht doch schon so weit, dass

SEI EIN GOTT!

man die Show mit Frau Kallwass guckt, um sich eine Meinung zu bilden, und wenn man nicht weiß, wohin man in Urlaub fahren soll, dann zappt man zu QVC und guckt sonnenklar TV. Und dann bucht man eine Reise, die sich eben gut und teuer verkaufen lässt. Warum Eigeninitiative ergreifen, sich mal selbst den Kopf zerbrechen und Dinge hinterfragen? Die meisten in unserem schönen Land tun genau das nicht, und das kotzt mich tierisch an.

Wobei wir bei der Frage wären, wer hier in diesem Land die wahren Götter sind. Hoffentlich hat Lukas Hilbert *nicht* recht, ich bete dafür.

BÖSE FALLE

★ **Martin Kesici**

Während meiner Tour 2005 durch Deutschland, Österreich und die Schweiz – sogar ein Fleckchen von Polen war dabei – kam ein Anruf vom Management, dass das ProSieben-Magazin *taff* gerne eine Story mit mir drehen wollte. Holger, mein damaliger Tourmanager, checkte diese Anrufe für mich vorher ab und reichte mir nur durch, was interessant war und mich in dieser Phase meiner Karriere wirklich weiterbrachte. *Taff* wollte mich zur aktuellen Tour und auch zur frisch gekürten Siegerband von *Popstars*, Nu Pagadi, befragen.

Ich hatte die Staffel damals am Rande mitverfolgt und hatte schon ein paar Wochen zuvor ein Statement zu dieser Band abgegeben. Wie immer sagte ich die Wahrheit und erklärte, dass ich der Band kein Jahr geben würde. Wie auch? Zwei Mädels, die eigentlich aus dem R&B-Bereich kamen, ein harter Rocker und ein bekennender Schwuler, der sich selbst in die Rockerszene einordnete. Dann mussten die armen Schweine auch noch Klamotten tragen, gegen die sich selbst ein Betrunkener mit 2,3 Promille handfest gewehrt hätte. Wer ist nur auf diese bescheuerte Idee gekommen, vier junge Menschen in Dschingis-Khan-Klamotten zu stecken? Das war einfach so was von out, das musste schiefgehen. Wie auch immer, meine Prognose war klar und die bekam auch jeder zu hören, der mich fragte. Ein Jahr, nicht länger!

Dieses Statement hatte den Redakteur des ProSieben-Magazins wohl auf die Idee gebracht, eine Art Gegenüberstellung zu inszenieren, von der ich nichts wissen durfte. Der Dreh sollte in Köln stattfinden, wo ich an diesem Tag auch einen Konzerttermin hatte. Ich sollte am Nachmittag nach dem Soundcheck ins Radisson kommen, und dort sollte dann das Interview stattfinden.

Im Hotelzimmer war bereits alles aufgebaut – ein Stuhl für das Gespräch und jede Menge Licht, um ein schönes Bild aufzunehmen. Was der Redakteur und alle anderen nicht wussten, war, dass ich schon vor Nu Pagadi einen relativ guten Draht zu Pat hatte. Und eben dieser Pat von Nu Pagadi hatte mich am Vormittag angerufen und gemeint: »Pass auf, Alter, das ist eine Falle. Du sollst vor laufender Kamera ordentlich über uns lästern und wir sitzen im Hotelzimmer nebenan und bekommen alles live über Monitor mit. Danach werden wir dann miteinander konfrontiert.«

Ich dankte Pat für die Info und wartete gespannt darauf, was passieren würde. Als der Redakteur die ersten Fragen stellte, konnte ich ein Lachen kaum unterdrücken. Wenn der gewusst hätte, dass ich schon alles wusste...

Das Interview dauerte ewig lang und ganz zum Schluss war es dann so weit. Was ich denn von Nu Pagadi hielte, fragte der Typ. Ich antwortete relativ cool, aber lächelnd, dass ich die Band an sich nicht schlecht fände. Der Song *Sweetest Poison* sei eine geile Nummer, nur die Klamotten der Band fände ich einfach schlimm.

Dem Redakteur waren meine Antworten wohl einen Tick zu brav und deswegen bohrte er nach. Eine harte Spitze in Richtung Nu Pagadi bekam er von mir aber nicht. Plötzlich ging hinter mir die Tür auf und Markus, Pat, Kris und Doreen kamen herein. Das Weitere lief dann auch nicht so ab wie von ProSieben geplant. Wir fielen uns um den Hals und schüttelten uns

»»Pass auf, Alter, das ist eine Falle. Du sollst vor laufender Kamera ordentlich über uns lästern und wir sitzen im Hotelzimmer nebenan und bekommen alles live über Monitor mit. Danach werden wir dann miteinander konfrontiert.‹«

die Hände. Zwischen Nu Pagadi und mir gab es keine Sekunde Stress. Die Redakteure von *taff* zogen eine ziemliche Fresse, weil sie nicht das bekommen hatten, was eigentlich geplant gewesen war.

Ich stehe heute noch zu meiner Aussage über Nu Pagadi und die Halbwertszeit der Band hat mir im Nachhinein auch recht gegeben. Dabei zeigt sich meines Erachtens auch das Problem der Castingshow-Popstars. Es wird eine Band zusammengewürfelt aus Menschen, die sich vorher nicht kannten und überhaupt keine Zeit haben, sich kennenzulernen. Meine Band Enrichment dagegen existiert jetzt seit 13 Jahren. Da sind Freundschaften gewachsen. Da kann sich jeder blind auf den anderen verlassen. Wie soll das aber bei einer Castingband funktionieren? Innerhalb eines halben Jahres entwickelt sich selten zwischen drei, vier oder fünf Menschen eine solche Freundschaft, wie sie das in vielen Jahren Bandgeschichte normalerweise tut. Die No Angels, Bro'Sis, Overground, die Preluders und eben Nu Pagadi sollten Beweis genug dafür sein. Die Band Room 2012 will ich erst gar nicht mehr erwähnen. Das war die einzige *Popstars*-Band, die es mit ihrem ersten Titel samt Album nicht mal mehr auf Platz eins in die Charts geschafft hat. Einzig und allein Monrose tingelt noch durch die Republik. Aber ehrlich gesagt weiß ich nicht, ob es diese Band noch geben wird, wenn dieses Buch veröffentlicht wird. Mein Gefühl sagt mir, dass es auch bei den Mädels in naher Zukunft vorbei sein wird.

Das hat übrigens nicht im Geringsten etwas mit dem Können der Mädels zu tun. Die sind auf ihre Art und Weise richtig gut, aber es ist einfach das Gesetz dieser Casting-Geschichten, dass es irgendwann vorbei ist. So schnell, wie der Erfolg kam, so schnell geht er auch wieder vorüber. Traurig, aber leider wahr.

Im Fall von Nu Pagadi war es ja auch so. R&B-Sänger können keinen Rock singen und umgekehrt eben auch nicht. Man sollte immer das tun, was einem am Herzen liegt, und nicht das, was einem die Plattenfirma oder ein Manager sagt.

... UND RAUS BIST DU

★ **Markus Grimm**

In der Pressemitteilung stand, dass Nu Pagadi wegen musikalischer Differenzen nur noch zu dritt weitermachen und Doreen ihren eigenen Weg gehen würde. Lüge, alles Lüge! Wenn ihr also irgendwann einmal wieder so etwas über jemanden hören solltet, dann könnt ihr mit 99-prozentiger Sicherheit davon ausgehen, dass es Zoff in der Band gegeben hat und deswegen einer gehen musste.

Der Zoff, den es bei uns hinter den Kulissen gab, hatte es wirklich in sich. Das war Zickenterror vom Feinsten. Ein Kampf zweier Diven, der den Niedergang der Band bedeutete und Nu Pagadi zu der am kürzesten bestehenden *Popstars*-Band seit Beginn der Casting-Sendungen machte.

Wir hatten uns wieder einmal in München versammelt. Zu dritt, denn Doreen musste wegen ihrer Weisheitszähne in Berlin bleiben. Das war eigentlich schon der Anfang vom Ende. Was für eine beschissene Situation, denn wir wollten über unsere Probleme sprechen, aber die Band war nicht komplett.

Bevor wir das Meeting in der Produktionsfirma hatten, trafen wir uns bei Kris zu Hause in München. Sie nutzte die Möglichkeit, mit ihrem Freund als stärkender Kraft im Rücken allein mit mir und Pat zu sprechen, dazu, Doreen den finalen Todesstoß zu verpassen. Kris brachte noch einmal alle Probleme auf den Tisch. Gut, Doreen war bestimmt keine Heilige. Natürlich ist es schwer, mit einer Person fast ein Jahr lang Tisch, Bett, Stuhl, Tourbus und Bühne zu teilen. Noch dazu, wenn die beiden Personen extrem unterschiedlich sind. Ich war ab und zu im Zimmer bei den beiden Mädels gewesen und die Tatsache, dass es sich nicht lohnt, für nur eine Nacht den Hotelzimmerschrank zu bestücken, führte halt regelmäßig zum Chaos. So konnte ich gut verstehen, dass die benutzten Wattestäbchen auf dem Boden sowie die quer durch das Hotelzimmer verteilten String-Tangas von Doreen Kris auf Dauer zum Ausrasten brachten. Die Zigarette am Morgen nach dem Aufwachen neben der schlafenden Kris hätte mich wahrscheinlich auch zum Durchdrehen gebracht. Rücksichtnahme schien wohl eher nicht zu den Stärken von Doreen zu gehören. Vielleicht hat sie es in dieser Phase auch schon mit Absicht getan, denn jeder hat bekanntlich so sein Ventil, um Druck abzulassen, wenn er enttäuscht und verletzt wird.

Ich muss ehrlich zugeben, dass ich mich mit Doreen anfangs gut verstanden habe, dass sie während dieser Zeit aber sogar mir sehr oft auf die Nerven ging. Doch ich war zu sehr mit mir und unserer Zukunft beschäftigt, um wirklich zu blicken, was da hinter geschlossenen Hotelzimmertüren abging und wer da gerade wen mit seiner After-Show-Party-Eroberung in den Wahnsinn trieb oder nachts ins Zimmer kam und Türen laut ins Schloss fallen ließ. Ich hatte einfach keine Kraft mehr, um mich in den immer heftiger werdenden Zickenkrieg zwischen Doreen und Kris einzumischen.

Heute weiß ich, dass das zum Teil falsch war. Wenn ich mich an mein Versprechen erinnere, das ich Doreens Vater nach dem *Popstars*-Finale gegeben habe, dann läuft es mir noch sehr oft kalt den Rücken herunter. Ich höre mich noch sagen: »Natürlich passe ich auf ihre Tochter auf, Herr Steinert. Keine Frage, da können Sie mir absolut vertrauen. Wir packen das alles schon gemeinsam.«

Sorry, Herr Steinert. Ich habe dieses Versprechen nicht immer eingehalten, sonst hätte ich mich an diesem Tag in München für Ihre Tochter eingesetzt.

... UND RAUS BIST DU

Ich möchte Doreen jetzt nicht besser machen, als sie wirklich ist. Auch sie hat natürlich ihre Divaallüren und ist nicht viel besser oder schlechter als ihre ehemalige Bandkollegin Kristina. Selbstverständlich hat auch sie bei Fotoshootings gezickt, natürlich waren ihr manche Outfits nicht recht und sie hatte genauso wie Kris jede Menge Sonderwünsche. Aber mal ganz ehrlich, wenn jemand weiß, dass ihn gleich ein paar Millionen Menschen sehen werden oder das Bild, das gemacht wird, in einer Zeitung mit einer 100 000er-Auflage erscheinen wird, dann macht er sich eben mehr als nur einen Gedanken darüber, was die Stylistin oder der Sender da gerade für einen Fummel anschleppt.

Es war wie im Märchen, wie mit Schneewittchen und der bösen Königin. Da passte übrigens auch die Haarfarbe der beiden genau. Kris war die selbstgefällige Königin, eine Meisterin darin, alle um sich herum um den Finger zu wickeln, den Fanclubleiter, den Labelmanager, die Bandmanagerin oder sogar die Bandmitglieder. Sie schaffte es immer, sich selbst als das unschuldige Lämmchen darzustellen. Und das nutzte sie auch an diesem Tag in München wieder komplett aus. Man muss sich das einmal vorstellen. Doreen lag, nachdem ihr die Weisheitszähne gezogen worden waren, mit dicken Backen zu Hause, und in München wurde über ihren geplagten Kopf hinweg eine Entscheidung getroffen, die ihre ganze Zukunft verändern sollte.

In den Büros von Tresor TV in Unterföhring, in der auch Cheyenne Records, unsere Plattenfirma, untergebracht war, empfingen uns der Labelmanager, unsere Managerin, die Nu Pagadi ja noch nie so ganz ernst genommen hatte, und der Boss von allen, Holger Roost-Macias. Alle begrüßten sich mit dem üblichen Heile-Welt-Bussi-Bussi, obwohl es doch um den brutalen Rausschmiss eines Bandmitglieds gehen sollte. Dann gab es kein großes Vorgeplänkel mehr, Kris kam sofort zur Sache und sagte, dass es da ein paar Differenzen zwischen ihr und Doreen gebe und dass sie nicht miteinander klarkamen. Das Ganze endete damit, dass sie meinte, dass Doreen nicht in die Band passen würde.

Noch einmal kurz zur Erinnerung: Doreen war an diesem Tag nicht in München und konnte sich daher mit keinem Wort verteidigen. Wenn ihr jetzt fragt, was ich zu diesem Thema gesagt habe... Kein Wort! Ich habe einfach nichts gesagt, sondern Kris reden lassen und mit meinem Schweigen wohl sogar noch ihre Worte unterstrichen. Pat sagte ebenfalls nichts. Ich weiß heute nicht mehr, wie lange das Schweigen im Raum andauerte, bis Holger Roost-Macias schließlich ohne große Umschweife erklärte, dass er Doreen jetzt sofort aus der Band schmeißen würde. Nach ein paar Sekunden fragte er noch ganz scheinheilig, ob das für uns auch in Ordnung ginge. Sein Blick wanderte zu Pat und mir, aber ich schluckte nur und ein fetter Kloß in meinem Hals machte es mir unmöglich, auch nur irgendeinen Laut von mir zu geben.

»Äh, keine Ahnung, also... ich weiß nicht«, stammelte Pat vor sich hin.

In mir schrie eine Stimme: »NEIN, NICHT RAUSWERFEN. LASST UNS IHR DOCH ERST EINMAL EINEN SCHUSS VOR DEN BUG GEBEN.«

Aber diese Stimme konnte keiner hören, denn ich blieb stumm, saß einfach da und empfand die ganze Szene irgendwie als komplett unwirklich. Sorry, Doreen, ich hätte damals unbedingt etwas sagen müssen, aber ich hatte nicht die Kraft und wohl auch nicht den Mut dazu.

Holger beugte sich über seinen riesigen Schreibtisch hinweg und bekräftigte seine Entscheidung noch einmal. Mit einem einzigen Satz besiegelte er den Rauswurf und das Schicksal von Doreen. Auf die Frage, wer dafür sei, antwortete Pat nur stammelnd: »Äh, also ich... äh, keine Ahnung.« Dann hörte ich mich Ja sagen. Wieso ich das getan habe, kann ich nicht erklären. Wahrscheinlich hätte ich heute nach allem, was ich in diesem Business erlebt habe, die Stärke, Nein zu sagen, doch damals ging das irgendwie nicht. Es war sicherlich extrem egoistisch, was ich da gemacht habe, aber ich habe es für den eigenen Seelenfrieden getan. Jemand anderen aus dem Weg zu räumen, nur damit Ruhe einkehrte und wir wieder erfolgreich werden und an die Nummer eins anknüpfen konnten – wie schäbig! Heute eine echt unvorstellbare Nummer, die wir drei da abgezogen haben.

Wenig später begriff ich endlich, dass diese Entscheidung falsch war. Deshalb versuchte ich, per SMS an alle Beteiligten das Ganze abzuwenden, aber es war zu spät. Dann telefonierte ich mit Doreen, die unter Tränen nur das Wort »Warum?« herausbrachte. Darauf hatte ich keine Antwort. Ich lag in meinem Wohnzimmer auf dem Teppich und heulte mir die Augen aus, während unser Vocalcoach Artemis mich am Telefon zur Sau machte – zu Recht! Hätte ich nur etwas mehr Mut gehabt, wäre alles anders gekommen und ich hätte das tun können, was jeder normale Mensch in dieser Situation getan hätte, nämlich Nein sagen. Diesen Mut hatte ich aber nicht gehabt und deswegen musste ich mich nun von einer sehr lieb gewonnenen Bandkollegin verabschieden. Von jemandem, den ICH selbst immer als hilflos angesehen hatte. Aber ehrlich gesagt, Doreen war niemals hilflos, auf keinen Fall. Sie ist sehr stark und hat ihren eigenen Kopf. Sie ist extrem schwierig, aber ein goldiger Mensch mit einer bezaubernden Stimme, der einfach nicht in das Bandgefüge von Nu Pagadi passte.

Heute weiß ich, dass es ihr mittlerweile gut geht und dass sie an der Seite von Sido bestens aufgehoben ist und nun alles daransetzt, ihren eigenen Kopf durchzusetzen. Vielleicht war der Rauswurf sogar die richtige Art, um »auf sie aufzupassen«. Das kann man jetzt natürlich so verstehen, dass ich versuche, meinen Kopf aus der

Schlinge zu ziehen, aber vielleicht war es gut für Doreen, das untergehende Schiff zu verlassen. Wäre das nicht passiert, wäre sie eben ein gutes halbes Jahr später gemeinsam mit uns untergegangen. So aber hatte sie noch genug Luft, um ihren eigenen Weg zu gehen, und das machte sie ja dann auch.

Jetzt standen wir also zu dritt da – die böse Königin und ihre zwei Burgdeppen. Das Vorhaben, Katrin Feist, die beste Freundin von Kris, zu Nu Pagadi zu holen und somit die Zuschauerentscheidung im Finale zu widerrufen, scheiterte. Unser neues tolles Management, das nicht zuletzt auch ich teilweise zu verantworten hatte, hatte sie schon eingeplant, noch bevor überhaupt bei ihr angefragt worden war. Die Situation war verfahren. Doreens Rausschmiss war beschlossene Sache und unser Management versuchte verzweifelt, die damals 18-jährige Kati anzuwerben.

Schließlich fand in der Lobby des Münchner Nobelhotels Mandarin Oriental ein Treffen statt. Christoph Helbig redete stundenlang auf Kati ein und stellte Rechnungen und Prognosen auf, wie viel Geld Nu Pagadi in den kommenden Monaten verdienen würde. Vor Staunen blieb mir der Mund offen stehen. Wenn diese Beträge damals wirklich auf mein Konto geflossen wären, dann könnte ich noch heute locker davon leben. Ich bewunderte die kleine Kati damals sehr, denn sie blieb dennoch standhaft. Keine auch noch so tollen Zukunftsaussichten warfen sie aus der Bahn und brachten sie davon ab, NICHT in die Band kommen zu wollen. Nach vier Stunden und einer sündhaft hohen Rechnung für Kaffee, Tee und Gebäck zogen wir ab und waren endgültig die Angeschmierten.

Noch am selben Tag veröffentlichte Kati eine Pressemitteilung und gab bekannt, dass sie unter keinen Umständen bei Nu Pagadi einsteigen würde.

Es gibt Leute, die meinen, dass es Nu Pagadi heute noch gäbe, wenn Kati von Anfang an statt Doreen in die Band gekommen

... UND RAUS BIST DU

wäre. Ich denke nicht, dass diese Menschen recht haben. Pat und ich wären die Leidtragenden gewesen. Ein einziger Flop nach *Sweetest Poison* hätte ausgereicht, dann hätten die Mädels solo weitergemacht und wir hätten in die Röhre schauen müssen.

Irgendwie sollte Kati wohl nicht in die Band kommen, weder vor noch nach dem Finale. Ich glaube nicht extrem an den Faktor Schicksal, aber in diesem Fall scheint es Schicksal gewesen zu sein.

Ein paar Tage später teilte uns Kris bei einem Bandmeeting mit, dass sie sich einen Ausstieg aus der Band vorbehalte, da sie sich alleine besser entfalten könne. Pat und ich nahmen dieses Statement einfach so hin. Ich hatte wirklich keine Kraft mehr.

Pat und ich waren in diesem Spiel die Idioten. Was sollten wir noch allein in einer Band, die Nu Pagadi hieß und bis dahin eine einzige klägliche Nummer eins zustande gebracht hatte? Wenn Kris ihren Ausstieg wahrmachen würde, dann blieb uns nichts anderes übrig, als die Band für tot zu erklären. Das Üble an der Sache war, dass wir nicht wussten, wann Kris vorhatte auszusteigen. Denn wie sollten wir unsere Zukunft planen, wenn wir nicht wussten, wann sie ernst machen wollte? Wie sollten wir kreativ an einer neuen Single arbeiten, wenn nicht abzusehen war, ob sich die einzige Frau in der Band noch dafür interessieren würde oder nicht?

So standen wir Wochenende für Wochenende vor teilweise bis zu 40 000 Menschen auf der Bühne und wussten nicht, ob wir nach der Zugabe noch eine Band haben würden oder nicht. Wir spielten ein Theater auf den Brettern, die angeblich die Welt bedeuten. Wir gaukelten unseren Fans eine heile Welt vor. Nu Pagadi war während der Sommertour auf der Bühne lebendig wie noch nie und hinter den Kulissen bereits tot. Was für ein krasser Gegensatz!

Ich erinnere mich noch gut an eine Nacht im Hilton Hotel in Nürnberg. Es war Hochsommer und Kris stand mit nackten Füßen im Brunnen vor dem Hotel. Zuvor hatte sie mit Pat und mir an der

Hotelbar gesessen und über die Zukunft von Nu Pagadi gestritten. Kris rannte damals als Erste raus und ich suchte sie ein paar Minuten später und fand sie dort im Brunnen.

Eine richtige Band waren wir da eigentlich schon lange nicht mehr. Wenn wir nicht im Hotel oder auf der Bühne waren, herrschte Funkstille. Pat verschwand in Berlin in seinem Umfeld und seinen privaten Sorgen und Kris… na ja, was Kris machte, wusste ich zu dem Zeitpunkt noch nicht, sollte es aber bald erfahren.

Kris hat mich immer als ihren »Lieblingsmenschen« bezeichnet. So hatte mich zuvor noch nie jemand genannt. Ich empfand das als große Ehre, denn ich hatte dieses zierliche Etwas von einem Mädchen sehr in mein Herz geschlossen. Nicht nur, weil sie eine unglaublich gute Sängerin ist, sondern auch weil sie mich mit ihrer unbekümmerten Art inspirierte und mein Herz im Sturm erobert hatte. Wäre ich nicht schwul, wäre ich wahrscheinlich sehr verliebt in sie gewesen. Wobei… wenn ich genauer darüber nachdenke, war es wahrscheinlich nur die Art, wie sie Menschen in ihren Bann ziehen konnte.

Wir standen also in dieser Nacht im Hotel-Springbrunnen und ich schloss sie fest in die Arme. Kris versprach mir, mit uns gemeinsam den Weg zu gehen.

»Wir schaffen das schon!«, diesen Satz wiederholte sie mehrmals. Ich blickte ihr in die Augen und glaubte ihr. Umso härter war der Schlag ein paar Wochen später in Frankfurt, als die Trennung von Nu Pagadi beziehungsweise das Aus bekannt wurde.

Zum ersten und letzten Fanclub-Treffen reisten Pat, Kris und ich getrennt an. Das Ende von Nu Pagadi war ja bereits öffentlich gemacht worden und so gab es keinen Grund mehr, auf »heile Welt« zu machen.

Ein ProSieben-Kamerateam war schon vor Ort, als Pat und ich vor der Halle, in der die Autogrammstunde stattfinden sollte, ankamen. Die filmten aber keineswegs unsere Ankunft, sondern waren schon im Saal bei den Fans *und* bei Kris. Natürlich hatte ich gewusst, dass Kris nach einem neuen Management suchte, aber das, was in der Halle ablief, überraschte mich dann doch sehr. Nicht nur, dass das Kamerateam fleißig filmte, wie Kris umringt von Fans Autogramme gab, sondern auch, dass es schon einen eigenen Merchandising-Stand mit Kris-Pullis, -T-Shirts und -Schlüsselbändern gab.

Ihr neuer Manager, Daniel Neubauer, hielt sich zwar noch im Hintergrund, aber mir wurde schlagartig bewusst, dass mein »Lieblingsmensch« hinter meinem Rücken schon eine ganze Zeit lang generalstabsmäßig die Solokarriere geplant hatte.

Gekrönt wurde dieser Tag dann 24 Stunden später noch von einem Beitrag zur Trennung auf ProSieben. Ich traute meinen Augen und Ohren nicht. Da meinte der Sprecher im Off doch tatsächlich, dass die Fans von mir und Pat so gut wie keine Notiz mehr nahmen. Hallo? Wir waren pünktlich in die Halle gekommen und Kris absichtlich zehn Minuten früher, um einen größeren Auftritt zu haben und die Aufmerksamkeit des Kamerateams komplett auf sich zu ziehen. Im Fernsehen sah das jetzt natürlich so aus, als ob sich die Fans gar nicht mehr für Pat und mich interessierten.

»Ich fühlte mich von dem Menschen, der mich als seinen ›Lieblingsmenschen‹ bezeichnet hatte, belogen und betrogen.«

Das Lied, das den Fernsehbericht begleitete, kannte ich zwar nicht, aber die Stimme von Kris war nicht zu verkennen. Sie musste also im Studio gewesen sein und intensiv an ihrer Solokarriere gebastelt haben, während Pat und ich noch immer über die Zukunft von Nu Pagadi nachdachten.

So viel zum Thema »Wir schaffen das gemeinsam« und zu nächtlichen Brunnenaussagen vor dem Hilton in Nürnberg. Ich fühlte mich von dem Menschen, der mich als seinen »Lieblingsmenschen«

bezeichnet hatte, belogen und betrogen. Wahrscheinlich hatte sie alles schon längst geplant, nur ich hatte es nicht kapiert. Für Nu Pagadi bedeutete es das Aus.

Kris war diejenige gewesen, die uns an den Wochenenden, an denen wir auf Tour waren, immer und immer wieder schwor, dass sie alles tun würde, um Nu Pagadi in der Erfolgsspur zu halten. Sie war es gewesen, die uns immer wieder gesagt hatte, dass unser Vertrag, den wir nach *Popstars* unterschrieben hatten, uns keinen Spielraum für andere Studios, neue Songideen und neue Songwriter ließ. Und diese Frau war heimlich im Studio gewesen und hatte eiskalt ihre eigene Solokarriere geplant. Das war verletzend und enttäuschend zugleich. So hintergangen und angelogen wurde ich, ehrlich gesagt, noch nie.

Ein Sprichwort sagt ja, dass sich jeder selbst der Nächste ist. Das kenne ich zwar, aber ich muss ehrlich zugeben, dass ich das Kris nicht zugetraut hätte. Pat konnte ich einschätzen. Wenn wir mal zwei Wochen frei hatten, dann war er es, der nach Berlin ging und wie vom Erdboden verschluckt war und sich nicht meldete. Aber Pat ging nicht heimlich ins Studio oder plante mit einem neuen Management seine Solokarriere. Das war Kris und ich verstehe bis heute nicht, warum sie das getan hat. Natürlich spielte auch die Trennung von Doreen eine maßgebliche Rolle beim Zerfall der Band, aber Kris versetzte uns den letzten Todesstoß und machte aus einem Luftschloss, das uns von ProSieben gebaut worden war, einen seelischen Trümmerhaufen, über den zumindest Pat und ich noch lange nicht hinweg sind.

EGOTRIPPING

★ **Martin Kesici**

»Martin, morgen fliegst du nach Schweden.«

Mit diesen Worten begrüßte mich mein Betreuer von der Plattenfirma in Berlin.

»Was? Ich? Nach Schweden?«

Natürlich wusste ich, dass in Schweden angeblich die besten Songwriter der Welt leben, aber ich hätte echt nicht gedacht, dass das Label für mich in so eine »Bildungsreise« investieren würde.

In meinem Vertrag stand, dass die Plattenfirma drei sogenannte Optionen hat, um mit mir ins Geschäft zu kommen. Option wird dabei mit Album gleichgesetzt. Das erste produzierten sie natürlich sofort nach meinem Gewinn bei *Star Search*. Der Erfolg gab ihnen recht, und nachdem das Album damals auf die Eins ging, kam nun die zweite Option dran.

Ich freute mich wirklich sehr darüber, obwohl ich mit dem ersten Album nahezu nichts zu tun gehabt hatte, weil ich ja nur meine Stimme dazu hergegeben hatte und nichts selbst schreiben durfte. Aber diesmal sollte es angeblich anders laufen. Warum würde mir sonst auch das Flugticket in den hohen Norden bezahlt werden?

In Schweden sitzt allen voran Max Martin, der Songs für Britney Spears, Kylie Minogue und N'Sync geschrieben hat. Kurz gesagt, ich fühlte mich richtig aufgehoben und freute mich tierisch auf diese Reise.

Das Ganze war für mich wohl eine der coolsten Erfahrungen. Zwei Wochen lang gab es eine Songwriter-Session nach der anderen. Es war geil! Das Tollste war allerdings, dass mich das Label am zweiten Album wirklich mitarbeiten ließ. Es waren gute Songs dabei, die ich mir teilweise auch selbst aussuchen konnte.

Ein paar Wochen später bekam ich allerdings einen Dämpfer. Ich hatte gerade mit einem guten Kumpel aus alten Tagen telefoniert und ihm ganz begeistert berichtet, wie es in Schweden war und was für geile Songs dabei rumgekommen waren, da klopfte auf der anderen Leitung mein Manager an.

»Maddin, die Plattenfirma hat sich für *Egotripping* als Singleauskopplung entschieden.«

Ich war sprachlos. *Egotripping* war eine gute Nummer, keine Frage, ABER DOCH IM LEBEN KEINE SINGLE. Eine Single muss knallen, egal ob Ballade oder eine schnelle Nummer. Da braucht man einen Gänsehautfaktor und eine Garantie für einen schnellen Ein- beziehungsweise Aufstieg in die Charts. *Egotripping* war gut, aber von all den vorab genannten Attributen hatte diese Nummer nur sehr wenig.

Schon die erste Single *Angel of Berlin* war nicht die schnellste Nummer. Dann kam *Losing Game* und danach *Hang on*. Verdammt noch mal, warum musste es denn jetzt schon wieder eine Ballade sein? Warum durfte ich es nicht mal ordentlich knallen lassen? Ich war der festen Überzeugung, dass die Leute da draußen eine Rocknummer von mir erwarten würden. Ich war ja schließlich Rockmusiker und wollte auch einmal genau so etwas machen.

Aber ich bekam ein Nein nach dem anderen. Dann kam das alles schlagende Argument: »Martin, wir haben eine Airplay-Analyse gemacht und da zeichnet sich eindeutig ab, dass der Song im Radio richtig abgehen wird. Gib dir einen Ruck, das Ding schießt nach oben.« Nur zur Erklärung: Airplay bedeutet, wie oft ein Song im Radio gespielt wird. Wird er häufig gespielt, hat er ein hohes Airplay.

EGOTRIPPING

Für mich war das ein absolutes Totschlägerargument. Wenn Radiosender einen Song sehr oft spielen, dann ist es sehr wahrscheinlich, dass die Nummer auch gekauft wird und somit in den Charts in die Top Ten kommt. Top Ten heißt für die Plattenfirma, dass der Geldhahn aufgedreht wird und Kohle eingenommen wird. In der heutigen Zeit hat sich das zwar ein wenig gewandelt, da die Singleverkäufe nicht mehr viel Geld abwerfen, aber trotzdem ist eine gut verkaufte Single natürlich auch die beste Werbung für das folgende Album des Künstlers. Und bei Album geht es im Erfolgsfall um richtig viel Asche.

Nach dem Flop von *Egotripping* stellte sich diese Voraussage allerdings als falsch heraus. Schaut man sich die Karriere von ⬛ genauer an, kann man übrigens genau das Gleiche feststellen. In den Airplay Charts treibt er sich fast immer unter den besten zehn herum, aber bei den Singleverkäufen sucht man vergeblich nach dem nett aussehenden Schweizer.

Apropos ⬛! Liebe Mädels, der sieht wirklich gut aus. Aber ganz ehrlich, das war es dann auch schon. Ein Fernsehredakteur hat mir einmal erzählt, dass der Typ gerne auch mal ein bisschen länger braucht, um gewisse Zusammenhänge zu begreifen. Gerüchte um seine sexuellen Neigungen haben sich damals ja durch seine Heirat mit einem sehr hübschen Mädchen im Winde zerstreut. Nur komisch, dass die Gute nicht wie er aus der Schweiz kommt, sondern gleich mal von der anderen Seite der Erde.

Wenn wir gerade so schön beim Lästern sind, dann muss ich in Sachen Musikindustrie noch schnell etwas loswerden. Bands wie Rammstein oder Crematory werden im Radio so gut wie nicht gespielt, haben aber trotzdem Erfolg. Warum? Die spielen sich den Arsch wund und bauen sich über Jahre hinweg einfach selbst ihre Fangemeinde auf. Das beste Beispiel dafür sind die Bösen Onkelz. Ja, ich fand die Musik der Onkelz gut. Mittlerweile existiert die Band ja leider nicht mehr. Fast jede DVD und jedes Album von denen war wochenlang Nummer eins in den LP-Charts, und in den Medien hat das nie jemand erwähnt – weder im Radio noch im Fernsehen. Trotzdem gingen Zigtausende zu ihren Konzerten. Das bewundere ich zutiefst. Respekt! Das zeigt, dass es auch ohne viel Promotion funktioniert. Ich denke, dass der Boykott von VIVA, MTV und Co. dazu beigetragen hat, dass diese Band so erfolgreich waren.

Es ist meines Erachtens falsch, eine Band für etwas zu verurteilen, was sie in ihren Anfängen angeblich falsch gemacht hat. Wenn man an meine »Anfänge« denkt, bringt mich jeder mit der Teilnahme an der Castingshow in Verbindung. Merkt ihr was? Es ist genau das Gleiche wie mit meiner Vorstrafe. Bist du einmal bestraft worden und hast wegen einer Dummheit aus deinen Jugendzeiten einen Stempel aufgedrückt bekommen, dann hängt dir das dein ganzes Leben lang nach. Egal, ob du deine Ansichten geändert hast oder ob es 20 Jahre her ist. Traurig!

Und noch eines, liebe Plattenfirmen… Wer eigentlich hat das Gesetz erfunden, dass eine Single immer nur dreieinhalb Minuten lang sein darf? Was für ein verkackter Blödsinn! Wenn eine Nummer gut ist, dann darf sie auch mal fünf Minuten dauern. Warum denn nicht?

Nun gut. Ich habe mich also mit Händen und Füßen gegen *Egotripping* gewehrt und immer wieder gesagt, dass wir uns mit diesem Song ins eigene Fleisch schneiden würden. Aber keiner wollte auf mich hören, ich wurde nur immer und immer wieder beruhigt: »Martin, wir drehen ein geiles Video mit dir, das wird der Hammer. Der Song geht hundertpro nach oben.«

Im Nachhinein betrachtet muss ich feststellen, dass nicht ICH vom Erfolg geblendet war, sondern die Herren des Labels wohl den

EGOTRIPPING

Boden unter den Füßen verloren hatten. Gut, ich war einer der wenigen Castingshow-Gewinner, der es mit fast jeder Single in die Top 20 geschafft hat. Außer den No Angels, Bro'Sis und Alexander Klaws hat das keiner mehr geschafft. Aber warum hätte man denn nicht auch mal eine Regel brechen können? Die Regel nämlich, dass man immer nur mit der gleichen musikalischen Richtung Erfolg haben kann. Regeln sind dazu da, um gebrochen zu werden, davon bin ich fest überzeugt.

»*Egotripping* bricht mir das Genick, Freunde.«

Das höre ich mich heute noch sagen. Ein paar Wochen später lief die übliche Maschinerie an: Promotion, Videodreh, Singleveröffentlichung und Marketingkampagnen. Das hat richtig Kohle gekostet. Allein das Video schlug mit 30 000 Euro zu Buche. Insgesamt wurden knapp 100 000 Euro verballert. Die Woche nach der Veröffentlichung kamen die Trendcharts und eine Woche später dann der endgültige Charteinstieg. *Egotripping* pendelte sich irgendwo um die 40 ein und verpuffte schon nach zwei Wochen. Ich stürmte zu meinem A&R-Manager ins Büro und alles, was ich zu hören bekam, war: »Ja, kannst mich jetzt damit ärgern, aber dann geh halt heim, wenn es dich so runterzieht.«

»Geh halt heim«, das war alles? Mehr wollte man mir nicht dazu sagen? Die einzige Befriedigung war, dass sie mir indirekt recht gaben. Aber das brachte mir in diesem bittern Moment auch nicht wirklich viel. Es ist ein bescheuertes Gefühl, mit einer schlechten Prognose recht zu haben, wenn es um die eigene Zukunft geht.

Mit *Egotripping* setzte die Firma schließlich so viel Kohle in den Sand, dass das Projekt Kesici nun tatsächlich den Bach runterzugehen drohte. Meine letzte Chance hieß *Leaving You For Me* – eine geile Nummer, die ich zusammen mit zwei Jungs aus Schweden geschrieben hatte. Ich wollte unbedingt, dass der Song ein Duett mit einer weiblichen Stimme werden sollte. Die Plattenfirma und das Management fanden die Idee toll und plötzlich waren wir dabei, eine deutsche Duettpartnerin für mich zu suchen. Aber wer könnte zu mir passen? Jeanette Biedermann? Nena? NEIN! Der einzige Vorschlag, den ich gelten ließ, war Nina Hagen. Ja, diese Frau wäre theoretisch echt geil gewesen für diesen Song, aber irgendwie dann auch wieder nicht. Der Song passte einfach zu keiner deutschen Kollegin.

Die rettende Idee war dann wohl eine göttliche Eingebung oder so etwas Ähnliches. Die skandinavische Band Nightwish war damals fast weltweit in den Charts vertreten. Die charakteristische Stimme von Tarja hatte die Band ganz weit nach oben gebracht.

Auf mein Drängen fasste sich mein Management endlich einmal ein Herz und schrieb eine E-Mail nach Finnland. Zwei Tage später kam prompt die Antwort. Tarja Turunen von Nightwish war interessiert an einer Zusammenarbeit. Na bitte, geht doch! Für mich war diese E-Mail schon ein riesiger Erfolg. Da wollte jemand mit Maddin aus Berlin zusammenarbeiten. Ein internationaler Star wollte tatsächlich mit einem Typen etwas machen, der eine Castingshow gewonnen hatte. Was in unserem Land undenkbar ist, scheint außerhalb unserer Grenzen gar nicht so abwegig zu sein.

Es ging auf jeden Fall hin und her und irgendwann durfte ich dann nach Finnland fliegen, um zusammen mit dem Management und dem Label die Einzelheiten zu klären.

Das Ganze zog sich wie ein Kaugummi, aber nach ein paar Wochen war schließlich alles unter Dach und Fach. Tarja sang das Lied in Finnland ein und ich in Deutschland. Unsere Stimmen wurden dann in einem Studio zusammengefahren – und fertig war das Duett. Das Sahnehäubchen obendrauf kam für mich, als der Videodeal eingetütet war. Das war das geilste Erlebnis meiner Karriere. Ich als absoluter Nordfreak durfte zusammen mit Tarja in einem alten Wikingerdorf in Finnland den Clip dazu drehen. Diesen Drehtag werde ich mein Leben lang nicht vergessen. Es passte einfach alles – blauer Himmel, das Wikingerdorf an einem See und dazu noch ein echtes altes Wikingerschiff. Ich saß auf diesem Boot und bin mit den Leuten mitgerudert. Klasse war, dass ich in diesem Video nichts spielen musste. Der Typ, der da vorkommt, das ist Martin. So bin ich! Ich hätte noch ewig auf diesem Boot und in diesem Dorf drehen können.

Die Single sorgte noch einmal für ordentlich Wind im deutschen Plattengeschäft. Ich persönlich hätte sie mit noch mehr Dampf produziert. Mir waren es einfach ein paar Gitarren zu wenig, aber was sollte ich machen? Ich durfte bei diesem Part einfach vom Vertrag her nicht mitreden und so ging die Single nach der Veröffentlichung schließlich auf Platz 20 in die Charts.

Eigentlich hätte ich gerne nicht nur in Deutschland veröffentlicht, sondern eben auch in den nordischen Ländern wie Schweden und Finnland. Das war doch genau die Musik, auf die sie da alle abfuhren. Deshalb bin ich jede Woche aufs Neue in das Büro der Universal gelaufen, das für die internationalen Deals zuständig ist, und habe nachgefragt, wann denn endlich etwas geplant wäre.

»Geduld, Martin«, hieß es dann immer und immer wieder. »Diese Woche ist es schlecht. Wir haben anderes zu tun. Komm doch nächste Woche noch einmal vorbei.«

Das Ende vom Lied war dann, dass es die Universal einfach nicht auf die Reihe brachte, den Song im Ausland zu veröffentlichen, und so verpuffte auch diese Chance im Nichts, obwohl massenhaft E-Mails aus Südamerika und Skandinavien ankamen, in denen meistens so etwas Ähnliches stand wie: »Martin, wir würden uns freuen, wenn du mal bei uns in der Stadt ein Konzert geben könntest.«

Hunderte solcher Mails und keine Reaktion von der Abteilung für Internationales bei der Universal.

Dabei ging es mir nicht darum, reich zu werden oder so etwas. Ich wollte einfach nur Erfolg haben und auf Tour gehen. Mir den Arsch aufreißen und die Leute auf Konzerten von meiner Musik überzeugen. Das bringt genug Geld, um sich über Wasser zu halten, und das reicht. Berühmt sein heißt doch nicht unbedingt, dass man auch reich ist. Das ist absoluter Quatsch. Es gibt in Deutschland genug berühmte Menschen, die absolut pleite sind.

Ich könnte schwören, dass *Leaving You For Me* im Duett mit Tarja in Skandinavien und auch in Südamerika super funktioniert hätte. Wenn ich damals nur ein kleines bisschen mehr Mitspracherecht gehabt hätte, dann wäre meine Karriere mit großer Wahrscheinlichkeit anders gelaufen. So aber war ich nur eine Marionette, die zu funktionieren hatte, und wenn sich die Führungsdrähte mal verhedderten, dann war niemand anderes schuld als ich, Martin Kesici, der Typ, dessen Nachnamen man noch heute in der kompletten Republik falsch ausspricht. Danke!

FUCK OFF!

★ Martin Kesici

Vor einiger Zeit fuhr ich auf der Oranienburgerstraße Richtung stadteinwärts und dachte mal wieder angestrengt darüber nach, wie alles weitergehen sollte. Eine Hupattacke von links riss mich aus meinen Gedanken und ich sah gerade noch einen Typen, dem ich die Vorfahrt genommen hatte und der mir böse seinen Mittelfinger in voller Pracht zeigte. Ich musste lachen, weil mich das an ein Erlebnis erinnerte, das ich 2005 auf dem Wacken-Festival gehabt hatte. Das Wacken Open Air Festival ist weltweit das größte Metal-Konzert und nach Rock am Ring auch das zweitgrößte Open-Air-Festival Deutschlands. Es findet alljährlich am ersten Augustwochenende in dem kleinen Städtchen Wacken in Schleswig-Holstein statt. Da kommen knapp 70 000 Metal-Fans zusammen und feiern eine gigantische Party. Ich denke, dass jeder Metal-Fan, jeder Speed-Metal- oder Trash-Metal-Freak bestimmt schon mindestens einmal dort war. Es gibt dort drei Bühnen, auf denen schon alles aufgetreten ist, was Rang und Namen hat: Metallica, Judas Priest, Machine Head, kurzum, die Crème de la Crème aus dem harten Musikbereich.

Hätte ich *Star Search* nicht gewonnen und hätte ich bei Enrichment damals weitergemacht, dann wäre es vielleicht sogar dazu gekommen, dass ich mit meinen Jungs da mal gespielt hätte, aber was soll's? »Wenn das Wörtchen ›wenn‹ nicht wär, wär ich längst schon Millionär« – ein dummer Spruch, ich weiß.

Dieser Typ da im Auto wusste jedenfalls definitiv nicht, was für böse Erinnerungen er in mir weckte, als er da so allein in seiner Karre saß und mir, ausgerechnet MIR, Martin Kesici, seinen bösen mittleren Finger zeigte. Ich denke, er hat sogar noch sehen können, dass ich mich köstlich über ihn amüsierte. Armer Kerl!

Mein damaliges Management zitierte mich im Frühling 2005 ins Büro und stellte mir den Chef vom »Wacken« vor, einen ganz sympathischen Mann, dem man seine Leidenschaft für das harte Geschäft nicht unbedingt sofort ansah.

»Mensch, Martin«, sagte er mit einem Grinsen auf den Lippen, »du könntest doch beim nächsten Wacken im August als Surprise Act spielen. Was meinst du?«

Ich stand wie versteinert da und schaute ihn ungläubig an. »Ich«, fragte ich dann etwas zu laut und nicht gerade überzeugend, »ich soll auf dem Wacken spielen? Wie stellst du dir das denn vor? Ich bin doch ein Castingact und...«

Weiter kam ich nicht, denn mein Manager unterbrach mich schroff.

»Jetzt warte mal, Martin. Ich meine, du bist der erste Castingact in Deutschland, der es etwas härter angehen lässt als die anderen. Insofern finde ich die Idee...«, er räusperte sich und setzte neu an: »Also das Angebot, meine ich, finde ich gut, und wir sollten echt überlegen, ob wir das nicht annehmen sollten, oder?«

»»Mensch, Martin‹, sagte er mit einem Grinsen auf den Lippen, ›du könntest doch beim nächsten Wacken im August als Surprise Act spielen‹«.

Dieses »oder?« kannte ich schon. Er sah mich eindringlich an und versuchte mich so dazu zu bringen, ein zustimmendes Ja abzuliefern. Aber ich brauchte dieses eindringliche »oder?« wirklich

FUCK OFF!

nicht. Denn hier bot mir gerade jemand an, meinen absoluten Traum zu erfüllen und beim größten Metal-Festival der Welt vor mehr als 60 000 Menschen zu spielen.

Da ich aber nicht gerade neu im Geschäft war, ging in meinem Kopf sofort ein Engelchen-und-Teufelchen-Kampf los.

»Martin, du bist ein Castingtyp«, sagte das Engelchen. »Willst du dich wirklich vor Zigtausende Metal-Fans stellen und singen?«

Das Teufelchen hingegen meinte: »Martin, du bist ein Rockmusiker. Komm schon, überwinde dich. Die werden dich schon nicht umbringen. Das ist doch das, was du immer wolltest.«

Die Entscheidung war eigentlich so herrlich einfach, aber doch so unglaublich schwer. Das hatte es noch nie gegeben. Noch nie hatte ein Castingshow-Gewinner auf dem »Wacken« gespielt. Das wäre ja, wie wenn man Alexander Klaws, den Küblböck und die No Angels dorthin schicken würde.

Natürlich verglich ich mich jetzt nicht direkt mit denen, da meine Musikvorliebe ja grundsätzlich in eine andere Richtung ging, aber gewisse Ähnlichkeiten oder Parallelen sah ich da eben leider schon.

Aber egal, was sollte schon passieren? Wie so oft gab ich dem Teufelchen in mir nach und redete mir das Ganze schön, indem ich es als cooles Experiment ansah. Beschissen war nur, dass die Plattenfirma vor Kurzem meine Band ausgewechselt und mir für die Tour ein paar neue Musiker vorgesetzt hatte. Das waren alles ganz nette Jungs, aber zwischen denen und meiner alten Besetzung lagen Welten. Mit den alten Jungs war ich schon eingespielt, ja sie waren sogar wie eine Art Familie für mich, wenn wir unterwegs waren. Vor allem aber sahen die Jungs nach Rock 'n' Roll aus, was man von der neuen Band nicht gerade behaupten konnte. Und mit denen sollte ich auf die Bühne des Wacken-Festivals...

Schließlich rückte der Tag näher und mir war von vornherein klar, dass das alles ein großes Abenteuer mit ungewissem Ausgang sein würde. Auf keinem der Plakate war ich als Martin Kesici angekündigt. Überall konnte man nur von einem Surprise Act lesen und darunter stand »EmKay«, die englische Version meiner Initialen.

Am Tag der Anreise entschied ich mich dafür, die Nacht vor meinem Auftritt auf dem Campground im Zelt zu verbringen. Maureen nahm ich mit, die Band aber übernachtete in einem Hotel.

Auf dem »Wacken« geht es nicht nur um die Konzerte, sondern eben auch um die Party und das Saufen rundherum. Die Fans kommen mit ihren alten Karren angereist und basteln sich vor Ort die irrsinnigsten Hütten, um ein kleines Dach über dem Kopf zu haben, und natürlich, um die Unmengen von Bier vor Wind und Wetter zu schützen. Meistens hat der Typ im Himmel auch Bock auf eine richtige Schlammschlacht, denn kurz vor dem ersten Augustwochenende lässt der feine Herr da oben oft noch einmal richtig die Schleusen öffnen, um die alten Äcker rund um das Örtchen Wacken ordentlich einzuweichen.

Wir kamen mit einem alten, zum Campen umgebauten Kastenwagen an. Schon beim Aufbauen und beim anschließenden Spaziergang spürte ich, dass dieses Wochenende nicht einfach werden würde. Die Jungs zwischen 15 und 16 Jahren wussten natürlich, wer ich war, aber hier war alles anders. Bei *The Dome* oder den *BRAVO Superstars* schrien und kreischten die Teenies und man kam keinen Meter weit, ohne Autogramme zu schreiben. Beim »Wacken«? Das krasse Gegenteil!

Ich konnte die durchbohrenden Blicke hinter meinem Rücken förmlich spüren, das waren fast schon körperliche Schmerzen. Ich war nie mehr wieder so nervös wie an diesem einen Tag. Dann kam die Pressekonferenz im Backstage-Bereich. Das war definitiv keine Kinder-Pressekonferenz wie bei so vielen anderen Pseudo-Events, bei denen ich bisher aufgetreten war. Die nationale und internationale Presse prügelte sich um die besten Plätze und die Journalisten saßen bereits an einem langen Tisch, als der Veranstalter den Surprise Act ankündigte.

FUCK OFF!

»Meine Damen und Herren, heißen Sie zusammen mit mir unseren Special Act willkommen: MARTIN KESICI!«

Stille im Raum! Ich setzte mich mit einem verwegenen Grinsen an den Tisch zu den ganz Großen und sagte so cool, wie es mir eben möglich war: »Hallo zusammen.«

Zum Glück saß der Veranstalter direkt neben mir und brach das große Schweigen. »Gibt es denn Fragen zu Martin Kesici?«

Wieder herrschte Stille im Raum. Dann stellte ein finnischer Journalist die erste Frage zu mir und meiner Herkunft. Zunächst war ich etwas verwundert darüber, dass er mir so grundlegende Fragen stellte, aber mir wurde natürlich schnell klar, dass ein großer Teil der Anwesenden mich überhaupt nicht kannte. Dementsprechend entspannt verlief die Pressekonferenz. Ich beantwortete brav alle Fragen und freute mich, dass die internationale Presse so positiv reagierte und die altbekannten einheimischen Journalisten ausnahmsweise mal ihre Fresse hielten.

Nach der Pressekonferenz und den Fotoshootings fühlte ich mich, als hätte ich tonnenweise Aufputschmittel verpasst bekommen. Backstage hingen die Listen aus, wer wann auf welcher Bühne spielen sollte. Ich suchte nach EmKay und fand mich tatsächlich am frühen Abend auf dem Ablaufplan wieder. Das Problem war nur, dass ich direkt zwischen zwei Death-Metal-Bands platziert worden war. Du heilige Scheiße! Das ist, als ob man Florian Silbereisen zwischen Britney Spears und Kylie Minogue auftreten lässt oder die Kastelruther Spatzen zwischen die Berliner Symphoniker und die Carmina Burana packt. Die Scorpions hatten an diesem Tag auch ihren Auftritt. Wäre ich vor denen auf der Bühne gestanden, dann wäre wohl vieles anders gekommen, aber so war es eben nicht.

Als ich auf die Bühne gerufen wurde, befanden sich um die 20 000 Menschen davor. Während ich angesagt wurde, hatte ich die schlimmsten Horrorszenen vor Augen. Mit *Dislike You*, einem meiner härtesten Songs, eröffnete ich dann meinen Auftritt beim Wacken Open Air 2005. Die erste Minute brachte ich es einfach nicht fertig, ins Publikum zu schauen. Ich rockte mir die Seele aus dem Leib und sang den Song härter als jemals zuvor. Nach dem ersten Refrain wagte ich dann schließlich, meinen Kopf zu heben, um einen Blick ins Publikum zu riskieren. Aber was ich da sah, ließ mich vor Schreck fast meinen Text vergessen. Da standen 20 000 Menschen und zeigten mir geschlossen den Mittelfinger. Die Krönung des Ganzen war dann, dass einige in den ersten Reihen anfingen, sich von der Bühne abzuwenden und demonstrativ umzudrehen. Natürlich nicht, ohne dass sie den Fuck-off-Finger so weit nach oben streckten, dass ich ihn noch über die Köpfe hinweg sehen konnte.

Als die letzten Töne von *Dislike You* verklungen waren, erntete ich die unvermeidlichen Buhrufe. Ich schaute auf die Rücken und Finger von 20 000 Menschen und schrie ins Mikro: »Ist euch der Mittelfinger eingefroren oder was?«

Daraufhin flogen Pappbecher mit Bier auf die Bühne. Ein paar Vollidioten warfen auch Matschkugeln, allerdings traf mich keines von diesen Wurfgeschossen. Jetzt hier wegzugehen, kam natürlich nicht infrage. Ich zog mein Programm durch und brachte vier oder fünf Songs. 90 Prozent der Leute vor der Bühne drehten sich keine Sekunde mehr um, ein paar wenigen sah ich allerdings an, dass sie doch positiv überrascht waren. Das hat mich zwar ein wenig bestärkt, aber ehrlich gesagt bin ich noch nie in meinem Leben mit so einem Scheißgefühl von der Bühne gegangen.

Maureen wartete unten und war mit den Nerven völlig am Ende. Mein Manager grinste nur und wollte mir einreden, dass alles gar nicht so schlimm gewesen sei. Und ich dachte, bevor ich mich auf dem Campground ins Koma soff, nur daran, wie grotesk das alles war. Es war früher immer einer meiner größten Träume gewesen, genau hier an diesem Ort auf der Bühne zu stehen mit meiner Musik und meinen Metaljungs. Jetzt hatte ich zwar irgendwie mein Ziel erreicht, aber es hatte hinten und vorne einfach nicht funktioniert. Und wer bitte war schuld daran? Nach der fünften Flasche Bier schoss ich mich auf die Fuzzis von Fernsehen, Radio und Print ein. Kurzum, die Medien waren schuld. Was für eine Macht diese verkackten Typen doch hatten. Die verkaufen dich zwei Monate lang im Fernsehen als »Fritz«, obwohl du »Martin« heißt, und danach glaubt alle Welt, dass du wirklich »Fritz« heißt. Da kannst du dann machen, was du willst. Der Typ wurde als »Fritz« im TV gebacken und danach glaubt dir keine Sau mehr, dass du mal »Martin« geheißen hast. Heilige Scheiße, was war da bloß passiert?

Aber egal, der Auftritt war auch wichtig für mich. Es ist eine besondere Erfahrung, auf der Bühne zu stehen und 20 000 Stinkefinger zu sehen. Vor allem, wenn die Leute, die einem da den Finger zeigen, eigentlich die eigenen Leute sind. Genau die, die die gleichen musikalischen Vorlieben haben wie man selbst. Menschen, die vom Herzen genauso ticken wie man selbst. Man selbst steht als Marionette der Plattenindustrie und der Medien auf der Bühne, fühlt aber genauso wie das Publikum. Verdammt, ich habe die Leute sogar irgendwie verstehen können. Wie hätte ICH denn reagiert, wenn ICH da unten gestanden hätte und mir diesen Casting-Heini ansehen hätte müssen? Ich hätte wohl auch den Mittelfinger gezeigt und mich umgedreht. Krass, aber irgendwo verständlich. Alles in allem war es eine böse, aber auch eine gute Erfahrung.

Es ist unheimlich schwer, auf der Bühne zu stehen und eben *nicht* mit der Musik und der Band aufzutreten, die man liebt. Das ist wie Rodeo, nur ohne Matten am Boden, die einen weich auffangen.

Erst drei Jahre später ist es mir einigermaßen gelungen, meinen alten Ruf wiederherzustellen. Meine Glaubwürdigkeit wieder aus dem Keller der Lügen zu holen und denen da draußen zu sagen:

»DAS BIN ICH! So war ich und da will ich wieder hin.« Nicht etwa: »So war ich und so bin ich und damit verdiene ich einen Haufen Kohle.« Das Geld war mir schon immer scheißegal. Wichtig ist, dass man von dem, was man liebt, LEBEN kann. Das ist doch schon das Größte für einen Menschen, oder? Natürlich muss man auf dem Weg zum Erfolg Abstriche machen, aber man darf seinen eigenen Weg meines Erachtens nicht zu sehr verlassen. »Wacken« war für mich eine lehrreiche Erfahrung und heute bringt mich ein einziger kleiner »Effe«-Finger wie der von dem armen Typen im Auto auf der Oranienburgerstraße nicht mehr aus der Ruhe. Im Gegenteil, für so etwas habe ich seit Wacken 2005 nur noch ein müdes Lächeln übrig.

WIE IST ES, POPSTAR ZU SEIN?

★ **Markus Grimm**

Die meisten Menschen, die mich heute kennenlernen, interessieren sich zuerst nicht für das, was ich in meinem Jahr als Popstar so alles erleben durfte. Erst nach einer gewissen Zeit, wenn sie Vertrauen gefasst haben und es einfach nicht mehr so uncool wirkt, rücken sie mit der Frage aller Fragen heraus.

»Wie ist das denn so als Popstar? Wenn man überall erkannt wird, wenn man Autogramme geben muss und alles umsonst bekommt und viel Geld verdient?«

Diese Frage kommt immer. Die Antwort darauf habe ich auch im Gepäck und jedes Mal, wenn ich diese Frage ehrlich beantwortet habe, bekam ich unbefriedigte Gesichter zu sehen. Ich werde jetzt zum letzten Mal in meinem Leben diese Frage beantworten und versuchen, keine Facette des Popstar-Daseins auszulassen. Ich bin gespannt, ob ihr am Ende dieses Kapitels auch ein unbefriedigtes Gesicht macht und glaubt, dass ich nicht die Wahrheit erzählt habe.

Das Leben als Popstar ist schön, unwirklich und unehrlich schön. Kurz nachdem ich von Millionen Anrufern zum Popstar gekürt worden war, fühlte ich mich wie Paris Hilton mit Schniedel.

Die Lüge kam übrigens schon im letzten Satz. Habt ihr es gemerkt? Ich schrieb von »Anrufern« und gleich danach vom »Popstar«. Das Wort »Popstar« und das Wort »Anrufer« haben so viel miteinander zu tun wie Fisch und Fleisch oder Furz und Blume. Ein Popstar wird man, indem man Musik macht, die von der breiten Masse gemocht und geachtet wird. Ich habe aber selbst keine Musik gemacht. Zumindest nicht in der Zeit, als ich Popstar war. Ich musste die Musik machen, die mir aufgezwängt wurde. Ich bin also kein Popstar gewesen, sondern ein Fernsehstar, der zufällig ein wenig Musik machen konnte und den Machern der Show und zum Schluss den Zuschauern gut gefallen hat.

Wie arm sind da aber zum Beispiel die Kolleginnen von Monrose dran? Senna wurde nicht einmal von den Zuschauern gewählt. Nein, die Jury, also die Macher hinter den Kulissen, fanden sie cool. Das hat übrigens nichts damit zu tun, dass ich den Mädels ihren Erfolg nicht gönnen würde. Auf gar keinen Fall. Ich will nur, dass klar wird, wie ich prominent geworden bin. Durch ein Fernsehformat, nicht mehr und nicht weniger. Fernsehen ist allerdings wie die Verpackung von Fast Food. Am Anfang freut man sich tierisch auf den Inhalt. Man hat Hunger darauf und weiß genau, wie es schmecken wird. Man will es unbedingt haben. Aber ist es erst ausgepackt, dann bleibt nur eines übrig, die Verpackung. Die allerdings wirft man nach dem Festmahl einfach in den Müll. Und dann freut man sich auf das nächste Mal. Wenigstens wurde ICH nicht einfach den Käufern der Musik vorgesetzt, sondern wurde vom Käufer beziehungsweise Zuschauer ausgewählt. Darf mich das jetzt stolz machen? Keine Ahnung. Ich will mich nicht noch tiefer in die Scheiße reinschreiben.

Wie ist es denn jetzt aber als Popstar?

Also... Wir sind in Hotels gewesen, die einen Wellnessbereich hatten, der zwar genauso feucht wie meine Wohnung war, aber zehnmal so groß. Wir haben in Zimmern geschlafen, die so groß waren, dass ich die nächsten 50 Jahre ohne Probleme darin hätte

WIE IST ES, POPSTAR ZU SEIN?

leben können. Die Zimmer waren laut Anschlag an der Innenseite der Türen allerdings so teuer, dass ich eine Anzahlung für eine eigene Wohnung dafür hätte machen können. Wir sind in einem coolen Auto durch die gesamte Republik gefahren. Dieses coole Auto war ein Mietwagen und die Kosten dafür wurden jeden Monat von unserer Gage abgezogen. Umso uncooler wurden die Autos dann mit der Zeit.

Was allerdings richtig cool war, waren die Termine, die wir hatten. Es ist einfach ein geiles Gefühl, von jeder Radiostation Deutschlands eingeladen zu werden, Interviews zu geben, seine Platte vorzustellen und ein paar nette Texte abzulassen. Man wird empfangen wie... ein Popstar eben. Man darf sich auf den Wänden verewigen, darf sogenannte IDs für Moderatoren und Stationen sprechen. Das sind die Texte, die meist folgenden Wortlaut haben: »Hallo, hier ist... und ihr hört Radio... Viel Spaß dabei!«, oder so ähnlich.

Ein Fotoshooting jagt das nächste. Die Häppchen, die man dort bekommt, sind am Anfang noch richtig lecker. Hat man allerdings 20 Shootings quer durch Deutschland hinter sich, merkt man, dass die Macher der Häppchen nicht wirklich viel draufhaben. Plötzlich weiß man dann, was Mama mit »einseitiger Ernährung« gemeint hat.

Die vielen kleinen versteckten Lügen werden plötzlich so klar wie Kloßbrühe. Kloßbrühe haben wir übrigens nie bekommen. Ein weiteres Indiz dafür, dass die Häppchen-Macher nicht viel draufhaben.

Eine vollkommen bescheuerte Lügeninszenierung möchte ich euch nicht vorenthalten. Jeder hat bei diesen großen Veranstaltungen und Shows im Fernsehen bestimmt schon einmal die tollen Autos gesehen, die da am Teppich vorfahren. Meistens Limousinen vom Feinsten. Auch wir hatten so eine. Und das läuft alles ganz einfach ab: Wir kamen für den Soundcheck in unserem durchgerockten Miet-Van unerkannt hinter der Halle an. Das nennt man übrigens auch Venue. An dieses Showdeutsch musste ich mich erst einmal gewöhnen. Timeslot am Venue für ein kurzes Shooting und danach Soundcheck mit Backlines und ohne In-Ears mit VP laut Dispo. Auf Deutsch? Gern: Jede Band oder jeder Künstler muss zu einer gewissen Zeit am Veranstaltungsort sein. Dort gibt es dann ein kurzes Fotoshooting für die Fotografen oder aber für das veranstaltungseigene Magazin. Danach muss man zusammen mit seiner Band auf die Bühne. Mit Band meine ich die Jungs, die so tun, als würden sie die Instrumente spielen. In Wirklichkeit können sie das richtig gut, aber um für einen oder zwei Songs das Ganze live abzuwickeln, fehlt meistens das Geld und deswegen heißt es dann VP, also Vollplayback.

Wie gerne hätten wir live gesungen, um den Fans zu zeigen, dass wir das auch können, aber meistens haben uns die Veranstalter oder der Fernsehsender einen Strich durch die Rechnung gemacht, weil es zu teuer war. Diese Ansage bekamen wir die ganze Zeit zu hören.

Habe ich noch etwas vergessen? Ach ja, In-Ears sind die kleinen »Ohrwürmer«, die man bekommt, wenn man live singt. Quasi Monitorboxen im Ohr. Eine wirklich tolle Erfindung, aber halt leider unnötig, wenn man nicht live singt. Das Wort Dispo bedeutet so viel wie Disposition. Eigentlich ein Schimpfwort in der Branche, aber man braucht es, da auf diesem Blatt Papier alle Termine und Abläufe exakt notiert sind. Meistens verzögert sich der zeitliche Ablauf im Vergleich zur Dispo um 15 Minuten bis zwei Stunden. Das ist von Produktion zu Produktion unterschiedlich. Je größer und internationaler die Stars sind, desto mehr verschiebt sich alles. Mit anderen Worten: Alle müssen warten, weil es eine Zeitverzögerung gibt.

Nach diesem kleinen Ausflug ins Showdeutsch zurück zu unserer Limousinen-Lüge. Unser Bandauto war meistens nach der Fahrt auf

WIE IST ES, POPSTAR ZU SEIN?

der Autobahn übersät mit toten Fliegen und Mücken. Den Innenraum hätte man außerdem erst einmal von einem Berg mit Fast-Food-Tüten befreien müssen, bevor man die Tür am roten Teppich hätte öffnen können. Für eine offizielle Amtshandlung also komplett untauglich!

Wenn ihr jetzt den Eindruck habt, dass Nu Pagadi wohl die unordentlichste und abgefuckteste Band Deutschlands gewesen ist, dann liegt ihr ein bisschen richtig, aber wir waren sicher nicht die Einzigen, die so waren.

Auf jeden Fall ist das wohl der Grund, weshalb jede Band in einer veranstaltungseigenen, sauberen Limousine am roten Teppich vorfahren darf. Man wird zu einem vorgegeben Timeslot hinter der Halle, also dem Venue, abgeholt und dann einmal um die Halle herumgefahren. Nach etwa 100 gefahrenen Metern darf man dann mit Glanz und Gloria aus einer blitzeblanken Limo mit ebenso blitzeblanken Strahlegesichtern vor kreischenden Fans aussteigen. Somit ist der Schein des Popstars gewahrt und jeder Fan denkt, was für geile Typen das sind, weil sie ja so ein tolles Auto haben.

»Denn jedes Mal, wenn wir aus dieser Limousine aussteigen durften und die Fans kreischten, hatte ich eine dicke, fette Gänsehaut.«

Ich will jetzt aber wirklich nicht alles schlechtmachen. Denn jedes Mal, wenn wir aus dieser Limousine aussteigen durften und die Fans kreischten, hatte ich eine dicke, fette Gänsehaut. Das ist sicherlich eines der geilsten Gefühle, die ich aus der Zeit mit Nu Pagadi mitnehme, keine Frage.

Nun auch noch ein paar Takte zum Geld. Natürlich bin ich Millionär und kann mir jetzt alles leisten. Mhm, genau – das ist die gleiche Lüge wie die mit der Limousine. Sicher gibt es in Deutschland auch Künstler, die von ihren Gagen und den verkauften Platten leben können. Aber dabei handelt es sich wirklich nur um eine Handvoll, mehr sind das bestimmt nicht.

Dazu will ich eine kleine Geschichte erzählen. Am 8. Dezember 2004 war das Finale von *Popstars*, mein Finale sozusagen und die Krönung zum Popstar. Die Tage danach vergingen wie im Flug. Ein Auftritt, ein Interview und ein Fotoshooting jagte das andere und plötzlich war Weihnachten. Ich weiß noch genau, dass wir einen Tag vor Weihnachten freibekamen und ich als Popstar nach Hause kam. Seit dem 8. Dezember war ich keinen einzigen Tag zu Hause gewesen, ich war immer nur unterwegs gewesen – quer durch Deutschland, Österreich und die Schweiz. 24 Stunden vor dem Fest der Liebe kam ich dann endlich zu meiner Familie und stellte fest, dass ich kein einziges Geschenk hatte. Doch das war nicht das ganze Übel. Ich konnte kein Geschenk kaufen, denn ich hatte kein Geld auf dem Konto. Kein einziger Cent war da drauf. Da musste ich daran denken, was ich nach dem Finale gedacht hatte, irgendwann zwischen dem Ende der Show und der Fahrt zu Stefan Raab. Mir war in den Kopf geschossen, dass ich jetzt endlich meiner Familie einmal etwas zurückgeben konnte. Für die vielen Einbußen, die Mama und Papa hatten hinnehmen müssen, nur um mich meinem Traum näher zu bringen, konnte ich ihnen endlich auch etwas zurückgeben. Aber dann... Jetzt war der 23. Dezember und ich hatte noch immer keine Kohle verdient. Natürlich bekam ich erst nach Weihnachten jemanden vom Label an die Strippe. Der Grund dafür, dass wir alle kein Geld auf dem Konto hatten, war ganz einfach: Wir hatten den Vertrag noch nicht unterschrieben. Vergessen hatten wir das nicht wirklich, aber wir wollten uns auch nicht gefühlte 28 000 Jahre an dieses Label binden und alle unsere persönlichen Rechte abgeben. Deswegen lag der Vertrag noch beim Rechtsanwalt. Später erfuhren wir, dass wir durchaus nicht die Einzigen waren, die diesen Vertrag nicht unterschrieben hatten. Es gab prominente Vorgänger. Nach meiner Kenntnis haben weder die No

WIE IST ES, POPSTAR ZU SEIN?

Angels noch Bro'Sis oder Overground diesen Vertrag so unterschrieben, wie er den Bandmitgliedern anfangs präsentiert worden war.

Das änderte allerdings nichts an der Tatsache, dass mein erstes Weihnachten als Popstar regelrecht ausfiel. Nicht dass ich gleich Millionen erwartet hätte, so weltfremd war ich nicht, aber 500 Euro für das, was wir durchgemacht hatten, wären doch echt nett gewesen.

Den Vertrag haben wir übrigens nie unterschrieben.

Selbstverständlich gab es auch geile Dinge in meiner Zeit bei Nu Pagadi. Ich habe viele Menschen kennengelernt, zu denen ich noch heute guten Kontakt habe. Viele arbeiten noch fürs Radio oder fürs Fernsehen und fragen erstaunlicherweise immer noch nach, wie es einem geht.

Apropos Fernsehen und Wirklichkeit. In der Anfangszeit hatten wir am Tag bestimmt zehn Interviews in verschiedenen Städten der Nation. Wir schneiten um fünf Uhr morgens bei einer Radiostation herein, sprachen ein paar Sätze, gaben Autogramme und waren um sechs Uhr bereits beim Frühstücksfernsehen. Mittags um zwölf landete der Flieger in einer anderen Stadt und wir zeichneten dort für ein Frühstücksprogramm für den darauffolgenden Tag auf. Die Müdigkeit mussten wir dabei nicht einmal spielen, denn um diese Uhrzeit fielen uns die Augen schon wieder automatisch zu. Das funktionierte alles perfekt. 24 Stunden Schauspiel vom Feinsten. Immer lächeln, immer gut drauf sein, immer a cappella *Sweetest Poison* auf den Lippen und natürlich immer Begeisterung darüber, Autogramme geben zu dürfen und von Tausenden Fotohandys auf Schritt und Tritt begleitet zu werden.

Was ist von all dem übrig geblieben? Schwer zu sagen, ich lebe, ich mache weiter Musik, ich erinnere mich in Fetzen an Gutes und Schlechtes, das mir widerfahren ist. Ich laufe täglich zu Hause an der Goldenen Platte hinter Glas vorbei, die wir für *Sweetest Poison* bekommen haben. Die hängt an der Wand und manchmal kommt sie mir richtig unwirklich vor. Komischerweise ist ein wenig Feuchtigkeit hinter die Glasscheibe geraten. Ein kleiner Teil davon ist daher nur noch sehr undeutlich zu erkennen. Die CDs in der Vitrine stehen als stumme Zeugen eines ganz besonderen Jahres da, eines ganz besonderen Kapitels meines Lebens. Ich weiß nie, was ich sagen soll, wenn ich Besuch bekomme. Soll es mir peinlich sein und soll ich sagen, dass das Ganze eh nicht das war, was ich gerne gemacht hätte, oder soll ich vielleicht stolz darauf sein? Eine Antwort darauf habe ich noch nicht gefunden.

Aber so viel ist sicher: Nu Pagadi ist beziehungsweise war ein Teil meines Lebens.

Es gibt immer wieder Tage, an denen man in diese Zeit zurückgeworfen wird. So zum Beipiel neulich, als ich bei Freunden auf dem Land war. In der Früh wollte ich mir in der Küche einen Kaffee kochen. Während der so Tropfen für Tropfen durchlief, erspähte ich auf einem Regal ein kleines Küchenradio. Ich schaltete es ein und nach einem kurzen Rauschen hörte ich *Sweetest Poison*. Ehrlich gesagt traf mich das irgendwie ganz unvorbereitet, ich blieb wie versteinert vor der Kaffeemaschine stehen und fixierte den schwarzen Strom aus Kaffee, der in die Tasse lief. Ich hörte doch tatsächlich zum ersten Mal mit eigenen Ohren, wie sie *Sweetest Poison* im Radio spielten. Wohlgemerkt ganze zwei Jahre nach der Nu-Pagadi-Zeit.

Was soll ich noch sagen? Hey, das Leben ist schön, ob als Popstar oder als Normalo. Und wer könnte das besser beurteilen als ich, schließlich habe ich beide Welten intensiv erlebt.

DIE LUFT WIRD DÜNN

★ **Markus Grimm**

In meiner Wohnung war es total still. Das Einzige, was ich hörte, war der Regen draußen. Es schien, als ob Petrus die komplette Monatsladung auf Köln und seine Umgebung herabrieseln lassen wollte. Wann hatte ich das letzte Mal Zeit, einfach so dazuliegen, nichts zu tun und nur dem Regen zuzuhören? Ganz schön lange her, ein Jahr mit Nu Pagadi war wie im Flug vergangen, und von einem Tag auf den anderen war alles vorbei. So oder so ähnlich musste es sich anfühlen, wenn man tot war. Gerade noch war ich auf der Bühne gestanden, Pat und Kris hatten gesungen und getanzt und die Fans hatten sich die Seele aus dem Leib geschrien. War das laut! Und jetzt? Nichts! Absolut nichts, nur der Regen da draußen. Wie sollte man da noch das Heulen unterdrücken? Egal, irgendwie musste es jetzt raus. Ich hatte es so lange zurückgehalten und jetzt, da niemand mehr da war und das absolute Nichts um mich herum herrschte, konnte ich es nicht mehr aufhalten. Ich fing an zu weinen, wie ich noch nie zuvor in meinem Leben geweint hatte. Draußen regnete es nur, aber in meinem Herzen goss es in Strömen. Die ganze Sache mit *Popstars* und Nu Pagadi war vorbei, bevor es richtig angefangen hatte. Zugegeben, ich habe einen Hang zum Depressiven und bin generell ein Mensch, der viel grübelt und eher negativ als positiv denkt, aber wie zum Teufel sollte ich positiv denken, wenn gerade alles den Bach heruntergegangen war, woran ich fest geglaubt hatte?

In den folgenden Tagen und Wochen lag ich noch oft so allein zu Hause. Warum hätte ich auch meine Tränen zurückhalten sollen? Das sah doch eh niemand. Schon die kleinste Erinnerung reichte wie eine Art Zündfunke aus, mich in die tiefsten seelischen Täler zu schicken.

Ich erinnere mich an einen Sonntagnachmittag, als ich im Fernsehen durch Zufall bei der 43. Ausgabe von *The Dome* hängen blieb. Der einzige Gedanke, der mir dabei durch den Kopf schoss, war, dass ich vor zehn Ausgaben selbst auf der Bühne gestanden und bei *The Dome* gesungen hatte. Damit war die ganze Woche für mich mal wieder gelaufen.

Ich habe oft gehofft, dass ich durch wäre, dass das Tal nicht tiefer werden könne und es wieder bergauf gehen müsse, aber dann kamen doch noch dunklere Abgründe, die sich einfach so, ohne große Vorwarnung, vor mir auftaten. Es ist einfach beschissen, den Fernseher anzumachen und in jedem zweiten Kanal neue Kunstpüppchen hin- und herhüpfen zu sehen, wenn man selbst zum Zuschauen auf der Couch verdammt ist. Das Einzige, was mir blieb, war der Blick an die Wohnzimmerwand auf die dort hängende Goldene Platte für *Sweetest Poison*. Die einzige Auszeichnung, die wir jemals bekommen haben. War es das alles wirklich wert?

★ Martin Kesici

In den zwei Jahren, in denen es bei mir gut gelaufen ist, wurde ich oft zur Universal, der Plattenfirma, bei der ich unter Vertrag stand, nach Berlin eingeladen. Das waren immer kurze Stippvisiten, die meistens sehr harmonisch abliefen. Außerdem konnte ich bei dieser Gelegenheit auch mal wieder bei mir zu Hause in der Wohnung

DIE LUFT WIRD DÜNN

vorbeischauen. Bei der Universal gab es immer große Lob- und Dankesreden, und ich wurde empfangen wie ein kleiner König.

Aber an diesem Tag hatte ich, nachdem ich durch die Pforte im Erdgeschoss gegangen war und man mich und meinen Manager gebeten hatte, noch einen Moment auf der Couch unten zu warten, ein komisches Gefühl. Es war Ende 2005, die Tour war vorbei, das erste Album war abgefeiert und das zweite hatte sich nicht wirklich toll verkauft. Platz 40 war das Maximum gewesen, und vom Goldstatus war ich weit entfernt.

Auf dem kleinen Couchtisch vor mir lag ein Musikmagazin. Auf der Titelseite wurden Storys über Juli und Silbermond angekündigt, die gerade anfingen, bekannt zu werden. Dann kam eine junge Frau auf uns zu und begrüßte uns mit Handschlag.

»Tom Bohne ist gleich für Sie da. Kommen Sie doch bitte mit, ich bringe Sie schon mal in den Konferenzraum.«

Im fünften Stock angekommen, führte sie uns in einen mit edlem Holz vertäfelten Raum, in dem ein gigantisch großer Konferenztisch stand. Hier war ich während meiner gesamten Karriere noch nie gewesen. Ich nahm mir eines dieser kleinen Orangensaft-Fläschchen und goss den Saft in ein Glas. Mein Manager stand mit dem Rücken zu mir und schaute durch die Fensterfront auf die Spree, die direkt unter uns in Richtung Westteil Berlins fließt. Es dauerte endlos lang wirkende zehn Minuten, bis die Tür aufging und Tom Bohne, der Chef der Universal, den Raum betrat. Im Schlepptau seine Assistentin und der Plattenmanager, der mich betreute. Die Begrüßung war freundlich, aber zurückhaltend. Dennoch hatte ich den Eindruck, dass er sich ein wenig freute, mich zu sehen. Jedenfalls sagte er das in einem Tonfall, dass ich es ihm abnahm. Das Einzige, was mich störte, war, dass er ein »noch einmal« in seinen Satz einfließen ließ. Was sollte das bedeuten? Schön, dass ich noch einmal hierhergekommen war? Wollte der mich jetzt rauswerfen?

Bohne schaute mich direkt an und formulierte seine Sätze mit Bedacht, aber dennoch trafen sie mich zutiefst. Er meinte, er wolle gar nicht lange herumreden, aber die letzte Single und das letzte Album hätten sich schlecht verkauft. Man verdiene kein Geld mehr mit mir und meine Zeit sei anscheinend vorbei. Ich empfand das Ganze als Dauerfeuer an Handkantenschlägen in meinen Nacken. Schließlich beendete er das Gespräch mit dem Satz, dass er meinen Vertrag auflösen wolle. Rrrrrummmms! Das hatte gesessen. Ich muss ihn wohl etwas begriffsstutzig angesehen haben, was ihn dazu animierte, weitere Erklärungen abzugeben. Ich müsse doch verstehen, dass er, wenn mit mir nichts mehr zu verdienen sei, kein weiteres Geld in mich investieren könne. So sei das eben leider in diesem Business. Immerhin hätte ich ja eine großartige Zeit gehabt und umgekehrt habe man die auch mit mir gehabt, aber jetzt sei es eben vorbei.

Ich war geschockt. Gleichzeitig war ich allerdings auch ein bisschen erleichtert, dass die hohen Herren des Plattenlabels mich gerade freiwillig aus ihrem Sklavenvertrag entlassen hatten. Endlich raus aus der Nummer und frei sein. Endlich die Kohle nicht mehr zu fast 100 Prozent in fremde Hände abgeben müssen. Auf der anderen Seite saß da auch die Angst in meinem Kopf. Würde ich jemals wieder in meinem Leben mit diesem Job Kohle verdienen können?

Es war die kürzeste Universal-Konferenz meines Lebens. Tom gab mir die Hand, seine Assistentin lächelte mich beim Gehen kurz an, sagte aber kein Wort. Ich ersparte es mir, darüber nachzudenken, ob in diesem Lächeln ein Anflug von Mitleid oder doch eher von Schadenfreude mitschwang.

Wir verließen das Universal-Gebäude über die Tiefgarage. Noch im Auto besprach ich mit meinem Manager die neue Situation, und die sah alles andere als rosig aus.

DIE LUFT WIRD DÜNN

★ **Markus Grimm**

Mir ging es eigentlich nicht um das Leben eines Popstars. Mir war wichtig, im Laufe meiner beziehungsweise unserer Karriere Kontakte für die Zukunft zu knüpfen, Perspektiven zu schaffen, um vom schlechten Image der Castingband wegzukommen und den Weg zu dauerhaftem Erfolg zu finden. Mir ging es nicht um viel Geld oder Ansehen. Nein, ich wollte einfach nur erfolgreich das machen, was ich immer schon geliebt hatte. MUSIK!

Die Tage nach dem Aus von Nu Pagadi waren die beschissensten in meinem Leben. Und wie so oft, wenn es einem beschissen geht, kam es natürlich noch beschissener... Irgendwann musste ich schließlich die Wohnung verlassen, um etwas zu essen oder ein paar Zigaretten zu besorgen. Also Mütze auf und hoffen, dass einen da draußen niemand erkennt.

»Hey, du Versager! Von euch kommt jetzt wohl nichts mehr, oder? Habt euch wohl gestritten. Haben wir ja gleich gesagt, dass das nichts werden kann.«

Genau das war es, was ich jetzt noch brauchte. Dass einen wildfremde Menschen auf der Straße einfach so anmachten. Selbst schuld, mag jetzt vielleicht jemand denken. Wer sich in die Öffentlichkeit wagt, muss auch mit Gegenwind rechnen. Gerade wenn man in Deutschland lebt, einem Land, dessen Einwohner bekannterweise nur sehr schlecht mit dem Erfolg anderer umgehen können und in dem der Neid eine ganz große Rolle spielt. In meinem Fall war es aber schon längst kein Neid mehr, sondern nur Schadenfreude.

Auf einer Kirmes, die ich mit Freunden besuchte, wurde ich mit Flaschen beworfen oder in einer Kneipe bis aufs Klo verfolgt, nur damit mir jemand sagen konnte, wie scheiße ich war. Das war wieder wie in der Schule, wieder der Außenseiter, wieder am Arsch. Und dann? Wie sollte es weitergehen? Wie sollte ich jemals wieder

Fuß fassen in diesem Leben? Es hörte einem ja niemand mehr richtig zu. Ich fühlte mich benutzt und weggeworfen. Es gibt kaum ein schlimmeres Gefühl.

Es dauerte eine Ewigkeit, bis ich wieder Menschen fand, die mir zuhörten. In dieser Zeit habe ich mich in Arbeit vergraben. Zum Glück hatte ich ja den Verlag, in dem immer noch mein Schreibtisch stand und in dem ich mit offenen Armen aufgenommen wurde. Ich begann auch wieder Texte zu schreiben. Viele halten mich für talentiert oder meinen sogar, das käme von meinen Vorfahren, den Gebrüdern Grimm. Ich bilde mir darauf überhaupt nichts ein. Für mich ist es eine Ablenkung und Therapie zugleich. Ein Workaholic bin ich schon immer gewesen, und wenn schon keiner meine eigene Musik hören wollte, dann wollte ich wenigstens für andere schöne Texte schreiben.

Warum haben in Deutschland so viele Menschen diese furchtbaren Vorurteile gegenüber Bands, die aus Castings stammen? Die Backstreet Boys, NSYNC, Take That und die Spice Girls – ALLE wurden exakt so wie wir gecastet. Nur hat das niemand im Fernsehen mitverfolgen können, weil es hinter verschlossenen Türen durch Produzenten und Plattenfirmen durchgeführt wurde.

Einen über längere Zeit erfolgreichen Castingstar kenne ich allerdings: Christina Stürmer. Und jetzt soll bitte niemand mit der Neid-Geschichte ankommen. Frau Stürmer wurde bei einem ähnlichen Format wie *Popstars* in Österreich gecastet und tourt immer noch erfolgreich durch Deutschland. Natürlich, weil sie gut ist, aber auch, weil hier in diesem Land keiner nachfragt. Es sind alle viel zu sehr mit sich selbst beschäftigt. Niemand fragt nach, woher Frau Stürmer kommt und wie sie in die Charts kam. Niemand in Deutschland hat das gesehen und damit ist es auch nicht schlimm, dass sie in Österreich gecastet wurde. Toll! Da steigt mir die Kotze im Hals nach oben.

DIE LUFT WIRD DÜNN

Sorry, Christina, wenn du das lesen solltest, das hat wirklich nichts mit deinem Talent zu tun, ich ärgere mich einfach nur über diese bescheuerten Denkmuster in Deutschland. Man scheißt in diesem schönen Land auf die Menschen, die sich bemüht haben, etwas auf die Beine zu stellen. Wenn man hier nicht gerade Boris Becker, Steffi Graf, Henry Maske oder Jürgen Klinsmann heißt, ist man ein Nichts.

Jedem seine 15 Minuten Ruhm. Was danach kommt, ist ja scheißegal.

Dieses »Danach« kann aber auch ziemlich schmerzhaft sein und damit meine ich durchaus auch körperliche Schmerzen. Es gibt Tage, an denen man mit seiner Vergangenheit nichts zu tun haben will. Aber ich bin für eine gewisse Zeit im öffentlichen Interesse gestanden und kann diese Zeit nicht ungeschehen machen. Manchmal beneide ich die Menschen, die einfach so auf die Straße gehen können, ohne sich Sorgen machen zu müssen, ob sie vielleicht auf asoziales Pack treffen oder gleich wieder Prügel einstecken müssen.

An diesen einen Tag im November kann ich mich noch sehr gut erinnern. Nu Pagadi war Geschichte und die Hysterie hatte sich in absolute Stille und Desinteresse verwandelt. Eigentlich wollte niemand mehr etwas von mir wissen. Irgendwann hatte ich mich damit abgefunden, dass ich einen Blick in eine Welt hatte tun dürfen, die mir gefallen hatte und die nach außen viel mit Glamour zu tun hatte. Aber das Ganze war jäh in sich zusammengebrochen, und ich war brutal auf dem harten Boden der Tatsachen aufgeschlagen.

So weit, so gut, wäre da nicht das Erinnerungsvermögen gewisser Menschen, die gerne mal das gesamte Elend der Welt in vier hirnlose Wörter wie »Ey, Alter, krasse Sache« zusammenfassen. So begann mein zweites Erlebnis beim Versuch, nur eben mal schnell einen Burger zu essen.

Mit einem dicken Mantel und einem Schal um den Hals rannte ich wie ein Besessener durch dieses beschissene Einkaufszentrum, um zu meinem Auto zu gelangen. Ich schwitzte. Es war November und es war kalt draußen, aber es war nicht das Zusammenspiel der warmen Klamotten und meiner körperlichen Aktivität, das mich zum Schwitzen brachte, nein, es war die Angst. Die Angst, dass mich diese vier Typen einholen würden, die mir gerade unmissverständlich Prügel angedroht hatten.

Als ich kurz vor diesem Rettungssprint hungrig das Restaurant einer Fast-Food-Kette betrat, war eigentlich noch alles wie immer. Ich musste an den Werbespot denken, den wir damals mit Nu Pagadi für das Burgerimperium mit dem goldenen Bogen drehen durften. Das war einer meiner geilsten Drehs überhaupt. Es steckte ausnahmsweise einmal enorm viel Geld in der Produktion. Wir drehten länger als für das gesamte erste Nu-Pagadi-Video *Sweetest Poison*. Es gab eine größere Kamera, mehr Licht und mehr Leute am Set. Wir hatten aufwendige Kostüme an und durften in einer stylishen, frei schwebenden, schwarzen Box performen, die vorn ein Loch für die Kamera hatte. Zum Schluss sah der Spot so aus, dass ein kleiner Junge eine Mini-Musikbox in der Hand hatte, aus der *Sweetest Poison* krächzte. Er schüttelte die Box und blickte in sie hinein. Dann kam ein Umschnitt und man sah uns in der Box tanzen. Wann immer der kleine Junge die Box in die Hand nahm, sah man uns in der Box durch die Erschütterung durcheinanderwirbeln. 30 Sekunden lang großes Kino für die Happy-Meal-Werbung der Fast-Food-Kette.

»»Hey, das ist doch die Schwuchtel von *Popstars*. Kommt, dem hauen wir krass eine aufs Maul.«««

Als ich den Burger bestellte, war ich in Gedanken versunken und überlegte, dass ich vor einem halben Jahr noch Werbung dafür ge-

DIE LUFT WIRD DÜNN

macht hatte und Hunderttausende von Kiddys hinter unserer Musikbox her gewesen waren und Millionen von Menschen mich im Fernsehen in dieser Box hatten tanzen sehen. Ein wohliger Schauer durchfuhr mich, der aber brutal unterbrochen wurde: »Hey, das ist doch die Schwuchtel von *Popstars*. Kommt, dem hauen wir krass eine aufs Maul.«

Ich drehte mich um und blickte in die Gesichter von vier Jungs. Es waren die üblichen Verdächtigen. Die ausländische Herkunft konnte man gleich erkennen. Die Jungs waren sicher in Deutschland geboren und wenn mir jemand Ausländerhass oder Sympathien für rechts vorwerfen will, dann liegt er absolut falsch. Warum aber sollte ich nicht schlecht über Typen schreiben, die mir ohne Grund Prügel angedroht haben? Da ist mir die Herkunft der Schläger völlig egal.

Die gleichen Typen standen schon in meiner Kindheit vor diesen Filialen und fanden es cool, mich auf dem Heimweg von der Schule anzupöbeln. Die coolen Jungs – egal welcher Herkunft – fanden es lustig, dem dicken Kind aufs Gesicht zu kloppen, wenn es mittags an diesem Restaurant vorbei zum Bus gehen musste. Nur heute hatten sie mindestens einen Grund mehr: Neid und eben wieder diesen Coolness-Faktor. Es waren aber auch dieselben Typen, die vor einem halben Jahr noch anerkennend zu mir gekommen waren und gesagt hatten: »Alter, ey, was geht? Krass, was ihr so macht. Echt cool. Kannst du hier mal unterschreiben?«

Verrückte Welt. Genau die wollten mir jetzt also aufs Maul hauen. Kurz bevor ich die erste Faust im Gesicht hatte, spürte ich, wie mich der Manager des Restaurants von hinten packte und an der Theke vorbei in die hinteren Räume zog. Er brachte mich zum Hintereingang, warf mir einen mitleidigen Blick zu und sagte nur: »Lauf, Junge!«

Das tat ich dann auch. Ich erreichte mein Auto, ohne dass mich diese Typen noch einmal gesehen hätten, und fuhr schweißgebadet nach Hause. Einen Burger habe ich übrigens an diesem Tag nicht gegessen.

Eigentlich gehe ich sehr gerne unter Leute. Ich gehe auch gerne auf die Kirmes, aber noch heute habe ich jedes Mal ein ungutes Gefühl, und wenn ich solchen Typen begegne, dann kann ich fast zu 100 Prozent davon ausgehen, dass genau *die* mich erkennen und Sprüche klopfen. Das ist ja auch okay, aber wann bitte hört dieses bescheuerte Gefühl der Angst auf?

Da Nu Pagadi damals Werbung für diese Fast-Food-Kette machte, mag mancher jetzt vielleicht denken, dass ich damit sicher so viel Geld verdient habe, dass man es ruhig aushalten kann, ein paar aufs Maul zu bekommen oder bescheuerte Sprüche einstecken zu müssen. Aber ich kann nur feststellen, dass Heidi Klum oder Michael Ballack wohl viel Geld für ihre Werbespots bekommen haben. Das mag richtig sein. Die haben eine goldene Karte obendrauf bekommen, mit der sie wahrscheinlich auf Lebenszeit kostenlose Burgerorgien veranstalten können. Aber wir, wir haben nichts Vergleichbares dafür bekommen. Natürlich wurde der Dreh honoriert, aber die Prügel und die dummen Sprüche standen garantiert in keinem Vertrag, den ich damals unterschreiben musste.

Ich kann nicht sagen, wann genau der Tag in meinem Leben gekommen war, an dem ich vom Status des Popstars zu dem eines ehemaligen Popstars wechselte, eines Verlierers. War es der Tag, an dem die Kameras weg waren? War es der Tag, an dem der erste Typ »Schwuchtel« quer über die Straße brüllte, nur weil er mich erkannte? Ich weiß es nicht, aber ich sehne den Tag herbei, an dem das ein Ende hat.

Mittlerweile ist es ruhiger geworden. Ich war seit dem Burger-Vorfall nie mehr allein in einem dieser Restaurants. Ich gehe auch immer noch nicht wieder gerne auf eine Kirmes, obwohl ich das

DIE LUFT WIRD DÜNN

früher für mein Leben gern getan habe. Ich lebe. Ja, ich lebe, aber wie? War es das alles wert? Wollte ich das so? Wollten das diejenigen, die mich da reingeritten haben? Wenn ja, dann fahrt zur Hölle und lasst mich und mein Leben in Ruhe. Ich habe bei einer Castingshow mitgemacht und diese Show zusammen mit drei anderen gewonnen. Das ist allerdings längst kein Grund dafür, mich zu verprügeln, mir mein Leben schwer zu machen oder mich seelisch zu vergewaltigen. Danke für die Aufmerksamkeit!

★ Martin Kesici

Ich hatte bei der Universal eine Art Lizenzvorauszahlungskonto. An sich eine etwas komplizierte Angelegenheit. Ich bekam sogenannte nicht rückzahlbare Vorschüsse von der Plattenfirma. Das ist quasi Geld, das man für die Leistung bekommt, ein Album einzusingen. Nach dem Motto: Die Firma sucht die Titel aus und ich verkaufe denen meine Stimme und meine Person, um die Titel einzusingen. Dafür bekommt man Geld. Früher, als das Plattengeschäft voll im Saft stand und man mit dem Verkauf von CDs noch richtig Geld scheffeln konnte, bekamen Künstler für das Einsingen schon mal einen Vorschuss von bis zu einer halben Million Euro oder so. Im Laufe der Jahre nahm aufgrund der Verluste der Plattenfirmen auch die Zahlungsmoral von Vorschüssen extrem ab. In der Regel bekommt man heute noch 5000 bis 10 000 Euro. Das war es dann auch. Der Begriff »nicht rückzahlbar« bezieht sich darauf, dass man den Betrag sicher auf seinem Konto hat und die Plattenfirma nicht das Recht hat, einen Teil des Betrages zurückzufordern, auch wenn sich die Platte schlecht verkauft. Der Haken an der Geschichte ist jedoch, dass die Plattenfirma Geld von diesem Konto in die Promotion investieren darf, also in Videodrehs und Promotionauftritte.

Als ich damals, kurz vor der Kündigung meines Plattendeals, nachfragte, wie viel denn auf diesem Konto noch drauf sei, bekam ich die ernüchternde Auskunft, dass es bereits im Minus sei. Dummerweise hatte die Plattenfirma mich außerdem auch nach der Vertragskündigung noch fest im Griff. Ich durfte nämlich drei Monate lang erst einmal gar nichts machen. Keine Auftritte, kein neues Label, keine neue Single, einfach nichts. Die Begründung aus Sicht der Firma war natürlich, dass sie sehr viel Geld in mich investiert hatte und jetzt nicht wollte, dass andere Firmen davon profitierten. Ich war also ein freier Künstler ohne Vertrag, aber doch irgendwie in Ketten gelegt.

Eines kann ich euch sagen: Man fällt in ein extrem tiefes und schwarzes Loch, wenn man zwei Jahre lang insgesamt fünf Singles, zwei Alben und zwei Tourneen durch die gesamte Republik gemacht hat und plötzlich auf Eis gelegt wird. Was soll man da machen? Meine Art und Weise, die Situation zu verarbeiten, war, in Lethargie zu verfallen. Ich war zwei Jahre lang unter Vollstrom gestanden, mein Leben hatte einer einzigen Party geglichen, und jetzt wurde ich ins Nichts geschmissen. Zwei Jahre war ich ganz oben auf der Welle gesurft und nun wurde ich unsanft an den steinigen Strand geschwemmt, an dem niemand mehr stand.

Mein Manager klopfte bei fast jedem noch so kleinen Label an. Immer wieder musste er sich die gleichen Sätze anhören: »Ach, der Typ ist doch verbrannt. Mit dem geht nichts mehr. Der wurde ausgequetscht wie eine Zitrone. Schreib es ab. Der reißt nichts mehr. Der kommt vom Casting und wird dieses Image nie ablegen können.«

★ Markus Grimm

Natürlich liegt es an jedem selbst, wie weit er kommt, das ist mir durchaus klar, aber mein langer Atem war nach dem Aus von Nu Pagadi dabei auszugehen. Die Luft wurde dünn. In dieser Zeit war ich so weit, dass ich aufgeben wollte. Nicht, weil ich kein Popstar mehr war, sondern weil mein Traum vom Kreativsein zunichte ge-

DIE LUFT WIRD DÜNN

macht worden war. Und zwar auf eine ganz beschissene Art und Weise.

Ganz lange habe ich wie ein Tier meine Wunden geleckt und zu Hause gelegen und einfach nicht verkraftet, dass es vorbei war. Was mir unglaublich fehlte, war das Socialising, wie es so schön heißt. Die Tatsache, interessante Menschen treffen und Kontakte für die Zukunft knüpfen zu können. Allerdings muss ich zugeben, dass die Leute, die man backstage beim *Dome* oder der *BRAVO Supershow* trifft, zu 80 Prozent einfach Arschlöcher sind. Überhebliche Arschlöcher, die sich im Licht der Stars sonnen und manchmal denken, sie seien selbst Stars. Der Spruch: »Ich kann dich groß rausbringen«, existiert übrigens tatsächlich. Das ist kein Mythos. Die Typen, die so etwas sagen, denken echt, sie wären die Könige der Welt. Ich würde aber behaupten, dass 95 Prozent aller wichtigen Leute auf solchen Events *keine* wichtigen Leute sind. Da lebt keiner für die Musik, sondern einfach nur fürs Geld. Das dicke Haus, das dicke Auto, das wirklich nur als Schwanzverlängerung dient, und der Ehering am Finger, der für die Partys meistens abgemacht wird.

Wenn das Leben eine Zeit lang ein einziges Event war und man dann plötzlich gar nichts Großes mehr bewegen kann, fühlt man sich wie in einem Vakuum. Es hat sich einfach nichts mehr getan und die Leute, die mir Versprechungen gemacht hatten, waren plötzlich wie vom Erdboden verschluckt. Da ging niemand mehr an das Handy oder aber ich wurde einfach fies weggedrückt. Die, die vor ein paar Monaten gesagt hatten: »Mach dir keine Sorgen, in ein paar Wochen bist du solo ganz oben«, die haben mich einfach verarscht. Nur warum? Ich hätte die Wahrheit bestimmt verdaut. Klar hätte auch das eine gewisse Zeit gebraucht, aber muss man mich deswegen anlügen?

Vielleicht war ich ja auch undankbar, aber ich wollte nicht, wie viele meiner Kollegen, ein bescheuerter Soap-Darsteller werden. Das war und ist nicht meine Welt. Zurück zum Theater – ja, das schon eher. Musical? Nein, danke! Das halte ich persönlich für eine verkommene Art von Schauspiel. Musik und Theater habe ich immer klar getrennt. Ich habe keine Lust, das zusammenzuwürfeln. Auch wenn ich sogar schon einmal ein Musical geschrieben habe, aber das passt einfach nicht zu mir. Das ist nichts für mich. Außerdem wäre es eh nur eine Flucht gewesen. Das, was ich wirklich machen wollte, durfte oder konnte ich nicht mehr machen.

Es ist echt unglaublich hart, jemanden schlagartig in die Scheinwelt des Pop-Business zu werfen und ihm dann genauso schnell von heute auf morgen alles wieder zu entziehen. Selbst Freunde, die man während der Zeit des Erfolgs vermeintlich hinzugewonnen hat, melden sich dann plötzlich gar nicht mehr oder drücken einen einfach weg, wenn man versucht, sie anzurufen.

Es gibt so viele bescheuerte Geschichten, die ich davon erzählen könnte, aber die meisten würde mir eh keiner glauben, und nachvollziehen kann es wohl nur jemand, der Ähnliches schon einmal am eigenen Leib erfahren hat.

Als ich beim Karneval in Köln aus dem Auto eines Freundes stieg, vergingen keine 30 Sekunden, bis mir ein bis dahin eigentlich guter Tag total versaut wurde.

»Hey, das ist doch der Typ von den Scheiß Nu Pagadi, oder?« Kaum hatte ich das gehört und mich umgedreht, stürmte auch schon eine Horde besoffener Typen mit halb leeren Bierflaschen auf mich zu. War ich jetzt vielleicht zum Freiwild ausgerufen worden, oder was? Zum Glück hatte ich Freunde dabei, die mir dann halbwegs ordentlich aus dieser Nummer rausgeholfen haben. Danach lief ich angespannt durch die Gegend, und als ich abends wieder ins Auto stieg und die Knöpfe der Türen heruntergedrückt wurden, fiel ich von einer Sekunde auf die andere in einen Tiefschlaf.

— Nur die Musik hält mich noch am Leben. Das ist alles, was für mich zählt.

DIE LUFT WIRD DÜNN

Wieder in den Verlag zurückzukehren war und ist immer noch nicht leicht. Drinnen halten mich meine Gedanken von der Arbeit ab und vor der Tür laufe ich wie ein Tiger im Käfig auf und ab, hin und her. Den Kaffee in der einen Hand, in der anderen Hand das Handy, irgendwo dazwischen noch eine Zigarette und einen Zettel mit vielen Notizen, Plänen und Ideen. Ich hab die Fresse voll. Mein Nervenkostüm ist nur noch ein Tutu in Fetzen und ich will die restlichen Fetzen auch noch herunterreißen, ausbrechen, neu anfangen, nicht mehr gefangen sein in mir selbst – nur weg.

Für die Leute da draußen bin ich ein und derselbe – ein Bild, vorgefertigt und retuschiert. Da fällt mir ein Satz ein, den ich für mein erstes Buch, meinen ersten Film oder meine Grabrede als Titel nehmen möchte: »Alles, nur nicht hier!«

Wenn ich nur nicht so eine feige Memme wäre und zugleich ein hoffnungsloser Hoffnungsfanatiker. Wenn ich nur nicht so ein Esel wäre, sondern ein richtiger Esel. Wieso Esel? Nun ja, ich habe mal gelesen, dass Esel einen Schalter im Hirn haben, den sie umlegen können, wenn sie einsam, depressiv oder krank sind, um einfach tot umzufallen. Einfach so, von einer auf die andere Sekunde: Iaaa, nein, ich habe keinen Bock mehr, also tschüss! Und rumms, Esel auf dem Boden, Esel tot, Quälerei zu Ende. Das wäre wunderbar einfach.

Irren ist menschlich und ich bin nun einmal ein Mensch. Angespornt von niedrigen Trieben, von der Hoffnung, dass es irgendwie weitergeht, und gedemütigt von all den Hoffnungen, die ich sterben lassen musste. Von Menschen, die meine Hoffnung und meinen naiven Glauben getötet haben und mit meinen Träumen ihr Leben bereichert haben.

Viele haben aus meiner Leidenschaft Nutzen gezogen und mich dann benutzt in die Ecke geworfen. Tage danach. Wonach? Nach dem Bruchstück eines Traumes? Nach den bekannten 15 Minuten

Ruhm, die bei mir dann eher als 15 Sekunden ausgefallen sind? Nach dem Versuch, frei zu sein? VERDAMMTE SCHEISSE! Tage wonach? Was für Tage? Was ist denn überhaupt passiert? Warum bin ich hier und wo zum Teufel bin ich? Nicht an welchem Ort oder zu welcher Zeit, sondern wo in meinem Leben stehe ich gerade? Am Ende, am Anfang, in der Mitte oder vielleicht schon jenseits? Bin ich bereits tot und habe es einfach verpasst, in die Kiste zu fallen?

Es gibt keine Antworten. So sehr ich auch nach einer Antwort in den Windungen meines Hirns grabe, es gibt keine Antworten. Das Leben fließt weiter durch die Adern, die ich zu gerne mit allen Arten von Drogen zum Stillstand bringen würde. Ich will schreien, aber es kommt kein Ton heraus – der Schrei beißt sich in meiner Lunge fest und zerreißt mich fast von innen.

Was gibt es noch? Was noch? Gibt es noch einen Test? Noch eine Prüfung auf dem Weg nach unten? Spiel nur mit meiner Neugierde, meiner Naivität und meiner Kraft, alles zurücklassen und dorthin rennen zu können, wo du mich haben willst – Gott, Marionettenspieler, Chef der *Bild* oder was auch immer.

Wer auch immer diesen ganzen Kram hier lenkt. Manchmal denke ich, dass ich ein Avatar bin, eine Spielfigur der Sims, die ungeliebte Puppe aus der Augsburger Puppenkiste, die man an den eigenen Fäden erhängt hat. Eine Barbie, vergraben im Kleiderschrank eines pubertierenden Zahnspangenmädchens, abgegriffen und vergessen – nur noch ein einsames »Spiel mit mir, kämm mir mein Haar« hallt durch den leeren Raum.

Habt ihr schon einmal überlegt, ob euer Leben nicht nur ein Traum ist? Genau, ich habe einfach eines Morgens den Wecker überhört, so muss es sein. Ich habe ihn überhört, liege im Bett und schlafe und das alles ist nicht passiert. Kein Unfall mit drei Jahren, keine Prügel über Jahre hinweg und keine Exzesse, in denen ich alle Vernunft beiseiteließ und dachte, dass eh alles egal sei, keine TV-Typen, die mich vom Nobody zum No-Nobody machten, keine Kälte und Arroganz von all denen, die es geschafft haben und mich belächeln, keine Zweifel an mir selbst, keine Angst vor dem Morgen, der schon gestern vorbei war.

Zu gerne würde ich laut loslachen und stark sein. Auch wenn dann wahrscheinlich alle sagen würden: »Dir wird das Lachen noch vergehen.« Na und, meinetwegen, aber es ist einfach zu genial, einmal gelacht zu haben und laut zu denken: »FICKT EUCH ALLE!« Oh, wie geil. Ein Traum! Ja, alles ist ein Traum. Irgendwann werde ich aufwachen. Und dann? Alles noch einmal von vorne mit dem Wissen von heute? Wann kommt der Tag? Ich kann nicht mehr warten. Kneif mich, bitte weck mich auf. Ich will, dass es endlich heißt: »Der Traum ist aus – AUFSTEHEN!«

★ Martin Kesici

Wow, das tat weh. Das tat sogar einem harten Rocker richtig weh. Ich habe immer gesagt, dass ich kein Millionär werden muss. Mir war wichtig, mit meiner Musik so viel Geld zu verdienen, dass ich mein Leben halbwegs angenehm leben kann. Nicht mehr und nicht weniger.

Die hatten alle irgendwie recht. Es gab nichts, was ich nicht schon gemacht hatte. Ich war ausgeschlachtet wie ein Stück Vieh. Ich war ein Gerippe, das keine Aussicht mehr auf ein üppiges Mahl gab. Als ich begriff, dass nichts mehr so war wie früher, trennte ich mich von meinem Management. Natürlich auch, weil ich Kosten reduzieren musste, aber das Management hatte einfach keine Arbeit mehr. Ich war am Boden. Ich war in der Hölle angekommen und aus. Keiner wollte mehr etwas mit mir zu tun haben. Um damit fertigzuwerden, machte ich wieder Party wie früher. Ich fing wieder an, meine alten Drogen zu nehmen, und stürzte regelmäßig ziemlich heftig ab. Maureen half mir zwar, wo es nur ging, aber ich musste das mit mir selbst ausmachen. Sich helfen zu lassen ist nicht so sehr mein Ding.

Besonders krass fand ich, dass selbst die Fernsehsender plötzlich nichts mehr von mir wollten. Zwei Jahre lang war ich in fast jeder Show gewesen, die es im deutschen Fernsehen gibt, und jetzt rief niemand mehr an. Das Telefon blieb wochenlang komplett stumm. Früher konnte ich nur die Hälfte der Telefonate auf meinem Handy annehmen, jetzt war ich froh, wenn wenigstens Maureen mal kurz bei mir anrief.

Aus diesem Zustand herauszukommen, ist schwer und ich weiß bis heute nicht genau, wie ich es geschafft habe, den Dampfer »Martin Kesici« wieder flottzukriegen, sodass er Fahrt aufnehmen konnte. Dieses Buch hier hilft mir extrem. Ich verarbeite dadurch natürlich sehr viel, will aber einfach auch aufklären und klarmachen, dass man es schaffen kann, aber die Fehler vermeiden sollte, die ich gemacht habe.

»Während ich hier meine Gedanken ordne, habe ich immer wieder den freien Blick auf meine Goldene Platte.«

Zurzeit ist es so, dass ich meine Band wieder aktiviert habe und die Songs für das dritte Album fast fertig sind. Ich habe wieder begonnen, mein Leben selbst in die Hand zu nehmen und mir meine eigenen Kontakte aufzubauen. Markus Grimm hat mir dabei viel geholfen. Durch ihn habe ich Kontakt zu wichtigen Menschen aus dem Musik- und Fernsehbusiness bekommen. Für mich war einfach wichtig, dass ich wieder kämpfe. Nur so kann ich etwas erreichen. Es ist egal, für welchen Job man kämpft. Ob für eine Stelle in einer Fabrik oder einer Werkstatt oder aber für die Bühne. Man muss dranbleiben und die Steine, die einem in den Weg gelegt werden, aus eigener Kraft wegräumen.

Während ich hier meine Gedanken ordne, habe ich immer wieder den freien Blick auf meine Goldene Platte. Ich habe lange überlegt, ob ich das alles hier aufschreiben soll oder nicht. Wenn ich mir aber

DIE LUFT WIRD DÜNN

die ständig neuen Casting-Formate im Fernsehen ansehe und an die damit verbundene Halbwertszeit der sogenannten Stars denke, dann finde ich es mehr als sinnvoll, dieses Buch zu veröffentlichen.

Das Wichtigste ist immer, dass man sich selbst treu bleibt. Mark Medlock ist, wie er ist, und er findet Dieter Bohlen toll. Mich interessiert gar nicht, auf welchen Ebenen er Herrn Bohlen toll findet, wichtig ist nur, dass er zu dem steht, was er tut und was er empfindet. Ich bin bestimmt nicht der richtige Mann, um etwas Positives über Medlock/Bohlen zu schreiben, aber das, was da gerade abgeht, scheint wenigstens authentisch zu sein.

Vor einiger Zeit habe ich bei Stefan Raab reingezappt und mir seine Castingshow mit dem unaussprechlichen Namen bei *tv total* angeschaut. Ich finde die Leute, die sich dafür bewerben, definitiv authentischer als die von zum Beispiel *Popstars* oder *DSDS*.

An diesem Abend hatte Stefan den A&R-Typen einer Plattenfirma eingeladen. Der stellte sich kurz vor und Stefan meinte dann, er möge doch bitte seinen Job beschreiben. Die Antwort war: »Meine Aufgabe ist es, Künstler und Songs zu finden, die Künstler aufzubauen, sie zu begleiten und zu trainieren.«

Ja… aber da fehlte noch ein kleiner Halbsatz, dann wäre die Jobbeschreibung perfekt gewesen. Dieser Halbsatz hätte so ähnlich lauten müssen wie: »… und wenn Künstler nicht mehr funktionieren, dann feuere ich sie eben wieder.«

Das ist leider wie im richtigen Leben. Das Musik- und Showbusiness ist meiner Meinung nach das härteste Geschäft, das es auf dieser Erdkugel gibt.

LEBEN UND LEBEN LASSEN

★ Markus Grimm

Life Is a Rollercoaster hat Ronan Keating einmal gesungen. Die berühmte Achterbahn des Lebens kennt irgendwie wohl jeder. Kein schlechter Vergleich, wie ich finde. Ich war einmal im Movie Park in Bottrop und habe mich in so ein Ding hineingesetzt. Die Ampel springt auf grün und der Zug setzt sich in Bewegung. Dann wird man sehr steil nach oben gezogen, und wenn man da angekommen ist, stürzt man richtig schön ins Ungewisse. Jeder, der sich das schon mal getraut hat, kennt dieses Gefühl in der Magengegend. Wenn man einfach schreien muss, um seine Angst und dieses ungute, aber doch kribbelnde Gefühl in sich loszuwerden.

Mein Selbstwertgefühl machte während der Zeit mit Nu Pagadi und ganz besonders danach eine ähnliche Achterbahnfahrt durch.

Ich erinnere mich noch sehr gut an den ersten Videodreh zu *Sweetest Poison*. Im Gegensatz zu Martin war mein Selbstvertrauen zu diesem Zeitpunkt mehr als im Keller. Ich war zwar auf dem besten Weg, Popstar zu werden und mir meinen Traum zu erfüllen, doch in mir sah es nicht wirklich danach aus. Ich hatte ein lächerliches Pelzkostüm an, für das ich die Designerin noch heute gerne einmal quer durch Köln prügeln würde. Ich sah aus wie eine dicke Leberwurst, die sich durch die Steinzeit und wieder zurück gequält hatte, und war mir sicher, dass ich mich so zum Gespött der gesamten Nation machen würde. Niemand, aber wirklich niemand schaffte es, während der Dreharbeiten mein Selbstvertrauen aufzubauen. Ich selbst war beim besten Willen auch nicht dazu in der Lage.

Aber wie gesagt, es war eine Achterbahnfahrt. Eine meiner ersten Autogrammstunden werde ich ebenfalls nie vergessen. Es war unser erster Auftritt bei *The Dome* für RTL II, und wir wurden mit unserem Van quer durch Salzburg in ein gigantisch großes Einkaufszentrum gekarrt. Vor uns war ein Auto mit vier Security-Menschen und hinter uns der Teamwagen von ProSieben. Jeder Schritt wurde mit der Kamera festgehalten und ausgestrahlt. Wir fuhren in einem atemberaubenden Tempo durch die Innenstadt und ich kam mir vor wie... na ja, wie ein Popstar eben.

Wir fuhren durch die Tiefgarage und kamen an irgendeinem Lieferanteneingang des Einkaufszentrums an. Die Türen des vorderen Vans sprangen auf und die Security-Leute standen, noch bevor unser Auto überhaupt stoppte, an der Schiebetür. Wow! Noch nie hatte mir jemand beim Aussteigen aus dem Auto geholfen und dabei darauf geachtet, dass ich mir nicht den Kopf stoße oder über meine eigenen Füße falle.

Das Gekreische der Fans, bei denen sich unsere Ankunft in Windeseile herumgesprochen hatte, war schon in der Tiefgarage zu hören. Ein dicker Schauer lief mir über den Rücken. In diesem Moment fühlte ich mich unschlagbar. Niemand hätte mir etwas anhaben können. Ich wusste, dass die Leute da drinnen nur auf uns warteten. Also auch auf mich!

Ein Lastenaufzug transportierte uns dann nach oben. Jetzt war nur noch das Surren des Aufzugs zu hören. Keiner von uns sprach ein Wort. Das Kamerateam war ebenfalls im Aufzug, und ich blickte kurz in die Augen des mir bekannten Reporters. Er wusste von vorangegangenen *Popstars*-Staffeln genau, was auf uns zukam, und erwiderte meinen Blick wissend. Zu sprechen wagte in den

20 Sekunden Aufzugfahrt niemand. Oben angekommen, überrollte uns die Geräuschkulisse wie eine gigantische Flutwelle. Wir wurden hinter der Bühne zum Aufgang geführt und hörten, wie der Moderator unsere Namen ansagte. Ich weiß noch genau, dass es vier Stufen auf die Bühne waren. Kris und Doreen gingen als Erste, danach Pat und als Letzter ich. Ich blickte zuerst in die Lichter der Scheinwerfer und war komplett geblendet. Ein Anfängerfehler, ich weiß, aber vielleicht auch gut so. Das Gekreische war so überwältigend, dass es gut war, nicht sofort alles sehen zu können. Also setzte ich mich geblendet an den Tisch zu meiner Band. Dann hob ich den Kopf und konnte einfach nicht glauben, was ich da sah. Tausende Fans, die sich an die Absperrungen drückten und lautstark schreiend ihre Plakate in die Höhe streckten. Da stand mein Name drauf. Unfassbar, die hielten echt Plakate mit meinem Namen und meinem Bild hoch. Erst jetzt sah ich, dass das Einkaufszentrum mehrere Stockwerke hatte. In jedem Stockwerk standen noch einmal mehrere hundert Fans, die nur einen Blick auf uns werfen wollten. Dass die da oben jemals die Chance haben könnten, nach unten zu uns an den Tisch zu kommen, um sich ein Autogramm abzuholen, war illusorisch. Aber sie waren trotzdem da und schrien sich die Seele aus dem Leib. Ich werde die Augen, in die ich blicken durfte, niemals vergessen. So viele glückliche Menschen habe ich seitdem nie wieder auf einem Haufen gesehen. Die waren glücklich, wenn ich ihnen nur ein kurzes Lächeln und eine Unterschrift schenkte. Es war einfach unfassbar und Balsam für mein geschrumpftes Selbstwertgefühl.

Wenn ich beim Gleichnis mit der Achterbahn bleiben will, dann war die Autogrammstunde quasi ein doppeltes Looping. Es gab allerdings auch Loopings mit einem ganz besonderen Twist, so wie eine Autogrammstunde zur Neueröffnung einer Filiale des Bekleidungslabels New Yorker in der Stuttgarter Innenstadt. Der Andrang war riesig und an diesem Tag war wieder ein Team von

LEBEN UND LEBEN LASSEN

ProSieben mit dabei. Die Fanmassen drängten sich im Erdgeschoss der Verkaufsfläche. Über die Lautsprecher lief *Sweetest Poison* in einer Endlosschleife und wir saßen an einem Tisch mit einer Absperrung davor und schrieben uns die Finger wund. Ich liebte diese Art der Autogrammstunden und vor allem die Möglichkeit, Kontakt zu den Fans zu haben. Wir waren einfach ganz nah dran an den Leuten, die uns mochten und die unsere Musik hörten. Kein Graben, keine Barriere, nichts trennte uns von ihnen, und wir konnten direkt in ihre Augen sehen. Das war anders als bei den großen Konzerten mit 10 000 oder manchmal sogar 40 000 Menschen.

Ursprünglich war geplant gewesen, eine gute Stunde Autogramme zu geben, danach sollten wir in einen Van steigen und zum Stuttgarter Flughafen fahren, von dem es dann nach Berlin weitergehen sollte. Doch nach knapp zwanzig Minuten hörten wir die Stimme unserer Managerin über die Boxen des Ladens. Ich schrieb gerade: »Alles Liebe für Anna, dein Markus«, als ich von einem Security-Mann vom Stuhl gezogen wurde. In dieser Sekunde begriff ich überhaupt nicht, was mit mir geschah, aber Kris, Pat und Doreen waren schon nicht mehr neben mir. Mit meinem Stift in der Hand wurde ich durch die Hintertür geschoben, wobei ein paar hektische Stimmen ständig »raus« und »schnell« widerholten. Im Hinterhof angekommen, wurde ich zum Rest meiner Band in den Van geschoben und erst jetzt konnte ich fragen, was denn eigentlich los sei.

»Wir haben angeblich eine Bombendrohung erhalten«, meinte Pat in einem unfassbar ruhigen Ton.

»Was bitte? Eine Bombendrohung gegen uns? Du willst mich wohl verarschen?«, brachte ich mühsam heraus. Aber in diesem Moment hörte ich schon die Sirenen der Polizeiautos. Man hielt uns auf dem Laufenden, was in der Zwischenzeit in der Filiale geschah. Offenbar hatte es nur knappe zehn Minuten gedauert, bis der Laden leergeräumt gewesen war und die Einsatzkräfte samt Spürhunden die Räume durchsuchen konnten. Gefunden wurde natürlich nichts, und ehrlich gesagt habe ich bis vor einem halben Jahr diese Sache immer noch für einen PR-Gag von ProSieben gehalten. Ich konnte mir einfach nicht vorstellen, dass jemand ein so krankes Hirn haben könnte, ausgerechnet der im Nachhinein gesehen erfolglosesten Band aller *Popstars*-Staffeln eine Bombendrohung zu schicken. Bis vor einem halben Jahr eben, denn da telefonierte ich mal wieder mit einem Reporter, der uns damals sehr oft begleitete. Irgendwie kamen wir wieder auf diesen Tag zu sprechen und er begann laut zu lachen, als ich ihm erzählte, dass ich das noch immer für einen PR-Gag hielt. Er war damals auch vor Ort gewesen und bestätigte, dass es eine ernste Drohung gewesen war und die Polizei nicht umsonst den gesamten Laden leergeräumt und nach Bomben durchsucht hatte.

Wie gesagt, ein Looping der ganz besonderen Art, das selbst Jahre danach noch ein leichtes Magenkribbeln bei mir verursacht.

Zu dieser Zeit war mein Selbstvertrauen so groß wie noch nie. Alles rauschte so unglaublich schnell an mir vorbei. Und erst Jahre später beginne ich zu begreifen, was damals genau passiert ist. Erst jetzt, mit einer gehörigen Portion Abstand, kann ich diese Erlebnisse so langsam verarbeiten.

Jetzt, da mein Selbstvertrauen und Selbstwertgefühl sich im tiefen Kohlenkeller meines Herzens befinden. Jetzt, da ich dieses starke Selbstvertrauen brauchen könnte wie noch nie. Denn niemand will mehr mit mir arbeiten. Ich habe doch schon gelebt und bin jetzt eigentlich tot – vom Musikalischen her gesehen. Ich habe meine Zeit als Musiker gehabt, doch dieses Leben ist jetzt leider vorbei. Das Zeitfenster hat sich geschlossen und wurde von der anderen Seite noch extra stark abgedichtet, damit nur ja niemand an mich rankommt. Ich war ja nur aus einer Castingshow und sowieso niemals ein richtiger Musiker.

»Von euch hört man ja gar nichts mehr.«

LEBEN UND LEBEN LASSEN

Diesen Satz höre ich noch heute sehr oft auf der Straße. Euch? Uns gibt es schon lange nicht mehr, aber komischerweise ist dieses »Wir« in den Hirnen der Menschen eingebrannt, mehr aber auch nicht. Das waren die Typen in den Steinzeitkostümen. Wie hießen die gleich? Und wieder könnte ich die Tussi, die die Idee dazu hatte, durch halb Köln kloppen. Wie gerne würde ich den Menschen da draußen zurufen: »Passt mal auf, nächsten Monat kommt meine neue Single heraus. Ich bin dann solo unterwegs mit einer echt genialen Nummer, die ich selbst geschrieben habe. Hört doch mal rein und sagt mir, ob es euch gefällt.«

Wie gerne hätte ich, dass diese Blicke im Supermarkt endlich aufhören. Das Getuschel im Laden um die Ecke: »Schau mal, der von *Popstars*, der kauft jetzt auch hier ein.«

Ich habe schon immer, seitdem ich in dieser Gegend wohne, dort eingekauft. Was denken diese Leute bloß? Vielleicht, dass ich, wenn ich zu Hause am Kühlschrank feststelle, dass ich keine Milch mehr habe, sofort am Flughafen Düsseldorf anrufe, um zu checken, ob mein Privatjet abflugbereit ist und meine Piloten ausnahmsweise mal nicht besoffen sind. Danach fliege ich dann nach München zu Feinkost Käfer und kaufe einen Liter Milch in einer Glasflasche. So weltfremd kann man doch nicht sein, oder?

Ein Beispiel will ich noch nennen. Stellt euch vor, ihr sitzt in einem Fast-Food-Restaurant und stopft euch nach langer Zeit mal wieder einen richtig geilen Burger rein. Nachdem ihr den ersten Bissen gemacht habt, euch ein Salatblatt aus dem Mundwinkel hängt und die Gurke gerade zurück in die Pappschachtel gefallen ist, schaut ihr kurz auf und bemerkt, dass euch alle, wirklich *alle* in diesem Raum anglotzen.

»Wow, das ist doch der von *Popstars*, oder?«

»Nein, Blödsinn, das ist er nicht.«

»Doch, ich hab den schon einmal gesehen. Was macht denn der jetzt eigentlich?«

Blöde Frage, ich esse einen Burger!

Warum kommt keiner an meinen Tisch und fragt mal direkt nach? Warum traut ihr euch nicht? Ich bin doch genauso wie ihr. Anstatt ewig und völlig offensichtlich über einen anderen Menschen zu lästern oder zu diskutieren, wäre es doch eigentlich völlig normal, einfach rüberzukommen und nachzufragen, wenn es einen schon so brennend interessiert. Das ist auf jeden Fall besser als dieses nervige Getuschel hinter vorgehaltener Hand und diese lästigen und durchbohrenden Blicke.

Selbst mit Kollegen ist mir das schon so gegangen. Ich weiß nicht, wie oft Pat und ich auf Veranstaltungen Kollegen trafen, die nachher hinter vorgehaltener Hand so über uns gelästert haben, dass ich schon fast kurz vor dem Kotzen war.

»Schau mal, das sind die Affen von *Popstars*«, oder so ähnlich. Zumindest habe ich solche Sätze sehr deutlich von den Lippen vieler Kollegen ablesen können, die sich unbeobachtet fühlten.

Und noch einmal stelle ich die Frage: Was kann ich denn dafür, dass ich bei *Popstars* gecastet wurde? Natürlich bin ich da selbst hingegangen, aber ich habe mich nicht wie bei *Big Brother* dadurch qualifiziert, dass ich 24 Stunden von Kameras beobachtet wurde. Ich bin Musiker und kann etwas. Ich bin nicht in einem Container eingesperrt worden und war der Beste im Wettpimpern oder musste bescheuerte Teamaufgaben lösen und wurde nachts um zwei Uhr in einer Call-in-Sendung rechts unten klein eingeblendet, wie ich mir einen Popel aus der Nase hole oder andere schweinische Dinge auf Containertoiletten tue. Das ist einfach unfair!

Das alles hat auch mit Selbstwertgefühl und Selbstwahrnehmung zu tun. Ich schreibe dieses Kapitel extra etwas ausführlicher, weil ich glaube, dass ganz viele Menschen sehr oft in solchen dunklen »Tunnels« sitzen und sich nicht ins Licht trauen. Oder aber auch umgekehrt, dass die Menschen, die im Licht stehen, plötzlich den großen Knall bekommen und vergessen, mit norma-

LEBEN UND LEBEN LASSEN

lem Maß zu messen. Die Band besteht zum Beispiel durchaus aus netten Jungs, die musikalisch einiges auf dem Kasten haben, wenn es aber um Leute geht, die mithilfe einer Castingshow groß geworden sind, werden aus so manch coolen Rockern plötzlich total uncoole Lästerhelden. Treffen manche Kollegen dann persönlich auf jemanden von uns, kommen so Sätze wie zum Beispiel über Tobias Regner: dass er ja eigentlich ganz nett sei, aber seine Seele verkauft habe. Was für ein Schwachsinn! Tobi hat bei einer Castingshow mitgemacht, aber Leute, das ist nur eine Show im deutschen Fernsehen, nicht mehr und nicht weniger. Ich würde dieses Thema deshalb nicht allzu hoch hängen. In Sachen Seele befinden wir uns definitiv nicht mehr in Sphären, die irgendetwas mit einer Show zu tun haben.

Neulich erst habe ich wieder mit meiner Ex-Bandkollegin Doreen telefoniert. Die meinte:»He, wir haben uns schließlich im Casting gegen mehr als 10 000 Leute durchgesetzt und gewonnen. Das haben wir hingekriegt, so schlecht können wir also gar nicht gewesen sein und sind es heute erst recht nicht.«

Natürlich gibt es viele verschiedene Wege, um zum Erfolg zu kommen. Mein absoluter Traum wäre folgender gewesen: Man spielt zusammen mit seinen Jungs in der Schulband und hat einfach Spaß an der Sache, ohne sich einen Kopf darüber zu machen, was irgendwann einmal passieren könnte. Man wächst zusammen auf und macht die ganze Pubertäts- und Selbstfindungsphase gemeinsam durch. Dann kommt im Idealfall irgendwann einmal ein Plattenmanager zum Schulkonzert und somit nimmt das Ganze seinen Lauf. Ich gebe ja zu, dass das alles sehr romantisch klingt. Trotzdem hätte ich es sehr gern genau so erlebt.

Wie viele von euch können sich vorstellen, dass es so laufen könnte? Keiner? Ganz schön negativ! Solche Glücksfälle hat es durchaus schon gegeben. Einer ursprünglich kleinen Schülerband aus dem Osten ist so etwas zum Beispiel passiert. Die Jungs sollen eine große Plattenfirma angeblich so lange mit Demobändern zugeschmissen haben, bis es dem Label zu bunt wurde und sie den Jungs angeblich einen Batzen Geld dafür gegeben haben, dass sie sich nie wieder bei ihnen melden. Mit diesem Geld sollen sie dann zu einer anderen großen Plattenfirma gegangen sein, und die sollen gesagt haben, wenn sie schon Geld mitbrächten, könnte man es auch mit ihnen versuchen. Aus dem Versuch wurde eine erfolgreiche Teenieband, die heute sogar weit über die Grenzen Deutschlands hinaus gigantischen Erfolg hat. Die Jungs hatten durchaus aber auch Glück. Nicht Glück, dass sie so viel Erfolg haben, nein auch Glück, dass die Plattenfirma nicht gesagt hat: »Hey, euer Gitarrist ist beschissen, den werft mal lieber aus der Band. Der passt nicht zu euch. Wir haben da einen besseren Jungen für euch.«

Vielleicht seid ihr jetzt überrascht, dass Plattenfirmen so etwas sagen können, aber das tun sie sogar sehr häufig. Und wie nennt man das? Casting! Nur dass dieses Casting dann hinter verschlossenen Türen stattfindet und von euch da draußen niemals jemand auf die Idee käme, dass man es mit einer Castingband zu tun hat.

Lasst euch also bitte nicht verarschen. Es ist ganz gewiss kein Zufall, dass, sobald eine Band, die Silbermond heißt, mit deutschen Texten einen großen Erfolg feiert, danach eine Band namens Juli auf der Matte steht und dann noch Wir sind Helden nachgeschoben wird. Das ist das Gesetz des Marktes. Die Nachfrage bestimmt das Angebot. Plattenfirma A hat eine deutsche Band, die wie geschnitten Brot verkauft, und Plattenfirma B denkt sich: »Wir brauchen auch so etwas.«

Ich habe die Geschichte von Christina Stürmer ja schon erwähnt. Warum feiert diese Frau auf deutschen Bühnen so große Erfolge? Klar, weil sie gut ist, keine Frage. Aber warum bitte spricht in Sa-

LEBEN UND LEBEN LASSEN

chen Frau Stürmer niemand in Deutschland von einem Castingact?

Ich will hier wirklich nicht über Kollegen aus der Branche ablästern, sondern euch lediglich raten, euch nicht verarschen zu lassen. Lasst euch nicht in den Strudel der Lästereien und Vorverurteilungen ziehen, sondern steht zu euren Künstlern und feiert zusammen mit ihnen die Musik. Wenn sich euer Geschmack dann irgendwann verändern sollte – was wahrscheinlich einmal passieren wird –, dann denkt an die schöne Zeit zurück, die ihr mit der Band hattet. Lasst euch durch Lästermäuler nicht alles kaputt machen.

»Es gibt meines Erachtens nicht viel, was wir uns von den Amerikanern abschauen können, aber die gehen cool mit ihren Stars um.«

Es gibt meines Erachtens nicht viel, was wir uns von den Amerikanern abschauen können, aber die gehen cool mit ihren Stars um. Neid ist da so gut wie überhaupt nicht zu finden. Wenn Kelly Clarkson die *American-Idol*-Show gewinnt – bei uns heißt das übrigens *Deutschland sucht den Superstar* –, dann wird sie gefeiert und das ganze Land ist stolz auf eine neue Künstlerin. Im Falle Kelly Clarkson hat das sogar so weit geführt, dass sie auch bei uns ein Superstar wurde und immer noch ist. Aber die Frau wurde gecastet. Daran will ich euch zur Sicherheit noch mal kurz erinnern.

Noch ein letztes Beispiel aus unserem Land: Reamonn, ein genialer musikalischer Kopf, hat vor dem Start seiner Karriere in Deutschland Inserate in der Zeitung geschaltet, dass er Bandkollegen sucht. Rea hat sich seine Band selbst gecastet und taucht jetzt in schöner Regelmäßigkeit in unseren Charts auf. Mit *Supergirl* hatte die Band ihren ersten Nummer-eins-Hit. Danach kam ein langes und tiefes Tal. Die Jungs haben allerdings zusammengehalten und explodierten vor zwei Jahren erst so richtig. Durchhaltevermögen gehört eben auch dazu, aber selbst Reamonn sind, wenn man so will, eine Castingband. Rea höchstpersönlich hat übrigens am Text für *Sweetest Poison* mitgeschrieben. Auch ein Nummer-eins-Hit, wie ihr ja alle wisst, allerdings der erste und letzte für Nu Pagadi.

In Deutschland wird einfach zu viel darüber diskutiert, wer Fake ist und wer nicht. Irgendwelche schlauen Marketingleute wollen uns vorgaukeln, was gerade in ist und was nicht. Wenn der Käufer entscheidet, dass deutsche Musik gerade cool ist, dann wird der Markt mit deutschen Bands überflutet, und wenn sie dann plötzlich wieder uncool ist, dann werden die Künstler »totgemacht«.

Ich selbst hatte leider nicht das Glück, meine Band in der Schule zu finden und mit den Kumpels zusammen meinen Lebensweg zu gehen. Ich habe mich fürs Casting entschieden, aber deswegen mache ich keine schlechtere Musik und bin auch kein schlechterer Sänger als all die anderen, die nicht gecastet wurden. Leben und leben lassen, das ist meine Devise, aber das gilt in diesem Geschäft leider selten.

Apropos Leben! Es gibt bestimmte Dinge im Leben, die kehren immer wieder zu einem zurück. Bilder, Gerüche, Worte oder auch das Ticken einer Wanduhr schaffen es, mich manchmal in die Vergangenheit zurückzubeamen. Ich weiß nicht, wie das genau im Kopf funktioniert, aber vielleicht kennt ihr das Phänomen ja auch. Auf jeden Fall fände ich es schön, wenn ihr das in etwa nachvollziehen könntet, was ich jetzt schreibe: Im Herbst kommt ein ganz bestimmter Baum immer zur vollen Blüte und sondert einen intensiven Duft ab. Jedes Mal, wenn ich das rieche, beamt es mich in meine Kindheit zurück. Ich war zusammen mit meinen Eltern an der Nordsee und habe da jeden Tag diesen Duft gerochen. Wenn ich diesen Duft heute im Herbst wahrnehme, dann erinnert mich das sehr intensiv an diese wunderschöne Zeit mit meinen Eltern.

Das krasse Gegenteil ist der Fall, wenn ich Jägermeister mit Orangensaft gemischt rieche. Das ist bei mir gleichzusetzen mit einem Art Würgegefühl. Warum? Weil ich mich an dem Zeug mal gepflegt übersoffen habe und die halbe Nacht auf dem Klo verbracht habe. Noch heute mache ich ein angewidertes Gesicht, wenn ich den Geruch des Getränks in meine Nase bekomme.

Gute Erfahrungen scheinen sich auf das Unterbewusstsein ähnlich intensiv auszuwirken wie schlechte Erfahrungen. Hoffentlich ist das bei euch auch so.

Dass ich das alles erzähle, hat einen ganz besonderen Grund. Denn vor einiger Zeit war ich bei mir um die Ecke in der Sauna und zog mich in der Umkleidekabine um. Am Bügel vor mir hing ein weißer bodenlanger Bademantel, den ich mir überwarf, bevor ich in Richtung Sauna ging. Von dem Moment an, als ich das Ding anhatte, begann in meinem Kopf eine Endlosschleife mit dem Anfang von *Sweetest Poison*. »Hu hu, Hu hu, Hu hu, Hu Hu…« Als ich die Umkleidekabine verließ, hatte ich ein breites Grinsen auf meinem Gesicht und ständig dieses »Hu hu« im Kopf.

Die Fans von damals ahnen natürlich längst, warum das passiert ist. Für alle diejenigen, die sich die Staffel nur nebenbei reingezogen haben oder sich aus Neugier und Unwissenheit dieses Buch gekauft haben, sei erklärt, dass ich bei Auftritten mit *Sweetest Poison* einen bodenlangen Mantel tragen musste. Den habe ich damals nach dem gewonnenen Finale von Richie übernommen, der wegen zu weniger Anrufer aus der Show flog. Diesen Mantel trug ich während all unserer Shows. Eigentlich ein Wunder, dass ich mich für den Weg zwischen Umkleidekabine und Sauna nicht auch noch spontan unter den Augen geschminkt habe.

Irgendwie ist es witzig, dass sich solche Erlebnisse im Hirn extrem festzusetzen scheinen. Ein kleines Fitzelchen eines besonderen Ereignisses oder ein ganz besonderer Duft ruft so starke Erinnerungen hervor, dass alles plötzlich wieder ganz real wird und man in diese Zeit zurückversetzt wird. Auf den paar Metern zwischen Umkleide und Sauna fühlte ich mich wieder wie ein Vampir, der durch die Nacht schwebt, wie damals im Video.

Darüber sollte jeder einmal nachdenken und analysieren, warum und vor allem wann er in solche Situationen gerät. Meines Erachtens steckt in jedem von uns ein kleiner Uri Geller und irgendwann werde ich mir mal einen schwarzen, bodenlangen Bademantel zulegen, der aussieht, als hätte ich aus der Wohnung meiner Oma einen Vorhang geklaut, um mich in die Zeit von damals zurückzubeamen. Wer weiß – vielleicht funktioniert das ja. Wenn es so weit ist, mache ich ein paar Fotos von mir und stelle sie online. Dann könnt ihr euch über den Grimm und seine *Popstars*-Macken amüsieren. Bescheuerte Welt – echt!

FANTA, KOKS UND SCHLAGER

★ **Martin Kesici**

Berühmt zu sein ist eine komische Sache. Es ist grotesk, wie sich ein Leben verändert, nur weil man ein paar Wochen lang seine Nase vor der Kamera hatte. Ich kam plötzlich in Clubs rein, bei denen ich vorher niemals eine Chance gehabt hätte. Ich hatte ja immer meine speziellen Klamotten an und passte da natürlich wirklich nicht rein. Der Hammer war aber, dass es seit *Star Search* völlig egal war, was ich anhatte. Ich hätte in einem Kartoffelsack kommen können und die hätten mich immer noch mit Glanz und Gloria empfangen.

Ein anderes erstaunliches Promi-Erlebnis hatte ich in schöner Regelmäßigkeit in Fast-Food-Restaurants. Als ich arbeitslos war und Ebbe in meinem Geldbeutel herrschte, habe ich mich oft nach einem fetten Burger gesehnt. Jetzt, da ich mir diese Teile dutzendfach hätte leisten können, nahm man mein Geld an der Kasse nicht mehr an.

»Nein, Herr Kesici, das brauchen Sie nicht zu bezahlen. Aber ein Autogramm könnten Sie mir schreiben, das wäre toll.«

Das ist doch bescheuert, oder? Hat man Geld, muss man nichts bezahlen, hat man kein Geld, dann hat man Pech gehabt.

Ich schlug mich also durch mein Promi-Leben und genoss es in vollen Zügen. Das Einzige, was ich mir grundsätzlich vom Hals hielt, waren Drogen. Alkohol zähle ich jetzt mal nicht dazu. Denn diese Seite hatte ich vor meinem Promi-Dasein zur Genüge erlebt. Ich habe die wildesten Partys mitgemacht und teilweise zwei Tage am Stück durchgefeiert. Ich habe alles ausprobiert und dachte, dass ich alles gesehen hätte. Aber weit gefehlt!

★ Markus Grimm

»Also, die Musik, die du machst, finde ich absolut wunderbar. Echt, ganz im Ernst, ich liebe die Art, wie du auf der Bühne dein Ding durchziehst. Ich kenne einfach keinen anderen Künstler, der das so gut macht wie du.«

Diese Unterhaltung betraf mich jetzt zwar nicht, aber trotzdem musste ich würgen vor lauter Falschheit, die in diesen Worten mitschwang. Es war ein vor Schleim triefender Monolog gewesen, den ich backstage bei einer großen Musikshow, die regelmäßig bei den öffentlich rechtlichen Fernsehanstalten ausgestrahlt wird, belauscht habe.

Nu Pagadi war längst Geschichte und ich hangelte mich mehr schlecht als recht durch mein neues Leben. Die öffentlichen Auftritte wurden nach der Bandauflösung weniger und ich versuchte, mich als Songwriter durchzuschlagen. Texte und Gedichte zu schreiben, hielt mich aufrecht. Übrigens ist das heute noch so.

Aber alle Texte und Songs, die ich schrieb, brachten mir nichts ein. Viele davon wurden erst gar nicht veröffentlicht und bei den Labels gab es außer Kaffee und einem Schulterklopfer rein gar nichts. Natürlich schleimten alle und meinten, wie genial ich doch sei und dass sie es noch nicht so oft gesehen hätten, dass jemand innerhalb von zehn Minuten einen fertigen Songtext zu einem beliebigen Thema liefern könne. Aber das war es dann auch. Eigentlich klar, oder? Schließlich war ich niemand und hatte noch

FANTA, KOKS UND SCHLAGER

keinen selbst geschriebenen Hit vorzuweisen. Warum hätte man meine Arbeit dann honorieren sollen? Einige ganz Schlaue meinten sogar, dass ich ja offenbar mit diesem Talent gesegnet sei und somit das Ganze für mich ja sowieso keine echte Arbeit darstelle. Schon klar!

Mein Selbstwertgefühl war nach der Trennung endgültig am Boden, und wenn es etwas gab, was ganz tief in mir drin noch ein klein wenig als Silberstreifen am Horizont betrachtet werden konnte, dann war es das Songschreiben und Dichten.

Ich schrieb in dieser Zeit viel für Claus Eisenmann von den Söhnen Mannheims. Ich empfand es als Ehre, für einen so talentierten Typen ein paar Wörter niederschreiben zu dürfen. Tomas Sniadowski, den ich noch von *Popstars* her kenne, beliefere ich immer noch mit meinen Texten. Tomas ist viel in Österreich unterwegs und über ihn kam damals auch die Anfrage, für die österreichische Version von *Popstars*, die dort *Starmania* heißt, zu schreiben. Es ist eine geile und dankbare Arbeit, bei der man zusätzlich auch noch viele interessante Menschen kennenlernen darf.

Zu diesem Zeitpunkt dachte ich noch, dass der Untergang von Nu Pagadi und die Zeit danach das bisher Härteste in meinem Leben waren, denn noch nie zuvor hatte ich so viele menschliche Enttäuschungen hinnehmen müssen wie bei dieser Sache.

★ Martin Kesici

Eine Party im Rahmen der Popkomm in Berlin hat mir allerdings gezeigt, dass es noch härter geht. Es war nicht irgendeine Party. Es war *die* Promi-Party schlechthin. Ich könnte auf der ganzen nächsten Seite die Namen der Anwesenden aufschreiben und ihr würdet sie alle kennen. Um 23 Uhr werden auf solchen Veranstaltungen die Fotografen und der Rest der Presse rausgeschmissen. Von da an tobt dann das wildeste Partyleben, das man sich vorstellen kann.

Ich ging an diesem Abend gegen halb zwölf Uhr auf die Herrentoilette und hörte aus einer der Kabinen wildes Lachen und Gekreische. Alles klar! Ich kannte das nur zu gut aus meinen alten Kokszeiten und brauchte kein großes Vorstellungsvermögen, um zu wissen, was hinter dieser Tür wohl gerade abging. Trotzdem war ich neugierig und wollte wissen, wer da aus der Kabine kommen und vor dem Spiegel die Nase sorgfältig kontrollieren würde. Deshalb wusch ich mir meine Hände einfach etwas länger als sonst.

Auch jetzt werde ich keine Namen nennen, aber ihr könnt davon ausgehen, dass ihr jeden Einzelnen, der da aus der Toilette getorkelt kam, kennen würdet. Ohne Ausnahme! Fünf Mann zwängten sich lachend aus der Kabine, und als sie mich sahen, brüllten sie: »Ey, Martin, willst du nicht auch was?«

»Nein, lasst mal«, rief ich lachend und verließ die Toilette.

Wenn ihr glaubt, dass die Techno-Leute total »verseucht« wären und nur alle Rockmusiker dieser Welt auf Drogen wären, dann kennt ihr die deutsche Promi-Szene nicht. Ich behaupte, dass 70 Prozent der Leute aus dieser Glitzer- und Glamourwelt bei solchen Partys auf Drogen sind. Und Alkohol zähle ich da mal nicht dazu.

Warum ich aber keine Namen nenne? Schließlich heiße ich nicht Dieter Bohlen. Ich will mein Geld nicht mit dem Anscheißen von Kolleginnen und Kollegen verdienen. Das war nie mein Stil und das wird er auch nie sein.

An diesem Abend trank ich bewusst weniger Alkohol und beobachtete das Geschehen um mich herum sehr genau. Die Tür zur Toilette flog auf und zu wie in einem Taubenschlag. Ich ging auch ein paarmal zu oft aufs Klo, nur um zu sehen, wer sich die nächste Line durch die Nase zog. Jedes Mal, wenn ich wieder herauskam, war ich noch entsetzter und angewiderter. Irgendwann hatte ich genug und setzte mich zu den Jungs von den Fantastischen Vier. Mit Thomas D. verstand ich mich mehr als gut. Unser Gespräch ging natürlich rund ums Casting und die verschlossenen Türen, auf die man stieß, wenn man so eine Show gewonnen hatte. Der Abend war trotz allem cool und ich hatte das Gefühl, dass sich hier Musiker unterhielten, die die gleiche Leidenschaft teilten. Wir sprachen den ganzen restlichen Abend miteinander und verabschiedeten uns dann mit den Worten: »Bis bald mal.«

Dass dieses »bis bald« solche Folgen haben könnte, wusste ich damals logischerweise noch nicht.

★ Markus Grimm

Das Popmusikbusiness ist schlecht und die Leute, die damit zu tun haben, sind noch mal einen Grad schlechter. Das war meine Erfahrung, die ich gemacht hatte, und so war auch meine Einstellung, die ich zu diesem Abschnitt in meinem Leben hatte.

Wenn man, so wie ich, deutsche Texte schreibt, dann kommt man um den Bereich der Schlagermusik nicht herum. Den Schlagersänger Mike Bauhaus lernte ich auf einer Veranstaltung für kranke Kinder kennen. Der Typ hat eine tolle Stimme und versteht es, den schwierigen Grenzgang zwischen Schlager und Pop zu meistern. Er war genau der Richtige für meine Texte, und ich lieferte für sein erstes Album gleich fünf oder sechs Songs ab.

Privat waren wir sehr gut befreundet und die Zusammenarbeit funktionierte lange Zeit bestens. Mike bewegt sich in diesem Schlagerumfeld sehr sicher, aber ich musste mal wieder schmerzhaft erfahren, dass das nicht meine Welt ist. Das Schlagerbusiness ist noch härter als alles, was mit den Top Ten, die ihr kennt, zu tun hat. Genauer gesagt, Schlager und volkstümliche Musik setzen all meinen negativen Erfahrungen noch einmal die sprichwörtliche Krone auf. Da sitzen irgendwelche komischen gelifteten Grinsemarionetten auf der Bühne des Musikantenstadls und machen einen auf heile Welt. In der Volksmusik gibt es großartige Beispiele für dieses bizarre Gruselkabinett. Ich weiß nicht, ob es wirklich so ist, und Beweise habe ich auch keine, aber mein Bauchgefühl sagt mir, dass beliebte Volksmusikstars zusammen mit ihren ach so trauten Partnerinnen auf der Bühne die heile Welt vorgaukeln und sich danach im Sado-Maso-Lederkeller von einem jungen Thai-Mädchen auspeitschen lassen.

Ich persönlich finde es zum Kotzen, sich selbst so in die Tasche lügen zu müssen, um die dicke Kohle abzuzocken. Natürlich musste ich mich während der Zeit bei Nu Pagadi auch einigen Dingen fügen, aber sich total verbiegen zu lassen, kam bei mir nicht infrage. Was bringt es denn auf Dauer, seinen Fans Geschichten vorzulügen und nur hinter der Bühne sein eigentliches Gesicht zu zeigen?

Ich habe Schlagerleute im Studio kennengelernt, die sich allesamt für die Könige und Kaiser des Business hielten. Es ist unfassbar, wie viele Menschen sich im Schlagerbereich tummeln, die eine so extreme und gnadenlose Selbstüberschätzung haben, dass es schon wehtut. Gut, vielleicht bin ich ja neidisch auf dieses starke Selbstbewusstsein, das ich wohl nie erreichen werde. Ich würde mich selbst nie in irgendeiner schriftlichen Stellungnahme als König, Kaiser oder vielleicht sogar noch als die Sissi des Popschlagers bezeichnen. Ja, geht's denn noch? Das ist die Krönung der Dummheit!

Einer von diesen Typen ist mir besonders im Gedächtnis geblieben. So etwas habe ich echt noch nie erlebt. Von sich selbst redet er nur in der dritten Person. Keine Ahnung, was der für Zeug nimmt. Ich bin gewiss kein Meister in Sachen Promotion, schon gar nicht, wenn es um mich selbst geht, aber *er* verkauft sich so arrogant, dass es mir bei jedem Satz, den der gute Mann ausstößt, die Schamesröte ins Gesicht treibt. Sich für andere zu schämen, ist eine echt üble Sache. Warum lassen solche Künstler nicht einfach ihre Musik für sich sprechen? Schlager, Fox und Volksmusik werden immer ihre ganz eigene Zielgruppe haben. Klar kann und sollte man sich auch über Geschmack streiten, aber die Musik steht doch im Vordergrund, nicht der Typ, der ins Mikro singt und sich selbst preist.

Diesen Typen habe ich mal in einer Fernsehsendung gesehen und selbst die Moderatoren waren in einer Tour am Lästern über ihn. Da wurde in einer Anmoderation doch tatsächlich gesagt, dass Coldplay ein neues Album aufgenommen hätte, die Jungs aber gar nicht überzeugt von ihrem Material waren, sodass sie es einfach weggeschmissen und ein neues eingesungen hätten. Im selben Atemzug zogen die Moderatoren dann über bo her. Dass er das mit seinem neuen Album besser auch hätte machen sollen. Aber nein, er habe ja das Ding jetzt veröffentlichen müssen.

Hier lügt doch jeder jedem in die Tasche. Ich war auf vielen Veranstaltungen und habe immer wieder die gleichen unfassbaren Erfahrungen gemacht. Hinter den Kulissen treffen die Leute sich und begegnen sich mit so viel oberflächlichem Respekt, dass es fast schon wehtut, und wenn der eine dann auf die Bühne geht, um seiner Arbeit nachzugehen, und außer Hörweite ist, dann wird gelästert ohne Ende.

Hier noch einmal zur Erinnerung die Worte, die ich am Anfang dieses Kapitels bereits erwähnt habe: »Also, die Musik, die du machst, finde ich absolut wunderbar. Echt, ganz im Ernst, ich liebe die Art, wie du auf der Bühne dein Ding durchziehst. Ich kenne einfach keinen anderen Künstler, der das so gut macht wie du.«

Und jetzt kommt das, was dieselben Leute keine Minute später über denselben Typen sagten, als der auf der Bühne stand: »Unfassbar, was das für ein falscher und unechter Typ ist. Wie der seine Fans verarscht! Der ist doch stockschwul und singt da oben was von geilen Weibern. Nachher kommt bestimmt noch sein Typ vorbei und bläst ihm einen. Wollen wir wetten?«

Ich schwöre euch, dass ich das damals genau so im Backstage-Bereich miterlebt habe. Da geht es richtig zur Sache. Von wegen heile Welt und so. Eigentlich wollte ich für den Schlagerbereich einfach ein paar Texte schreiben, um mich über Wasser zu halten, so wie das ein gewisser Herr Bohlen und übrigens ganz viele andere Kollegen auch tun. Aber schon nach den ersten kleinen Schritten in diesem Geschäft habe ich gemerkt, dass da nichts so ist, wie man es sich vorstellt. Auf der Bühne singen die Jungs von tollen Frauen und in Wirklichkeit kommt einen Moment später der nette Typ, der Traum aller Schwiegermütter, in den Backstage-Bereich und die Träume zerplatzen, weil er seinen nackten Arsch zum Poppen hinhält. Respekt vor so viel Verlogenheit, meine Damen und Herren!

Ich bin wirklich froh, dass ich mittlerweile nur noch eine Handvoll von diesen Leuten mit meinen Texten beliefere. So muss ich nicht mehr mit jedem gut Freund sein und einen auf heile Welt machen. Es gibt ein paar, mit denen man gut zusammenarbeiten kann, aber im Gegensatz dazu auch eine Unmenge Menschen, die kein Schwein braucht. Nicht einmal ich.

★ Martin Kesici

Als ich 2005 im Studio in Stuttgart stand, nahmen ein Stockwerk über mir die Jungs von den Fantasischen Vier gerade ihr neues Album auf. Abends klingelte bei mir im Studio das Telefon. Thomas D. und DJ Tom Milla waren dran und fragten, ob ich kurz Zeit hätte, nach oben zu kommen. Sie wären gerade am Rumspinnen und würden eine männliche Stimme brauchen, um etwas auszuprobieren. Ich brauchte keine Millisekunde, um Ja zu sagen. Da waren die Fantastischen Vier am Telefon und wollten, dass ich ihnen mit meiner Stimme aushelfe – das kann und darf man einfach nicht ablehnen. Ich meine, im Gegensatz zu Bushido und Fler sind die Jungs einfach geniale Sprachkünstler. Das hat mit dem neumodischen Hip-Hop-Kram, der nur von bescheuerten Kraftausdrücken lebt, rein gar nichts zu tun. Die Jungs von den Fantastischen Vier

FANTA, KOKS UND SCHLAGER

verkörpern für mich die Hochkultur der deutschen Reimsprache. Ich spurtete die Treppen nach oben und stand dann vor Thomas D. und DJ Tom Milla. Aus den Boxen dröhnte ein Song, dessen Refrain immer und immer wieder das Wort »Troy« beinhaltete. »So Troy, so Troy, so Troy...«

Thomas meinte, dass er alle Stimmlagen von mir bräuchte, die ich draufhätte – von hoch jaulend bis tief grölend. Immer wieder »Troy, so Troy«. Ich sang ihm also sechs oder sieben verschiedene Spuren ein. Danach tranken wir noch ein paar Bierchen und ich ging schlafen.

Drei Monate später rief mich die Plattenfirma der Fantastischen Vier an und meinte, dass die erste Singleauskopplung der Fantastischen Vier *Troy* wäre und ob ich damit einverstanden sei, wenn sie im Refrain meine Stimme benutzen würden. Natürlich war ich sofort begeistert und sagte zu. Wie gesagt, ich steh auf die Sachen der Jungs und dann veröffentlichen die ihre erste Single nach langer Zeit und ich bin es, der die Stimme für den Refrain geliefert hat. Ich freute mich wirklich tierisch. Natürlich hatte ich auch die heimliche Hoffnung, dass ich damit den goldenen Jackpot der Kesici-Promotion knacken und mich endlich vom Casting-Image wegentwickeln könnte.

> »Thomas meinte, dass er alle Stimmlagen von mir bräuchte, die ich draufhätte – von hoch jaulend bis tief grölend.«

Meine Freude währte allerdings nicht lange. Einen Tag später wurden all meine Hoffnungen im Keim erstickt.

»Martin, wir dürfen das nicht öffentlich machen, dass du *Troy* singst«, hieß es unmissverständlich am Telefon. »Du bist Casting-Künstler und die Verantwortlichen um die Fantastischen wollen nicht, dass das bekannt wird«, war die Erklärung. Bis heute glaube ich, dass die Fantastischen Vier mit dieser Entscheidung wohl am wenigsten zu tun hatten. Wahrscheinlich hatten die Verantwortlichen drum herum mal wieder nicht die Eier in der Hose, um ehrlich zu sein und klipp und klar zu sagen, dass ich die Stimme von *Troy* war.

Leider blieb mir nichts anderes übrig, als die Tatsache zu akzeptieren und das Ganze zu schlucken. Ich verpflichtete mich schriftlich dazu, nichts an die Öffentlichkeit zu bringen, und durfte nicht einmal privat die Sache weitererzählen.

Was muss man eigentlich noch alles einstecken, was muss noch alles passieren, bis ein Künstler irgendwann einmal explodiert? Ich bin weiter der festen Überzeugung, dass man als Castingstar nur dazu da ist, einer TV-Station gute Quoten zu bringen. Wir werden von den Zuschauern wegen unserer Stimmen und der Show nach ganz oben gewählt. Aber was nach der Show kommt, ist nichts. Ein paar Kröten und die berühmten paar Minuten Ruhm, die laut Sprichwort jedem zustehen. Dabei ging es mir weder um den Ruhm noch um das Geld. Mir ging und geht es heute nur um die Musik. Nicht mehr und nicht weniger.

★ **Markus Grimm**

Sicherlich gibt es auch Leute, die über mich irgendwelchen negativen Shit erzählen. Das ist ja auch okay so. Soll sich doch jeder seine eigene Meinung bilden. Aber ich gehe nicht raus und verkünde, dass ich die Prinzessin des Popschlagers bin oder so etwas. Ich finde die Lästerei hinter vorgehaltener Hand schlichtweg scheiße.

Warum bekommt man immer wieder Geschichten reingedrückt, die einen gar nicht interessieren, und erfährt ganz nebenbei, dass der, über den gerade gelästert wurde, eine neue Platte gemacht hat? Interessiert irgendjemanden ernsthaft diese platte Kackschüsselorakelnummer?

FANTA, KOKS UND SCHLAGER

Warum gibt es auf jung getrimmte Edel-Münchnerinnen wie Sibylle Weischenberg, die schon im Vorspann ihrer eigenen Promi-Sendung über den roten Teppich läuft? Die Frau ist Journalistin und hat gefälligst mit Block und gespitztem Bleistift hinter der Absperrung zu stehen und zu schreiben oder mit den Leuten zu reden. Warum darf die über Werte und über Klamotten lästern? Das interessiert doch keine Sau. Und ich stelle diese Frage noch einmal, nicht etwa, weil es mir Spaß macht oder weil ich mich jetzt an diesem Thema aufhänge und mich in Rage schreiben will, nein, aber vielleicht kann mir ja wirklich jemand eine plausible Antwort darauf geben, warum wir in Deutschland so darauf stehen, anderen dabei zuzuschauen, wie sie knietief in der Scheiße stehen. Haben wir in unserem Leben nicht genügend Inhalt, um uns nicht zu langweilen?

GOLD PER POST

Sweetest Poison

Interpret: Nu Pagadi,
Text: Uwe Fahrenkrog-Petersen, Lukas Hilbert

Ich bin kein Dämon,
doch etwas Böses ist da schon
in meinem Kopf, in meinem Blut,
genau darum bin ich so gut...

★ **Markus Grimm**

Es gibt Tage, an denen man ganz genau weiß, dass man als Popstar einen Scheißdreck wert ist.

Lest diesen Satz ruhig zwei- oder dreimal durch. Bis vor kurzer Zeit habe ich das ganz oft gedacht. Heute weiß ich allerdings, dass die Aussage des Satzes einfach nur Bullshit ist. Wisst ihr, was nicht stimmt? Nein? Dann lest noch einmal: Es gibt Tage, an denen man ganz genau weiß, dass man als Popstar einen Scheißdreck wert ist.

Den Begriff »Popstar« gibt es meines Erachtens nicht. Natürlich weiß ich, was er bedeutet, aber er trifft in keinem Fall auf mich zu oder auf meine anderen drei ehemaligen Bandkollegen. Weder Kris noch Doreen noch Pat waren jemals in ihrem Leben Popstars. Wir standen dank einer Castingshow im Interesse der Öffentlichkeit und haben ein paar Songs in einem Studio aufgenommen. Nicht mehr und nicht weniger. Einer dieser Songs war in den Hitlisten auf Platz eins, aber sind wir deswegen Stars gewesen?

Wenn man plötzlich die Luft der sagenumwobenen oberen Zehntausend wittert, beginnt man manchmal richtig bescheuert und weltfremd zu denken. Es ist nicht leicht, den Boden unter den Füßen zu behalten, das muss ich zugeben. Aber da gibt es dann zum Glück auch freundliche Mitmenschen, die einen ganz schnell wieder herunterholen. Selbst Menschen, die man nicht wirklich schätzt, schaffen so etwas relativ leicht.

Die Augen sind geschlossen,
ich ziele nach Gefühl,
bewege mich in Kreisen
und komm trotzdem an mein Ziel...

Interpret: Nu Pagadi,
Text: Uwe Fahrenkrog-Petersen, Lukas Hilbert

Der Tag, an dem ich den Postboten mit einem ungewöhnlich großen und etwas merkwürdig verpackten Paket in den Verlag in Moers habe laufen sehen, war so ein Tag, an dem man mich nicht nur mit den Füßen zurück auf den Boden stellte, sondern unsanft in den Beton rammte, sodass ich nur noch mit meiner belämmerten Fresse aus dem Boden schauen konnte.

Nu Pagadi war schon mehr als ein Jahr Vergangenheit. Ich nahm noch einen letzten Zug an meiner Kippe und machte mich dann wieder langsam auf den Weg ins Verlagsgebäude und zu meinem Schreibtisch. Das unförmige Paket verdeckte beinahe meine kompletten Utensilien und noch bevor ich mich setzte, sah ich den riesigen Adressaufkleber mit meinem Namen darauf. Mit krakeliger Handschrift stand der Zusatz PERSÖNLICH daneben. Ein Wunder, dass das Ding überhaupt den Weg zu mir gefunden hatte. Das Paket war aus mindestens sechs verschiedenen Kartons zusammengeklebt, alten Schachteln, die mir den Hinweis lieferten, dass da früher einmal 30 CDs direkt vom Hersteller drin gewesen waren, und alten Pappkartons, die schon mindestens einmal in heftigem Regen gestanden hatten. Oben an der Ecke war das Paket eingerissen und eine alte Folie schaute heraus, die ebenfalls schon bessere Tage erlebt hatte.

In meiner Zeit bei Nu Pagadi habe ich viele Fanpakete bekommen mit allem möglichen sehr liebenswerten Kram darin und alle Päckchen waren in einem deutlich besseren Zustand als dieses Ding, das da meinen Schreibtisch verunstaltete.

Ich gab mir daher keine große Mühe, das Paket vorsichtig zu öffnen. Ich steckte meine Hand oben in das Loch und riss die Hülle mit einem Ruck auf. Was ich dann sah, nahm mir für einen Moment die Luft. Ich schaute in mein eigenes Gesicht in Gold. Vor mir lag tatsächlich meine erste Goldene Schallplatte beziehungsweise CD für knapp 200 000 verkaufte Platten von *Sweetest Poison*. Ich starrte auf den zerrissenen Karton und diesen goldenen Rahmen mit der goldenen CD und zitterte am ganzen Körper. Es war eine Mischung aus Wut, Zorn, Stolz und bitterer Enttäuschung. Zugegeben, diese Mischung gibt es selten, aber ich kann es nicht anders beschreiben.

Wofür arbeitet ein Musiker, der sich ernsthaft für seine Kunst einsetzt, sein Leben lang? Für Erfolg und dafür, dass Menschen seine Musik hören und ihnen diese Kunst etwas bedeutet. Als Gegenleistung für den Künstler zählt für mich nicht die finanzielle Entlohnung, sondern der Applaus. Und das, was da vor mir lag, war eine Art Applaus. Ein stummer Applaus zwar, aber es war eine

GOLD PER POST

Anerkennung, für die es sich zu arbeiten gelohnt hatte. Die Art der Übergabe dieser »Entlohnung« war allerdings eine der schäbigsten Aktionen, die ich jemals erleben musste.

And I crash and I burn
and I freeze in hell
for your poison…
Yeah, I'm living my life
in the dark of your spell
You're my sweetest poison…

Interpret: Nu Pagadi,
Text: Uwe Fahrenkrog-Petersen, Lukas Hilbert

Gold für *Sweetest Poison* per Post in einem zerrissenen Paket. Einsam und allein nahm ich diesen Preis, diese »Entlohnung« entgegen.

»Ich danke meinen Eltern, die mich immer unterstützt haben, meinen Bandkollegen. Ich liebe euch! Vielen Dank an die Plattenfirma und das Management für die Unterstützung und einen ganz großen Dank an unsere Fans, die das hier erst alles möglich gemacht haben.«

So oder so ähnlich hätte ich gerne gesprochen. Vorausgesetzt, es hätte eine Verleihung gegeben, die standesgemäß für einen deutschlandweiten Nummer-eins-Act gewesen wäre. Aber nein, es gab keine Verleihung, die gefeiert wurde. Nein, es gab keine Anerkennung, die einem gebührte, wenn man es zu Gold geschafft hatte. Den Gegenstand der Goldenen Schallplatte, den gab es, aber den erhielt ich, wie es Nu Pagadi wohl nur verdient hatte, in einem zerrissenen Pappkarton allein an meinem Schreibtisch im Verlag in Moers. Danke, Holger! Du hast am meisten Geld mit uns verdient und letztendlich waren wir nicht mehr wert als eine Pappschachtel.

Wer hat dir gesagt,
dass ich im Herzen schuldlos bin?
Die Sünde liegt im Schlaf,
statt dir erwacht das Höllenkind …

Interpret: Nu Pagadi,
Text: Uwe Fahrenkrog-Petersen, Lukas Hilbert

Ich habe aufgehört zu zählen, wie viele Mails ich Holger geschrieben habe. Keine Bettelmails für einen Plattendeal oder so. Ich wollte ihm nur sagen, warum es bei Nu Pagadi aus dem Ruder gelaufen war und wie es hätte besser funktionieren können. Ich wollte ihm erklären, dass er gewisse Dinge einfach falsch verstanden oder gar nicht mitbekommen hatte. Auch habe ich ihm angeboten, sich noch einmal mit uns zusammenzusetzen, um der Sache wenigstens einen würdigen Abschluss zu geben, aber er stellte sich uns gegenüber einfach tot. Selbst meine telefonischen Versuche endeten grundsätzlich bei seiner damaligen biestigen Sekretärin, die alles Unangenehme vom feinen Herrn Roost fernhielt.

Ich stand nun also vor meiner goldenen Platte und konnte es einfach nicht fassen. Jede Arschkrampe in diesem Geschäft hat neben den Gold-Auszeichnungen noch den üblichen anderen Schnickschnack bekommen. Egal, ob es ein BRAVO-Otto war oder ein COMET oder ein ECHO. Bei uns aber blieb es bei einer unrühmlichen Goldenen. Wir waren vom ersten Tag an schon wieder weg vom

GOLD PER POST

Fenster. Eine Totgeburt sozusagen, obwohl wir damals mit *Sweetest Poison* sogar den deutschen Downloadrekord gebrochen hatten. Was blieb, war ein zerfetztes Paket mit einer lumpigen goldenen Platte.

Ich habe das Ding dennoch ins Wohnzimmer gehängt, weil ich trotz allem stolz darauf bin. Weil ich den Schriftzug *Sweetest Poison* sogar als Tattoo auf dem Rücken trage. So wie Pat ihn auf dem Bauch hat und Lukas Hilbert auf dem Oberarm.

Neulich habe ich mit Lukas telefoniert und er hat mir versichert, dass er immer noch zu diesem Song und zu dieser Zeit steht. Es war keine dümmliche Hüpfdohlenkacke. Wie wir alle habe ich am Text und der Musik des Songs mitgearbeitet. Ich habe nicht wie die anderen Pop-Marionetten die Fresse gehalten und gute Miene zum bösen Spiel gemacht. Ich habe mich nicht mit einem kleinen monatlichen Grundgehalt und einem Shoppinggutschein bei New Yorker zufriedengegeben.

Unter »Musik machen« und »Künstler sein« verstehe ich definitiv nicht das, was sie mit uns gemacht haben oder was ihr im Fernsehen bei anderen Leuten seht.

Vom Himmel abgestürzt,
erleuchtet in der Dunkelheit,
die Macht der Liebe hält für dich
das süße Gift bereit...

Interpret: Nu Pagadi,
Text: Uwe Fahrenkrog-Petersen, Lukas Hilbert

Wenn ich mir die Goldene Schallplatte heute in meinem Wohnzimmer anschaue, dann weiß ich, dass wir ein geiles Stück Musik produziert haben, aber auch viel Scheiße miterleben mussten. Irgendwie passt die Platte auch ganz gut dazu: Der Rahmen außenrum ist golden, der Hintergrund braun und schwarz. Güldene Kacke! Ich steh dazu und ich bin auf einem guten Weg, das alles zu verarbeiten.

Willst du die Engel fallen sehn?
Bis sie in Tränen vor dir stehn?
For my sweetest poison...
Poison...

Interpret: Nu Pagadi,
Text: Uwe Fahrenkrog-Petersen, Lukas Hilbert

ALLES FAKE?

★ Markus Grimm

Wenn ich heute auf der Straße erkannt werde, bekomme ich immer wieder zwei Fragen gestellt: Die eine, zugegebenermaßen etwas nervige Frage ist, weshalb man von mir gar nichts mehr hört oder sieht. Die zweite Frage ist nicht nervig, aber für die Sendung, den Sender und deren Macher und Protagonisten ein ziemlicher Offenbarungseid: »Das ist doch eh nur alles Fake, oder? Da steht doch schon lange vorher fest, was passiert, oder?«

Während meiner Zeit bei *Popstars* und danach bei Nu Pagadi musste ich immer höllisch aufpassen, was ich sagte. Ein Maulkorb ist nichts gegen die Auflagen, die wir damals bekamen.

Frage eins ist recht schnell beantwortet: Obwohl ich sehr aktiv bin und intensiv an meiner Zukunft arbeite, fehlt ein wichtiges Element, damit das alles nach draußen dringt, und zwar die großen Kameras der Sender, die mich auf Schritt und Tritt begleiten. Das, was ich während der Staffel relativ schnell als normal empfunden hatte, war mit dem Finale auf einen Schlag vorbei. Der Grund dafür ist, dass es bei *Popstars* in Wirklichkeit nicht darum geht, eine gute Band oder einen Solokünstler zu finden, sondern nur darum, für den Sender eine gute Quote zu erreichen und die Werbeblöcke mit teuren Spots füllen zu können, um den Geldfluss nicht zu unterbrechen. Nach dem Finale interessiert das Produkt, also die Band, nicht mehr groß, da es ab diesem Moment nur noch wenig Geld einbringt. Eher im Gegenteil, das Schwierige bei den

Siegerbands ist, dass sie ab dem Moment des Finales jede Menge Geld kosten. Die Reisen, die Spesen, die Hotels, die Fahrten zu den Fernsehauftritten und den Promotion-Terminen werden plötzlich nicht mehr von der Produktionsfirma oder dem TV Sender bezahlt, sondern müssen irgendwie anders finanziert werden. Da die Band bis dahin aber noch nicht wirklich viel verdient hat, muss die Plattenfirma einspringen, und die tut das offen gesagt gar nicht gern. Natürlich verdienen die an den Gagen und den Plattenverkäufen mit, wollen die schwer verdiente Kohle aber nicht gleich wieder in Reisen, neue Platten oder Videos investieren. Der schnelle Aufstieg ist mit *Popstars* zwar garantiert, der schnelle Abstieg ist aber bis auf wenige Ausnahmen – und auch da ist es nur eine Frage der Zeit – ebenso vorprogrammiert.

Es ist schlimm, dass in Deutschland nur die Quote zählt und nicht die Band, der Sänger, eben das Produkt. Bei den *Popstars*-Staffeln in Österreich und der Schweiz scheint das anders zu sein. Das sind zwar Nachbarländer, aber in Sachen Casting-Künstler eine komplett andere Welt. Dort werden die Gewinner aufgebaut und begleitet. Man denke da zum Beispiel an die österreichische Castingshow-Teilnehmerin Christina Stürmer, die nach wie vor erfolgreich durch die Lande tingelt. Deutschland hat diesen Anspruch schon lange aufgegeben, hier zählt wie gesagt nur die Quote, und nach dem Finale ist alles egal, auch die Band oder der Sänger. Aber nicht nur die Sänger werden fallen gelassen, auch Jurymitglieder und Coaches werden immer wieder ausgetauscht, wenn sie nicht mehr passen oder unangenehm auffallen.

Bleibt noch zu fragen, warum in Deutschland so etwas möglich ist. Weil wir eine Nation voller Neid sind, die eher auf den Misserfolg und die Skandale der anderen schaut, als ihnen den Erfolg zu gönnen und mitzufeiern. Danke, Deutschland!

Damit wäre also klar, warum man von mir nicht mehr viel hören kann. Wie auch? Ich muss ja erst mal »groß« werden, um Geld zu verdienen. Um »groß« zu werden, muss man aber Geld investieren, und genau da beißt sich die Katze oder der Kater halt mal wieder selbst in den Schwanz.

Nun zu der Frage, ob alles nur Fake ist. Hier nur mit Ja zu antworten, wäre zwar einfach, würde es allen Zweiflern aber etwas zu leicht machen. Außerdem möchte ich nicht den Eindruck erwecken, dass ich nur Mist erzähle, weil ich über bestimmte Dinge während meiner Zeit bei *Popstars* und Nu Pagadi verärgert wäre. Schließlich habe ich alle Vorgänge aus unmittelbarer Nähe und als Betroffener selbst erlebt, und ich habe keinen Grund, irgendwelche Lügen zu erzählen oder Menschen bewusst zu dissen, die es vielleicht nicht verdient hätten.

Da fällt mir gleich zu Beginn eine Geschichte über meinen lieben Ex-Bandkollegen Pat ein, den ich immer noch sehr schätze und vor dessen Talent und ganz persönlicher »Leichtigkeit des Seins« ich den Hut ziehe. »Juten Tach, ick soll hier ma vorsingen.« Mit diesen Worten ging er ins Casting in Nürnberg. Jetzt muss man wissen, dass Pat manchmal eine echt schnoddrige Berliner Schnauze an den Tag legt. »Ich soll hier mal vorsingen« kann man zweifelsohne dieser Schnodderschnauze zuschreiben oder aber ganz anders interpretieren, wie viele andere Dinge auch. Auf jeden Fall habe ich mich schon damals gewundert, warum Pat ganz nobel im Nürnberger Grand Hotel übernachtete, in dem auch das Casting stattfand. Er hat mir nie erzählt, wie er sich das leisten konnte. Wie dem auch sei, bei ihm hatte ich sowieso immer den Eindruck, dass er einen Schritt weiter war als alle anderen Teilnehmer.

Ich kann hier hauptsächlich für unsere Staffel »Jetzt oder nie« sprechen, an deren Ende meine Band Nu Pagadi aus dem Finale in das Licht der Öffentlichkeit treten durfte. Ich berufe mich dabei stets auf verlässliche Quellen, die damals und heute unmittelbar mit der Produktion solcher Shows zu tun hatten, und natürlich auch auf

Kollegen, die zusammen mit mir an dem Album von Nu Pagadi gearbeitet haben.

Übrigens muss ich zugeben, dass die Songs aus meiner Nu-Pagadi-Zeit nicht auf meinem MP3-Player gespeichert sind. Es gibt zwar zwei oder drei Songs, die ich cool finde, aber der Rest ist nur schmückendes Beiwerk eines Produktes, das gemacht wurde, um Geld in die Kassen der Plattenfirma sowie des Senders und der Produktionsfirma zu spülen. Wir vier durften unsere Gesichter und unsere Stimmen dafür hergeben, mehr nicht. Die Bezahlung dafür sollte wohl unsere Popularität sein. Ich will sogar behaupten, dass bares Geld für uns nicht vorgesehen war. Wir sollten funktionieren wie der Dukatenesel aus Grimms Märchen. Einfach kurz drücken und schon fliegen die Scheinchen in Massen.

Im Endeffekt ist es so, dass man funktionieren muss. Wir waren die Marionetten der großen Strippenzieher im Hintergrund. Die Zuschauer dürfen natürlich entscheiden, aber in Wirklichkeit ist es Sache der Produktionsfirma, dem Zuschauer die richtigen Kandidaten näherzubringen.

Nach unserer Staffel hat ProSieben noch weitere Folgen von *Popstars* produziert. Bekanntlich kamen die Mädels von Monrose dabei heraus. Eine Girlband, die nach den No Angels die wohl erfolgreichste aller Staffeln ist. Bei Monrose hatte man allerdings aus den Nu-Pagadi-Fehlern gelernt. Über Pat, Kristina, Doreen und mich wurde in der Finalshow live per Telefonvoting abgestimmt. Natürlich blieb das Restrisiko, dass die beiden anderen Finalisten Richie und Kati auch noch in die Band hätten gewählt werden können. Die Jury hielt sich aus

»Wir vier durften unsere Gesichter und unsere Stimmen dafür hergeben, mehr nicht.«

ALLES FAKE?

der letzten Entscheidung komplett heraus, was zur Folge hatte, dass nicht die absolute Wunschkandidatin Katrin Feist in die Band kam, sondern die von allen Produktionsmitgliedern und den Verantwortlichen der Plattenfirma ungeliebte Doreen.

Bei Monrose wollte man diesen Fehler nicht noch einmal machen. Bei Senna konnte wahrscheinlich niemand so genau einschätzen, ob der Zuschauer sie mag oder nicht. Senna in der Band zu haben, hat sich im Nachhinein aber als goldrichtig herausgestellt, da sie polarisiert und der Band immer noch zu verkaufsfördernden Schlagzeilen verhilft. Was muss aber passieren, wenn man eine Komponente unbedingt in der Band haben will, man dies aber letztlich durch das leidige Zuschauervoting nicht im Griff hat? Man muss die eigenen Regeln ein klein wenig verändern und gibt der Jury auch im Finale mehr Einfluss. Senna stand im Live-Finale als erstes Bandmitglied von Monrose fest – gewählt von der Jury!

Auch in der Monrose-Staffel gab es wieder eine »blonde Kati«. Die hatte allerdings nichts mit Katrin Feist aus der Finalshow von Nu Pagadi zu tun. Man stelle sich vor, dass niemand aus der Produktion das Mädchen in der Band haben wollte. Rein theoretisch natürlich nur. Wie würde man so etwas in einem Live-Finale lösen? Ganz einfach. Die Jury wählt das Mädchen mit der großen Nase kurzerhand selbst aus der Band. Natürlich war das völlig legitim, denn es wurden ja vorher die Regeln geändert, um der Jury im Finale mehr Mitspracherecht zu geben. Damit waren es nur noch drei Mädels, die eine Chance auf den *Popstars*-Thron hatten: Bahar, Mandy und Romina. Zwei Tickets für den Weg zum Popstar sind allerdings eines zu wenig für drei Mädchen. Bahar und Mandy waren bei den Zuschauern sehr beliebt, davon konnte sich jeder in den Internetforen überzeugen, Romina war bis dahin am unbeliebtesten. Was also tun? Ganz einfach! Man könnte Bahar per Juryvoting automatisch in die Band wählen. Das tat die Jury dann auch. Und so standen in der Finalshow nur noch Mandy und Romina dem Zuschauer zur freien Wahl.

Da man allerdings schon vorher wusste, dass Mandy die beliebteste Sängerin der ganzen Staffel war und am meisten Fans hatte, war das Risiko vergleichbar gering, dass mehr Anrufe für Romina eingehen würden. Blieb also nur noch das Risiko, dass die Technik für die Telefonabstimmung hinter den Kulissen versagen könnte, aber damit das nicht passierte, schufteten und schwitzten bestimmt mehrere Techniker.

Die Staffel, aus der Room 2012 hervorgegangen ist, war für mich die größte Farce im deutschen Casting-Wahnsinn. Da hatte Detlef D! Soost doch endlich einmal eine Staffel, in der er eine echte Daseinsberechtigung hatte. Erst sollte es ja eine Band aus Tänzern und Sängern werden, dann wurde es eine Tanzcombo und eine Gesangstruppe, bei der die Tänzer schneller vom Fenster weg waren als die Sänger.

Was ich an Room 2012 gut finde? Die Band hatte keine Nummer eins mit ihrer ersten Single und ihrem ersten Album, in keinem Land – damit ist es endlich so, dass Nu Pagadi nicht mehr das schwarze Schaf von *Popstars* ist. Wir waren besser, und das beruhigt einen schon etwas. Jeder hat ja sein Ego und sieht zu, dass es gestärkt wird. Sorry, Jungs und lecker holländisch Mädsche – macht es gut.

Doch zurück zur Nu-Pagadi-*Popstars*-Staffel. Wir waren während des Band-Workshops im kleinen Stadtoldendorf. Dort mussten wir, wie ich ja schon erzählt habe, vier Wochen lang in einer ausgedienten und verschimmelten Kaserne hausen. Jede Woche wurden ein paar von uns nach Hause geschickt. Natürlich wollte jeder in die Band und gab sein Bestes, die Konkurrenzsituation war daher gigantisch. Ein Miteinander gab es kaum, obwohl wir auf engstem Raum zusammenlebten. Während dieser Zeit hatte ich einen

ALLES FAKE?

Kandidaten namens Richie am Arsch. Richie kam bis ins Finale und flog gegen Pat und mich dann endgültig raus. Er war ein begnadeter Gitarrist, hatte aber wie viele große Talente auch seine Schattenseiten – Probleme, von denen auch die Produktionsfirma wusste. Richie vertraute sich mir immer mehr an und heulte sich nach harten Workshop-Tagen bei mir im Zimmer aus. Ich mochte ihn auf eine ganz besondere Art und Weise, zugleich war er aber auch eine unfassbar nervende Belastung. Meinem Vater ging es damals schon gesundheitlich sehr schlecht, meine Mutter war auf sich allein gestellt und ich war im totalen *Popstars*-Stress. Zu allem Übel gab es dann eben auch noch Richie. Ich hätte der Produktionsfirma noch mehr über Richies Probleme erzählen können, als sie eh schon wussten, aber ich tat es nicht. Ich wollte ihn schützen. Richie wurde auf die Nation losgelassen und ich war einfach mit der Situation komplett überfordert.

Es geht zwar immer nur um die gute Quote, aber ein Kandidat, der krasse private Probleme hat, die nun wirklich keinen etwas angehen, und der deshalb vor dem Finale entfernt wird, hätte wohl doch ein zu düsteres Licht auf die Show geworfen.

Während der Bandhausphase in München kam ein Tag, der allem die Krone aufsetzte.

Ein Typ von der Produktionsfirma berichtete uns freudestrahlend, dass wir die Möglichkeit hätten, kostenlos zu einem Psychologen zu gehen, um über unsere Sorgen zu sprechen. Er begründete das Ganze mit dem Produktionsstress, den wir an der Backe hatten, und erklärte, dass doch alles harmonisch laufen müsse und dass wir natürlich auch gut auf unsere Zukunft als Popstars vorbereitet sein sollten. Ich fand das damals tierisch geil. Endlich einmal die Chance, mit einem Psychologen zu sprechen, um alles Erlebte aufzuarbeiten. Im echten Leben kostete das eine Menge Kohle, aber jetzt hatte ich die Chance, es kostenlos zu bekommen. Außerdem hatte so ein Psychologe ja Schweigepflicht, somit war es möglich, offen über alles zu sprechen, ohne Angst davor haben zu müssen, dass es vor einem Millionenpublikum breitgetreten würde.

Wir wurden in kleinen Gruppen in München zu einer noblen Adresse gefahren, in ein so schickes Haus, dass es mir schon beim ersten Anblick den Atem verschlug.

Wie ich vermutet hatte, tat es mir gut, endlich einmal mein Herz auszuschütten und über alles zu reden, was mich bedrückte. Ich sprach auch ganz offen über die Konkurrenzsituation im Bandhaus, über die Belastung, jeden Tag vor der Kamera zu stehen, und über viele andere Dinge, die mich in dieser Zeit enorm bewegten. Ich war einfach froh, mit einem Profi sprechen zu können. Seit Monaten prasselten die Eindrücke nur so auf mich ein und ich lebte in einer anderen Welt, in einer für mich nicht realen und völlig absurden Welt. Wie sollte ich denn allein und ohne Hilfe jemals damit klarkommen?

Nachdem unsere kleine Gruppe fertig war mit den Einzelgesprächen, wurden wir wieder nach unten in den Bus gebracht. Ich verließ als Letzter das Haus und drehte mich an der Tür noch einmal um. Auf dem goldenen Türschild stand der Name des »Psychologen« und unten ganz klein der Zusatz: Heilpraktiker.

Bei *Popstars* »durften« wir uns emotional für Millionen von Zuschauern nackt ausziehen. Damals wusste ich allerdings noch nicht, dass wir das nicht nur emotional, sondern auch noch real in der Boulevardpresse taten. Mittlerweile habe ich das Ganze zum Glück verdrängt.

ZAHLEN, BITTE!

★ **Markus Grimm**

Manchmal – oder eher extrem häufig in letzter Zeit – sitze ich vor dem Rechner und starre stundenlang auf den Bildschirm, gedankenverloren und so nach innen gekehrt, dass ich nicht einmal merke, was für einen dummen Gesichtsausdruck ich gerade aufgesetzt habe. Kennt ihr das? Einfach auf einen Ort oder ein Ding schauen, oder durch diesen Ort hindurch ins Leere. In solchen Momenten scheint die Zeit stillzustehen, man hört nichts von dem, was um einen herum passiert. Wenn man so in sich versunken ist, hört man noch nicht einmal den eigenen Puls, es scheint, als würde das Blut in den Adern ebenso stillstehen wie die Zeit in diesen Augenblicken. Alles ist friedlich, ruhig und nichts ist wichtig. So, als würde man die Luft anhalten und auf dem Grund eines Sees liegen und nicht einmal das Bedürfnis verspüren zu atmen. Diese Stille kommt wirklich der Ruhe nahe, die man verspürt, wenn man sich im Schwimmbad oder einem See auf den Grund sinken lässt, um dort zu liegen, ohne sich zu bewegen – das ist das finale Versteck vor der Welt, das ist die reine Form und die Urbedeutung von »untertauchen«.

Oh Mann, ich kann mir genau die Gedanken und Gesichter vorstellen, die ihr beim Lesen dieser Sätze gerade macht. Das geht so in die Richtung: »Was will der Typ?« Oder: »Wenn der tauchen will, dann soll er in einen Tauchverein gehen!« Oder: »Freud hätte die helle Freude an dem Spinner.«

Vielleicht habt ihr sogar recht, natürlich ist die Stille im Wasser mit der Stille im Mutterleib zu vergleichen, wenn man da als hässlicher Wurm in seinem beengten Lebensraum liegt. Ich habe sicher nicht diesen Komplex, da wieder rein zu wollen. Zum Glück bin ich da herausgekrochen und nichts in der Welt weckt bei mir den Wunsch, noch einmal an diesem Punkt des Lebens anzusetzen.

Auf jeden Fall könnt ihr davon ausgehen, dass ich genauso bin wie ihr, ein Mensch, der mit sich selbst und der Welt zu kämpfen hat und mehr als einmal daran gedacht hat, alles aufzugeben oder aus Dummheit oder Verzweiflung sogar sein Leben wegzuwerfen.

Wer das überhaupt nicht nachvollziehen kann, der muss doch bloß einmal kurz über sein eigenes Liebesleben nachdenken. Hier gibt es durchaus Parallelen. Für die Liebe hat doch jeder schon einmal seine eigenen Bedürfnisse über Bord geworfen, und jeder macht Fehler und sicher hat auch jeder schon einmal den Wunsch gehabt, nach dem Schlafengehen am nächsten Morgen aufzuwachen und wieder zwölf Jahre alt zu sein. Natürlich mit dem Wissen von heute, um alles anders machen zu können. Noch nie gewünscht? Glückwunsch, dann scheint ja alles richtig zu laufen. Wie langweilig! Nein, das ist nur Spaß. Es ist beneidenswert, wenn man sich noch nie wünschen musste, die Zeit zurückzudrehen. Was allerdings nicht zählt, ist dieser »Ich bereue nichts«-Schwachsinn. Das ist so, als würde mir eine 200-Kilo-Frau sagen, dass sie sich echt wohlfühlt so, wie sie ist. Damit belügt man sich selbst und sich selbst belügen zu müssen, ist schon Grund genug, etwas zu bereuen.

Ich bereue es jedenfalls nicht, bei *Popstars* dabei gewesen zu sein, nein, es gibt viele Dinge an dieser Geschichte, die mich dazu bringen zu lachen, zu weinen und stundenlang in die Leere zu starren, aber ich bereue nicht, dass ich Popstar bin oder war. Oh Mann, wie lächerlich klingt dieser Satz: »Ich bin Popstar!«

ZAHLEN, BITTE!

Jeder hat seine Geschichte, seine Erfahrungen und seinen Schmerz, ich fühle aber nicht nur meinen Schmerz, damit wäre ich echt bedient genug, nein, ich bin weich, zu weich und sensibel.

Vielleicht denkt ihr nach all dem: »Das war mir von Anfang an klar, dass das so kommen würde.« Aber das stimmt nicht, es kommt doch immer anders, als man denkt.

Habt ihr euch schon mal überlegt, was ein Leben in Zahlen wert ist? Dabei meine ich nicht den Versicherungswert eines Menschen, den man im Todesfall als Summe ausgezahlt bekommt. Auch nicht den Wert einer Zusatzrente inklusive Lebensversicherung, die man seinen Hinterbliebenen überlässt, damit sie einen in der Erde verscharren können. Ich rede vom echten Wert, den ein Leben hat. Was würde man auf einem Scheck gerne lesen, wenn der Teufel käme und die Seele kaufen wollte? Noch nie daran gedacht, die Seele zu verkaufen? Ich schon, aber nicht, um mich zu bereichern, auch nicht, um wie ein blondes, dicktittiges Model für Weltfrieden zu plädieren, sondern um meine Familie zu retten, um ihnen ein Leben zu ermöglichen, in dem sie nicht jeden Monat kämpfen müssen, um Ruhe zu bekommen und um diesen Traum von Musik zu leben.

Vielleicht habe ich meine Seele mit einer der 10 000 Unterschriften, die ich als Popstar leisten musste, letztendlich schon verkauft, und nun kommt der Tag, an dem ich zahlen muss. Zahlen, zahlen, zahlen. Das Leben scheint nur aus Mathematik zu bestehen, alles dreht sich um Zahlen. Von der ersten Sekunde an. Auf dem Geburtsschein steht bis auf die Sekunde genau, wann jemand den ersten Schrei von sich gegeben hat. Den Gerüchten zufolge war mein Schrei eher verhalten, schüchtern – aber wen wundert das? Man wird vermessen, gewogen und ist schon eine Nummer im System. Was ist man wert? Was ist man sich selbst wert? Ich weiß, dass ich nicht Popstar geworden bin, um in Reichtum zu leben. Damals nach dem Finale sagte ich zu Pat, als wir ohne Geld in der Tasche in der Schweiz in einem Hotelrestaurant über unseren Milchkaffees saßen: »Geil, Alter, jetzt wird alles gut. Wir haben es geschafft. Was hast du vor mit der Kohle, die da kommt?«

Er meinte, dass er gerne eine KTM hätte, um durch Berlin zu düsen, und ich sagte: »Ich möchte meinen Eltern das kleine Häuschen kaufen, das sie sich schon so lange wünschen. Doch das wird wohl zu spät kommen.«

Denn mein Vater hatte zu der Zeit bereits Lungenkrebs in einem fortgeschrittenen Stadium, und es sah nicht gut aus. Aber ich war so abgelenkt durch all das, was um mich herum passierte, dass ich mir immer nur dachte: »Alles wird gut!« Ich hätte nie gedacht, dass ich meinen Vater nach diesem Promo-Aufenthalt in der Schweiz nicht mehr wiedersehen würde oder dass ich mit dem Geld nicht einmal alle Versicherungen bezahlen könnte, die Anwälte, die Steuerberater, dass alles nach neun Monaten vorbei sein sollte und die vom Management in Aussicht gestellten Geldsummen bei mir nicht auf dem Konto landen würden. Nie hätte ich gedacht, dass ich, um Popstar zu sein, im übertragenen Sinne mit meinem Leben bezahlen musste. Klar könnt ihr jetzt sagen: »Das wusste ich schon immer, dass die nichts verdienen.« Aber falsch gedacht, einige haben was verdient. Mehr als ich. Allerdings haben die dafür auch ihr Leben aufgegeben. Ob sie finden, dass diese Summe ein Leben wert ist, weiß ich nicht. Ich weiß nur, dass man nie wieder in ein normales Leben zurückkehren kann, außer man hat einen Autounfall, der das Gesicht so entstellt, dass einen keine Sau mehr erkennt.

Selbstverständlich lässt das Erkanntwerden mit der Zeit nach, aber es hört nie auf. Natürlich heißen wir nicht Robbie Williams oder Sido, die nirgendwo mehr hingehen können, ohne angesprochen zu werden. Aber glaubt ihr, dass ich es aushalten könnte, nach all dem, was passiert ist, im Supermarkt an der Kasse zu sitzen und dann erkannt zu werden? Das Lachen zu hören, zu wissen, dass dich

ZAHLEN, BITTE!

alle für einen Versager halten? Nein, das könnte ich nicht. Ich habe das Glück, dass ich in meinem Job als Musik- und Medienredakteur, den ich mir vorher als Quereinsteiger erkämpft habe, immer weitergearbeitet habe. Aber auch so, wenn ich über die Straße gehe, halten mich alle für einen Loser, weil ich ja nicht mehr in den Medien bin. Und das muss man erst einmal aushalten. Und Scheiße, Mann, ja ich wollte mich schon umbringen, wollte das alles hier beenden, aber mir geht es ja um etwas, mir geht es darum, etwas zu hinterlassen, sodass die Leute mich nicht vergessen, es geht um den Ruhm, um Spuren, die man setzt. Wie beschissen wäre es dann aber zu gehen, ohne seine Spuren zu hinterlassen. Dann wäre ich ja wirklich der Popstar, der sich umbrachte, weil er nichts mehr brachte. Und den Gefallen will ich all denen, die mich hassen, beneiden, verachten oder mich einfach nur so am Arsch lecken können, nicht tun. Es geht eben nicht nur um die Monate, in denen man über den Bildschirm geflackert ist. Das sind doch nur Momentaufnahmen, das Leben geht danach weiter. Sollte man dann nicht so viel auf dem Konto haben, dass man seinen Traum weiterleben kann oder wenigstens im Schatten dieses einstigen Ruhmes mit den paar Leuten, die einem geblieben sind, Musik und Leidenschaft teilen kann?

Die Jungs von Overground haben sicherlich so einiges verdient, immerhin waren sie sogar auf Tour. Auch die No Angels werden als erste Band aus der Retorte nette Kontoauszüge gehabt haben und Bro'Sis hatten dicke Sponsorenverträge mit einem Sportausstatter. Die Preluders sind mir egal, weil sie *Popstars* nicht wirklich gewonnen haben und es als »ewige Zweite« schwerer hatten als viele andere.

Was die Mädels von Monrose verdienen, vermag ich nicht zu sagen. Mehr als Nu Pagadi auf alle Fälle. Die haben es zumindest auch länger geschafft, bandintern zusammenzuhalten als wir. Nur eine Band schnitt noch schlechter ab als wir, Room 2012. Das dürfte aber wirklich nichts Neues sein.

Wir haben unsere Seele nicht verkauft. Denn wir haben alle vier den Vertrag, mit dem wohl für uns etliche inakzeptable Bedingungen verbunden gewesen wären, nicht unterschrieben. Natürlich kann man sagen, dass wir wussten, worauf wir uns einließen, und selbst schuld waren, wenn wir zu so einem Casting gingen. Richtig. Dass wir den »Pakt mit dem Teufel« nicht eingegangen sind, brachte uns jedoch enorme Nachteile. Wir haben in den neun Monaten, die es uns gab, knapp 46 000 Euro verdient, inklusive zweier Singles, eines Albums, unseres McDonalds-Werbedeals und der Auftritte bei Festivals im Sommer. Nicht mehr und nicht weniger. Davon durften wir 6000 Euro Managementgebühr zahlen. Die Kosten für unsere Musikvideos wurden uns mit je 6000 Euro aufs Auge gedrückt. Die Flüge und Hotels wurden ebenfalls abgezogen, genau wie die Kosten für die Klamotten der Videodrehs und so weiter und so fort.

Wenn ihr aber bedenkt, dass diese Summe über das knappe Jahr verteilt immer mal wieder in kleinen Teilbeträgen bei uns ankam und somit bereits bei Erscheinen auf dem Konto wieder verschwand, dann müsst ihr feststellen, dass man als Popstar nicht wirklich etwas verdient.

Natürlich haben wir gekämpft, um weiterzumachen, und wir haben mit dem Management zusammen sogar neue Verträge in Aussicht gehabt. Verträge, bei denen wir dann endlich etwas verdienen sollten, um alles bezahlen und Geld für die Steuer und andere Ausgaben beiseitelegen zu können. Aber was passierte? Die Band löste sich auf, jeder versuchte, seinen eigenen Arsch zu retten und weiterzumachen. Da ich nie Verträge mit Holger abgeschlossen hatte, blieben alle weiteren Zahlungen aus und ich stand vor dem Nichts, schwamm durch nahezu zwei Jahre, kämpfte um eine Chance, ein zweites Leben und machte das, was ich am besten kann: Ich schrieb Gedichte, Texte, Songs und dieses Buch.

Bis heute wünsche ich mir nur eines: einzuschlafen und im Alter von zwölf Jahren wiederaufzuwachen und von vorne anzufangen – mit dem Wissen von heute. Doch ich bin noch nie davongelaufen und habe Dinge abgebrochen, ich bin noch nie geflüchtet, bin noch immer hier und werde das tun, was man in der Staffel schon an mir bewundert hat: Wenn ich eines auf die Fresse kriege und falle, dann stehe ich wieder auf und kämpfe weiter.

Das Wichtigste an allem ist doch, dass man erkennt, dass es das Leben selbst ist, was das Wertvollste ist. Wenn man das weiß, dann kann man sich auf den Grund sinken lassen und still vor sich hin lächeln.

★ **Martin Kesici**

100 Punkte für den Kandidaten Markus! Nein, im Ernst ... Ich gebe ihm in allen Punkten recht, allerdings muss ich gestehen, dass ich in Sachen Geld noch wesentlich besser weggekommen bin als Nu Pagadi. Ich bekam ja laut Vertrag eine Lizenzvorauszahlung in Höhe von 150 000 Euro. Das war ein Wahnsinnsgefühl, als ich das erste Mal eine sechsstellige Summe auf meinem Konto hatte. Vorher hatte ich mir immer nur ausgemalt, was ich alles kaufen könnte, jetzt war es Realität. Ich war fast so etwas wie reich. Allerdings versuchte ich, mich zurückzuhalten, weil ich wusste, dass von diesem Berg Geld vieles nicht direkt in meinen Geldbeutel wandern würde. Als Erstes ist da natürlich Vater Staat, der schon mal knapp 50 Prozent abzieht. »Verdammte Kacke, für was eigentlich? Was hat der Staat mit meinem Gewinn bei *Star Search* zu tun?«, dachte ich. Dann schlug noch das Management mit 25 Prozent zu Buche. Also blieben mir nach einer Woche etwa 40 000 Euro. Immerhin so viel, wie ich sonst in einem Jahr verdient hätte. Im Vergleich zu Nu Pagadi war das schon eine ganz andere Dimension. Das, was die Jungs und Mädels in neun Monaten verdient hatten, habe ich

an einem Tag verdient. Und es ging ja noch weiter, sonst hätte ich die knapp fünf Jahre bis heute nicht überstanden. Aber wenn ihr jetzt denkt: »Alter, der hat doch für Kohle jeden Scheiß gemacht«, dann irrt ihr euch. Ich habe viele sogenannte Drei-Bier-auf-ex-Gigs gemacht. Woher der Name kommt? Ganz einfach! Meine Band und ich schauten uns immer erst die Location an, und wenn wir der Meinung waren, dass das absolut nicht zu uns passte oder eine Biergartenveranstaltung war, dann haben wir uns vor dem Gig drei Bier auf ex reingehauen und waren so angetrunken genug, um die nötige Stimmung auf der Bühne zu haben.

Ich habe allerdings auch Gelegenheiten galant ausgelassen, die mir innerhalb von drei Minuten 15 000 Euro eingebracht hätten. Mein damaliger Manager rief mich zum Beispiel einmal an und meinte: »Martin, du kannst am Sonntag für 15 000 Euro beim ZDF-Fernsehgarten auftreten. Das machst du doch, oder?«

Ich bekam einen Lachanfall. Ich, Martin Kesici, beim ZDF-Fernsehgarten zwischen lauter Schlagersängern und in der Reihe schunkelnder Rentner.

»Nein, Christian, ich mach echt viel, aber das geht zu weit. Wenn mich meine Kumpels und die Leute da draußen im Fernsehgarten sehen, ist es mit meiner Rockmusiker-Karriere endgültig vorbei.«

Christian rang nach Luft und entgegnete dann in bester Managermanier: »Scheiß drauf, Martin, das sind 15 000 Euro für dich. Für drei Minuten Playback.«

»Ich habe allerdings auch Gelegenheiten galant ausgelassen, die mir innerhalb von drei Minuten 15 000 Euro eingebracht hätten.«

Schon das Wort »Playback« allein hasste ich. Und außerdem konnte ich mir genau die Gedankenblase über seinem Kopf vorstellen, in der Sätze wie: »Alter, das sind 4000 Euro für mich. Jetzt stell dich nicht so an. Du wirst das machen. Über-

ZAHLEN, BITTE!

winde dich! 4000 Euro!«, herumwaberten. Ich blieb jedoch hart und bereue noch heute diese Entscheidung nicht. Rockmusik hat da echt nichts zu suchen. Ich glaube, sonst hätten mich Magazine wie *Rock Hard* oder *Metal Heart* nicht zum Interview eingeladen und ich hätte auch nicht die Chance bekommen, auf dem Wacken-Festival zu spielen.

Auf diese Interviews bin ich heute noch stolz, und wenn man mich fragt, wofür ich mein letztes Hemd geben würde, dann würde ich antworten: »Für ein Interview im Rolling Stone.« Allerdings hat mein Castingshow-Stempel mir das bisher verwehrt. Diese renommierten Magazine denken nämlich nicht im Traum daran, Interviews mit mir zu machen. Sätze wie: »Nein danke, das ist ein Castingshow-Gewinner und der ist nicht echt«, waren leider an der Tagesordnung.

Nicht echt? Die kannten doch meine Vorgeschichte gar nicht. Die hielten mich für ein gemachtes TV-Produkt. Gut in diesem Punkt hatten sie ja auch recht. Was aber doch viel schwerer wiegen sollte, ist die Tatsache, dass ich seit meinem 14. Lebensjahr meine Musik mache und auch lebe. Was muss ich denn noch tun, um auch dem letzten Deppen klarzumachen, dass ich nur aus Langeweile und Neugier zu *Star Search* gegangen bin und dass mein Sieg eigentlich nur ein dummer Zufall war?

Herzlichen Dank an *DSDS* für dieses Vorurteil gegenüber Castingshows hier in Deutschland. Danke an Küblböck und Co.

Zum Glück hatte ich mir für mein zweites Album eine externe Promoterin genommen. Vielen Dank an dieser Stelle an Ina von Absolut Promotion. Die Frau machte echt einen Hammerjob und hat mir Dutzende Interviews für das zweite Album verschafft.

Und die natürlich nur bei den bekannten Teeniemagazinen wie *BRAVO*, *POPCORN* und wie sie sonst noch alle heißen. Ehrlich gesagt ist das aber nicht unbedingt meine Zielgruppe. Es gibt doch auch noch eine andere Welt als die von *Bild* und Co.

Nebenbei sei auch einmal erwähnt, dass man nicht jeden Skandal aus der Boulevardpresse glauben sollte. Meistens ist das eine bis ins Detail ausgeklügelte Promotion der Plattenfirmen. Wie oft habe ich nicht die Frage gestellt bekommen, ob ich nicht Lust hätte, einen Skandal zu inszenieren. Die kamen dafür auf die dümmsten Ideen. Maureen sollte inszeniert fremdgehen und nach drei Tagen sollten wir uns wieder vertragen und uns heulend in die Arme fallen. Was für ein großer Bullshit! Bin ich dazu da, die Menschen mit meiner Musik zu entertainen oder mit Lügengeschichten aus meinem Privatleben?

Ein gutes Beispiel dafür ist auch die Geschichte, die in der letzten Staffel *Deutschland sucht den Superstar* passiert sein soll. Die Kandidatin Rania soll gekifft haben. Ups! Gekifft? Ach du Schreck! Und wenn schon? Was wäre eigentlich, wenn während der gesamten *DSDS*-Staffel kein Skandal in der Zeitung stehen würde? Kein Schwanz würde sich mehr dafür interessieren. Gab es überhaupt schon einmal eine Castingshow ohne sogenannte Skandale?

NACHWORT
MARTIN KESICI

Ich wurde oft gefragt: »Martin, warum schreibst du dieses Buch? Das macht doch inzwischen jeder. Das bringt doch nichts. Das ist nicht gut für dich.«

Aber halt, das ist keine Biografie, wie sie ein Mark Medlock oder Daniel Küblböck herausgebracht haben, sondern eher ein Erfahrungsbericht, wie ihn das Leben schreibt. Ich verstehe die Menschen sowieso nicht, die meinen, eine Biografie schreiben zu müssen, obwohl sie noch nicht einmal ein Viertel ihres Lebens gelebt haben. Da kann ich nur lachen.

Ich war mir noch selten mit einer Sache so sicher wie mit diesem Buch. In den letzten fünf Jahren haben mich Tausende gefragt: »Wie ist das so, wenn man eine Castingshow gewinnt? Wird man wirklich manipuliert?«

Ja, so ist es, und das wollte ich euch allen einfach mal schwarz auf weiß liefern. Ich weiß nicht, was ihr denkt, wenn ihr das Buch gelesen habt, aber ich hoffe, dass viele die Shows dann aus einer anderen Perspektive sehen werden, ja ich weiß es sogar. Es ist wirklich schade, wie große Medien die Menschen heutzutage unterbewusst beeinflussen können.

In jeder Show gibt es das Gleiche: Die ist noch Jungfrau, der hatte schon 100 Frauen, von ihr gibt es Nacktbilder, der hatte ein schweres Leben und so weiter. Wen interessiert das? Eigentlich sollte es doch um Musik gehen.

Ich kann guten Gewissens behaupten, dass *Star Search* das einzige Casting-Format war, bei dem die Zuschauer von solchen Storys verschont geblieben sind. Man hat vorher nichts von uns in den Medien mitbekommen und konnte sich den ersten Eindruck verschaffen, als wir auf der Bühne standen und sangen. Und um nichts anderes darf es eigentlich gehen.

Leider gibt es in der Zwischenzeit viel zu viele Casting-Formate. Das erinnert mich an den Film *Die Truman Show* mit Jim Carrey. Ich hoffe, dass die meisten von euch den Film kennen. Hier wird sehr schön gezeigt, wie das Leben eines Menschen in Big-Brother-Manier von Kindheit an dokumentiert wird. Alle fiebern tagtäglich mit, 24 Stunden. Sie sehen alles von ihm, die ersten Schritte, den ersten Laut und so weiter.

Am Schluss des Films geht Truman aus dieser Sendung heraus, verbeugt sich vor seinem Publikum und die Tür schließt sich. Truman geht hinaus in die reale Welt. Danach sieht man, wie die Zuschauer auf andere Programme umschalten und sich ein anderes Format suchten, um sich erneut berieseln zu lassen.

Das Gleiche ist mit uns passiert – aus den Augen, aus dem Sinn. Man hat noch ein Jahr Support, aber dann heißt es: »Der Nächste, bitte!«, und man muss sehen, wo man bleibt.

Ein Beispiel dafür ist auch Tobias Regner, ein netter Typ, doch leider ist er komplett im Wahnsinn der *DSDS*-Show und dem ganzen Drumherum versunken. Es ist doch komisch, dass ein *DSDS*-Gewinner nach einem Jahr fallen gelassen wurde wie eine heiße Bockwurst. Er gewinnt eine Show mit im Schnitt vier Millionen Zuschauern und nach drei Singles und einem Album ist er weg und gekündigt, nur weil der Nächste in den Startlöchern steht. Traurig!

Apropos traurig, wir, also das Schreiberteam, haben versucht, auch *DSDS*-Gewinner zu Wort kommen zu lassen, aber wie Markus schon schrieb, haben die alle anscheinend eine Elektroschockthe-

NACHWORT MARTIN KESICI

rapie erhalten. Und im Übrigen wären wir schon viel früher mit dem Buch herausgekommen, wenn einige dieser Leute uns nicht immer wieder dank ihrer fehlenden Entscheidungskraft aufgehalten hätten. Da hört man dann Sprüche wie: »Och, ich weiß nicht, das schadet, glaube ich, meiner Karriere.« Welcher Karriere denn? Da muss ich echt lachen.

Oder noch so eine beliebte Aussage: »Viele raten mir, ich sollte das nicht machen.«

Wer zum Teufel sind denn viele? Haben die alle keinen Arsch in der Hose, um selbst Entscheidungen zu treffen? Zu verlieren haben wir doch alle nichts, außer vielleicht ein bisschen TV-Publikum und unseren Stolz. Da kann ich nur sagen: »Wir sind Musiker, wir gehören auf die Bühne, on the Road, aber nicht nur ins Fernsehen.«

Es gibt noch andere und bessere Möglichkeiten, sich zu präsentieren, zum Beispiel das Internet.

Ich habe zwei Tourneen gemacht. Hat das einer von den anderen Castingshow-Gewinnern geschafft? Eine kleine Handvoll vielleicht. Mir hat es auf jeden Fall Riesenspaß gemacht, meine Eindrücke hier noch einmal offen und ehrlich mitzuteilen.

Ich werde weiter Musik machen, denn das mache ich von Herzen gern. Und die Hauptsache ist doch, dass ich davon leben kann… Rock 'n' Roll!

NACHWORT
MARKUS GRIMM

»Kaum steh ich hier und singe, kommen sie von nah und fern.«

Ja, Scheiße, Herzchen. Also, wo bin ich heute? Näher am Ziel oder schon dran vorbei oder gar ganz außer Sichtweite? Manchmal habe ich keine Antwort auf diese Frage. Manchmal wache ich morgens auf und denke: »Wofür das alles? Wieso nicht zum Vollarsch werden, morgens eine Kanne Bier aufmachen und Hartz IV Hallo sagen?« Warum? Weil es nicht geht. Weil ich so etwas wie Stolz besitze, einen Stolz, den mir keiner nehmen kann. Weil ich schon immer gekämpft habe und sich das auch bis zum bitteren Ende nicht ändern wird.

Auch wenn ich das bittere Ende schon mehr als einmal vor der Tür stehen hatte, habe ich es bislang immer geschafft, mich aufzuraffen und in die andere Richtung zu rennen. Klar ist das Flucht. Klar fühlt es sich scheiße an, immer auf der Flucht zu sein. Ich renne und renne und irgendwie bin ich meist allein auf der Strecke. Es gibt nur wenige Momente, in denen man den Schmerz teilen kann, den Schmerz, dass man nicht mehr Top of the Pops ist, den Schmerz, dass dich keine Sau mehr kennen will oder mit dir arbeiten will, weil du ja bereits Geschichte bist.

Wenn ich mit Kollegen spreche, Kollegen wie Martin Kesici oder Ross, den ich sehr schätze und der einer der wenigen Popstars ist, mit dem ich noch Kontakt habe, dann weiß ich aber, dass ich nicht allein bin. Jeder von uns ist auf der Flucht. Martin hat Pläne und versucht weiterzumachen, ob nun mit einer Polen-Tour oder einer Bar in Berlin, Ross hat immer seinen Kopf oben gehalten und sich bis zum heutigen Tag sein Lachen bewahrt. Er ging in den Dschungel und kam lachend zurück, eine Ausnahmeerscheinung. Ich weiß genau, dass sein Lachen ihm in den letzten Jahren genau so schwerfiel und ihn geschmerzt hat, wie mich mein Selbstmitleid und mein Nicht-gehört-Werden, aber ich bin stolz darauf, jemanden zu kennen, der auch immer wieder aufsteht und weitermacht – ich bewundere Ross für sein Lachen. Ich bewundere Martin für seine Ehrlichkeit, eine Eigenschaft, die einen nicht weit bringt in unserem Geschäft. Mir sind ein Lachen und Ehrlichkeit aber tausendmal lieber als ein falsches Grinsen und andauernde Lügen. Lügen habe ich genug gehört in den letzten drei Jahren – immerhin lernt man, Lügen und Lügner oder Labertaschen zu erkennen. Aktuell habe ich an die hundert Songs aufgenommen, als Demo, schreibe für zwei Magazine über Musik, Games und Medien, habe an vier Büchern gearbeitet und moderiere eine eigene Techniksendung auf einem Musiksender. Das klingt doch nach vollem Tagesplan und vollen Taschen. Tja, der Schein trügt wie so oft. Selbst wenn die Taschen dadurch so gefüllt wären, dass man normal leben und arbeiten könnte, fehlt doch das Entscheidende – die Musik.

Ich kämpfe den lieben langen Tag, um meinen Namen »öffentlich« zu halten und wieder Musik machen zu können beziehungsweise zu dürfen. Dass ich es kann, weiß ich genau – nur leider klappte das mit dem Dürfen lange Zeit nicht. Es gibt ja diesen bekannten Stempel, den Castingshow-Stempel. So wie ein gebrandmarktes Pferd, das nicht mehr auf die Weide darf, steht man im Stall. Man war ja schon einmal etwas und damit ist das Thema durch. Aber jeder, der diesen Traum von Musik und einem Leben auf der Bühne und im Tourbus gehabt hat, will nicht nur unnütz und verbraucht im Stall stehen – doch so ist es nun einmal in einer Zeit, in der Musik nur noch funktionieren muss, an Verkaufszahlen gemessen wird und nicht mehr als Mischkalkulationsware von großen Einzelhandelsketten wie Saturn oder Mediamarkt ist. Keiner packt einen mehr an, es würde ja kosten und es würde sowieso darauf hinauslaufen, dass man ja der Typ aus der einen – wie hießen die noch einmal? – Band ist. Ob jemand mehr draufhat und mehr kann, interessiert hier keine Sau, das Spiel ist aus, die Chance vorbei. Entweder man hält seine Band so lange es geht am Leben, spielt auf der Eröffnung irgendwelcher Möbelhäuser in Oer-Erkenschwick oder man geht unter und wird in die Schublade der Vergessenen gepackt – da gehöre ich nicht rein, da gehört ein Martin nicht rein, kein Ross und kein… ich könnte unaufhörlich weitermachen mit Namen der Vergessenen.

Sie haben euch unterhalten, euch zum Lachen gebracht, ihr habt mit ihnen lange Abende vor dem Fernseher verbracht, für sie angerufen und mit ihnen gefiebert, einen Traum gelebt. Wenn dann der Fernseher aus ist und die Kamera andere Menschen filmt, habt ihr sie und uns vergessen. Aber euch trifft keine Schuld – ihr habt keine andere Wahl. Ihr werdet berieselt mit neuen Gesichtern, die ihr dann ein paar Monate später wieder vergessen könnt. Euch wird Musik in mundgerechten Portionen vorgesetzt, die ihr bequem per Telefon bestimmen könnt, die ihr abschalten könnt, wenn es euch zu doof wird. Wir können nicht abschalten, wir müssen leben, und das ist schwer genug, wenn man einmal auf dem Komposthaufen der Industrie gelandet ist.

»Ich lebe«, sang eine Casting-Teilnehmerin sehr erfolgreich. Ich lebe auch. Wir leben auch. Aber wie und wovon? Wenn jemand den Traum hatte, Banker zu werden und es geschafft hat, würde er sich dann an die Supermarktkasse setzen, wenn seine Bank ihn hinauswirft? Wenn jemand Medizin studiert hat, jahrelang alles geopfert hat, um seinen Traum wahr werden zu lassen, würde er nach dem Studium Gemüse und Dosenfutter sortieren? Man träumt seine Träume doch immer weiter. Wir haben unseren Traum mit ei-

NACHWORT MARKUS GRIMM

nem Millionenpublikum geteilt – das war vielleicht der Fehler, den man uns vorhalten kann. Man darf über Träume und Wünsche ja nicht reden, sonst werden sie nicht wahr. Also war das alles nur ein gefälschter Traum? Ich habe an der Supermarktkasse gesessen, ich habe Gemüse sortiert. So wie jeder, der für seinen Traum kämpft, habe ich alles getan, ich bin einer von vielen, ich bin einer von euch, bin so wie ihr – ein Träumer und Kämpfer, egal um welchen Job es geht und für welchen Traum man sich entschieden hat. Träume kann man nicht essen. Musik auch nicht, aber sie füllt wenigstens das Herz mit Sinn. Ich hoffe, dass euch niemand euren Traum stiehlt und für seine Zwecke missbraucht. Da bin ich wieder bei einem Song, den ich mit 16 Jahren schrieb: *Stolen Dreams* – als wäre es eine böse Vorahnung gewesen. Als hätte ich schon als Junge gewusst, dass meine Träume gestohlen werden können, dass Träume das Wichtigste sind. Ich schrieb den Song in einer Zeit, als für mich klar war, dass ich Musiker werden will, dass ich schreiben will und zeigen will, was ich kann, in einer Zeit, als ich Zementsäcke schleppte und meine Ausbildung machte – ich wusste schon als Kind, dass Träume ein gefährdetes Gut sind, das man als Mensch besitzt. Zerbrechliche Seifenblasen, eine Idee, ein Plan, den einem niemand nehmen sollte und der, wenn er einmal ausgesprochen ist, viel belacht und niedergemacht wird von Menschen, die ihn nicht verstehen, die zerfressen sind von Neid und selbst konfrontiert mit ihren eigenen zerbrochenen Träumen, die sie nie gelebt haben. Viele dieser gefrusteten Leute beggenen einem im Alltag – sie sind Abteilungsleiter, A&R-Manager, Menschen in Positionen, die über einen und den weiteren Weg entscheiden können, Menschen, die ihren Traum verloren haben und nun alles daransetzen, dass auch kein anderer seinen Traum auslebt. Wie gesagt, ich bin wie ihr, ich habe vieles schon gesehen und mittlerweile auch verstanden. Dinge, die man keinem wünscht, Dinge, die einen dazu bringen, zu wünschen, lieber wieder das Kind ohne Ahnung zu sein, das noch Träume hat. Ich träume weiter, werde die Scherben auffegen und weitermachen, bis auch die letzte Seifenblase zerplatzt ist. Ob ihr davon etwas mitbekommen werdet? Es liegt an euch, ob ihr es für wertvoll erachtet, einen Traum zu teilen. Um es mit Peter Lustig zu sagen: Ich gehe jetzt ins Studio und nehme neue Stücke auf – ihr könnt ja derweil schon mal… abschalten.

PS ANRUF AUS DER VERGANGENHEIT

★ Markus Grimm

Es war Dezember 2007, ein weiteres ganzes Jahr war vergangen, in dem ich mir extrem den Arsch aufgerissen hatte, um irgendwie weitermachen zu können und einen Neuanfang zu starten. Den Stempel des Popstar-Losers abzulegen, kostet enorm viel Kraft. Ich spreche ja nicht einmal davon, sich wieder zurück ins Business zu kämpfen oder einen Plattenvertrag zu bekommen, nein, ich wollte dort wieder anfangen, wo ich war, als ich noch die Einzelperson Markus Grimm gewesen war. Ich meine, *bevor* ich von einer Person zu einer Band zusammengeschmolzen wurde.

Ich muss zugeben, dass sich das Ganze seit dem Erscheinen von Room 2012 nicht mehr so extrem nach Verlierer anfühlte. Denn nachdem es die Nachfolgeband von Monrose so dermaßen gnadenlos in allen Ländern verkackt hat, gab es nach uns sogar eine Band, die noch schlechter abgeschnitten hatte als wir. Wir hatten wenigstens noch eine Nummer-eins-Single und ein Nummer-eins-Album und bekamen Gold. Room 2012 dümpelte kurzzeitig irgendwo in den Top Ten herum und schon während der laufenden Staffel wollte diese Band eigentlich keiner mehr haben.

Mit solchen Gedanken bin ich in der Zeit vor Weihnachten 2007 häufig ins Bett gegangen. Ich war kurz davor, ein neues Stadium zu erreichen. Ich war fast mit mir selbst im Reinen und hatte abgeschlossen. Es war angenehm zu wissen, wohin ich wollte und was ich in Angriff nehmen wollte.

Irgendwann abends vibrierte dann mein Handy und ich erhielt eine SMS von einer Nummer, die ich nicht kannte, die allerdings eine verdächtige Zahlenkombination aufzuweisen hatte. Deutsche Promis bekommen sehr oft bezahlte Handys samt kostenfreien Kontingenten, mit denen sie dann für null Euro in der Weltgeschichte herumtelefonieren dürfen. Diese Verträge haben meist die Besonderheit, dass sich eine bestimmte Zahl zwischen null und neun sehr oft wiederholt. Bei dieser Nummer war es die Sieben, die diese verdächtige Promi-Häufung aufwies.

Ich öffnete die SMS und da stand: »Das ist meine neue Nummer! Kris.«

Ich musste diesen Satz mindestens fünfmal lesen, um zu begreifen, was da stand. Meine Hände fingen mit jedem Mal lesen heftiger an zu zittern. Nach allem, was passiert war, nachdem ich vom »Lieblingsmenschen« zum Toten erklärt worden war und zwei Jahre lang Funkstille geherrscht hatte, holte mich die Vergangenheit ein und ich fühlte mich wieder, als ob ich gerade das Finale gewonnen hätte. Zuerst legte ich das Handy weg und dachte nur: »Das kann sie nicht ernst meinen.« Dann nahm ich das Telefon wieder in die Hand und tippte auf »antworten«: »Ich glaube nicht, dass du diejenige bist, für die du dich ausgibst.«

Zwei Minuten später klingelte das Handy. »Das darf doch einfach nicht wahr sein«, murmelte ich vor mich hin. Als ich ranging, sprang mir förmlich eine total liebreizende Kristina entgegen, so als wären nicht mehr als zwei Jahre vergangen, sondern als ob wir uns vor zwei Tagen das letzte Mal gesprochen hätten.

PS ANRUF AUS DER VERGANGENHEIT

»Hey, wie geht's dir?«, fragte sie mich mit glockenheller Stimme und dann folgte ein Blabla-Telefonat nach bester Kris-Manier. Schlechte Dinge wollte sie nicht hören und ließ sie einfach unter den Tisch fallen, gute Dinge wurden mit einem Schwall von Belanglosem zur Weltgeschichte hochstilisiert. Ich versuchte ihr, meine Sicht der Dinge zu erklären, aber auch das schien sie wenig zu beeindrucken. Kris wollte ihre Vergangenheit reinwaschen und über jede schwarze Stelle ein kleines buntes Klebeblümchen pappen.

Wir seien ja damals fast noch Kinder gewesen und hätten nicht gewusst, wo es langging und so weiter. Ich versuchte ihr zu erklären, dass das nichts mit Kindsein zu tun hatte, sondern mit Fehllenkungen und bewusst eingesetzten Tiefs der Industrie und der TV-Stationen, aber so etwas wollte sie nicht hören.

Aber solche Menschen brauche ich nicht. Kris erzählte mir begeistert, dass man ihren Vertrag bei *Verbotene Liebe* verlängert hatte und sie nun Schauspielerin sei. Ich wusste bis dahin nicht, dass sich Soap-Darsteller auch Schauspieler nennen dürfen, aber ich bin mir sicher, dass das jedem, der die Schauspielschule erfolgreich abgeschlossen hat, sauer aufstoßen dürfte. Obwohl ich Kris ja wirklich ein Kompliment machen muss, denn schauspielern konnte sie damals schon in der Band echt gut. Kein Wunder, dass sie aus ihrem Hobby einen Beruf gemacht hat.

Was mich wunderte, war, dass sie in unserem Telefonat auch nach Pat und Doreen fragte. Auf die Nachricht, dass es Pat dreckig gehe und er für BossHoss nur noch Tourkisten und Instrumente schleppe und mehr schlecht als recht ins reale Leben zurückgefunden habe, reagierte sie wie erwartet: Sie nahm eines ihrer imaginären Klebeblümchen und klebte es wortreich, schön formuliert und gut gespielt auf die Vergangenheit und die düstere Gegenwart.

Zu Doreen erzählte ich nicht viel. Auch über mich hatte ich keine Lust zu reden. Stattdessen übernahm sie das Ruder. In einem gigantischen Wortschwall teilte sie mir mit, dass sie innerhalb Kölns neulich umgezogen sei und das Peter-Pan-Buch gefunden habe, das ich ihr einmal geschenkt hatte. Ich hatte ihr damals die Widmung »Werde nie erwachsen« in das Buch geschrieben. Als sie davon sprach, schossen mir unwillkürlich Tränen in die Augen. Ich schluckte und wollte ihr auf keinen Fall zeigen, wie ich fühlte und dass es mich extrem mitnahm, sie nach zwei Jahren am Telefon zu hören. Gleichzeitig war ich auch wütend auf mich selbst. Das konnte doch nicht sein, dass nach zwei Jahren Hass und Selbstzerstörung ein Mädchen am Telefon war, dessen megaaktive Mutter im Internet über mich gehetzt hatte und mich als »Mörder« der Band dargestellt hatte und das sich jetzt mit mir auf einen Kaffee treffen und einen auf »Lieblingsmensch« machen wollte.

Ich wusste nicht, was ich machen sollte. Einfach auflegen? Nein, das war nicht meine Art. Dafür war viel zu viel passiert. Nach weiterem höflichem Geplänkel verabschiedete ich mich freundlich von ihr und legte auf. Das war's! Schlagartig war mir klar, dass ich sie nicht auf einen Kaffee treffen wollte. Ich brauchte Kris nicht für mein weiteres Leben. Es gibt eben nun mal Dinge, die man mag, und Dinge, die man nicht mag. Bei Doreen und Kris ist es so wie bei Bushido und Sido. Entweder man mag Bushido und hasst Sido abgrundtief oder eben umgekehrt. Beides geht nicht! Für mich war die Entscheidung nach diesem Telefonat klar. Ich stehe auf der Seite von Doreen, und da bringt mich auch keiner mehr weg. Ich habe noch am selben Abend mit Doreen telefoniert und ihr alles erzählt. Sie wollte die Nummer haben und Kris anrufen. Sie wollte sie endgültig aus dem Leben boxen und ihr sagen, wie scheißegal sie ihr wäre. Ich weiß bis heute nicht, ob Doreen angerufen hat oder nicht, aber ich mag ihre ehrliche und direkte Art. Man mag zu Doreen stehen, wie man will, aber man kann beim besten Willen nicht sagen, dass sie falsch oder hintenherum sei, und das liebe ich an ihr.

PS ANRUF AUS DER VERGANGENHEIT

Von Kris habe ich bis heute nichts mehr gehört. Ich gehe auch nicht davon aus, dass ich jemals wieder von ihr hören werde. Wenn ich recht überlege, dann tut mir das auch gar nicht wirklich weh. Es gibt Dinge, die man aus der Vergangenheit in die Zukunft holen sollte, und eben Dinge, die man getrost dort lassen kann. Falsche Freundschaften brauche ich nicht. Alles hat seine Zeit, Nu Pagadi hatte seine Zeit und damit ist es auch gut. Es gibt zwar immer noch Fans, die im Internet dazu aufrufen, die Band wieder zu vereinen und dort weiterzumachen, wo wir aufgehört haben. Es gibt jedoch Sachen, die nie stattfinden werden, und dazu gehört ein Comeback von Nu Pagadi. Das ist so sicher wie das berühmte Amen in der Kirche.

GASTKOMMENTAR PATRICK BOINET

(EX-NU-PAGADI-BANDMITGLIED)

Wirklich mehr als schade bei dieser ominösen Casting-Nummer ist aus meiner Sicht, dass sich dabei der Träume junger Menschen bedient wird. Dem Zuschauer wird suggeriert, er habe hier entscheidenden Einfluss auf die Entwicklung des Ganzen und sei wahrhaftig dabei.

Ich erinnere hier zum Beispiel an die Szene aus unserer *Popstars*-Staffel, in der Markus bis zum Erschöpfungszustand laufen musste. Danach erbrach er sich auf das Übelste. Warum musste das passieren? Jeder Fitnesstrainer dieser Welt weiß, dass es absoluter Bullshit ist, einen Menschen so weit zu treiben. Bei uns wurde das ausschließlich wegen der Kameras und der Einschaltquote getan. Selbst als Markus sich sein Erbrochenes vom Mund wischte, hielt die Kamera noch auf ihn drauf.

In unserem Fall war es ein Fehler, einen Haufen zusammenzuwürfeln, bei dem sich schon sehr früh abzeichnete, dass hier schon rein musikalisch unterschiedliche Charaktere aufeinanderprallen würden. Aus Sicht der Produktion dieses Formates sicherlich sehr publikumswirksam. Vergessen wurde dabei nur, dass hier eine »Band« zusammengestellt werden sollte (die Anführungszeichen deshalb, weil ich persönlich unter einer Band verstehe, dass sie aus echten Musikern besteht, die zusätzlich noch diverse Instrumente beherrschen), die aufgrund eines gemeinschaftlichen Interesses, mindestens aber zur Selbstverwirklichung zusammen Musik machen sollte. Und dies sollte dann auch noch möglichst funktionieren. Aber wie, wenn zwischen den Mitgliedern zum Teil Unterschiede von zehn Jahren Lebenserfahrung bestanden und – jedenfalls gefühlt – eine noch größere Kluft in ihrem musikalischen Verständnis, Werdegang, Reife und Ausrichtung.

Bis kurz vor der CD-Produktion war in unserem Fall nicht einmal der Plattenfirma klar, welches Image oder welche musikalische Richtung dieses – meiner Meinung nach schon vor drei Jahren völlig ausgelutschte – Format haben sollte. Da waren Kandidaten dabei, die noch nie in ihrem etwas von Black Sabbath, The Who, Led Zeppelin oder Pink Floyd gehört hatten und denen Ozzy höchstens von einer MTV-Show bekannt war. Kandidaten, die von einer Karriere wie der von Christina Aguilera und Beyoncé träumten und die sogar der Meinung waren, hierzu bräuchten sie weder Stimmbildungs- und Gesangsunterricht noch müsse man sein »Handwerk« üben. Kandidaten, die sich ihren Arsch bis zum Anschlag aufrissen, um ihren großen Traum vom Musicstar zu verwirklichen, und zum Teil gegen ihre Prinzipien verstießen (Jungs, ich denk an euch), nur um diesem Traum ein Minischrittchen näherzukommen. Unfassbar!

Hierbei möchte ich erwähnen, dass allen anderen und auch mir schon bewusst war, dass wir gerade im Begriff waren, uns zu verkaufen. Dass wir uns dem Publikum anpassen mussten, der Plattenfirma und dem Sender, und das auch noch für enorm wenig Schotter...

Einerseits lobenswert, aber doch auch äußerst angreifbar finde ich die Psycho-Nummern, die da so abgezogen wurden. Vor allem, weil sie von ungeschultem »Personal« durchgeführt wurden. Sicherlich auch im Sinne der Fernsehproduktion – ganz klar –, aber dennoch halte ich es für gefährlich, ins Innerste der Kandidaten vorzudringen. Ich möchte aber fairerweise hier nicht weiter darauf eingehen, denn diejenigen, die es betrifft und die das hier lesen, wissen selbst, was ich meine, und können sich daran erinnern. Abgesehen davon gibt es einen Leitsatz, nach dem ich lebe: »What's happening on the road, stays on the road!«

Zum Thema Management gibt es auch noch einiges zu meckern. Und zwar nicht nur, dass wir eine »Managerin« vorgesetzt bekamen, bei der ich nicht genau wusste, wessen Interessen sie eigentlich vetrat. Sicherlich nicht die der Interpreten, Künstler, Kandidaten, Bandmitglieder oder wie auch immer man uns bezeichnen mochte.

Weder über wichtige Dinge, die das Business betrafen, noch über unsere Meinung bezüglich Interviews wurde gesprochen, es wurde ganz einfach gemacht, fertig, aus!

Wir haben uns dann ein eigenes Management gesucht und haben auch eines gefunden. Aus heutiger Sicht würde ich sagen, dass wir ebensogut da hätten bleiben können, wo wir vorher waren, oder uns aber ein besseres hätten suchen sollen. Es soll ja durchaus auch Leute in diesem Business geben, die wirklich etwas können – sagt man zumindest. Kann ich böse sein!

Wie dem auch sei, es gab damals einen Vorschlag zu einer neuen Single mit dem Titel *Wer ficken will, muss freundlich sein*. Das Ausschließen der kreativen Köpfe des ersten Albums (Uwe Fahrenkrog-Petersen und der ganzen Nena-Crew) war meiner Ansicht nach deshalb ein großer Fehler.

Wenn wir gerade dabei sind: Mein Fehler und Versagen lag darin, zu der falschen Person in der Band gestanden zu haben und dazu beigetragen zu haben, dass die falsche Frau hinausgeworfen wurde. Ich hatte nicht einmal gemerkt, wie sehr sich die beiden gehasst und im Hotelzimmer bekriegt hatten.

Noch so eine Nummer! Es gab immer Doppelzimmer für uns. Anfangs dachte ich noch, es handele sich um Fehlbuchungen,

GASTKOMMENTAR PATRICK BOINET

schließlich steht doch jeder auf eine gewisse Privatsphäre. Falsch gedacht! Damit wurden Kosten gespart. Letztendlich hat uns wohl auch die fehlende Privatsphäre das Genick gebrochen. Falsche Spielchen, Intrigen und Verrat – keine guten Voraussetzungen für Harmonie in der Band!

Leute, wacht auf! Schaut euch den Quatsch nicht mehr an. Hört auf, euch daran zu beteiligen. Euer Geld ist besser angelegt, wenn ihr es versauft oder in die Spree werft, anstatt es für das Telefonvoting auszugeben. Natürlich bin ich euch dankbar, dass ihr mich in diese Kapelle gewählt habt, aber ihr hättet einen wunderschönen Urlaub in Thailand dafür machen können.

Ich will diese Erfahrung auch keinesfalls missen, denn ich habe viel gelernt. Und genau deshalb wollte ich diese paar Zeilen zu diesem Thema beitragen und versuchen, klarzumachen, was das für ein großer Scheiß und Quatsch ist, der bei diesen Castings abgeht. Ihr werdet belogen und, glaubt mir, da sind alle Casting-Formate gleich.

Ich hätte gerne mehr Kontakte geknüpft, um danach mein eigenes Ding zu machen, doch die Zeit dafür war nicht da. Der Preis für alles war der Verlust meiner Beziehung, der Verlust meiner Authentizität, der Verlust meiner Identität und das Schlimmste: Ich habe den Spaß am Singen, der Musik und dem Entertainen für einige Zeit verloren. Es hat lange gedauert, mir Letzteres wieder anzueignen.

Es sollte weniger von diesen Shows geben und mehr Firmen, die bereit sind, einen Künstler von Grund auf aufzubauen und den ganzen Weg nach oben zu begleiten. Davon hätten alle Beteiligten mehr. Viel mehr als nur mal schnell auf Kosten anderer das schnelle Geld zu machen.

Danke!

GASTKOMMENTAR MARIO EILFELD

(VATER DER *DSDS*-KANDIDATIN ANNEMARIE EILFELD)

Nur die Wahrheit! Das ist leichter gesagt als getan. Denn was ist die Wahrheit? Eigentlich bedeutet Wahrheit die Übereinstimmung von einem Gedanken oder einer Aussage mit dem, was tatsächlich vorhanden oder passiert ist.

Die beste Zeit ihres Lebens? Sicher nicht! Auch wenn die letzte Ausgabe von *Deutschland sucht den Superstar*, an der meine Tochter Annemarie teilgenommen hat, das versprochen hat.

Lassen Sie mich wie folgt beginnen auf der Suche nach der Wahrheit: RTL & Co. haben es mit der sechsten Staffel geschafft, uns jegliche Lust am Format *DSDS* zu nehmen. Vor der Staffel hieß es, dass die Soap-Elemente bei *DSDS* verstärkt werden sollten. Vielen langjährigen Zuschauern wurde dann im Laufe der Staffel schnell klar, was damit gemeint war. Der einstmalige Gesangswettbewerb wurde ausgehöhlt und bestand nunmehr schwerpunktmäßig aus dem, was die Boulevardblätter seitenweise füllte.

Bild-Zeitung und Konsorten freuten sich natürlich, ja selbst seriöse Tageszeitungen stürzten sich auf *DSDS*, um etwas vom Kuchen abzubekommen. Fanlager wurden gezielt aufeinandergehetzt. Aus Mücken wurden Elefanten gemacht und notfalls wurde auch einfach aus nichts ein Skandal gezaubert.

Die vollzogenen Veränderungen in der sechsten Staffel haben dem Sender bestimmt Woche für Woche Traumquoten beschert, und rein betriebswirtschaftlich betrachtet waren die vollen Kassen für RTL sicherlich ein Erfolg. Außerdem gab es da ja noch die Vielzahl an E-Mails von Fans, die im wahrsten Sinne des Wortes vor Fanatismus nur so strotzten. Von mangelnder Objektivität zu reden wäre blanker Hohn, denn die darin zum Teil geäußerten und oftmals vollkommen irrationalen Drohungen verdienten eher das Prädikat »schwachsinnig«. Macht so etwas dann in Summe immer noch Spaß? Die klare Antwort heißt: Nein. Letzten Endes bleibt nur, sich zu fragen: Wozu das alles? Und wenn auch mit einigem Abstand zur Finalshow noch immer nicht viel mehr als ein ratloses Achselzucken als Antwort kommt, ist es Zeit, einen sauberen Schnitt zu machen. Das war's dann eben, die Luft ist raus, der Vorhang fällt.

Gewiss war nicht alles in den vergangenen Staffeln nur schlecht, es gab ohne Frage schöne Momente und wir hatten durchaus auch Spaß.

Wer glaubt, dass diese Veranstaltung tatsächlich ein Wettbewerb ist, der sollte sich eines Besseren belehren lassen. Denn das Drehbuch ist von vornherein geschrieben, nichts wird dem Zufall überlassen, die Rollen sind verteilt: Es gab also einen Homosexuellen (eigentlich waren es zwei), eine Tante mit Harfe, einen Mädchenschwarm, eine sexy Zicke, eine »Diva«, einen Sieger, der Monate zuvor bei der fünften Staffel im Recall gescheitert war und plötzlich eine neue tolle Stimme bekommen hat, eine stimmlose Schlagersängerin und einen kranken beziehungsweise behinderten Kandidaten. Kontakt zur Jury gab es nicht. Ein sich selbst zur Elite zählender Dieter Bohlen pflegte weder zum Publikum noch zu den Kandidaten Kontakt. Er ist natürlich der Größte, der Erfolgreichste, unantastbar und unnahbar. Seine durchgehenden Manipulationsversuche mit dem Ziel, das Publikum in die Richtung zu lenken, die ihm angenehm ist, waren mehr als offensichtlich. Da wurden Kandidaten völlig niveaulos niedergemacht, bösartig beschimpft und schlechte Leistungen als Sensation dargestellt. Schließlich hat er es geschafft, seinen Kandidaten aufs Siegertreppchen zu stellen. Glückwunsch! Damit dürfte sich der Erfolg für den Sieger wieder auf nationaler Ebene abspielen und zeitlich begrenzt sein. Die Dame in der sogenannten Jury beschränkte sich darauf, über die Kleidung der Kandidaten herzuziehen oder sie zu loben, Kritik oder Lobeshymnen orientierten sich ganz an der Vorstellung des Herrschers. Eigene Meinung gleich null.

Der Versuch, eine andere Meinung zu haben, wurde dem Jurymitglied Herrn von Thun zum Verhängnis – von offizieller Seite hieß es jedoch, Bohlen und von Thun seien einfach nicht miteinander klargekommen – und beinahe auch Thuns Nachfolger Herr Neumüller, weil er es wagte, eine Kandidatin in Schutz zu nehmen. Es ist anzunehmen, dass es klärende Gespräche zwischen Bohlen und Neumüller gab, denn irgendwann war die Welt wieder in Ordnung.

Die Teilnehmer verstanden sich anfangs gut bis sehr gut, erst ab den Top Ten ging es richtig los. Jetzt wurde Hass geschürt und Lügen wurden verbreitet, um genügend Zoff für gute Einschaltquoten zu produzieren. Die Villa, ein dringend sanierungsbedürftiges Gebäude, in dem Durchgangszimmer mit drei Betten belegt waren, sollte die nervliche Belastung noch weiter verschärfen.

Das schönste Ereignis für meine Tochter, der die Rolle der sexy Zicke zugeteilt worden war, war auf alle Fälle Teneriffa: Dort war der Zusammenhalt gut und es war schön, im Winter in die Sonne fahren. Die Veranstaltungen am Samstag, auf der Bühne zu stehen und vor Millionenpublikum zu singen, eine klasse Band zur Verfügung zu haben und dabei auch Familie und Freunde zu sehen – das gehörte alles zu den besonderen Ereignissen.

GASTKOMMENTAR MARIO EILFELD

Für den Sender und das Format *DSDS* wäre es wohl am schlimmsten gewesen, wenn sich plötzlich Freundschaften entwickelt hätten, weil so etwas einfach nicht ins Drehbuch passte und einige dieses böse Spiel auch mitmachten. Beschimpfungen und Buhrufe (nur für meine Tochter) sind sicher nicht angenehm, aber wenn tolle Auftritte mit völlig hirnlosen Kritiken bewertet werden, dann zählt das meiner Meinung nach zu den äußerst unangenehmen Ereignissen. Genauso furchtbar war die Angst vor den Einspielern, die vor dem Auftritt der einzelnen Kandidaten ausgestrahlt wurden. Von Anfang an wurde jemand ausgewählt (wer wohl?), über den gnadenlos hergezogen wurde. Dabei wurden nicht einmal die Eltern verschont. An den Haaren herbeigezogene Lügen und aufgebauschte Storys sollten für Wirbel sorgen und neue Schlagzeilen erzeugen. Der damit geschürte Hass übertrug sich auf die Zuschauer in der Halle und auf die Menschen an den Bildschirmen. Die Kamerateams gaben sich die Klinke in die Hand, um eine Bemerkung oder eine Szene zu erwischen, die sie dann ausschlachten konnten. Dafür wurde tagelang gedreht.

Was sollte man jungen Menschen raten, die glauben, dass sich ihnen bei solchen Formaten eine Chance bietet? Wenn ihr in der Öffentlichkeit stehen und die Intimsphäre eurer Familien preisgeben wollt, nur um Superstar zu werden, dann tut es, aber macht euch auf das Schlimmste gefasst. Leider muss man hier etwas Zurückhaltung an den Tag legen, da bestimmte Dinge unter Verschluss bleiben müssen. In anderen Ländern geht es um Leistung auf der Bühne, darum, jungen Menschen eine Chance zu bieten, sie zu ermutigen, eine der schönsten Dinge der Welt zu tun: nämlich zu singen und Musik zu machen. Aber wir sind in Deutschland. Hier geht es ausschließlich um Einschaltquoten, und solange ein machtbesessener Dieter Bohlen im Boot sitzt, wird sich daran auch nichts ändern.

Man bekommt eine Rolle zugeteilt und kann diese spielen oder eben nicht. In Wirklichkeit ist das Ganze nur eine Castingshow und kein Gesangswettbewerb, sonst würden sensationelle Sänger und Sängerinnen nicht mit der Begründung rausfliegen: »Sorry, ihr seid toll, passt aber nicht in die Show.« Dem Publikum wird dadurch leider die Möglichkeit genommen, tolle Stimmen kennenzulernen, stattdessen darf es zwischen verschiedenen Schauspielerkandidaten auswählen. Für die deutsche Musikbranche sicher ein Verlust.

Schlussendlich musste das Finale dann eine wunderbare Happy-End-Story zeigen. Die ganze Inszenierung in unschuldigem Weiß war meines Erachtens schlichtweg der Gipfel der Verhöhnung einer gesunden Moral, die auf Anstand und Respekt basiert. Ich halte es für Diskriminierung, wenn bei derselben Aufgabe mit verschiedenen Messlatten gemessen wird. Künstler, die bei ihren Auftritten nur herumstanden oder herumsaßen, wurden in den Himmel gelobt. Andere Künstler aber, die Mut, Ideen und Dynamik zeigten, wurden stattdessen auf beleidigende Art und Weise getadelt. Texthänger, langweilige oder falsche Interpretation und vergessene Strophen wurden gelobt und sogar mit Standing Ovations gerühmt. Auf der anderen Seite wurde selbst ein perfekt vorgetragener Titel mit niederträchtigen, vom musikalischen Standpunkt aus gesehen unqualifizierten und herabwürdigenden Aussagen kommentiert. Der Belustigung und der Quoten wegen zerplatzt dann für einige der Traum von einer Musikerkarriere wie eine Seifenblase auf sehr unschöne Art und Weise.

Was sollte man noch wissen, wenn man sich für diese Castingshow entscheidet? Der Kontakt mit einigen Kandidaten, auch aus vorangegangenen Staffeln, lässt einen Einblick in die Vertragsgestaltung zu. Bis auf den Sieger bleibt selbst guten Leuten die Chance verwehrt, sich im Musikbusiness zu etablieren und sich schnell mit Veröffentlichungen, Auftritten, Werbeverträgen oder Ähnli-

GASTKOMMENTAR MARIO EILFELD

chem der Öffentlichkeit zu präsentieren. Geld bekommt man übrigens nur für die komplette Abtretung der Medienrechte, was dem Sender kräftige Verdienste einbringt – auf Kosten der Teilnehmer.

Natürlich soll hier niemand davon abgehalten werden, ein Casting zu besuchen. Aber ich halte es für wichtig, vorher zu wissen, worauf man sich einlässt. Solch eine Teilnahme ist für alle Beteiligten ein besonderes Ereignis, die Nervenbelastung ist extrem hoch und keiner weiß vorher, welche Rolle ihm zugeteilt wird ... bis zu dem Moment, in dem er mittendrin steckt. Aber dann kann man nichts mehr daran ändern, außer man zieht – wie einige Kandidaten es getan haben – die Reißleine und geht.

Noch ein Wort zu den Telefonvotings. Es geht dabei nur um viel Geld und sonst gar nichts.

Deutschland ist das einzige Land und RTL der einzige Sender, bei dem ein Notar eingesetzt wird, um den Leuten den Eindruck zu vermitteln, dass alles mit rechten Dingen zugeht. Ich erinnere an Didi Knoblauch. Nachmittags wurde von RTL auf deren Teletextseite veröffentlicht, dass er gehen müsse, und am Abend war es dann tatsächlich so. RTL begründete die Vorabveröffentlichung mit einem technischen Fehler – wie peinlich. Ein Notar bestätigte aber wie bei der Ziehung der Lottozahlen, dass alles seine Ordnung gehabt habe.

Oder die Panne in der achten Mottoshow: Wie kann ein ordnungsgemäßes Ausscheiden einer Kandidatin bestätigt werden, wenn die falsche Nummer angesagt wurde?

Wieso schrieben Hunderte Fans von Dominik, dass vor seinem Ausscheiden die Nummer gesperrt war, »kein Anschluss unter dieser Nummer« ertönte, und dies ebenso bei Annemarie? Niemand kann so ein Telefonvoting prüfen und die Richtigkeit bestätigen, das liegt allein im Verantwortungsbereich des Senders. Die Zahl der Anrufer ist entscheidend, das bringt die Kohle. Wer aber soll bitte feststellen, wo die Anrufe hingehen? Wie frei ist man tatsächlich in seiner Wahl, wenn man gefühlsmäßig und moralisch befangen ist, wenn man seinen Favoriten unterstützen möchte, aber dieser über Wochen öffentlich gedemütigt wird und er womöglich manipuliert wird?

Das Fernsehen entwickelt sich immer mehr zu einem Medium, das den Zuschauer zu langweilen beginnt. Deswegen versuchen die Sender, uns mit allen möglichen Mitteln zu binden, deswegen hat sich auch *DSDS* von einer durchschnittlichen Castingshow zu einer billigen Boulevard-Soap gewandelt.

Eigentlich sucht nicht Deutschland den Superstar, sondern Dieter Bohlen sucht seinen Liebling. Das war noch nie so offensichtlich wie in der letzten Staffel. Wenn man nach 20 Anrufversuchen nicht einmal durchkommt, weil angeblich die Leitungen überlastet sind, denkt jeder: »Mein Favorit hat so viele Anrufe, deshalb komme ich nicht durch. Das ist doch ein gutes Zeichen.« Leider ist das eine trügerische Vermutung.

Sollte irgendjemand in einer solchen Castingshow einen Sinn erkennen können, dann soll er sein Glück versuchen. Annemarie hat es getan, auch wenn sie nicht ahnen konnte, welche Auswirkungen ihre Teilnahme haben würde. Sie hat alles gemacht, was ihr gesagt wurde, Fotos, Berichte, hat die vorgeschriebenen Lieder gesungen und trotz Tränen manches Outfit getragen. Sie hat üble Kritik und schwere Beleidigungen über sich ergehen lassen, ohne zu murren. Im Gegenteil: Sie hat gelacht über die Geschichte mit den gestohlenen Douglasgeschenken oder über die bösen Entgleisungen von Herrn Bohlen. Denn sie hatte ein Ziel: Sie wollte so oft wie möglich auf der Bühne stehen und den Leuten zeigen, was sie kann. Schließlich ist sie seit Jahren als Sängerin bekannt und beliebt. 500 Buchungen in den letzten Jahren bis hin zu Auftritten im Fernsehen, die Arbeit an ihrem Album und an ihrer Karriere als Sängerin und nach absolvierter Ausbildung auch im Bereich Schauspielerei sind Beweis genug. Ihr Bekanntheitsgrad stieg von

GASTKOMMENTAR MARIO EILFELD

Woche zu Woche und die Promotion zu ihren Gunsten war sensationell, auch wenn sie ein völlig falsches Image aufgedrückt bekommen hat. Egal, sie hat ihre Rolle gespielt und vor allen Dingen Herrn Bohlen ausgelacht, weil der auf dem absteigenden Ast sitzt und sie sich nicht verbiegen ließ, auch nicht, um Sieger zu werden. Sie hat – und da darf ich meine Tochter zitieren – gesagt: »Ich bin bei *DSDS* angetreten, um Superstar zu werden, und nicht, um dieses Ding zu gewinnen.«

ANHANG

ORIGINALDOKUMENTE UND -VERTRÄGE

den 17. August 2004

Lieber Markus,

die ersten Schritte in Richtung Popstar sind gemacht.
Du hast nun schon das Casting, den Recall und den Rerecall erfolgreich gemeistert.
Die letzte Hürde bis in den Workshop muss noch genommen werden. Im **Theaterzelt - Das Schloss in München** wird die Jury nach einem intensiven zweitägigen Gesangs- und Tanztraining entscheiden, welche Talente von **Montag, 30. August 2004 bis Mittwoch, 15. September 2004** am Workshop teilnehmen werden.

Folgendes solltest Du beachten:

Zur Schlüsselshow (Dauer: 27.08.2004 bis 29.08.2004):

Treffpunkt ist **Freitag 27. August 2004 um 19.00 Uhr in der Jugendherberge, Wendl-Dietrich-Str. 20 in 80634 München** (Anfahrtsplan liegt bei). Bitte denke daran, dass Du **rechtzeitig** in München sein musst. (Kalkuliere alle möglichen Eventualitäten ein, z.B. Parkplatzsuche, Fahrtzeit mit öffentlichen Verkehrsmitteln etc.).

Zu diesem Ereignis kannst Du aus produktions- und sicherheitstechnischen Gründen nur sechs Personen, die Dir am Herzen liegen, mitbringen. Die Namen der Begleitpersonen hast Du uns bereits durchgegeben. Sollte es Änderungen geben, teile sie uns bitte umgehend telefonisch mit. Einlass können wir nur den auf unserer Gästeliste verzeichneten Personen gewähren. Das Mindestalter der Begleitpersonen beträgt 8 Jahre.

Alle Personen, die Dich begleiten, müssen ihren **Personalausweis oder Reisepass** mit sich führen. Personen die sich nicht ausweisen können, werden nicht eingelassen!

Anbei findest Du einen Vertrag in zweifacher Ausfertigung. Ein Original benötigen wir bis spätestens **23. August 2004** unterschrieben zurück. Wenn uns der Vertrag bis zu diesem Zeitpunkt nicht vorliegt, ist die Teilnahme an der Schlüsselshow nicht möglich. Im Ausnahmefall kannst Du den Vertrag auch an folgende Nummer faxen: ▬▬▬. Solltest Du unter 18 Jahre alt sein, **muss** der Vertrag von Deinen Erziehungsberechtigten unterschrieben werden.

Falls Du noch nicht volljährig bist, **musst** Du zur Schlüsselshow einen Erziehungsberechtigten mitbringen, der eine Einverständniserklärung unterschreibt. Ohne diese Unterschrift können wir Dich nicht mit in den Workshop nehmen!

Außerdem benötigen wir von Dir an diesem Tag eine **ärztliche Bescheinigung**. Die Vorlage, die Dein Hausarzt bitte ausfüllen soll, liegt diesem Schreiben bei.

ANHANG – ORIGINALDOKUMENTE UND -VERTRÄGE

Zum Ablauf:

Freitag, 27. August 2004:
Ein erstes Treffen findet **um 19.00 Uhr in der Jugendherberge, Wendl-Dietrich-Str. 20 in 80634 München** statt. Dort wirst Du über den weiteren Ablauf informiert. In der Jugendherberge sind für alle POPSTARS-Teilnehmer Zimmer gebucht. Alle Angehörigen müssen sich eigenständig um Übernachtungsmöglichkeiten in diesem Zeitraum kümmern. Die Produktion kann hierfür keine Kosten erstatten.

Samstag, 28. August 2004:
Um **07.00 Uhr Treffpunkt** an der Rezeption der Jugendherberge.
Deine Begleitpersonen halten sich von diesem Zeitpunkt an getrennt von Dir auf. Selbstverständlich ist es auch möglich, dass Deine Angehörigen erst zum großen Auftritt am Sonntagabend (29. August 2004) anreisen.

Zusammen mit allen anderen Teilnehmern wirst Du zur Trainingslocation gebracht, wo es ein, dem Workshop ähnliches Training geben wird. D. h., in Anwesenheit der Jury werdet Ihr mit den jeweiligen Coaches (Gesang und Choreographie/Staging) trainieren. Wie der genaue Ablauf aussehen wird, wird aber noch nicht verraten. Der gesamte Samstag wird als Trainingstag genutzt und bis in den Abend dauern. Für den Transfer zurück in die Jugendherberge wird selbstverständlich gesorgt.

Sonntag, 29. August 2004:
Morgens (nach Ansage) Treffpunkt an der Rezeption, danach gemeinsame Abfahrt zur Trainingslocation. Hier habt Ihr noch mal die Gelegenheit an Eurer Performance zu feilen und an den letzten Feinheiten für Euren Auftritt am Abend zu arbeiten.

Nach Ansage gemeinsame Fahrt in das Theaterzelt – Das Schloss. Hier werdet Ihr die Location kennen lernen, in der Ihr am Abend performen werdet.

Danach Transfer in die Jugendherberge. Hier solltet Ihr die Zeit nutzen um Euch für Euren großen Auftritt umzuziehen und zu stylen.

Gegen 19.00 Uhr werdet Ihr an der Jugendherberge abgeholt und in das Theaterzelt – Das Schloss gebracht. Hier besteht die Möglichkeit, die Begleitpersonen wieder zu treffen (genaueres nach Ansage).

Später zeigt Ihr der Jury, Euren Angehörigen und Freunden, was Ihr gelernt habt. Anschließend fällt die Jury ihre Entscheidung, wer am Workshop teilnehmen darf.

Um 17.00 Uhr müssen sich alle Begleitpersonen am Eingang des Theaterzelt – Das Schloss einfinden. Hier sollten die Angehörigen unbedingt auf Pünktlichkeit achten, wer zu spät kommt, kann nicht mehr eingelassen werden.

Da die Dreharbeiten an diesem Tag etwas länger dauern, ist für eine Übernachtungsmöglichkeit der Kandidaten gesorgt. Die Abfahrt zur Unterkunft findet im Anschluss statt, die Abreise für die Workshopkandidaten am nächsten Morgen (genaue Uhrzeit erfährst Du vor Ort). Für den Transfer ist gesorgt.
Aus organisatorischen Gründen, müssen wir auch hier die Verwandten und Freunde darum bitten, sich selbstständig um eine Übernachtungsmöglichkeit zu kümmern. Selbstverständlich ist es Deinen Begleitpersonen freigestellt noach am selben Abend abzureisen.

Selbstverständlich sind wir mit unseren Kameras immer mit dabei!

Workshop:

Zur Anreise:

- Solltest Du Dich bei der Schlüsselshow für die Workshop-Teilnahme qualifizieren, geht es für Dich bereits am darauffolgenden Tag in den Workshop. Halte Dir deshalb bitte den Zeitraum vom **30. August 2004** bis zum **15. September 2004** für den Workshop frei. Bitte kläre die Termine ggf. mit Deiner Schule oder deinem Arbeitgeber ab, damit es später nicht zu Überschneidungen und bösen Überraschungen kommt. Gegebenenfalls können wir Dir eine Bestätigung über die Teilnahme am Workshop ausstellen, die als Grundlage für eine Beurlaubung dienen kann. Kandidaten, die beim Workshop ausscheiden, werden kurz darauf die Rückreise antreten.

- Es ist zwingend nötig, dass Du während der gesamten Zeit einen gültigen Personalausweis mit Dir trägst!

- Außerdem müssen wir wissen, ob Du schon einmal strafrechtlich aufgefallen bist. Wenn ja, bedeutet das nicht, dass einer Teilnahme am Workshop etwas im Wege steht, dennoch müssen wir unbedingt darüber informiert werden, um ggf. entsprechend reagieren zu können.

Zum Gepäck:

Du solltest bei Deiner Anreise am Freitag Kleidung für drei Wochen im Gepäck haben. Grundsätzlich solltest Du darauf achten, dass Du geeignete Kleidung für die Trainings-Einheiten in der Schlüsselshow und im Workshop, aber eben auch coole Bühnenoutfits für die Performances und notwendiges Gepäck für die Übernachtungen eingepackt hast.

Hier ein paar Dinge, die Du auf jeden Fall dabei haben solltest:
- gültiger Personalausweis
- Handtuch
- Sportliche Kleidung und Turnschuhe für das Training
- Kleidung zum Wechseln (coole Outfits für die Performances)
- Duschutensilien

Alle Gepäckstücke müssen <u>deutlich(!)</u> mit Deinem Namen gekennzeichnet sein!

Folgende Dinge musst Du mit in den Workshop nehmen:

- ausreichend Bargeld und - wenn möglich - eine Kreditkarte oder EC-Karte
- bequeme Kleidung für den Workshop
- Sportklamotten
- Sonnenschutz (-brille, -creme, -hut...)
- Abendgarderobe/Ausgeh-Outfit
- Vier von Dir ausgewählte Bühnenoutfits für die Entscheidungsshows
- Reiseapotheke (Aspirin, Pflaster...& was Du sonst so brauchst)

ANHANG – ORIGINALDOKUMENTE UND -VERTRÄGE

- Reisewaschmittel (REI in der Tube o.ä.)/Waschmöglichkeiten vor Ort
- Discman (um das von den Coaches Gewünschte trainieren zu können)

Was Dich beim Workshop genau erwartet, erfährst Du vor Ort!
Nur soviel: Du kannst Dich auf ein intensives Training mit Profis freuen, die Dir helfen werden, Dein Können weiter auszubauen.

Achtung!
Es gilt ein generelles Dreh- und Fotografierverbot! D. h. auch für private Zwecke etc. können keine Bilder/Aufnahmen gemacht werden!

Deine Teilnahme an der Schlüsselshow und dem eigentlichen Workshop ist geheim! Sollte Dein Name/Foto im Zusammenhang mit dem Workshop in der Presse zu sehen sein, sind wir gezwungen, Dir kurzfristig eine Absage zu erteilen.

Die Geheimhaltung ist Voraussetzung für Deine Teilnahme an der Schlüsselshow und am Workshop!

Falls Du Fragen hast, kannst Du uns jederzeit unter folgenden Nummern erreichen:

Soweit die wichtigsten Infos. Jetzt liegt es an Dir. Und vergiss bitte nicht:
Jeder, der es bis hierher geschafft hat, ist ein Gewinner!

Das Popstars Team wünscht jedem Einzelnen viel Erfolg!

Schlüsselshow-Location:

Theaterzelt – Das Schloss
Schwere-Reiter-Straße 15
80797 München

Anfahrt mit öffentlichen Verkehrsmitteln:

Z.B. vom Hauptbahnhof (Nord) mit der **Trambahn 20** (Richtung Moosach) bis Haltestelle LEONRODPLATZ.

Nützliche Links:

Routenplaner unter www.falk-online.de
Stadtpläne unter www.stadtplandienst.de
Verbindungssuche Öffentliche Verkehrsmittel: www.mvv-muenchen.de

ANHANG – ORIGINALDOKUMENTE UND -VERTRÄGE

Markus Grimm
██████████████
██████████████

Lieber Markus,

heute schicken wir Dir alle notwendigen Informationen zur Schlüsselshow und zum Workshop, sowie Deinen Vertrag in zweifacher Ausführung.

Wir benötigen von Dir:

- Eine unterschriebene Ausführung des Vertrags. Neben Deiner Unterschrift am Ende des Vertrages, musst du jedes einzelne Blatt mit einem Namenskürzel versehen. Der Vertrag muss uns bis zum 23. August 2004 vorliegen.
- Die von Deinem Arzt ausgefüllte Bescheinigung kannst Du entweder mit dem Vertrag einschicken, oder spätestens zur Schlüsselshow mitbringen.
- Das von Dir überprüfte Blatt „Datensatz-Abgleich" bitte mit dem Vertrag zusammen zurückschicken.

Falls Du Fragen hast, kannst Du uns jederzeit unter folgenden Nummern erreichen:

Liebe Grüße und bis zur Schlüsselshow,

Das Popstars-Team

26. November 2004

Lieber Markus,

bald ist es soweit: das große Finale! Jetzt musst Du überlegen: Lässt Du Deine Freunde, Bekannte und Verwandte zu Hause, damit sie für Dich anrufen können, oder lädst Du sie nach Köln ein, damit sie Dich dort lautstark unterstützen? ;-)

Wir hätten da auf jeden Fall Freikarten für bis zu zehn Personen Deiner Wahl. Zu beachten gilt: Alle Gäste müssen über 16 sein oder mindestens 12, dann aber in Begleitung eines Erziehungsberechtigten.

Anbei die Gästeliste die Du mir bitte bis spätestens 02.12.2004 ausgefüllt zukommen lassen müsstest. Wenn Du es früher schaffst, wäre das natürlich noch besser.

Wichtig: Die Anzahl der angemeldeten Begleitpersonen ist verbindlich. Wenn Du z.B. sieben Personen anmeldest, müssen diese auch sicher sein und wirklich erscheinen.

Freikarten sind für Deine Gäste reserviert, Anfahrts- oder Übernachtungskosten können wir leider nicht tragen.

Also dann, üb' noch schön und bis demnächst,

ANHANG – ORIGINALDOKUMENTE UND -VERTRÄGE

Treffpunkt und Ort für Deine Gäste:

Mittwoch, 08.12.2004, 17.45 – 18.15 Uhr

Magic Media Company
Coloneum Köln
Am Coloneum 1
50829 Köln

Deine Gäste melden sich am Ticketcounter im **Foyer Mitte** und geben bitte an, dass sie auf der Gästeliste stehen.

Hier zur Sicherheit nochmal meine Telefonnummer und eMail-Addy:

Telefon:
Fax:
eMail:

Vereinbarung

zwischen

Cheyenne Records GmbH

(nachfolgend „**Firma**" genannt)

und

(nachfolgend „**Künstler**" genannt)

Firma nimmt von Darbietungen des Künstlers im ▮▮▮-Studio im Zeitraum vom 04.11. – 04.12.2004 Tonaufnahmen (nachfolgend „**Vertragsaufnahmen**" genannt) auf. Künstler hat/wird bei nachstehenden Vertragsaufnahmen als Studiosänger mitwirken:

01. Long Way
02. Hellfire
03. Sweetest Poison
04. Virus
05. Flesh For Fantasy
06. Moonlight Pogo
07. Scratching The Ceiling Of The World
08. Falling Again
09. Your Dark Side
10. Dying Words
11. Miss Me
12. TBA
13. TBA

Künstler räumt die Rechte an seiner Darbietung wegen der Mitwirkung bei den Vertragsaufnahmen Firma gemäß Anlage A ein. Künstler wird auch nach Beendigung der Aufnahmen für die Dauer von 10 (zehn) Jahren die den Vertragsaufnahmen zugrundeliegenden Werke weder in der vertragsgegenständlichen noch einer anderen Fassung in eigenem Namen oder unter einem anderen Namen oder anonym ganz oder teilweise neu aufnehmen/aufnehmen lassen oder verwerten/verwerten lassen (Titelexklusivität).

ANHANG – ORIGINALDOKUMENTE UND -VERTRÄGE

Künstler erhält für seine Leistungen sowie die Übertragung seiner Rechte eine pauschale Gesamtgage in Höhe von

€ 5.000,--.

Die Zahlung der Gesamtgage steht unter der Bedingung, dass Künstler <u>nicht</u> Mitglied der aus der vierten Staffel von POPSTARS hervorgehenden Band wird.
Soweit Künstler mehrwertsteuerpflichtig ist, erhält Künstler die Gesamtgage zzgl. Mehrwertsteuer.

▬▬▬▬▬ den ...1.12... 2004   ▬▬▬▬▬ den 2004

Cheyenne Records GmbH

Anlage A zum Vertrag Cheyenne Records und Künstler ▬▬▬▬▬

1.1 Künstler räumt Firma hinsichtlich der Vertragsaufnahmen exklusiv die Leistungsschutzrechte aus §§ 73 f. UrhG, die Leistungsschutzrechte aus §§ 85 f. und 94 UrhG, soweit sie bei Künstler entstehen, die Vergütungsansprüche für erlaubnisfreie, aber vergütungspflichtige Nutzungen durch Dritte, insbesondere aus §§ 46, 47, 52, 54, 76, 77, 86 und § 94 Abs. 4 UrhG sowie alle sonstigen durch das Urheberrecht sowie eventuelle sonstige Gesetze gewährten Rechte und Ansprüche an den Vertragsaufnahmen (einschließlich ggf. der Rechte am Bild), soweit diese nicht eine Musikurheberrechts-Verwertungsgesellschaft (z.B. GEMA, GVL) oder ein Verlag wahrnimmt.

1.2 Firma ist demnach insbesondere berechtigt, die Vertragsaufnahmen durch jedes System - auch in Verbindung mit Ton- und Bildtonaufnahmen anderer Künstler (z.B. Kopplungen) oder Ausschnittsweise - zu gewerblichen oder nicht-gewerblichen Zwecken auf Tonträgern und Bildtonträgern jeder Art, einschließlich multimedialer und interaktiver Konfigurationen zu vervielfältigen (z.B. Schallplatte, Musik-Cassette, Single, Maxi-Single, Compact-Disc inklusive CD-Single, CD-Extra, Multi-Optical-Compact-Disc/MO-CD, Digital-Compact-Cassette, Mini Disc, DAT, Card Disk, Chips, Disketten, Laser-Disc, Video Tape, Compact-Disc-Video, CD-Interactive, CD-ROM, CD-ROM-XA, RAM-Cards, Foto-CD, Video-CD, DVD, Video Magnetband etc.), SACD, zu verbreiten (inklusive der Verbreitung durch Vermietung oder Verleih), öffentlich wiederzugeben und im Hör- und Fernsehfunk (insbesondere auch über Kabel- und Satellitenfernsehen unter Einschluss von Kabelweitersendungen, on demand Nutzungen und ähnlichen technischen Einrichtungen oder einer Kombination solcher Anlagen, unabhängig davon, ob und wie ein Nutzungsentgelt hierfür erhoben wird) zu senden sowie in Filmen jeder Art (insbesondere Kinofilme, TV-Filme, Video-Clips, Musikvideos) zu verwenden, sie zu archivieren, zu bearbeiten (z.B. Remixe zu erstellen, Sampling vorzunehmen, sie auch zum Zwecke der Verbindung mit anderen Werken/Vertragsaufnahmen zu bearbeiten) und in bearbeiteter Form zu verwerten; Firma ist darüber hinaus berechtigt, die Vertragsaufnahmen im Rahmen sog. closed-circuits zu nutzen (z.B. in Hotels, Krankenhäusern, Schiffen, Flugzeugen und vergleichbaren Einrichtungen).

1.3 Firma ist auch berechtigt, die Vertragsaufnahmen in Datenbanken, Datennetzen, Dokumentationssystemen oder Speichern ähnlicher Art (i) in jeder Auswahl und Anordnung (z.B. als Einzeltitel und/oder in Zusammenstellung mit vertragsgegenständlichen Vertragsaufnahmen und/oder in Verbindung mit nicht-vertragsgegenständlichen Vertragsaufnahmen von Künstler und/oder in Verbindung mit Vertragsaufnahmen anderer Künstler), (ii) in voller Länge und/oder Ausschnittsweise (iii) und in jeder Systemqualität, (iv) in jedem Format (z.B. MP 3), (iv) für alle möglichen Nutzungen (z.B. Übermittlung zum Probehören ggf. unter Hinzufügung einer speziellen Marketinginformation und/oder zum käuflichen Erwerb mit der Berechtigung zur dauerhaften Speicherung beim Kunden) zu verwenden. Firma ist insbesondere weiter berechtigt, die Vertragsaufnahmen in Server jeder Art einzuspeisen, abzuspeichern (inclusive temporärer oder partiell-temporärer Zwischenspeicherungen), anzubieten, bereit zu stellen, in materieller oder immaterieller Form zu vervielfältigen und zu verbreiten, insbesondere auf Abruf von Orten und zu Zeiten nach Wahl des Abrufenden mittels jeglicher Technik der Datenübertragung (analog und/oder digital) zugänglich zu machen und zu übermitteln (z.B. Online-Dienste; Mobilfunk; Multi-Channel Dienste; offene Datennetze im Internet; digitale Programmanbieter; Music On

ANHANG – ORIGINALDOKUMENTE UND -VERTRÄGE

demand; Video on demand; electronic delivery;). Firma ist auch berechtigt, die Vertragsaufnahmen zu vorgenannten Zwecken in andere als die ursprünglich angelieferten technischen Formate umzuwandeln.

1.4 Die Rechtsübertragung bezieht sich auf die Nutzung der Vertragsaufnahmen in allen derzeit bekannten technischen Nutzungsarten, auch soweit sie zur Zeit noch nicht allgemein angewandt sind; sie umfasst auch urheberrechtliche Nutzungs- und Einwilligungsrechte, Leistungsschutzrechte und sonstige Rechte an bekannten Nutzungsarten, die aufgrund künftiger Rechtsentwicklung erwachsen.

1..5 Künstler erklärt sich damit einverstanden, dass die Verwertung der Vertragsaufnahmen auch auf sog. "Best Of" Produktionen, Kopplungen sowie in Verbindung mit Werbung für artfremde Drittprodukte erfolgen darf (z.B. auf sog. Sonderveröffentlichungen mit Werbeaufdruck auf Etikett und/oder Hülle oder zusammen mit der Einblendung in Werbespots Dritter).

1.6 Die unter Ziffer 1.1 - 1.5 genannten Rechte, Ansprüche und Befugnisse räumt Künstler Firma weltweit, ausschließlich sowie inhaltlich und zeitlich unbeschränkt ein. Firma ist berechtigt, diesen Vertrag als ganzen sowie die Rechte aus diesem Vertrag ganz oder teilweise auf Dritte zu übertragen.

KÜNSTLEREXKLUSIVVERTRAG

zwischen

CHEYENNE Records GmbH

██████████████
██████████████

- nachfolgend **FIRMA** genannt -

und

██████████████
██████████████
██████████████

- nachfolgend **Künstler** genannt -

VORBEMERKUNG

Der Künstler ist bestrebt sein künstlerisches Wirken unter Nutzung einer medialen Plattform, insbesondere im Fernsehen, in der Öffentlichkeit zu verbreiten.

Tresor TV, ein mit der FIRMA verbundenes Unternehmen, ist der Produzent der TV-Serie "POPSTARS". Bei der TV Serie handelt es sich um eine Doku-Soap für den Sender Pro-Sieben, die im Zeitraum August 2004 bis Dezember 2004 ausgestrahlt wurde.

FIRMA wird im Zusammenhang mit der Mitwirkung des Künstlers in der TV Serie unter dem von ihr erfundenen und in ihrem Eigentum stehenden Projektnamen „Nupagadi" unter Mitwirkung des Künstlers Ton- bzw. Bildtonaufnahmen herstellen und diese Tonaufnahmen über die TV Serie und / oder Drittpartner vermarkten.

FIRMA wird mit dem Künstler die Herstellung weiterer Tonaufnahmen im Rahmen des Projektes „Nupagadi" durchführen und die Auswertung der so hergestellten Ton- und/oder Bildtonaufnahmen auf Ton- bzw. Bildtonträgern, sowie die umfassende Vermarktung aller

ANHANG – ORIGINALDOKUMENTE UND -VERTRÄGE

mit dem Projekt „Nupagadi" und deren Mitwirkenden entstehenden sonstigen Nebenrechte exklusiv betreiben.

Zu diesem Zweck haben Tresor TV und Künstler bereits im August 2004 einen Vorvertrag abgeschlossen, der die umfassende Zusammenarbeit in Grundsätzen regelt. FIRMA übernimmt durch diesen Vertrag sämtliche Rechte und Pflichten von Tresor TV. Der nachfolgende Vertragstext ersetzt den Vorvertrag mit Tresor TV und stellt insbesondere, bezogen auf den Künstlerexklusivvertrag, dessen Longform dar.

1. VERTRAGSGEGENSTAND

1.1 FIRMA hat mit Künstler Tonaufnahmen im Umfang eines Albums mit dem Titel „Your Dark Side" hergestellt.

Gegenstand dieses Vertrages ist die Verwertung dieser Aufnahmen sowie, falls FIRMA die Option(en) gem. Ziffer 1.2.2 bis 1.2.4 ausübt, weiterer Tonaufnahmen, auf Ton- bzw. Bildtonträgern, die Verwertung von Nebenrechten (Merchandisingrechte, Verlagsrechte), die in einem Zusammenhang mit Künstler und/oder der mit ihm hergestellten Bild- bzw. Tonaufnahmen stehen, sowie die Übertragung der hierfür erforderlichen Rechte des Künstlers an FIRMA.

Künstler steht FIRMA im Rahmen des in der Präambel genannten Projektes zur Verfügung, erklärt sich hiermit jedoch bereit, seine vertraglichen Leistungen auf Wunsch von FIRMA auch als Solokünstler zu erbringen.

1.2 FIRMA stellt mit Künstler während der Vertragsperioden Vertragsaufnahmen im folgenden Umfang her.

1.2.1	1. Vertragsperiode:	1 Album (Your Dark Side)
1.2.2	2. Vertragsperiode (optional):	1 Album
1.2.3	3. Vertragsperiode (optional):	1 Album
1.2.4	4. Vertragsperiode (optional):	1 Album

1.3 Die erste Vertragsperiode beginnt am 01.12.2004 und endet 15 Monate nach Handelsveröffentlichung des vertragsgegenständlichen ersten Albums in Deutschland oder mit Veröffentlichung eines weiteren optionalen Albumtonträgers, sofern der Zeitpunkt früher liegt.

1.4 Künstler räumt FIRMA drei getrennte Optionen auf Verlängerung des Vertrages auf jeweils eine weitere Vertragsperiode ein, wobei Bedingung für die Ausübung der jeweiligen Option durch FIRMA ist, das von dem jeweiligen Vorgängeralbum bis zum Zeitpunkt 9 Monate nach Handelsveröffentlichung in Deutschland mindestens 20.000 One Artist Tonträgeralben verkauft wurden oder das Bruttogesamteinkommen von Künstler in der vorherigen Vertragsperiode bis zum Zeitpunkt der Optionsausübung mindestens 50.000,-- Euro erreicht hat. Unterschreitet das Bruttogesamteinkommen von Künstler in einem Jahr diesen Betrag, ist Künstler berechtigt, diesen Vertrag schriftlich zu kündigen.

Dieses Optionsrecht muss FIRMA jeweils vor Ablauf der vorherigen Vertragsperiode schriftlich gegenüber dem Künstler bzw. dessen Bevollmächtigten ausüben. Übt FIRMA die Option aus, so haben die Bestimmungen dieses Vertrages für beide Parteien während der Laufzeit des Vertrages volle Geltung. Sofern FIRMA eine Option nicht fristgerecht ausgeübt, verliert FIRMA das Recht auf Ausübung der weiteren Optionen.

Jede optionale Vertragsperiode beginnt mit dem Tag nach Ablauf der der betreffenden optionalen Vertragsperiode jeweils vorhergehenden Vertragsperiode und endet entweder 12 Monate nach Handelsveröffentlichung des jeweiligen vertragsgegenständlichen Albums in Deutschland oder spätestens 15 Monate nach dem Beginn der jeweiligen Vertragsperiode, je nachdem welcher Zeitpunkt der frühere ist.

1.5 Zur Vermeidung von Missverständnissen wird klargestellt, dass die maximale Laufzeit des vorliegenden Vertrages bei Ausübung aller Optionen bis zum 30.11.2009 beträgt.

1.6 FIRMA stellt mit Künstler pro jeweiliger Vertragsperiode Vertragsaufnahmen im Umfang von jeweils einem Album her. Unter Album sind Tonaufnahmen von 12 – 15 bisher nicht veröffentlichten Einzeltiteln mit einer Gesamtspieldauer von mindestens 55 Minuten zu verstehen. Mitschnitte von Live-Auftritten, Kopplungen und Best-Of Tonträgern zählen nicht zur Erfüllung dieses Vertrages.

2. ÜBERTRAGUNG DER VERWERTUNGSRECHTE

2.1 Künstler überträgt FIRMA hinsichtlich der vertragsgegenständlichen Aufnahmen exklusiv die Leistungsschutzrechte aus §§ 74 - 76 UrhG, die Leistungsschutzrechte aus §§ 85 f. und 94 UrhG, soweit sie bei Künstler entstehen, die Vergütungsansprüche für erlaubnisfreie, aber vergütungspflichtige Nutzungen durch Dritte, insbesondere aus §§ 46, 47, 52, 54, 76, 77, 86 und § 94 Abs. 4 UrhG sowie alle sonstigen durch das Urheberrecht, Markenrecht, Kunsturhebergesetz und Wettbewerbsrecht gewährten Leistungsschutzrechte und Ansprüche an den vertragsgegenständlichen Tonaufnahmen und ggf. Musikvideos (einschließlich der Rechte am Bild), soweit diese nicht eine Musikurheberrechts-Verwertungsgesellschaft (z.B. GEMA, GVL) oder ein Verlag wahrnimmt. Ansprüche aus anderen als den erwähnten Gesetzen verpflichtet sich der Künstler abzutreten, sobald FIRMA diese für die Zwecke des Vertrages oder zur Verfolgung der sich hieraus ergebenden Rechtspositionen benötigt und Künstler unter Berücksichtigung der in diesem Vertrag vorgenommenen Abtretungen kein selbstständiges Interesse für eigene Zwecke mehr an ihnen hat. Das nähere regelt <u>Anlage 1</u>, die Bestandteil dieses Vertrages ist.

ANHANG – ORIGINALDOKUMENTE UND -VERTRÄGE

2.2 Soweit Künstler selbst Urheber (Komponist; Texter; Bearbeiter; Arrangeur) und/oder Verleger der unter diesen Vertrag fallenden Werke ist, erteilt er FIRMA hiermit zur Erstveröffentlichung und Herstellung von Tonträgern und Bildtonträgern (sog. synch right) unter Verwendung dieser Werke erforderliche Einwilligung, soweit diese Rechte nicht eine Musik-Verwertungsgesellschaft wahrnimmt.

2.3 Sofern Künstler zur Veröffentlichung auf vertragsgegenständlichen Tonträgern musikalische Werke (Text und/oder Musik) allein oder mit anderen während der Laufzeit dieses Vertrages schaffen sollte, räumt er FIRMA, bezogen auf seinen Anteil am Werk, die Option ein, für die Dauer der gesetzlichen Schutzfrist die weltweiten exklusiven Verlagsrechte zu erwerben

FIRMA hat die Option innerhalb von 8 Wochen nach Erstanbietung durch den Künstler, zu der sich Künstler hiermit verpflichtet, schriftlich auszuüben. Lässt FIRMA die Frist ungenutzt verstreichen, ist Künstler frei Dritten das Werk zur Inverlagnahme anzubieten. Im Falle der Ausübung der Option ist FIRMA verpflichtet, das Werk auf einem Tonträger der Künstler zu veröffentlichen.

2.4 FIRMA ist berechtigt, diesen Vertrag als ganzen sowie die Rechte aus diesem Vertrag ganz oder teilweise auf Dritte zu übertragen, wobei FIRMA für Lizenzbeteiligungen des Künstlers etc. subsidiär haftet, soweit diese vor dem jeweiligen Vertragsübergang entstanden sind. Eine Übertragung des Vertrages als Ganzes auf Dritte ist dem Künstler schriftlich anzuzeigen Im Falle von Lizenzvergaben für Kopplungen haftet FIRMA lediglich für ein Auswahlverschulden.

3. HERSTELLUNG DER VERTRAGSAUFNAHMEN

3.1 Hinsichtlich der Auswahl der aufzunehmenden Werke (im folgenden "Titel" genannt) haben beide Parteien ein Vorschlagsrecht. Bei Nichtübereinstimmung steht FIRMA ein Letztentscheidungsrecht zu. Künstler sichert zu, dass er bei Auswahl der aufzunehmenden Titel darauf hinweisen wird, von welchen Titeln bereits Aufnahmen mit ihm hergestellt worden sind und ob eine Wiederaufnahme Exklusivrechte Dritter verletzt.

3.2 Aufnahmetermine und organisatorische Produktionsdetails stimmen die Parteien einvernehmlich ab. Produktionsbudgets und andere kostenrelevante Produktionsdetails legt FIRMA fest. FIRMA und Künstler unterbreiten jeweils Vorschläge für die Auswahl des Produzenten. Die Entscheidung über den Produzenten wird einvernehmlich getroffen, wobei Künstler das Einvernehmen nicht ohne schwerwiegende sachliche gründe verweigern wird und FIRMA ein Letztentscheidungsrecht zusteht. FIRMA wird die Termine zuvor mit Künstler absprechen und bei der Entscheidung der FIRMA über die Termine die angemessenen Belange von Künstler berücksichtigen, insbesondere deren berufliche Verpflichtungen. Hierbei gilt jedoch, dass Künstler für die Herstellung der Tonaufnahmen sowie die Werbemaßnahmen gem. Ziffer 9 FIRMA vorrangig zur Verfügung steht. Über das Artwork,

Gestaltung und Verpackung der Tonträger und wichtige Werbematerialien unter Einbeziehung von Fotos von Künstler entscheiden die Parteien einvernehmlich, wobei Künstler die Zustimmung zu Gestaltungsvorschlägen der FIRMA nicht unsachlich oder willkürlich verweigern wird und FIRMA bei Nicht-Einigung ein Letztentscheidungsrecht zusteht.

3.3 Künstler sichert zu, die festgelegten Produktionstermine einzuhalten und die zu produzierenden Titel jeweils vorher aufnahmereif einzustudieren. Künstler wird bei der Art und Weise ihres Vortrag Erfordernisse berücksichtigen, die nach Ansicht der FIRMA aus Verwertungsgesichtspunkten zu beachten sind. Aufnahmen, die nach Ansicht von FIRMA unzureichend ausfallen, sind von Künstler ohne weitere Vergütung solange zu wiederholen, bis eine nach billigem Ermessen von FIRMA zur Veröffentlichung geeignete Aufnahme zustande gekommen ist. Die Künstler sichert weiter zu, über Produktionstermine und aufzunehmende Titel solange Stillschweigen gegenüber Dritten zu bewahren, bis die mit der Künstler produzierten Titel veröffentlicht sind oder FIRMA im Einzelfall der Weitergabe von Informationen ihre vorherige Zustimmung erteilt hat.

3.4 Kommen die vorgesehenen Produktionen bis zum Vertragsende nicht oder nur teilweise zustande und hat eine der Parteien diesen Produktionsausfall zu vertreten, es sei denn die FIRMA verzichtet auf eine weitere Zusammenarbeit mit Künstler gemäß Ziffer 1.2 Satz 1 , so kann die andere Partei verlangen, dass die noch ausstehenden Aufnahmen nachproduziert werden. In diesem Fall verlängert sich der Vertrag ohne zusätzliche Ansprüche einer der Parteien bis zum Ablauf von sechs Monaten nach Fertigstellung der letzten noch ausstehenden Aufnahmen. Hat FIRMA den Ausfall zu vertreten, so erlischt die persönliche Exklusivität der Künstler mit Vertragsende. Gesetzliche Ersatzansprüche der Parteien bleiben unberührt.

3.5 Produktions- und Demokosten werden vollständig von FIRMA allein getragen. Produktionskostenüberschreitungen trägt die Künstler, wenn sie die Überschreitung schuldhaft zu vertreten hat (z.B. bei schuldhafter Nichteinhaltung vorher festgelegter Termine etc. nicht jedoch im Falle von Krankheit) in vollem Umfang.

3.6 Künstler steht der FIRMA zudem nach einvernehmlicher schriftlicher Abstimmung ggf. auch, unabhängig von dem Projekt „Preluders" zusammen mit anderen Künstlern zur Verfügung. Die Parteien werden anläßlich der Abstimmung auch festlegen, ob oder in welchem Umfange hieraus entstehende Tonaufnahmen auf die Aufnahmen aus diesem Vertrag angerechnet werden.

4. NAMENSRECHTE; ABBILDUNGEN

4.1 Der von FIRMA entwickelte Projektname lautet "Nupagadi". Künstler erkennt ausdrücklich an, dass der Projektname ausschließlich Eigentum der FIRMA ist undnur FIRMA berechtigt ist, über diesen Namen zu verfügen..

ANHANG – ORIGINALDOKUMENTE UND -VERTRÄGE

4.2 Künstler versichert, dass FIRMA exklusiv berechtigt ist, den Namen, die Abbildungen von Künstlers, seine "Story" (Biographie), sonstige biographische Daten sowie evtl. Logos, Warenzeichen oder Faksimiles zur Verwertung seiner Darbietungen und den damit verbundenen Werbezwecken kostenlos zu nutzen und/oder nutzen zu lassen. Zu diesem Zweck wird Künstler auf Wunsch von FIRMA entsprechendes Material, sofern bei Künstler vorhanden, auf eigene Kosten zur Verfügung stellen, und stellt FIRMA hinsichtlich dieses Materials von jeglichen Ansprüchen Dritter frei. Künstler wird sich darüber hinaus auf Wunsch von FIRMA für Fotoaufnahmen zur Verfügung stellen. Die Kosten für die Anfertigung der Aufnahmen trägt FIRMA.

Nach Vertragsende gemäß Ziffer 17 stehen FIRMA diese Rechte auf nonexklusiver Basis zu, solange FIRMA die Vertragsaufnahmen verwertet.

5. GARANTIE

5.1 Künstler garantiert den Bestand der in diesem Vertrag auf FIRMA übertragenen Rechte und steht dafür ein, dass er über die übertragenen Verwertungsrechte zu verfügen berechtigt ist, Dritten gegenüber nicht verfügt hat und nicht verfügen wird.

5.2 Soweit Künstler selbst Urheber (Komponist; Texter; Bearbeiter; Arrangeur) der unter diesen Vertrag fallenden Werke ist, garantiert Künstler, dass er diese Werke bisher nicht veröffentlicht und sie auch nicht unautorisiert aus Werken Dritter entnommen hat.

5.3 Künstler stellt FIRMA hiermit bezüglich der Garantien gemäß Ziffer 6.1 und 6.2 von jeglichen Ansprüchen Dritter frei. FIRMA ist berechtigt, rechtskräftig festgestellte Forderungen, die Dritte im Zusammenhang mit den vertragsgegenständlichen Ton/Bildtonaufnahmen stellen, direkt zu befriedigen und den Künstler in Höhe der erfolgten Zahlungen mit einem auf alle vertragsgegenständlichen Umsatzbeteiligungen verrechenbaren Vorschuss zu belasten bzw. dem Künstler einen entsprechenden Betrag in Rechnung zu stellen. Klarstellend halten die Parteien fest, dass die von Künstler im Hinblick auf den Mitwirkendenvertrag mit der Firma Tresor übertragenen Rechte keine Verletzung dieses Vertrages darstellen, FIRMA hält Künstler insofern von etwaigen Ansprüchen von der Firma Tresor frei.

5.4 Künstler erklärt sich damit einverstanden, dass FIRMA bzw. ihre Lizenznehmer gegen jede nach diesem Vertrag unzulässige Verwertung vorgehen können. Sofern FIRMA bzw. ihre Lizenznehmer zu einer solchen Rechtsverfolgung zusätzliche schriftliche Vollmachten von Künstler benötigen, wird Künstler diese auf Anforderung unverzüglich im Original FIRMA ausstellen sowie alle weiteren, erforderlichen Informationen erteilen.

6. EXKLUSIVITÄT

6.1 Künstler wird sich während der Vertragsdauer ausschließlich FIRMA zur Herstellung von Ton- und/oder Bildtonaufnahmen zur Verfügung stellen (persönliche Exklusivität) und keinem Dritten die Herstellung von Bild- und/oder Tonaufnahmen und deren Auswertung im Rahmen der in Ziffer 2. eingeräumten Rechte gestatten. Hierunter fällt insbesondere auch das exklusive Recht, Ton- und/oder Bildtonaufnahmen von Live-Auftritten der Künstler während der Vertragsdauer im Internet im Wege des sog. Streaming (real time und zeitversetzter sog. Web-Cast) zu übermitteln und/oder Nutzern per Download zum Kauf anzubieten. Zu diesem Zweck überträgt Künstler hiermit das dingliche Recht gem. § 75 Abs. 2 UrhG, Ton- und Bildtonaufnahmen mit Darbietungen jeder Art von Künstler aufzuzeichnen und zu verwerten.

6.2 Von der unter Ziffer 6.1 vereinbarten Exklusivität ausgenommen sind lediglich:

Ton- und Bildtonaufnahmen, die Dritte ausschließlich für Rundfunk- und Fernsehzwecke herstellen und verwenden. Künstler wird durch den Abschluss entsprechender Vereinbarungen sicherstellen, dass Dritte solche Aufnahmen nicht zu anderen als den genannten Zwecken verwenden. Aufnahmen von TV- und/oder Radiostationen von Live-Auftritten des Künstlers sind in jedem Fall vorher mit FIRMA abzustimmen. Die Rechte zur Tonträgerauswertung an Aufnahmen unter dieser Ziffer stehen ausschließlich FIRMA zu.

6.3 Künstler wird auch nach Vertragsende für die Dauer von 5 (fünf) Jahren die den Vertragsaufnahmen zugrunde liegenden Werke weder in der vertragsgegenständlichen noch einer anderen Fassung in eigenem Namen oder unter einem anderen Namen oder anonym ganz oder teilweise neu aufnehmen/aufnehmen lassen oder verwerten/verwerten lassen (Titelexklusivität). Die Titelexklusivität umfasst ausdrücklich auch die in Ziffer 6.1 genannte Herstellung und Auswertung von Ton- und/oder Bildtonaufnahmen in Form von web-casts

6.4 Verletzt Künstler die Exklusivpflichten nach Ziffer 6.1 bis 6.3, ist FIRMA unbeschadet etwa weitergehender Ansprüche berechtigt, in jedem einzelnen Verletzungsfall die Zahlung von Umsatzbeteiligungen gegen etwa der FIRMA entstandenen Schadenersatzansprüche zu verrechnen.

7. BILDTONTRÄGERPRODUKTIONEN/PRODUKTIONSKOSTEN

7.1 Künstler gewährleistet, FIRMA auf Anforderung für die Herstellung von solchen Film- bzw. sonstigen Bildtonaufnahmen unentgeltlich und uneingeschränkt zur Verfügung zu stehen, die

7.1.1 in einer Beziehung zu den unter diesen Vertrag fallenden Tonträger- und / oder Bildtonträgerproduktionen stehen oder

ANHANG – ORIGINALDOKUMENTE UND -VERTRÄGE

7.1.2 mittelbar oder unmittelbar der Auswertung der unter diesen Vertrag fallenden Tonträger- und / oder Bildtonträgerproduktionen dienen; hierzu gehören insbesondere Musikvideos jeder Art, Promotion- und Werbeclips auch in Verbindung mit Drittprodukten, Features über die Person des Künstlers, Interviews aller Art, Auftritten in allen Medien, Fototermine, Autogrammstunden etc. Alle wesentlichen Öffentlichkeitsrelevanten Maßnahmen von FIRMA bzw. deren Lizenznehmern bedürfen der vorherigen Zustimmung von Künstler.

7.2 FIRMA ist darüber hinaus berechtigt, Konzerte oder sonstige öffentliche Musikdarbietungen des Künstlers auf Ton- oder Bildtonträger aufzuzeichnen und auszuwerten.

7.3 Die Entscheidung darüber, ob und in welchem Umfang Aufnahmen bzw. Bildtonträger im Sinne der Ziffern 7.1 und 7.2 hergestellt werden, trifft FIRMA in Einvernehmen mit Künstler.

7.4 Die Kosten der jeweiligen in Ziffer 7.1. genannten Produktionen tragen FIRMA und Künstler in dem, in Ziffer 12 genannten Verhältnis.

8. VERWERTUNG DURCH FIRMA

FIRMA trifft die Entscheidung über die Art und Weise sowie den Umfang der Verwertung der Aufnahmen unter diesem Vertrag. FIRMA bestimmt somit insbesondere die für die Veröffentlichung vorgesehene Tonträgerkategorie, Abgabepreise, Veröffentlichungszeitpunkt und -dauer, Artwork und sonstige Ausstattung, Label, Single-Auskopplung, Verwertung auf Kopplungen, Zeitpunkt der Streichung und ggf. Wiederveröffentlichung. Die Titel der Singleauskopplungen bedürfen ab dem zweiten Options-Album des Einvernehmens zwischen den Parteien, dessen sich keine Partei treuwidrig verschließen wird. Bis dahin steht FIRMA ein Letztentscheidungsrecht zu.

9. WERBUNG/PROMOTION

9.1 Künstler steht FIRMA und seinen Lizenznehmern für alle erforderlichen Werbe- und Promotionaktivitäten (Interviews und Auftritte in bzw. für alle Medien, Fototermine, Autogrammstunden etc.) - soweit erforderlich - unentgeltlich zur Verfügung. Für alle weiteren Verwertungsaktivitäten gelten die Regelungen des gesonderten Beteiligungsvertrages.

9.2 FIRMA bucht und übernimmt für den Künstler die notwendigen Reise- und Übernachtungskosten (Flüge: economy Klasse; Zug: 2. Klasse; Hotel Kategorie 4 Sterne: exklusive mini-bar; Telephon; room-service etc.). FIRMA übernimmt den notwendigen Verpflegungsaufwand nach den jeweils gültigen steuerlichen Bestimmungen. FIRMA erstattet vorstehende Aufwendungen einschließlich Reisekosten jedoch nur, soweit keine Abdeckung durch Zahlungen Dritter (z.B. Gagenzahlungen einer Fernseh- oder Rundfunkanstalt) erfolgt. Künstler tritt hiermit diesbezügliche Forderungen an FIRMA ab und FIRMA nimmt diese Abtretung hiermit an.

9.3 Künstler ist nicht berechtigt, sein Abbild und/oder seinen Namen Dritten zum Zwecke kommerzieller Werbung oder für sonstige Kampagnen ohne vorherige schriftliche Zustimmung durch FIRMA zur Verfügung zu stellen. FIRMA ist berechtigt diese Zustimmung ohne Angabe von Gründen zu verweigern.

10. UMSATZBETEILIGUNGEN

Der Künstler erhält im Ausgleich für seine vertraglichen Leistungen und für die Übertragung seiner Verwertungsrechte für jeden verkauften und bezahlten Tonträger (ausgenommen Retouren, siehe Ziffer 10.17) mit Vertragsaufnahmen eine Umsatzbeteiligung auf der Grundlage der in Ziffer 10.13 geregelten Preisbasis (abzüglich Verpackungs- und Technikkosten siehe Ziffer 10.12). Die Umsatzbeteiligung beträgt:

10.1 6 % für Singletonträger bei Verkauf in Deutschland über den Handelsvertrieb

10.2 7 % für Albumtonträger bei Verkauf in Deutschland über den Handelsvertrieb bis zu 150.000 verkaufte Einheiten / Katalognummer

10.3 8 % für Albumtonträger bei Verkauf in Deutschland über den Handelsvertrieb von 150.001 bis zu 250.000 verkaufte Einheiten / Katalognummer

10.4 9 % für Albumtonträger bei Verkauf in Deutschland über den Handelsvertrieb von über 250.001 verkaufte Einheiten / Katalognummer

10.5 4 % bei Verkauf sämtlicher Tonträger im Ausland über den Handelsvertrieb

10.6 bei Verkauf von Tonträgern über Clubs, Direktversandwege (z.B. Mailorder oder TV-direct response) oder Sondervertriebswege 2/3 der jeweiligen unter 10.1 und 10.5 vereinbarten Prozentsätze,

10.7 bei Verkauf von Tonträgern über den Handelsvertrieb, deren Händlerabgabepreis um mindestens 25 % unter der handelsüblichen Hochpreisserie (Midprice) vergleichbarer Tonträger der FIRMA bzw. deren Lizenznehmer liegt, 75% der jeweiligen unter 10.1 und 10.5 vereinbarten Prozentsätze; bei Verkauf von Tonträgern über den Handelsvertrieb, deren Händlerabgabepreis um mindestens 50 % unter der handelsüblichen Hochpreisserie vergleichbarer Tonträger der FIRMA bzw. deren Lizenznehmer liegt,50% der vorhergehend vereinbarten Midprice-Rate.

10.8 bei Verkauf von Tonträgern über den Handelsvertrieb, die von der FIRMA oder von deren Lizenznehmer mit besonderem bezahlten Werbeaufwand im Wege der Kino-, Funk- und/oder Fernsehreklame oder in den Printmedien unter Zeitungs-,

ANHANG – ORIGINALDOKUMENTE UND -VERTRÄGE

Zeitschriften- oder Illustrierten-Signum oder die in Kooperation mit sonstigen Dritten (z.b. einer Fernsehanstalt) veröffentlicht werden, die 2/3 der unter 10.1 und 10.5 vereinbarten Prozentsätze, beschränkt auf die Dauer der Kampagne und weitere sich anschließende 6 Monate sowie nur bis zu dem Zeitpunkt, an welchem 50% des tatsächlich netto gezahlten Werbeaufwandes durch den Anteil der Reduzierung abgedeckt sind.

10.9   bei Verkauf von Tonträgern über den Handelsvertrieb, auf denen Vertragsaufnahmen mit Aufnahmen Dritter gekoppelt sind und die nicht unter 10.6 bis 10.8 fallen, 2/3 der unter 10.1 und 10.5 vereinbarten Prozentsätze.

10.10 Soweit Dritte für Verwertungen im Zusammenhang mit elektronischer Verbreitung bzw. Zugänglichmachung (z.B. pay per view, pay per audio, on demand) Entgelte an die FIRMA zahlen (d.h. der Künstler nicht über Wahrnehmungsgesellschaften für diese Form der Auswertung beteiligt ist), erhält der Künstler 25% (Fünfundzwanzig Prozent) der Nettoerlöse, die FIRMA für Einzelabrufe erhält. Nettoerlöse sind die bei der FIRMA eingehenden Beträge abzgl. Steuern sowie eines Pauschalabzuges für die Akquise und Abwicklung der entsprechenden Verträge in Höhe von 20%. Die Regelung in Ziffer 10.15 gilt entsprechend.

10.11 Bei nicht stückzahlbezogenen Pauschalvergütungen, z.B. für die Vergabe von Synchronisationsrechten, zahlt FIRMA an den Künstler 25% (Fünfundzwanzig Prozent) bezogen auf die an die FIRMA gezahlte Netto-Pauschalvergütung. Die Regelung in Ziffer 10.15 gilt entsprechend.

10.12 Die Kosten der Tonträgerverpackung sowie die sonstigen Technikkosten sind von der in nachfolgender Ziffer 10.13 definierten Abrechnungsbasis abzuziehen. Sie werden bei analogen Tonträgern pauschaliert mit 15%, bei Compact Discs und Card Discs mit 20 %, bei Digital Compact Cassetten (DCC), bei Digital Audio Tapes (DAT), Digitale Versatile Discs (Audio/Video) und Mini-Discs (MD) mit 25 % in Abzug gebracht. Bei Compact Disc Interactive (CD-I), CD Read Only Memory (CD-ROM) und DVD-ROM sowie anderen interaktiven Speichermedien werden die Programmieraufwendungen pauschal mit 30% von der in Ziffer 10.10 definierten Abrechnungsbasis abgezogen.

10.13 Abrechnungsbasis im Handelsvertrieb ist der jeweilige Händlerabgabepreis (HAP), d.h. der jeweilige Abgabepreis von FIRMA an den Handel ohne Verkaufs-/Umsatzsteuer. Spenden, Handling-Charges und sonstige kundenindividuelle Sondervergütungen sind nicht Bestandteil des HAP.

Für Clubverkäufe ist die Abrechnungsbasis:

a)   der durchschnittliche Abgabepreis von FIRMA bzw. deren Lizenznehmer an den Club oder den Mailorder-Händler, wenn FIRMA bzw. deren Lizenznehmer die fertigen Tonträger an den Club oder den Direktversandhändler verkauft.

b)   80 % des durchschnittlichen Club- oder Mailorder-Netto-Endverkaufspreises der vom Club- oder Mailorder-Händler verkauften Tonträger, wenn der Verkauf der

Tonträger aufgrund eines Lizenzvertrages zwischen FIRMA bzw. deren Lizenznehmer und dem Club oder dem Direktversandhändler erfolgt.

10.14 Enthält ein Tonträger Darbietungen mehrerer Künstler, so wird die Umsatzbeteiligung pro rata nach dem zahlenmäßigen Anteil der von Künstler dargebotenen Titel an der Gesamtzahl bzw. bei wesentlichen Unterschieden in der Spielzeit der einzelnen Titel nach dem zeitlichen Anteil der Darbietungen von Künstler an der Spielzeit des Tonträgers errechnet.

10.15 Gleiches wie in Ziffer 10.14 gilt, wenn – neben Künstler weitere herausgestellte Künstler an den vertragsgegenständlichen Aufnahmen teilnimmt, errechnet sich die Lizenz anteilmäßig aus der Zahl der teilnehmenden Künstler, wobei bei dieser Berechnung pauschal abgefundene Studio-Musiker & Sänger nicht mit einberechnet werden.

10.16 Soweit durch Programmier-Möglichkeiten eine Beeinflussung der Spieldauer der Vertragsaufnahmen möglich ist (z.B. bei CD-I, CD-ROM) wird für die Berechnung der Anteile die für die Vertragsaufnahmen in Anspruch genommene Speicherkapazität berücksichtigt.

10.17 Die FIRMA ist berechtigt, angemessene Retourenreserven (Single und Album 15%, bei TV beworbenen Tonträgern bis zu 25%) für Verkäufe in der jeweiligen Abrechnungsperiode zu bilden. Eine Auflösung erfolgt in der nächsten Periode.

10.18 Keine Umsatzbeteiligung steht dem Künstler für die Abgabe von Tonträgern zu, die FIRMA zum Zweck der Promotion oder sonstigen Verkaufsförderung z.B. als sog. "Free Goods"/Natural- oder sonstiger Stückzahlrabatt oder nach Streichung aus dem Vertriebsrepertoire zu Ausverkaufszwecken abgibt, oder die FIRMA an öffentlich-rechtliche und private Hörfunk- und Fernsehrundfunk-Sender liefert. FIRMA kann anstelle von "Free Goods/Naturalrabatt" gewährte Preisrabatte (Rechnungsabzüge, Boni, Skonti) in Stückzahlrabatte umrechnen.

10.19 Die Umsatzbeteiligungen stehen dem Künstler so lange zu, wie die FIRMA die Vertragsaufnahmen auswertet oder auswerten lässt, begrenzt jedoch auf die gesetzliche Schutzfrist des Tonträgers.

11. ABRECHNUNG VON VERGÜTUNGEN AUS LIZENZVERGABEN

Im Falle von Lizenzvergaben kann FIRMA bei der Berechnung der vertraglich an Künstler auszuschüttenden Umsatzbeteiligungen auch die Abrechnungsmenge und -basis ihrer Lizenznehmer zugrunde legen, wobei sich FIRMA nach besten Kräften bemühen wird die bestmöglichen Konditionen auszuhandeln.

ANHANG – ORIGINALDOKUMENTE UND -VERTRÄGE

12. ABRECHNUNGSBESONDERHEITEN FÜR MUSIKVIDEOS / PRODUKTIONSKOSTEN

12.1 Sofern die FIRMA die Vertragsaufnahmen auf Videos ohne Abbildung des Künstlers auswertet oder auswerten lässt, werden sich die FIRMA und der Künstler über eine angemessene Vergütung einigen. Bei der Angemessenheit sind die dann marktüblichen Bedingungen für vergleichbare Künstler zu berücksichtigen.

12.2 Der Künstler wird sich für die Produktion von Musik-Bildtonträgern zur Verfügung stellen und überträgt hiermit der FIRMA im selben Umfang und für die Dauer, die für die Tonaufnahmen gilt, ihre Rechte, einschließlich der Rechte am eigenen Bild, an den Aufnahmen zum Zwecke der Vervielfältigung und Verbreitung auf Bild-Tonträgern zum persönlichen Gebrauch sowie zum Zwecke der Sendung und öffentlichen Aufführung. Die FIRMA und Künstler tragen die Produktionskosten für die Herstellung von Musik-Bildtonträgern im Verhältnis von 50 : 50, wobei eine Verrechnung durch FIRMA nur mit Ansprüchen von Künstler auf Umsatzbeteiligungen und anderen Vertragseinnahmen (Beteiligungsvertrag) gegenüber Künstler erfolgt. Eine Negativverrechnung mit Garantiezahlungen ist nicht gestattet.

12.3 Als Entgelt für die Übertragung der unter Ziffer 12.2 genannten Rechte erhält der Künstler im Falle kommerzieller Verwertung der Musik-Bildtonträgeraufnahmen ebenfalls eine Umsatzbeteiligung. Diese beträgt bei Verkauf in Form von Bild-Tonträgern (z.B. Video-Bändern, Laser Disc/Compact Disc Video, Compact-Disc-Interactive (CD-I) oder CD-Read-Only-Memory (CD-ROM) bzw. CD-ROM-XA, Digital-Video-Disc) 2/3 der jeweiligen in Ziffer 10 geregelten Prozentsätze, berechnet auf dem Händlerabgabepreis (Ziffer 10.13) abzüglich einer Pauschale für Technikkosten in Höhe von 25 %.

12.4 Der Künstler erhält für die ausschließlich zu Werbe- und Promotionzwecken verwendeten Musikbild-Tonträger kein Entgelt (z.B. Diskotheken- und Fernsehpromotion, Handels- und Videopromotion in Groß- und Einzelhandelsgeschäften). Die von der GVL im Zusammenhang mit diesen Auswertungsarten wahrgenommenen Rechte und Ansprüche des Künstlers gegenüber der GVL bleiben hiervon unberührt. Das gilt auch für Ansprüche von Künstler gegenüber der GVL auf etwaige Vergütungen, die die GVL für die in Ziffer 12.3 genannten Verwertungsarten und ggf. für Vermietung erhält.

12.5 FIRMA ist berechtigt, die Produktionskosten aufgrund dieser Bestimmung zu 50 % voll und quer mit den, dem Künstler zustehenden Umsatzbeteiligungen aus diesem Vertrag zu verrechnen. Die Regelung gem. Ziffer 10.15 gilt entsprechend. (z.B. bei insgesamt vier mitwirkenden Künstlern beträgt die effektive, dem Künstler als einzelne zurechenbare Verrechnungsquote 12,5 % der Produktionskosten).

13. SONSTIGE ABRECHNUNGSBEDINGUNGEN

13.1 Die Lizenzabrechnung und -zahlung erfolgt innerhalb von 120 Tagen nach Ablauf eines jeden Kalenderhalbjahres unter Berücksichtigung zu erwartender Retouren.

13.2 Die Abrechnung von Umsatzbeteiligungen aus Lizenzvergaben erfolgt zum nächsten Abrechnungstermin, wenn die Umsatzbeteiligungen nicht mindestens einen Monat vor Ende der jeweiligen Abrechnungsperiode bei FIRMA eingegangen sind.

13.3 FIRMA kann Umsatzbeteiligungen aus Verkäufen im Ausland in der jeweiligen nationalen Währung des Vertriebslandes abrechnen und zum offiziellen Wechselkurs, der am Tag des Geldeingangs bei FIRMA gilt, an Künstler - unter Abzug ggf. hierauf entfallender Gebühren, Spesen und Steuern - weiterleiten. Wenn Umsatzbeteiligungen aus Auslandsverwertungen der Vertragsaufnahmen wegen devisenrechtlicher oder sonstiger Beschränkungen des Zahlungsverkehrs in bestimmten Ländern nicht bei FIRMA eingehen, so wird FIRMA von der Abrechnungs- und Zahlungsverpflichtung jeweils dadurch befreit, dass FIRMA die Künstler zustehende Umsatzbeteiligung zu dessen Gunsten auf einem für Künstler einzurichtenden Bankkonto in dem betreffenden Land hinterlegt.

13.4 Sofern das Lizenzaufkommen von Künstler in einem Kalenderhalbjahr Euro 100,00 unterschreitet, erfolgt die Auszahlung mit der jeweils folgenden Abrechnungsperiode.

13.5 Künstler ist berechtigt, nach Vereinbarung eines Termins die der Abrechnung zugrunde liegenden Unterlagen einmal jährlich auf eigene Kosten durch einen von ihr beauftragten vereidigten Buchprüfer oder Wirtschaftsprüfer oder einen zur Berufsverschwiegenheit verpflichteten Rechtsanwalt oder Steuerberater während der Geschäftszeit einsehen zu lassen. Ergibt die Buchprüfung einen Abrechnungsnachteil zu Lasten des Künstlers von mehr als 5%, trägt FIRMA die angemessenen Kosten der Buchprüfung. Der im Rahmen der Prüfung festgestellte Differenzbetrag ist binnen 30 Tagen nach Feststellung des Differenzbetrages an den Künstler auszuzahlen.

13.6 Abrechnungen gelten als abschließend genehmigt, wenn Künstler nicht innerhalb von 12 Monaten nach Zustellung unter Angabe von Gründen schriftlich widerspricht.

14. STEUERN

14.1 Künstler erkennt an, dass er selbst seine Steuern und Sozialabgaben aus den vertraglichen Einnahmen zu entrichten hat. Wenn aufgrund entsprechender Gesetzgebung FIRMA bzw. deren Lizenznehmer verpflichtet sind, Steuern bzw. Sozialabgaben für Künstler einzubehalten und direkt an die zuständigen Behörden abzuführen, wird dies von Künstler anerkannt, es sei denn, Künstler legt FIRMA eine Freistellungsbescheinigung der zuständigen Behörde vor.

ANHANG – ORIGINALDOKUMENTE UND -VERTRÄGE

14.2 Sofern Künstler der Mehrwertsteuer unterliegt, zahlt FIRMA die vertraglich vereinbarten Umsatzbeteiligungen nach entsprechendem Nachweis durch den Künstler zuzüglich jeweils geltender Mehrwertsteuer vergütet.

15. MECHANISCHE RECHTE

15.1 Die hinsichtlich der Vertragsaufnahmen an die jeweiligen Verwertungsgesellschaften zu entrichtenden Urhebergebühren trägt FIRMA bzw. deren Lizenznehmer.

15.2 Bei Veröffentlichung von vertragsgegenständlichen Aufnahmen in den USA und in Kanada erklärt sich Künstler damit einverstanden, dass FIRMA zur Abgeltung der Urheberrechtsansprüche des Künstlers als Autor lediglich 75 % der in den USA und Kanada geltenden sog. statutory rate für Vervielfältigungen auf der Basis von maximal 13 Titeln pro Album bzw. 3 Titeln pro Single zahlt. Gelingt es FIRMA im Falle von Fremdkompositionen und/oder Texten nicht, entsprechende vertragliche Vereinbarungen mit Dritten zu treffen, oder ist FIRMA aus sonstigen Gründen zur Zahlung der vollen gesetzlichen Gebühr verpflichtet, so ist FIRMA berechtigt, diejenige an einen Musikverlag oder eine Verwertungsgesellschaft in den USA oder Kanada gezahlte Urheberrechtsgebühr, die über die genannte statutory rate hinausgeht, mit allen Umsatzbeteiligungsansprüchen von Künstler aus diesem Vertrag in anteiliger, entsprechend der Bestimmung gem. Ziffer 11.12 Höhe zu verrechnen, wenn die Lizenznehmer von FIRMA in gleicher Weise einen Abzug vornehmen.

16. KÜNSTLER - HOMEPAGE/ WEBSITE / ONLINE-NUTZUNG/KOSTEN

FIRMA hat für die Dauer der persönlichen Exklusivität (siehe Ziffer 7) von Künstler unter diesem Vertrag das ausschließliche und räumlich unbeschränkte Recht, eine Homepage / Website von Künstlers im Internet für den weltweiten Zugriff aufzubauen bzw. aufbauen zu lassen sowie von dieser Hompage/Website Verbindungen (Hyperlinks) zu anderen Internet-Adressen herzustellen bzw. herstellen zu lassen. Miteingeschlossen ist das Recht von FIRMA, zu diesem Zweck den Künstlernamen als Domain-Name exklusiv für FIRMA anzumelden bzw. anmelden zu lassen (z.B. www.nupagadi.de/com) wobei der Domain-Name der FIRMA zusteht. FIRMA verpflichtet sich, nach Ablauf der persönlichen Exklusivität einen etwaigen Domain-Namen, die den Namen von Künstler trägt, an Künstler zurück zu übertragen. Klarstellend wird festgehalten, dass alle Namens- und Domainrechte an dem in Ziffer 1.,1.Absatzs genannten Projekt(namen) ausschließlich der FIRMA zustehen.

FIRMA wird die Oberfläche, Inhalte u. Links dieser Künstler-Homepage/ Website gestalten und pflegen. FIRMA übernimmt daher die Aufgabe, die Rechte an den Inhalten der Homepage des Künstlers, soweit diese nicht unter diesem Vertrag übertragen sind, zu erwerben.

Die Kosten für den Aufbau, die Gestaltung, Entwicklung und Pflege (einschließlich Kosten der Anmeldung u. Erhaltung des Domain-Namens) übernimmt FIRMA für die Dauer der persönlichen Exklusivität von Künstler unter diesem Vertrag.

17. VERTRAGSGEBIET,-DAUER; REMIX-, INDEPENDENT-PROMO-KOSTEN; VORSCHUSS

17.1 Vertragsgebiet ist die Welt.

17.2 Die Vertragsdauer beginnt mit vollständiger Unterzeichnung am 01.12.2004 und endet nach Ablauf der letzten Vertragsperiode gemäß Ziffer 1.2 bis 1.5.

17.3 FIRMA zahlt an Künstler im Falle der Fertigstellung des jeweiligen vertragsgegenständlichen Album-Produktion(en) gegen Rechnungsstellung eine nicht rückzahlbare, jedoch mit allen an Künstler zu zahlenden Umsatzbeteiligungen voll und quer verrechenbare Vorauszahlung von

Euro 10.000,--

(In Worten: Zehntausend)

pro vertragsgegenständlicher Album Produktion. Fällig jeweils bei Fertigstellung des jeweiligen Vertragsalbums. Pro optionalem Album erhält Künstler nach Fertigstellung einen nicht rückzahlbaren jedoch mit allen Umsatzbeteiligungen an Künstler voll und quer verrechenbaren Lizenzvorschuss von jeweils 50 % der Lizenzeinspielungen des jeweiligen Vorgängeralbums bezogen auf alle Tonträgerverkäufe innerhalb von 9 Monaten nach Erstveröffentlichung des Vorgängeralbums, mindestens jedoch Euro 10.000,-- und maximal Euro 30.000,--.

Scheidet Künstler innerhalb von 3 Monaten nach der Veröffentlichung des jeweiligen vertragsgegenständlichen Albums aus der Künstlergruppe aufgrund eigener Entscheidung oder aus Gründen, die der Künstler zu vertreten hat aus, ist er verpflichtet unbeschadet etwaiger Schadenersatzforderungen durch FIRMA bereits empfangene Vorschüsse für die jeweilige Albumproduktion an die FIRMA zurück zu zahlen.

Zur Sicherung der Verrechnungsansprüche tritt Künstler an FIRMA dem Künstler zustehenden Beteiligungsansprüche bis zur Höhe der jeweils offenen Vorauszahlungsbeträge sicherungshalber ab. FIRMA nimmt diese Abtretung an.

17.4 FIRMA ist hinsichtlich der Verwertung vertragsgegenständlicher Aufnahmen in den USA und Kanada berechtigt, anteilig Kosten für sog. Independent Promotion als nicht rückzahlbare, jedoch verrechenbare Vorauszahlungen an Künstler abzurechnen. Das gleiche gilt für Kosten für Radio-, TV- und Pressepromoter hinsichtlich Verkäufen außerhalb Deutschland Die Regelung gemäß Ziffer 10.15 gilt entsprechend.

ANHANG – ORIGINALDOKUMENTE UND -VERTRÄGE

18. SCHLUSSBESTIMMUNGEN

18.1 Der vorliegende Vertrag ersetzt die Vereinbarung zwischen Künstler und Tresor TV Produktions GmbH vom August 2004, im folgenden **Tresor Vertrag** genannt. Tresor TV stimmt der Ersetzung zu. Mit den in diesem Vertrag vereinbarten Bestimmungen, die z.t. erheblich zugunsten von Künstler von den Bedingungen des Tresor Vertrages abweichen, erledigen sich auch alle etwaigen Ansprüche von Künstler gegen FIRMA sowie Tresor TV aus dem Tresor Vertrag, soweit sie Künstler nicht aufgrund der Regelungen dieses Vertrages zustehen.

18.2 Für den Fall, dass eine der Parteien gegen eine wesentliche Bestimmung dieses Vertrages verstößt und ihren entsprechenden vertraglichen Verpflichtungen nicht innerhalb 30 Tagen nach entsprechender schriftlicher Aufforderung durch die jeweils andere Partei nachkommt, oder für den Fall, dass über das Vermögen einer der Parteien ein Insolvenzverfahren eröffnet wird, ist die jeweils andere Partei berechtigt, den Vertrag schriftlich mit sofortiger Wirkung zu kündigen. Sofern eine der Parteien den Vertrag fristlos kündigt, bleiben die vertraglichen Auswertungsrechte von FIRMA an den bis dahin unter diesem Vertrag übernommenen Aufnahmen unberührt, sofern FIRMA ihrer Lizenzabrechnungs- und Auszahlungspflicht gemäß den Bestimmungen dieses Vertrages weiter nachkommt.

18.3 FIRMA wird von den mit diesem Vertrag übernommenen Verpflichtungen entbunden, soweit äußere Umstände, insbesondere solche in der Person von Lizenznehmern von FIRMA sowie alle Fälle höherer Gewalt, die Erbringung dieser Verpflichtungen unmöglich machen oder übermäßig erschweren. FIRMA ist in diesen Fällen berechtigt, ohne Verwirkung von Schadensersatzansprüchen vom Vertrag zurückzutreten. Ansonsten gelten die gesetzlichen Bestimmungen über Leistungsstörungen.

18.4 Die etwaige Unwirksamkeit einer Bestimmung lässt die Wirksamkeit des Vertrages in ihrer Gesamtheit unberührt. Eine unwirksame Bestimmung ist durch eine sinnentsprechende wirksame Bestimmung zu ersetzen, die dem wirtschaftlichen Zweck am nächsten kommt und wirksam ist. Gleiches gilt im Falle einer Vertragslücke.

18.5 Die Aufhebung, Änderung und Ergänzung des Vertrages im ganzen bzw. einzelner Bestimmungen bedürfen der Schriftform. Dies gilt auch für die Abbedingung der Schriftformklausel. Mündliche Nebenabreden sind nicht getroffen.

18.6 Erfüllungsort und ausschließlicher Gerichtsstand für alle etwaigen Streitigkeiten aus diesem Vertrag ist, sofern gesetzlich zulässig, München. Es gilt deutsches Recht.

▬▬▬▬▬ den 2005   ...., den 2005

_____   _____
▬▬▬▬▬▬▬▬▬▬▬▬▬▬▬▬▬▬▬▬   ▬▬▬▬▬▬▬▬▬▬▬▬▬▬▬▬▬▬▬▬

Cheyenne Records GmbH

ANHANG – ORIGINALDOKUMENTE UND -VERTRÄGE

Anlage 1
zu Ziffer 2 des Künstlerexklusiv-Vertrages Cheyenne ./. ▬▬▬▬▬▬▬▬▬

1. FIRMA ist in Zusammenhang mit den, von dem Künstler an FIRMA gem. Ziffer 2 übertragenen Rechte zur umfassenden Nutzung der Vertragsaufnahmen berechtigt, demnach insbesondere:

   1.1 Die Aufnahmen durch jedes System - auch in Verbindung mit Aufnahmen anderer Künstler (z.B. Kopplungen) oder ausschnittsweise - zu gewerblichen oder nichtgewerblichen Zwecken auf Tonträger und Bildtonträger jeder Art, einschließlich multimedialer und interaktiver Konfiguration zu vervielfältigen (z.B. Schallplatte, Musik-Cassette, Tonbänder, Single, Maxi-Single, Compact-Disc inklusive CD-Single, CD-Extra, Multi-Optical-Compact-Disc/MO-CD, Digital-Compact-Cassette, Mini Disc, DAT, Card Disk, Chips, Disketten, Laser-Disc, Video Tape, Compact-Disc-Video, CD-Interactive, CD-ROM, CD-ROM-XA, CD-Plus, Enhanced-CD, RAM-Cards, Foto-CD, Video-CD, DCC, DVD, DVD-Audio, DVD-Video, DVD-ROM, Video, Videoplatten, Magnetband etc.), zu verbreiten (inklusive der Verbreitung durch Vermietung oder Verleih), öffentlich wiederzugeben und im Hör- und Fernsehfunk (insbesondere auch über Kabel- und Satellitenfernsehen unter Einschluß von Kabelweitersendungen, on demand Nutzungen und ähnlichen technischen Einrichtungen oder einer Kombination solcher Anlagen, unabhängig davon, ob und wie ein Nutzungsentgelt hierfür erhoben wird) zu senden sowie in Filmen jeder Art (insbesondere Kinofilme, TV-Filme, Video-Clips, Musikvideos) zu verwenden, sie zu archivieren, zu bearbeiten (z.B. Remixe zu erstellen, Sampling vorzunehmen, sie auch zum Zwecke der Verbindung mit anderen Werken/Aufnahmen zu bearbeiten) und in bearbeiteter Form zu verwerten; FIRMA ist darüber hinaus berechtigt, die Aufnahmen im Rahmen sog. closed-circuits zu nutzen (z.B. in Hotels, Krankenhäusern, Schiffen, Flugzeugen und vergleichbaren Einrichtungen), Decoder, Set-Top-Box-Systemen und ähnlicher Einrichtungen oder mittels Kombination solcher Anlagen und unabhängig davon wie das Nutzungsentgelt erhoben wird (z.B. durch Pay-per-Audio, Pay-per-View, Pay-TV- oder Radio, Audio-/Video/-Radio on demand bzw. near on demand, Databroadcasting, Multichannel-Anbieter wie z.B. DMX).

   1.2 Die vertragsgegenständlichen Ton- und Bildaufnahmen in Datenbanken, Datennetzen, Dokumentationssystemen oder Speichern ähnlicher Art (i) in jeder Auswahl und Anordnung (z.B. als Einzeltitel und/oder in Zusammenstellung mit vertragsgegenständlichen Aufnahmen und/oder in Verbindung mit nichtvertragsgegenständlichen Aufnahmen von Künstler und/oder in Verbindung mit Aufnahmen anderer Künstler), (ii) in voller Länge und/oder ausschnittsweise (iii) und in jeder Systemqualität, (iv) in jedem Format (z.B. MP 3), (iv) für alle möglichen Nutzungen (z.B. Übermittlung zum Probehören ggf. unter Hinzufügung einer speziellen Marketinginformation und/oder zum käuflichen Erwerb mit der Berechtigung zur dauerhaften Speicherung beim Kunden) zu verwenden. FIRMA ist insbesondere berechtigt, die Aufnahmen in Server jeder Art einzuspeisen, abzuspeichern (inklusive temporärer oder partiell-temporärer Zwischenspeicherungen), anzubieten, bereit zu stellen, in materieller oder immaterieller Form zu vervielfältigen und zu verbreiten, insbesondere auf Abruf von Orten und zu Zeiten nach Wahl des Abrufenden mittels jeglicher Technik der Datenübertragung (analog und/oder digital) zugänglich zu machen und zu übermitteln (z.b. Online-Dienste; Multi-Channel Dienste; offene Datennetze im Internet; digitale Programmanbieter; Music On demand; Video on demand; electronic delivery, Mobilfunk). FIRMA ist auch berechtigt, die Aufnahmen zu vorgenannten Zwecken in andere als angelieferte technische Formate umzuwandeln.

2. Künstler erklärt sich weiter damit einverstanden, dass die Verwertung vertragsgegenständlicher Tonaufnahmen und Bild-Tonaufnahmen auch auf sog. "Best Of" Produktionen, Kopplungen sowie auch in Verbindung mit Werbung für artfremde Drittprodukte erfolgen darf (z.b. auf sog. Sonderveröffentlichungen mit Werbeaufdruck auf Etikett und/oder Hülle oder zusammen mit der Einblendung in Werbespots Dritter).

3. Die Rechtsübertragung bezieht sich auf die Nutzung der Vertragsaufnahmen in allen derzeit bekannten technischen Nutzungsarten, auch soweit sie zur Zeit noch nicht allgemein angewandt sind; sie umfasst auch dieNutzungs- und Einwilligungsrechte, Leistungsschutzrechte und sonstige Rechte an bekannten Nutzungsarten, die aufgrund künftiger Rechtsentwicklung erwachsen.

Soweit derzeit noch nicht bekannte Nutzungsarten in Zukunft bekannt werden, und Künstler dadurch Leistungsschutzrechte an diesen Nutzungsarten erwirbt, räumt Künstler FIRMA die unwiderrufliche Erstoption zum exklusiven Erwerb dieser Rechte zu dann marktüblichen Bedingungen ein.

Im Falle einer kommerziellen Auswertung im Rahmen der in dieser Ziffer genannten Nutzungsarten werden die Parteien - sofern diese Rechte nicht eine Verwertungsgesellschaft/Wahrnehmungsgesellschaft abwickelt - über die Beteiligung von Künstler an dieser Auswertung eine separate Vergütungsregelung treffen, wobei die Parteien bei der Festlegung der Höhe der Beteiligung eine etwa bestehende Branchenüblichkeit berücksichtigen werden. FIRMA ist aber in jedem Fall zu einer entsprechenden Auswertung zu proportional den Konditionen dieses Vertrages entsprechenden Konditionen berechtigt.

4. Die voranstehend unter Ziffer 1- 3 genannten Rechte, Ansprüche und Befugnisse überträgt Künstler der FIRMA weltweit, ausschließlich sowie inhaltlich und zeitlich unbeschränkt übertragen.

5. Das Eigentum an den Masterbändern, sonstigen production-parts und sonstigem unter diesem Vertrag von FIRMA herzustellendem Material steht exklusiv FIRMA zu.

ANHANG – ORIGINALDOKUMENTE UND -VERTRÄGE

VEREINBARUNG

zwischen

CHEYENNE Records GmbH

██████████████
██████████████

- nachstehend **FIRMA** genannt -

und

██████████████
██████████████
██████████████

██████████████

- nachstehend **Künstler** genannt -

PRÄAMBEL

Aufgrund der im Unternehmensverbund von Firma produzierten TV-Serie "Popstars" ist Künstler in allen Medien präsent und einem großen Publikum bekannt geworden.

Künstler hat sich entschlossen, für den Aufbau seiner künstlerischen Karriere insbesondere als Sänger, Darsteller und Werbeträger mit Firma zusammen zu arbeiten. Aus diesem Grund treffen die Parteien nun die nachfolgende Vereinbarung.

Mit Beginn der Karriere übernimmt Firma die Steuerung des strategischen Managements hinsichtlich des Karriereaufbaus, die klassischen Aufgaben eines Tonträgerherstellers und die umfassende Vermarktung aller, mit der Persönlichkeit des Künstlers in Zusammenhang stehenden Aktivitäten.

1. Erlösbeteiligung

1.1 FIRMA stehen vorbehaltlich der Regelungen gem. Ziffer 1.2 und Ziffer 1.3 vierzig Prozent (40 %) der Nettoerlöse zu, die Künstler aufgrund der während der Dauer des Vertrages abgeschlossenen Verträge erzielt, sofern Künstler die Einnahmen im Zusammenhang mit seiner künstlerischen Karriere erwirtschaftet (z.B. Werbung, Filmschauspielertätigkeit, Sponsoring, Showmitwirkung etc.).

Die Auswahl sämtlicher derartiger Vertragspartner des Künstlers, insbesondere der Sponsoren und Werbepartner, bedarf des vorherigen Einvernehmens der Parteien im Einzelfall. Alle eingehenden Anfragen, den Künstler betreffend, wird FIRMA unverzüglich an den Künstler weiterleiten. Der jeweilige Vertragsabschluss erfolgt durch FIRMA in eigenem Namen, jedoch nicht vor schriftlicher Zustimmung des Künstlers zum jeweiligen Einzelvertrag. FIRMA ist für die Einnahmen aus derartigen Verträgen inkasso berechtigt.

Nettoerlöse sind Bruttoerlöse abzüglich Umsatzsteuer sowie abzüglich aller für die Erzielung der Einnahmen notwendiger und nachgewiesenen Kosten inklusive aller Fremdkosten Dritter. Zu dem Anteil der FIRMA wird die jeweils geltende Mehrwertsteuer gezahlt.

Erfolgt die Akquise eines Engagements durch den Künstler selbst, erhält der Künstler hierfür eine Agenturvergütung in Höhe von 15 %. Eine Provisionierung der Akquise erfolgt aber nur für den Fall, dass eine Agenturvergütung für einen Dritten nicht anfällt. Die Agenturprovision wird vom Bruttobetrag abzüglich Mehrwertsteuer fällig und zählt zu den Vorkosten. Ein von Künstler akquiriertes Engagement kann FIRMA nur ablehnen, wenn es berechtigten und wichtigen Interessen von FIRMA entgegensteht.

Klarstellend halten die Parteien fest, dass sich die Beteiligung der Firma nur auf diejenigen Verträge bezieht, die während der Dauer des Vertrages abgeschlossen wurden. Für den Beteiligungsanspruch kommt es des weiteren nicht darauf an, zu welchem Zeitpunkt ein Vertragspartner abrechnet, sondern zu welchem Zeitpunkt die jeweiligen Verwertungen erfolgt sind bzw. Leistungen erbracht wurden (z.B.: Endet dieser Vertrag am 31.12.2006 und hat Künstler im Rahmen eines Werbevertrages Leistungen im Dezember 2006 erbracht, aufgrund derer ihr ein Zahlungsanspruch zusteht, der jedoch erst im Januar 2007 erfüllt wird, so steht Künstler der Beteiligungsanspruch

ANHANG – ORIGINALDOKUMENTE UND -VERTRÄGE

      zu, unabhängig von der Tatsache, dass der Vertrag zum 31.12.2006 beendet ist).

1.2 Ausgenommen von der vorstehend geregelten Erlösbeteiligung sind Einnahmen des Künstlers aufgrund der zwischen den Parteien geschlossenen Verträgen (Künstlerexklusiv-Verträge, Verlagsvertrag etc.), Einnahmen aus der Ziffer 2 dieses Vertrages sowie Einnahmen aus anderweitigen Tätigkeiten des Künstlers, soweit diese nicht mit dem in Ziffer 1.1 genannten Zusammenhang stehen (z.B. Investitionen, Aktien, Immobilien, Erbschaften, andere berufliche Tätigkeiten als künstlerische).

      Klarstellend wird festgehalten, dass Einnahmen der Künstler aus GEMA, GVL Ausschüttungen nicht dem Beteiligungsanspruch der Firma unterliegen.

2. Booking

2.1 Künstler räumt der FIRMA weiterhin für die Dauer des Vertrages das exklusive und übertragbare Bookingrecht ein, d.h. die Berechtigung, honorarpflichtige Auftritte (z.b. Funk, Fernsehen, Konzerte, Galas, Festivals etc.) der Künstler als Agent/Agentur des Künstlers gegen eine Vermittlungsgebühr durchzuführen. Die jeweiligen Vertragsabschlüsse führt FIRMA im eigenen Namen und auf eigene Rechnung durch. FIRMA ist berechtigt, sich zur Durchführung des Bookings durch Künstler genehmigter Dritter zu bedienen. FIRMA wird Künstler vor Vertragsabschluss und vor Erbringung der Leistung durch Künstler die jeweiligen Verträge zur Gegenzeichnung vorlegen. FIRMA ist inkassoberechtigt.

2.2 Die Vermittlungsgebühr beträgt 40 % der Nettoerlöse, die Künstler aufgrund seiner Auftritte erzielt. Mit der Beteiligung nicht abgegolten sind auch Ansprüche Dritter, derer sich die FIRMA ggf. im Rahmen ihrer Vermittlung bedient. Diese Kosten gelten als vorabzugsfähige Gestehungskosten. Nettoerlöse in diesem Sinne sind Bruttoerlöse abzüglich Umsatzsteuer sowie abzüglich aller von Künstler genehmigter zur Erzielung der Einnahmen nachweislich notwendigen Kosten der kommerziellen Auftritte des Künstlers. Dazu zählen neben den ggfs. anfallenden Kosten von Bookingagenturen die Kosten für die Bühnenshow inkl. Musiker, Tänzer und Dekoration, die Kosten der Bühnentechnik, Reise- und Unterbringungskosten, Kostümkosten, Tanz- und Vocal Coachingkosten, Verpflegungsaufwendungen und alle nachgewiesenen Kosten, die nicht durch Erstattungen Dritter abgedeckt sind. Klarstellend halten die Parteien fest, dass es sich bei den abzugsfähigen Kosten für die Durchführung von Konzerten (Licht, Technik, Transport, Unterbringung etc.) um branchenübliche Kosten handeln muss, die nachzuweisen sind und durch Künstler überprüfbar sein müssen.

405

2.3 Die Einräumung des Bookingrechtes gem. Ziffer 2.1 sowie die Entgeltregelung gem. Ziffer 2.2 ersetzen im übrigen den Beteiligungsanspruch gemäß Ziffer 1., soweit die Einnahmen von Künstler aus honorarpflichtigen Auftritten aller Art betroffen sind. Klarstellend wird an dieser Stelle auf die Regelung des Künstlerexklusivvertrages § 9 hingewiesen. Promotionauftritte zählen nicht zu den honorarpflichtigen Auftritten im Rahmen der Bookingbeteiligung.

3. Merchandising

3.1 Künstler räumt FIRMA für die Vertragsdauer das exklusive Recht ein, die heute üblichen kommerziellen Merchandisingrechte in jeder Hinsicht auszuüben bzw. wahrzunehmen, d.h. Gegenstände aller Art, insbesondere, Werbespots sowie Filme und Druckschriften, Bekleidungsstücke etc., die den Namen von Künstler oder den Künstlernamen oder den eingangs genannten Projektnamen, ihren Schriftzug, ihr Faksimile und/oder seineAbbildung tragen, herzustellen, herstellen zu lassen und zu verbreiten bzw. verbreiten zu lassen. Die Art und Qualität der Merchandisingprodukte wird einvernehmlich getroffen. Nach Ablauf der Vertragsdauer ist die FIRMA berechtigt, die vorerwähnten Merchandising-Rechte weiterhin nichtexklusiv zu nutzen bzw. nutzen zu lassen, soweit die FIRMA vor Ablauf der Vertragsdauer Dritten Nutzungsrechte eingeräumt hat. Diese Nutzungseinräumung ist jedoch begrenzt auf einen Zeitraum von längstens einem Jahr nach Ablauf der Vertragsdauer. Nutzt die FIRMA die Rechte selbst, so kann sie die Merchandising-Artikel ab Vertragsbeendigung ein Jahr ausverkaufen.

3.2 Künstler erhält für die Merchandising-Auswertung der FIRMA gem. Ziffer 3.1 folgende Vergütung:

a) 25 % (fünfundzwanzig Prozent) der bei Firma eingehenden Nettoerlöse. Nettoerlöse sind Einnahmen der Firma abzüglich Steuern und abzüglich aller für die Erzielung der Einnahmen notwendiger und nachgewiesener Kosten.

b) 15% (fünfzehn Prozent) des Netto-Erlöses (netto fakturierter Umsatz), den die FIRMA erzielt, wenn sie auf eigene Rechnung Merchandising-Artikel herstellt bzw. herstellen lässt und selbst verkauft, und zwar bezogen auf den Netto-Erlös des jeweiligen Merchandising-Artikels ohne Abzug von Herstellungskosten für die Merchandisingprodukte und sonstiger Vermarktungskosten (z.B. Vertrieb).

ANHANG – ORIGINALDOKUMENTE UND -VERTRÄGE

4. **Abrechnung**

4.1 FIRMA rechnet gegenüber Künstler vierteljährlich innerhalb von 30 Tagen nach Erhalt der Abrechnungen und Zahlung von dem jeweiligen Vertragspartner sowie unter Beifügung einer Kopie der Abrechnung, unter Abzug der jeweiligen Kosten und unter Abzug der FIRMA zustehenden Beteiligung ab. Mit der Abrechnung erfolgt die jeweilige Zahlung gegen Rechnungsstellung. Sofern Künstler der Mehrwertsteuer unterliegt, zahlt Firma gegen Nachweis den Künstler zustehenden Anteil zuzüglich Mehrwertsteuer. Künstler ist jederzeit berechtigt, angemessene Abschlagszahlungen in Höhe von 50% des zu erwartenden Anteils zu verlangen.

4.2 Künstler kann die der Abrechnung zugrundeliegenden Unterlagen durch einen zur Berufsverschwiegenheit Verpflichteten nach Vereinbarung eines Termines während der Geschäftszeit bei der FIRMA einsehen. Sollten sich Differenzen zu Ungunsten von mehr als 5% ergeben, so sind die angemessenen Kosten der Überprüfung von FIRMA zu tragen. Der festgestellte Fehlbetrag wird von Firma an Künstler unverzüglich ausgezahlt.

5. **Vertragsdauer**

Der Vertrag wird für die Dauer des in der Präambel genannten Künstlerexklusivvertrages zwischen FIRMA und Künstler geschlossen.

6. **Sonstiges**

6.1 Diese Vereinbarung begründet nach dem ausdrücklichen Willen der Vertragsparteien keine gesellschaftsrechtlichen Beziehungen zwischen den Vertragsparteien.

6.2 Änderungen oder Ergänzungen des Vertrages bedürfen der Schriftform, wobei Briefwechsel genügt. Dies gilt auch für die Aufhebung des ganzen Vertrages oder einzelner Bestimmungen dieses Vertrages einschließlich dieser Schriftformvereinbarung.

6.3 Sollte eine Bestimmung dieses Vertrages unwirksam sein oder werden, berührt dies die Wirksamkeit des Vertrages im übrigen nicht. Die ungültige Regelung wird einvernehmlich durch eine solche ersetzt, die unter Berücksichtigung der Interessen beider Parteien den gewünschten wirtschaftlichen Zweck zu erreichen geeignet ist. Die Parteien sind verpflichtet, an einer entsprechenden Klarstellung des Vertragstextes mitzuwirken. Entsprechendes gilt für etwaige Lücken, die dieser Vertrag enthält.

6.4 Der Vertrag unterliegt der Recht der Bundesrepublik Deutschland. Gerichtsstand, soweit gesetzlich zulässig, und Erfüllungsort sind München.

████████ den................2005   ...., den..................2005

....

CHEYENNE Records GmbH   ████████████████

ANHANG – ORIGINALDOKUMENTE UND -VERTRÄGE

Seite 1

KÜNSTLER-EXKLUSIVVERTRAG

zwischen   dem Künstler

▓▓▓▓▓▓▓▓▓▓▓▓▓▓▓▓▓▓▓

(Teilnehmer der Kategorie „Adult Singer" des Sat.1 Formates „Star Search")

wohnhaft: ▓▓▓▓▓▓▓▓▓▓▓▓▓▓▓▓▓▓

Tel. / Fax / E-Mail.: ....

- nachstehend „*Künstler*" genannt -

und der Firma   Polydor Island Group– a divison of Universal Music GmbH
▓▓▓▓▓▓▓▓▓▓▓▓▓▓▓▓▓
▓▓▓▓▓▓▓▓▓

- nachstehend "*Firma*" genannt -

Präambel

Zwischen Künstler und der Firma Grundy Light Entertainment GmbH ("GLE") besteht ein Vertrag ("Teilnehmervertrag") zur Regelung der Teilnahme von Künstler an der von GLE im Auftrag des TV-Senders Sat.1 produzierten TV-Serie "Star Search" ("die TV-Serie"). Der vorliegende Vertrag ist Bestandteil des Teilnehmervertrages und diesem als Anlage beigefügt.

Der vorliegende Vertrag wird gemäß den Bestimmungen des Teilnehmervertrages erst dann wirksam, wenn Firma die dort zu ihren Gunsten vereinbarte Option gegenüber Künstler als einem der Teilnehmer der Kategorie Adult Singer der TV-Serie ("Teilnehmer") erklärt ("Optionserklärung") hat oder automatisch dann, sofern und sobald fest steht, dass Künstler als Sieger der Kategorie Adult Singer aus der TV-Serie hervorgegangen ist. Hat Firma die Option gegenüber Künstler als einem der Teilnehmer erklärt oder steht fest, dass Künstler der Sieger der Kategorie Adult Singer der TV-Serie ist, gelten zwischen Firma und Künstler die im vorliegenden Vertrag enthaltenen Bestimmungen.

Künstler erklärt bereits mit Unterzeichnung dieses Vertrages, dass kein vorbestehender Vertrag der Unterzeichnung und dem Wirksamwerden dieses Vertrages entgegen steht. Künstler und Firma einigen sich außerdem bereits mit Unterzeichnung dieses Vertrages darauf, dass Künstler im Zeitraum zwischen Unterzeichnung dieses Vertrages und dem Ablauf der Optionsfrist gemäss dem Teilnehmervertrag bzw. - in dem Fall, dass Künstler als Sieger aus der TV-Serie hervorgeht – zwischen Unterzeichnung dieses Vertrages und dem automatischen Wirksamwerden dieses Vertrages, keinen Vertrag abschließen wird, der einen Verstoß gegen die eingeräumte Option darstellt oder der der Wirksamkeit bzw. dem Wirksamwerden dieses Vertrages in irgend einer Weise entgegen steht. Zur Sicherung der Firma bei Wirksamwerden dieses Vertrages eingeräumten Rechte überträgt Künstler bereits mit Unterzeichnung dieses Vertrages exklusiv für den in diesem Absatz definierten Zeitraum sämtliche Rechte nach Maßgabe dieses Vertrages auf Firma und garantiert bereits für diesen Zeitraum die persönliche Exklusivität gemäß diesem Vertrag gegenüber Firma.

§ 1 VERTRAGSGEGENSTAND

(1) Gegenstand dieses Vertrages ist die exklusive Herstellung und Auswertung von Tonaufnahmen und Bild-Tonaufnahmen mit Darbietungen des Künstlers in seiner Eigenschaft als Musikinterpret sowie weiterer Rechte des Künstlers.

(2) Der Künstler steht dafür ein, dass er das Recht an seinen vertragsgegenständlichen Darbietungen sowie weitere vertragsgegenständliche Rechte niemandem übertragen hat und durch keine Bindungen mit Dritten gehindert ist, diesen Vertrag abzuschließen und zu erfüllen.

§ 2 RECHTSÜBERTRAGUNG

(1) Der Künstler überträgt auf die Firma das ausschließliche und übertragbare Recht, während der Vertragsdauer (siehe § 13) seine Darbietungen auf Tonträger und auch auf Bild-Tonträger aufzunehmen (hiernach "*Vertragsaufnahmen*" genannt) und diese zeitlich unbeschränkt, auch nach Beendigung des Vertrages, in der ganzen Welt/im Universum in jeder beliebigen Weise ganz oder teilweise auszuwerten und auswerten zu lassen.

(2) Diese ausschließliche Rechtsübertragung schließt sämtliche Leistungsschutzrechte und daraus folgende Ansprüche sowie alle sonstigen Rechte des Künstlers ein, die dieser an den Vertragsaufnahmen erwirbt. Übertragen ist insbesondere das Recht:

  a) die Vertragsaufnahmen auf Ton- und ggf. auch Bildtonträger jeder beliebigen Art und Weise und technischer Ausführung (z.B. Schallplatten, Tonbänder, MusiCassetten, Compact-Disc, DAT, CD-Plus bzw. Enhanced-CD, SACD (Super Audio CD), DVD-Audio, Disketten, Chips, RAM-Cards, Minidisc, Disketten, Chips, Single, Maxi-Single, CD- und MC-Single, Card-Disc, Video-Platten, Video-Bändern, Laser-Disc, CD-Video, DVD-Video, CD-Interactive (CD-I), CD-Read-Only-Memory (CD-ROM), CD-ROM-XA, Digital-Video-Disc), DVD-ROM in jeder Konfiguration und unter Anwendung aller technischen Möglichkeiten aufzunehmen sowie die hergestellten Bild- und Tonträger zu vervielfältigen und zu verbreiten.

  b) das Recht zur Auswertung der Vertragsaufnahmen in Film, Rundfunk und Fernsehen (inkl. Satelliten-, Kabelfernsehen, Simulcasting in digitalen Netzwerken) auch im Wege der Synchronisation und über Kabelsysteme/Datenbanken im Wege der analogen oder digitalen/elektronischen Lieferung bzw. Verbreitung wie z.B. über (Mobil-) Telefon-, ISDN- oder andere Kabelnetze und Online-Datenbanken / Websites (z.B. Internet) in allen Verwertungsarten (z. B. streaming, simulcasting, downloading) sowie die Ansprüche aus der öffentlichen Wiedergabe und der Hörrundfunk- oder Fernsehfunksendung der Vertragsaufnahmen. Die Auswertung kann erfolgen mittels terrestrischer Funkanlagen, Satelliten, Kabelanlagen unter Einschluß von Kabelweitersendungen, Decoder, Set-Top-Box-Systemen und ähnlicher Einrichtungen oder mittels Kombination solcher Anlagen und unabhängig davon wie das Nutzungsentgelt erhoben wird (z.B. durch Pay-per-Audio, Pay-per-View, Pay-TV- oder Radio, Audio-/Video/-Radio on demand bzw. near on demand, Databroadcasting, Multi-channel-Anbieter wie z.B. DMX). Die Firma kann für vertragliche Zwecke, soweit technisch erforderlich, die Vertrags- bzw. Bildaufnahmen digitalisieren, synchronisieren, umgestalten oder mit anderen Daten zusammenfügen.

  Sofern die Beteiligung des Künstlers nicht durch eine Verwertungs- bzw.

ANHANG – ORIGINALDOKUMENTE UND -VERTRÄGE

Wahrnehmungsgesellschaft abgewickelt wird oder in diesem Vertrag noch nicht geregelt ist, werden sich die Vertragsparteien im Falle einer solchen Auswertung einvernehmlich unter Berücksichtigung der Branchenüblichkeit und den Konditionen dieses Vertrages über eine angemessene Beteiligung des Künstlers an solchen Auswertungen einigen. Die Firma ist in jedem Fall zu einer entsprechenden Auswertung berechtigt. Die Rechtsübertragung schließt auch die Rechte des Tonträgerherstellers gem. §§ 85 ff. UrhG ein, soweit der Künstler die Vertragsaufnahmen selbst oder co-produziert.

c) das Recht, die bildlichen Darbietungen des Künstlers gekoppelt mit seinen Schallaufnahmen auf Bild-Tonträger (hiernach „*Bildtonträger*") aufzunehmen (z.B. Video-Platten, Video-Bänder, CD-I, CD-ROM und DVD-Video). Der Künstler überträgt insoweit seine sämtlichen Leistungsschutzrechte und daraus folgende Ansprüche und alle sonstigen Rechte (z.B. Recht am eigenen Bild) entsprechend dem in diesem § 2 beschriebenen Umfang auf die Firma.

d) das Recht, die Vertragsaufnahmen auf jede Art und Weise und in allen Medien zu bewerben, für Werbezwecke jeder Art (z.B. in Verbindung mit Drittprodukten) zu verwenden und auszuwerten, wobei für Letztgenanntes die schriftliche Zustimmung des Künstlers erforderlich ist. Ferner überträgt der Künstler der Firma sämtliche gewerblichen Schutzrechte und sonstigen Rechte und Befugnisse, soweit diese zur Ausübung der vertragsgegenständlichen Nutzungshandlungen erforderlich sind.

e) das Verleih- und Vermietrecht an den Vertragsaufnahmen, wobei Vergütungsansprüche des Künstlers aus kollektiver Wahrnehmung gegenüber Verwertungsgesellschaften unberührt bleiben. Nimmt die Firma diese Rechte wahr, so finden für die Vergütungsansprüche des Künstlers die Bestimmungen dieses Vertrages Anwendung.

f) das Recht, den Namen von Künstler, den Künstler- oder Gruppennamen, die Darstellung, Fotos, Bilder und Abbildungen sowie Zeichen, Stimme, Logos und Symbole von Künstler sowie andere Abbildungsmöglichkeiten mit Bezug zum künstlerischen Wirken des Künstlers (im folgenden „M-Commerce-Inhalte") im Wege von sog M-Commerce auszuwerten bzw. auswerten zu lassen. Soweit im Zusammenhang mit M-Commerce-Inhalten nicht Tonaufnahmen, die vor Beginn dieses Vertrages hergestellt und veröffentlicht wurden, oder Inhalte, die auf diese Tonaufnahme bezug nehmen (bspw. Klingeltöne), ausgewertet werden, ist Firma dieses Recht für die Vertragsdauer ausschließlich übertragen. Nach Ende der Vertragsdauer ist Firma dieses Recht nur noch insoweit ausschließlich übertragen, wie im Zusammenhang mit den M-Commerce-Inhalten Vertragsaufnahmen oder Inhalte, die auf Vertragsaufnahmen bezug nehmen (bspw. Klingeltöne) ausgewertet werden.

Im Rahmen dieses Vertrages wird M-Commerce verstanden als: Durchführung von Transaktionen, die den Bezug von o.g. M-Commerce-Inhalte oder diesbzgl. Dienstleistungen beinhaltet und die mittels eines mobilen Telekommunikationsnetzwerks wie z.B. über Mobiltelefone oder andere mobile Endgeräte (z.B. Palmtop, PDA) getätigt werden. Zu den vertragsgegenständlichen Auswertungsformen zählt z.B. auch die Herstellung und Verbreitung bzw. Zugänglichmachung von ein- und mehrstimmigen Klingeltönen als imitierter bzw. Echtklang mit vertragsgegenständlichen Aufnahmen, Logos/Bildschirmschoner, Star Infolinien, Grusskarten/Mailbox Personalisierung, Widmungen, SMS/Java Spiele, MMS (Bilder/Videos).

g) Folgende Verwertungen bedürfen dann der vorherigen Zustimmung von Künstler, sofern durch sie eine Verletzung des Allgemeinen Künstlerpersönlichkeitsrechtes erfolgen kann (sonst nicht):

Die Vertragsaufnahmen auch mit anderen Künstlern und in anderer Sprache nachzusynchronisieren, in eine andere Sprache zu übersetzen, zu synchronisieren, für Multimediazwecke jeder Art zu verwenden, zu verfilmen, zu kürzen, zu teilen, ganz oder teilweise auch in Verbindung mit Aufnahmen, Leistungen und Werken anderer Künstler in andere Bild- und/oder Tonträger zu übernehmen (Ausnahme: Kopplungen) oder in sonstiger Weise zu bearbeiten und umzugestalten (z.B. Remixe zu erstellen, Sampling vorzunehmen) und in dieser Form im Rahmen dieses Vertrages zu verwerten sowie die Vertragsaufnahmen in Spielen/Computerspielen sowie anderen, auch interaktiven, Multimedia-Produktionen jeder Art (einschließlich so genannter „Websites") zu verwerten sowie unter Verwendung bearbeiteter oder unbearbeiteter Ausschnitte aus den Vertragsaufnahmen für artfremde (d.h. nicht Tonträger bezogene) Waren und Dienstleistungen Waren und Dienstleistungen jeder Art zu nutzen und zu werben.

Bezüglich der Vergabe von sog. „Synchrights" im Zusammenhang mit der Bewerbung von artfremden (d.h. nicht Bildton- bzw. Tonträger des Künstlers bezogen) Waren und Dienstleistungen und bezüglich der Vergabe für Film- oder TV-Nutzungen ist die vorherige und schriftliche Zustimmung von Künstler in jedem Fall erforderlich.

h) Die so genannten „Künstlermerchandisingrechte" sind nicht Gegenstand der Rechtsübertragung; zur Klarstellung wird aber fest gehalten, dass hierunter in keinem Fall die Rechte an den Vertragsaufnahmen zu verstehen sind, denn diese Rechte sind für sämtliche Nutzungsarten (insofern auch für Merchandisingzwecke) übertragen. Ferner wird zur Klarstellung festgehalten, dass das Recht von Firma zu Werbung und Promotion gemäss §8 (1) unberührt bleibt.

(3) Bearbeitet der Künstler Werke, die Vertragsaufnahmen werden, in der Form von Arrangements oder Improvisationen (z.B. Remixe), so überträgt der Künstler das Recht zur mechanischen Vervielfältigung und Verbreitung dieser Bearbeitungen zur Nutzung auf den Vertragsaufnahmen auf die Firma, soweit der Künstler diese Rechte nicht im Vorwege auf die GEMA oder eine andere Verwertungsgesellschaft übertragen hat. Das Recht zur Werknutzung durch Dritte verbleibt in jedem Falle beim Künstler.

Soweit Künstler Urheber der Texte der Vertragsaufnahmen ist, überträgt Künstler hiermit auf Firma das ausschließliche Recht zum Abdruck dieser Texte auf Tonträger- und Bild-Tonträger-Umhüllungen sowie in digitalen On- und Offline-Medien (z.B. Internet, CD-ROM, CD-i, CD-e, DVD).

(4) Der Künstler überträgt auf die Firma seine Rechte und Ansprüche aus der öffentlichen Wiedergabe und der Hörfunk- und Fernsehfunksendungen sowie aus der privaten Überspielung der Vertragsaufnahmen. der Vertragsaufnahmen. Soweit der Künstler jedoch diese Rechte und Ansprüche selbst auf eine Wahrnehmungsgesellschaft (z.B. GVL oder GEMA) überträgt, wird dies von der Firma respektiert und ist nicht Teil der vorstehend übertragenen Rechte und Ansprüche.

(5) Der Künstler räumt der Firma die Nutzungsrechte für im Zeitpunkt des Vertragsschlusses noch unbekannte Nutzungsarten ein. Die Vergütung erfolgt proportional zu den Konditionen des vorliegenden Vertrages, soweit die Konditionen des vorliegenden

ANHANG – ORIGINALDOKUMENTE UND -VERTRÄGE

Vertrages entsprechend übertragbar sind; sind sie das für eine bestimmte Art der Auswertung nicht, so werden sich die Vertragsparteien im Falle einer solchen Auswertung einvernehmlich unter Berücksichtigung der Branchenüblichkeit und den Konditionen dieses Vertrages über eine angemessene Beteiligung des Künstlers an solchen Auswertungen einigen, wobei Firma bereits während dieses Einigungsprozesses zur Auswertung berechtigt ist.

§ 3 AUSSCHLIESSLICHKEIT

(1) Mit Ausnahme der unter § 3 (3) erwähnten Fälle ist während der Vertragsdauer (siehe § 13) ausschließlich die Firma berechtigt, Darbietungen des Künstlers aufzunehmen und auszuwerten (**persönliche Exklusivität**). Gleiches gilt für die Herstellung von M-Commerce-Inhalten. Der Künstler wird keine Bindungen mit Dritten eingehen und Aufnahmen durchführen - auch nicht unter einem anderen Namen oder ohne Namensnennung, er wird insbesondere keine mit ihm hergestellten Aufnahmen Dritten überlassen und keinen Dritten Nutzungsrechte an Aufnahmen einräumen, an denen er mitwirkt. Zur Sicherung der persönlichen Exklusivität überträgt der Künstler sowie im Falle einer Gruppe auch jedes Künstlermitglied einzeln auf die Firma seine sämtlichen Leistungsschutzrechte und daraus folgenden Ansprüche, die er an etwaigen Aufnahmen oder Mitschnitten dieser Darbietungen durch Dritte während der Vertragsdauer erwirbt. Auch nach Beendigung der persönlichen Exklusivität bedarf die vertragsgegenständliche Verwertung derartiger Aufnahmen in jedem Falle der Einwilligung der Firma. Die vorstehende Exklusivbindung gilt insbesondere auch für Musik-Bildtonträger und umfasst insbesondere auch (Künstler-)Namen, (Ab)Bild, Logo, u.ä.

Ausgenommen von der persönlichen Exklusivität ist lediglich eine reine Produzententätigkeit von Künstler im Auftrag und für Rechnung Dritter und im Zusammenhang mit Aufnahmen, die von Künstler stammen, soweit und solange dadurch nicht die Interessen von Firma an einer ordnungsgemäßen Vertragserfüllung beeinträchtigt werden.

Nicht erfasst von der persönlichen Exklusivität sind ferner Tonaufnahmen von Künstler, die durch Dritte hergestellt werden und die ausschließlich für herkömmliche Sendungen der Rundfunk und Fernsehanstalten, sowie für die Einblendung in Spielfilm und deren öffentliche Wiedergabe bestimmt sind. Künstler gewährleistet, dass an solchen Tonaufnahmen nur die vorgenannten Sende- und Wiedergaberechte auf Dritte übertragen werden, sämtliche anderen Rechte an solchen Tonaufnahmen, insbesondere zur Auswertung auf Ton- und Bildtonträgern, überträgt der Künstler nach Maßgabe dieses Vertrages an die Firma.

Ausgenommen von der persönlichen Exklusivität ist auch eine reine Studio – Backgroundtätigkeit von Künstler als non – featured Backgroundsänger soweit und solange dadurch nicht die Interessen von Firma an einer ordnungsgemäßen Vertragserfüllung beeinträchtigt werden, wobei insofern klargestellt wird, dass insbesondere keine sog. Step – out – Performance und keinerlei Tätigkeit außerhalb eines Studios und keinerlei audio – visuelle Aufnahmen von Künstler unter diese Ausnahme fallen und auch der Künstlername insofern keine Verwendung finden darf, sondern auch insofern die vorherige und schriftliche Zustimmung von Firma erforderlich ist.

Aufnahmen von Künstler als sog. Featured Artist und/oder sonstige Aufnahmen von Künstler bedürfen der vorherigen schriftlichen Zustimmung von Firma.

(2) Der Künstler ist berechtigt, seine Darbietungen ausschließlich zu Film- , Funk- oder Fernsehzwecken aufzunehmen oder aufnehmen zu lassen. Der Künstler wird jedoch

sicherstellen, dass solche Aufnahmen nur mit schriftlicher Zustimmung der Firma in anderer Form vervielfältigt und verbreitet werden. Übernimmt die Firma eine solche Aufnahme, so unterfällt sie den Bedingungen dieses Vertrages.

(3) *Entfällt.*

(4) Nach Beendigung der persönlichen Exklusivität beschränken sich die Exklusivrechte der Firma auf die unter diesem Vertrag aufgenommenen Titel (**Titelexklusivität**). Diese wird der Künstler, auch in bearbeiteter Form, für die Dauer von 8 Jahren, gerechnet von dem Ende des Vertrages an, nicht selbst oder durch Dritte auf Tonträger aufnehmen und verwerten lassen. Diese Titelexklusivität gilt auch für Musik-Bildtonträger.

§ 4 UMFANG UND AUSWAHL DER AUFNAHMEN

(1) Die Vertragspartner werden im festen Vertragszeitraum (siehe §13 (1)) neue, bisher unveröffentlichte Studio-Aufnahmen für mindestens

eine Langspielproduktion (mind.12 Titel bzw. 60 min. Spielzeit; jeweils inkl. Singles und insoweit erforderliche B-Seiten, (Re-)Mixe und Versionen)

(*„Festes Album"*) durchführen und dabei zusammenwirken. Im Einvernehmen mit dem Künstler kann die Firma im festen Vertragszeitraum und/oder in den Optionszeiträumen (siehe §13 (2)) darüber hinaus Aufnahmen weiterer Titel durchführen.

(2) Bei den Vertragsaufnahmen wird es sich um Aufnahmen bislang nicht veröffentlichter Werke handeln. Die aufzunehmenden Titel / Werke sowie der / die durchführenden Produzenten werden im Einvernehmen mit dem Künstler von der Firma ausgewählt. Falls von der Firma gewünscht, wird der Künstler zu diesem Zwecke sog. Demo-Aufnahmen erstellen. Der Künstler wird bei der Auswahl auf Titel / Werke aufmerksam machen, an denen für andere Tonträgerhersteller und/oder sonstige Dritte noch Titelexklusivität (§ 3 (4)) besteht.

In der Auswahl des Produzenten wird Künstler rechtzeitig einbezogen und Firma wird sich nach besten Kräften bemühen, so weit wie möglich Einigung mit Künstler über den Produzenten zu erzielen, die Letztentscheidung über die Auswahl des Produzenten liegt aber bei Firma.

§ 5 DURCHFÜHRUNG DER AUFNAHMEN

(1) Zeitpunkt und Ort der Aufnahmen sowie das technische Aufnahmeverfahren (z.B. analog, digital, etc.) werden zwischen den Vertragspartnern nach Rücksprache mit dem Künstler von der Firma festgelegt.

(2) Nach ihrer Durchführung wird der Künstler die Aufnahmen abhören und solche, die nach Ansicht der Firma künstlerisch oder technisch unbefriedigend ausfallen, wiederholen. Die Entscheidung darüber, ob die Aufnahmen zur Veröffentlichung geeignet sind (*„Abnahme"*), trifft unter Berücksichtigung des Künstlerpersönlichkeitsrechtes die Firma.

(3) Die Kosten für die Produktion der Vertragsaufnahmen (Musikerhonorare, Studiokosten usw.) trägt die Firma. Sofern die Aufnahmekostenplanung mit dem Künstler verbindlich abgestimmt ist, kann die Firma über diese Planung hinausgehende Produktionskosten, die der Künstler schuldhaft zu vertreten hat, auf Vorauszahlungen oder Umsatzbeteili-

ANHANG – ORIGINALDOKUMENTE UND -VERTRÄGE

gungen anrechnen. Zur Klarstellung halten die Partein fest, dass die Kosten der Produktion der vertragsgegenständlichen Tonaufnahmen nicht mit Beteiligung von Künstler verrechenbar sind (unbeschadet hiervon gelten die sonstigen Regelungen zur Verrechenbarkeit, insbesondere der Videoverrechenbarkeit und der Remixkostenverrechenbarkeit des vorliegenden Vertrages) Das Material der Vertragsaufnahmen (Demos, Roh-, Mehrspur- und Mutterbänder etc.) ist ausschließliches Eigentum der Firma, und zwar auch nach Beendigung des Vertrages.

(4) Reist der Künstler zum Aufnahmeort, so trägt die Firma innerhalb Europas die Fahrtkosten für die 1. Klasse der Eisenbahn oder für die Economyklasse im Flugzeug sowie für Unterkunft und Verpflegung im firmenüblichen Rahmen.

§ 6 AUFNAHMERÜCKSTAND

(1) Sind nach einer Vertragsperiode Aufnahmen rückständig aus Gründen, die die Firma zu vertreten hat, so kann der Künstler innerhalb eines Monats nach Ablauf der jeweiligen Vertragsperiode bzw. nach Vertragsende schriftlich erklären, dass er deren Nachholung wünscht. Können sich der Künstler und die Firma nicht über den Inhalt und die Durchführung dieser Aufnahmen einigen, so wird die Firma den Künstler angemessen entschädigen. Bei der Bemessung dieser Entschädigung sind die bisherigen Umsatzbeteiligungen des Künstlers sowie die für die fragliche Vertragsperiode vereinbarten Vorauszahlungen angemessen zu berücksichtigen, nicht jedoch die Produktions- und Marketingkosten der Firma. Diese Ausschluss gilt nicht für Schäden aus der Verletzung des Lebens, des Körpers oder der Gesundheit.

(2) Sind in den obigen Fällen Aufnahmen rückständig aus Gründen, die der Künstler zu vertreten hat, so bleibt er zu deren Nachholung verpflichtet, falls die Firma dies wünscht. Der Vertrag verlängert sich unter Aufrechterhaltung der persönlichen Exklusivität des Künstlers (§ 3 (1)) bis zum Ablauf des vierten Monats nach Abnahme dieser Aufnahmen.

§ 7 VERÖFFENTLICHUNG

(1) Die Firma kann die Vertragsaufnahmen zunächst als sog. "Promotiontonträger" zum Zwecke der Bemusterung von Medienpartnern und anschließend als „Handelstonträger" in jeder technischen Tonträger-Art unter jeder Marke/Label veröffentlichen und veröffentlichen lassen. Ferner kann die Firma das technische Überspielungs- und Wiedergabeverfahren für die Vervielfältigungsstücke der Vertragsaufnahmen sowie deren Abmischung bestimmen und Vertragsaufnahmen mit Aufnahmen Dritter – insbesondere Wunschkopplungen erstellt im Auftrag Dritter – koppeln. In der Preisgestaltung der Tonträger bzw. Bild-Tonträger ist die Firma frei, wobei die Herabstufung eines Tonträgers in die Mid-Price-Kategorie innerhalb von 12 Monaten nach dessen Handels-Erstveröffentlichung in Deutschland sowie die Herabstufung eines Tonträgers in die Low-Price-Kategorie innerhalb von 18 Monaten nach dessen Handels-Erstveröffentlichung in Deutschland der Zustimmung von Künstler bedarf.

(2) Die Firma darf die Vertragsaufnahmen unter Berücksichtigung von Marktgegebenheiten aus ihrem Angebotskatalog streichen. Gestrichene Vertragsaufnahmen darf Firma ausschließlich im Einvernehmen mit Künstler wiederveröffentlichen. Vorstehender Satz gilt nicht für die Wiederveröffentlichung gestrichener Vertragsaufnahmen im Rahmen der Kopplung mit anderen Aufnahmen; hierzu ist Firma in jedem Fall berechtigt. Der zweite Satz dieses Absatzes gilt ferner nicht für die Wiederveröffentlichung von Vertragsaufnahmen in Ländern außerhalb von Deutschland, solange diese

Vertragsaufnahmen nicht in Deutschland gestrichen sind; hierzu ist Firma gleichfalls in jedem Fall berechtigt.

Die Firma ist unabhängig von anderslautenden Vertragsbestimmungen in jedem Fall berechtigt, bereits in Deutschland als (Promotion)-Single veröffentlichte Vertragsaufnahmen auf den zwei marktführenden Kopplungen jedes Landes zu veröffentlichen bzw. veröffentlichen zu lassen.

(3) Die Firma ist berechtigt, eine Kürzung und/oder Überblendung von Vertragsaufnahmen im Rahmen der Verwertung auf (Mix-)Kopplungen in branchenüblichen Umfang vorzunehmen.

(4) Was Verpackung und Artwork angeht, sind Sonderausstattungen außerhalb des Universal Standardformats nur nach einvernehmlicher Absprache zwischen den Parteien zulässig.

(5) Firma wird aus jeder vertragsgegenständlichen Langspielproduktion (siehe §4 (1) und §13 (2)) mindestens 1 Single auskoppeln.

§ 8 NAME UND ABBILDUNG DES KÜNSTLERS; ÖFFENTLICHES AUFTRETEN

(1) Die Firma darf den Namen/Künstlernamen sowie die Abbildungen oder Aufnahmen und biographisches Material während der Dauer der Auswertung der Vertragsaufnahmen benutzen oder benutzen lassen. Künstler erteilt in angemessenem Umfang die Zustimmung dazu, dass Firma selbst oder durch von Firma Beauftragte Künstler fotografieren, filmen oder in sonstiger Weise abbilden oder aufnehmen und diese Abbildungen oder Aufnahmen im Umfang dieses Vertrages auswertet bzw. Dritten dieses Recht einräumt. Künstler garantiert, dass Künstler diese Rechte während der Vertragsdauer auf keine Dritten (z.B. Fotografen oder Musikvideoproduzenten) überträgt. Künstler überträgt auf Firma das übertragbare Recht, sämtliches bezüglich Künstler hergestellte Material und sämtliche Informationen über Künstler frei von Rechten Dritter für Herstellung, Verbreitung, Bewerbung und Promotion der Vertragsaufnahmen (z.B. für die Gestaltung und Vervielfältigung von Tonträger- und Bildtonträgerhüllen, Promotion- und/oder Werbemitteln, für Websites, die auf Künstler hinweisen und/oder die Vertragsaufnahmen enthalten) sowie für Zwecke der Eigenwerbung von Firma oder Unternehmen, die mit Firma verbunden sind, zu verwenden. Der Künstler wird auf Wunsch der Firma auch geeignetes Bildmaterial frei von Rechten Dritter liefern. Sofern Künstler selbst vorgenanntes Material liefert und ausdrücklich eine Beteiligung von Firma an den Kosten verlangt, darf Firma dieses Material nur verwenden, wenn eine Einigung mit Künstler über die Übernahme der angemessenen Kosten des Materials gefunden wird. Die Rechteübertragung an dem hergestellten und gelieferten Material, richtet sich nach der allgemeinen Rechteübertragung dieses Vertrages, sofern Künstler bei Ablieferung des Materials oder – falls Firma Kosten übernehmen soll – vor Einigung über die von Firma zu übernehmenden Kosten des Materials nicht ausdrücklich unter Angabe der bestehenden Rechte schriftlich darauf hinweist, dass weniger Rechte zur Verfügung stehen.

Der Künstler gewährleistet der Firma die freie Benutzung des Künstlernamens zum Zwecke der vertragsgemäßen Auswertung durch die Firma bzw. deren Lizenznehmer.

(2) Der Künstler wird Werbe- und Promotionmaßnahmen der Firma unterstützen und z.B. Rundfunk- und Presseinterviews usw. unentgeltlich zulassen sowie nach Möglichkeit Fernsehauftritte zur Darbietung der Vertragsaufnahmen wahrnehmen. Reist der Künstler auf Wunsch der Firma zu Funk- und Fernsehauftritten, so erstattet die Firma die Kosten

ANHANG – ORIGINALDOKUMENTE UND -VERTRÄGE

entsprechend § 5 (4). Dem Künstler zufließende Spesen bzw. Honorare der Rundfunk- und Fernsehanstalten werden hiergegen verrechnet, wobei zwischen mehreren Promotionauftritten querverrechnet werden darf; für die diesbezügliche Abrechnung und Zahlung an Künstler gelangt §10 entsprechend zur Anwendung.

Künstler wird bei vertragsgegenständlichen Werbe- und Promotionmaßnahmen der Firma und/oder der Produktion von Video-Aufnahmen (siehe §12) von einem Mitarbeiter von Firma oder einer von Firma beauftragten Person als Begleitperson begleitet. Sollte im Einzelfall bei vertragsgegenständlichen Werbe- und Promotionmaßnahmen der Firma und/oder der Produktion von Video-Aufnahmen keine solche Begleitperson zur Verfügung stehen, so steht es Künstler frei, sich hierbei nach Anzeige bei Firma von seinem Management (1 Person) begleiten zu lassen und erstattet die Firma für diese Person des Management von Künstler die Kosten entsprechend § 5 (4).

Einigen sich die Parteien im Einzelfall darauf, dass das Management von Künstler (1 Person) Künstler zusätzlich zu einem Mitarbeiter von Firma oder einer von Firma beauftragten Person als Begleitperson zu vertragsgegenständlichen Werbe- und Promotionmaßnahmen der Firma und/oder der Produktion von Video-Aufnahmen mitreist, dann erstattet die Firma für diese Person des Management von Künstler gleichfalls die Kosten entsprechend § 5 (4), wobei entsprechende Kosten entweder in die Querverrechenbarkeit aus dem letzten Satz von § 8 (2) einbezogen werden oder gemäß §12 (2) als Videoproduktionskosten verrechnet werden können (je nachdem was zutrifft).

(3) Der Künstler wird soweit sich entsprechende Möglichkeiten bieten öffentliche Auftritte und ggf. Tourneen zum Zwecke der Verkaufsförderung der Vertragsaufnahmen durchführen und dabei nach Möglichkeit auch die Vertragsaufnahmen vortragen.

Des weiteren stellt der Künstler der Firma 10 kostenfreie Tickets pro Konzert mit dem Künstler zur Verfügung.

§ 8 a KÜNSTLER – INTERNET AUFTRITT

(1) Die Firma hat für die Dauer der persönlichen Exklusivität (siehe § 3 (1)) des Künstlers unter diesem Vertrag das ausschließliche und räumlich unbeschränkte Recht, eine Homepage / Website des Künstlers als „offizielle Website" im Internet für den weltweiten Zugriff aufzubauen bzw. aufbauen zu lassen sowie von dieser Homepage/Website Verbindungen (Hyperlinks) zu anderen Internet-Adressen herzustellen bzw. herstellen zu lassen. Miteingeschlossen ist das Recht, zu diesem Zweck den Künstlernamen als Domain-Name exklusiv für Firma anzumelden bzw. anmelden zu lassen (z.B. www.Künstlername.de/com), wobei das ausschließliche Recht am Domain-Name der Firma zusteht. Nach Ablauf der persönlichen Exklusivität stehen Firma die vorgenannten Rechte auf nicht- ausschließlicher Basis zu, wobei Firma eine von Firma angemeldete sog. Top-Level-Domain (nicht jedoch deren Inhalte) nach Vertragsbeendigung auf Wunsch von Künstler auf Künstler übertragen wird (insoweit entstehende Umregistrierungskosten sind von Künstler zu tragen), jedoch in jedem Fall berechtigt bleibt, unter Verwendung des Künstlernamens mit einem Zusatz wie bspw. „-Polydor" andere Top-Level-Domains anzumelden und unter diesen eine Homepage betreffend Künstler zu betreiben. Von Websites, die unter Top-Level-Domains, die von Firma auf Künstler übertragen wurden, betrieben werden, ist auf Websites, die von Firma betrieben werden und den Künstler betreffen, zu verlinken.

(2) Firma wird die Oberfläche, Inhalte (wie z.B. Fotos, biographische Informationen, Tourdaten, veröffentlichte und bisher unveröffentlichte Ton- und Bildaufnahmen, alternative Remixes sowie Albumcover, exklusive Chats/Interviews, Fanclubs, Konzert-

Cybercasts, Kaufschaltflächen (sog. Buy Buttons), M-Commerce - Inhalte) u. Links dieser Künstler-Homepage/ Website gestalten und pflegen. Firma übernimmt daher die Aufgabe, die Rechte an den Inhalten der Künstler-Homepage, soweit diese nicht mit diesem Vertrag übertragen sind, zu erwerben.

(3) Die Firma wird ausschließlicher Inhaber von Rechten an Datenbanken mit Informationen, die im Rahmen des Betriebs der Webseite gesammelt wurden.

(4) Die Kosten für den Aufbau, die Gestaltung, Entwicklung und Pflege (einschließlich Kosten der Anmeldung u. Erhaltung des Domain-Namens) übernimmt Firma für die Dauer der persönlichen Exklusivität des Künstlers unter diesem Vertrag. Die Hälfte dieser Kosten sind mit Umsatzbeteiligungen des Künstlers unter diesem Vertrag verrechenbar, sofern Künstler diesen Kosten vorher zugestimmt hat und die Kosten nachgewiesen werden.

(5) Sofern der Künstler eine solche Homepage bereits eingerichtet hat, stellt er diese bis zum Ablauf der persönlichen Exklusivität gem. § 3 (1) zur ausschließlichen und danach zur nicht-ausschließlichen Nutzung durch die Firma zur Verfügung und gewährleistet, dass – solange die Firma keine eigene Künstlerhomepage errichtet – alle von der Firma gewünschten Promotionaktionen wie Mail-Outs, Gewinnspiele, Tourdateninformationen etc. durchgeführt werden und stellt der Firma die generierten Adressen zur Verfügung. Die Firma hat weiterhin das Recht, diese Homepage unter Berücksichtigung des Künstlerpersönlichkeitsrechtes auch für eigene Zwecke zu nutzen (z.B. durch Einstellung von weiteren Inhalten wie Texten, Photos, "Buy buttons", Links, M-Commerce – Inhalte, etc.). Firma wird sich mit einem Anteil von 50% an den vorher vereinbarten Kosten für die vom Künstler auf Wunsch von Firma übernommenen Aufgaben beteiligen. Über die Übertragung von Rechten an der bereits durch den Künstler erstellten Homepage auf Dritte im Zusammenhang mit der Auswertung von Künstler - ausgenommen die entsprechende Rechteübertragung im Zusammenhang mit Merchandising/Licensing betreffend Künstler, wozu Künstler in jedem Fall berechtigt ist - werden sich die Parteien nach Treu und Glauben einvernehmlich einigen. Rechte zur Errichtung weiterer Internetseiten an Dritte dürfen nur mit Zustimmung der Firma eingeräumt werden.

Die Firma ist während der Vertragslaufzeit zudem als einzige berechtigt, neben dem Domaininhaber eine eigene Homepage des Künstlers einzurichten und zu betreiben.

Im Falle, dass Künstler und Firma jeweils eine eigene Homepage betreiben trägt jeder Vertragspartner alleine die Kosten für ihren Aufbau, Entwicklung, und Pflege einschließlich Anmeldung und Erhaltung des Domain-Namens.

§ 9 ENTGELT

(1) Der Künstler erhält für seine vertraglichen Leistungen einschließlich der Übertragung seiner Rechte für jeden verkauften Tonträger mit Vertragsaufnahmen (ausgenommen Retouren, siehe §9 (8)) eine Umsatzbeteiligung auf der in §9 (5) geregelten jeweiligen Preisbasis (abzüglich Verpackungs- und Technikkosten, siehe §9 (4).

Die Umsatzbeteiligung beträgt:

a) Für Verkauf in Deutschland über den Handelsvertrieb

9% (neun Prozent);

ANHANG – ORIGINALDOKUMENTE UND -VERTRÄGE

b) der vorstehend geregelte Prozentsatz erhöht sich für Netto-Verkäufe einer Katalognummer (aller Konfigurationen) ausschließlich mit Vertragsaufnahmen über den Handelsvertrieb in Deutschland

    aa)   ab dem 90.001ten Tonträger aufwärts auf 10% (zehn Prozent);

    bb)   ab dem 250.001ten Tonträger aufwärts auf 11% (elf Prozent);

    cc)   ab dem 500.001ten Tonträger aufwärts auf 12% (zwölf Prozent);

    dd)   und ab dem 1.000.001ten Tonträger aufwärts auf 13% (zwölf Prozent).

c) bei Verkauf im Ausland über den Handelsvertrieb durch Lizenznehmer der Firma oder bei Export aus Deutschland ins Ausland 66,66 % (zwei Drittel) des unter a) erwähnten Prozentsatzes;

d) bei Verkauf von Tonträgern über Clubs, Direktversandwege (z.B. Mailorder, Internet-Mailorder oder TV-direct response) oder Sondervertriebswege (z.B. Sonderauflagen für Industriekunden) 66 % (sechsundsechzig Prozent) der unter a) und c) vereinbarten Prozentsätze;

e) bei Verkauf von Tonträgern über den Handelsvertrieb, deren Händlerabgabepreis um mindestens 25% unter der handelsüblichen Hochpreisserie vergleichbarer Tonträger der Firma bzw. deren Lizenznehmer liegt (**Mid-price**) und bei Verkauf von Tonträgern über den Handelsvertrieb, deren Händlerabgabepreis um mindestens 40% unter der handelsüblichen Hochpreisserie vergleichbarer Tonträger der Firma bzw. deren Lizenznehmer liegt (**Low-price**) 50% (die Hälfte) der unter a) und c) vereinbarten Prozentsätze;

f) bei Verkauf von Tonträgern über den Handelsvertrieb, die von der Firma oder von deren Lizenznehmer mit bezahltem Werbeaufwand z.b. im Wege der Kino-, Funk- und/oder Fernsehreklame oder der überregionalen Bauzaunplakatierung oder in den Printmedien unter der Zeitungs-, Zeitschriften- oder Illustrierten-Signum oder in Kooperation gegen Umsatzbeteiligung mit sonstigen Dritten (z.B. einer Fernsehanstalt) veröffentlicht werden, 50% (die Hälfte) der unter a) und c) vereinbarten Prozentsätze. Die Reduzierung ist nur dann anwendbar, wenn die Kampagne ein Bruttowerbevolumen in Höhe von €50.000,– bei Singles und €100.000,– - bei Alben aufweist. Die Dauer der Reduzierung ist jeweils begrenzt auf den Zeitraum ab Beginn der Kampagne bis zum Ablauf von drei Monaten nach Kampagnenende.

g) bei Verkauf von Tonträgern über den Handelsvertrieb, auf denen Vertragsaufnahmen mit Aufnahmen Dritter gekoppelt sind und die nicht unter d) bis f) fallen, 66% (sechsundsechzig Prozent) der unter a) und c) vereinbarten Prozentsätze pro rata numeris.

h) Doppelreduzierungen finden nicht statt, wobei die in §9 (1) c) geregelte Auslandslizenz als Basislizenz für Auslandsverkäufe gilt, auf die Reduzierungen aus §9 (1) d) ff. zur Anwendung gelangen.

i) Sollte ein vertragsgegenständliches Album innerhalb von 3 Monaten nach dessen Handelsveröffentlichung in Deutschland Gold-Status (150.000 verkaufte und nicht retournierte Einheiten) erreichen, so erhöhen sich für dieses Album die unter a) und b) vereinbarten Prozentsätze um jeweils 1%. Bei Erreichen von Platin Status 300.000 verkaufte und nicht retournierte Einheiten innerhalb dieser Frist erhöhen sich für dieses Album die unter a) und b) vereinbarten Prozentsätze nochmals um jeweils 1%. Die

Erhöhung tritt rückwirkend für alle Tonträger in Kraft, die in der Abrechnungsperiode, in der der Gold- bzw- Platin-Status erreicht wurde, verkauft wurden.

(2) Soweit für Verwertungen im Zusammenhang mit elektronischer Verbreitung bzw. Zugänglichmachung (z.B. pay per view, pay per listen, on demand) oder M-Commerce Entgelte an die Firma gezahlt werden und soweit der Künstler nicht über Wahrnehmungsgesellschaften beteiligt ist, erhält der Künstler folgende Vergütung:

<u>Bei Verwertung durch Dritte:</u> 100 % der unter § 9 (1) a) anwendbaren Grundlizenz auf Basis der Nettoerträge, die die Firma von dem jeweiligen dritten Verwerter erhält.

<u>Bei Verwertung durch Firma:</u> 80 % der unter § 9 (1) a) anwendbaren jeweiligen Grundlizenz auf Basis der Nettoerlöse, die die Firma aus der eigenen Online-Verwertung erhält. Nettoerlöse sind die bei der Firma eingehenden Beträge abzgl. Steuern, Kommissionen, Agenturvergütungen und eines Pauschalabzuges für Technologiekosten in Höhe von 25%. Der Pauschalabzug für Technologiekosten kann unter Berücksichtigung der dann bestehenden Branchenüblichkeit reduziert werden, wenn Künstlers Umsatzbeteiligungen aus vorgenannten Auswertungen (in einer Abrechnungsperiode) mind. 25% sämtlicher Umsatzbeteiligungen unter diesem Vertrag (in einer Abrechnungsperiode) betragen.

(3) Bei Sublizenzvergabe der Rechte an Vertragsaufnahmen für Synchronisationszwecke für Spiel- und/oder Werbefilme und/oder vergleichbare Zwecke bzw. im Falle sonstiger nicht stückzahlbezogener Pauschalvergaben im Zusammenhang mit Tonträgerauswertungen, erhält der Künstler 33,33% (ein Drittel) bezogen auf die an die Firma gezahlte Netto-Pauschalvergütung.

(4) Die Kosten der Tonträgerumhüllung und die Technikkosten werden von der im nachfolgenden §9(5) definierten Abrechnungsbasis in Abzug gebracht. Sie werden bei analogen Tonträgern (Vinyl, MC) mit 20%, bei Compact Discs mit 20%, bei Card Discs, Mini Discs (MD), Digital Audio Tapes (DAT), DVD (Audio/Video) und SACD (Super Audio Compact Disc) mit 25 % in Abzug gebracht. Bei Compact Disc interactive (CD-i), CD-enhanced (CD-e), CD-ROM und DVD-ROM sowie anderen interaktiven Speichermedien werden die Technikkosten mit 30% von der in §9 (5) definierten Abrechnungsbasis in Abzug gebracht.

Sofern die Firma kopiergeschützte Ton- und Bildtonträger herstellt, werden die entsprechenden zusätzlichen Kosten für den Einsatz dieser Technologie zu 50% in Ansatz gebracht und sind mit allen Umsatzbeteiligungen aus diesem Vertrag voll verrechenbar, sofern Künstler der Anwendung von Kopierschutztechnologien zugestimmt hat; erteilt er seine Zustimmung nicht, so steht es Firma frei, keine Kopierschutztechnologien anzuwenden.

(5) <u>Abrechnungsbasis im Handelsvertrieb</u> ist der jeweilige Händlerabgabepreis (**HAP**), d.h. der jeweilige Abgabepreis der Firma bzw. ihrer Lizenznehmer im Verkaufsland an den Handel unter Verkaufs-/Umsatzsteuer. Falls der HAP des Verkaufslandes nicht bekannt ist, gilt der HAP des Herstellerlandes. Spenden, Handling-Charges, Added-value-Anteile oder sonstige kundenindividuelle Sondervergütungen sind nicht Bestandteil des HAP. Während der Einführungsphase für die Konfiguration SACD beträgt die Abrechnungsbasis für solche Verkäufe 75% des HAP der parallelen bzw. einer entsprechenden CD. Die Einführungsphase für SACD endet nach der Abrechnungsperiode, in der die Langspieltonträger- SACD einen Anteil in Höhe von 20% aller Langspieltonträger im jeweiligen Territorium erreichen.

(6) Für Club- und Mailorderverkäufe ist die Abrechnungsbasis:

ANHANG – ORIGINALDOKUMENTE UND -VERTRÄGE

a) der Abgabepreis der Firma bzw. deren Lizenznehmer, wenn die Firma bzw. deren Lizenznehmer die fertigen Tonträger an den Club oder die Direktversandhändler verkauft;

b) 80% (achtzig Prozent) des durchschnittlichen Club- oder Mailorder-Netto-Endverkaufspreises, wenn die Tonträger aufgrund eines Lizenzvertrages zwischen der Firma bzw. deren Lizenznehmer und dem Club oder Direktversandhändler verkauft werden. Dies gilt auch im Falle von Wunschkopplungen gem. § 7 (1).

(7) Enthält ein Tonträger Aufnahmen, die nicht unter diesen Vertrag fallen, so wird die Umsatzbeteiligung pro rata nach dem zahlenmäßigen Anteil der Vertragsaufnahmen an der Gesamtzahl bzw. bei wesentlichen Unterschieden in der Spielzeit der einzelnen Titel nach dem zeitlichen Anteil der Vertragsaufnahmen an der Gesamtspielzeit des Tonträgers, bei Ensemble- und/oder Duet-Aufnahmen auch nach der Zahl der mitwirkenden Solisten errechnet. Soweit durch Programm-Möglichkeiten eine Beeinflussung der Spieldauer der Vertragsaufnahmen möglich ist (z.B. CD-i, CD-e, CD-ROM) wird für die Berechnung der Anteile die für die Vertragsaufnahmen in Anspruch genommene Speicherkapazität berücksichtigt.

(8) Retouren unterliegen nicht der Umsatzbeteiligung. Die Firma ist daher berechtigt, angemessene Retourenreserven für Verkäufe in der jeweiligen Abrechnungsperiode zu bilden, wobei die Retourenreserven bei One-Artist-Tonträgern von Künstler wie folgt beschränkt sind: maximal 30% bei medienbeworbenen One-Artist-Tonträgern und bei sonstigen One-Artist-Tonträgern max. 25% bei Singles und 15% bei Alben. Lieferungen der Firma an ihre in- und ausländischen Schwestergesellschaften sowie Lieferungen zwischen Schwestergesellschaften der Firma werden als Vervielfältigungen der jeweiligen Schwestergesellschaft behandelt und erst nach Verkauf durch diese abgerechnet.

(9) Tonträger, die zum Zwecke der Promotion oder sonstiger Verkaufsförderung abgegeben werden (z.B. als sog. "Free Goods" / Naturalrabatt, wobei anstelle von Naturalrabatt gewährte Preisrabatte in Stückzahlrabatte umgerechnet werden können) oder die als Bemusterung an Hörfunk- und Fernsehfunk-Sender geliefert werden, unterliegen nicht der Umsatzbeteiligung wobei die diesbezügliche Menge auf insgesamt maximal 20% beschränkt ist. Weiter unterliegen ausverkaufte Tonträger nach Streichung nicht der Umsatzbeteiligung.

(10) Sofern die Firma Vinyl-Tonträger mit Vertragsaufnahmen über einen Trendvertrieb abgibt, unterliegen die ersten 1500 über den Trendvertrieb abgegebenen Vinyl-Tonträger einer Katalognummer nicht der Umsatzbeteiligung.

(11) Soweit stückzahlbezogene individuelle Vergütungen für die Vermietung von Tonträgern gezahlt werden, ist der Künstler mit dem in § 9 (1) a) bzw. c) vereinbarten Prozentsatz an dieser Vermietvergütung beteiligt.

§ 10 ABRECHNUNG

(1) Die Firma rechnet ab und zahlt halbjährlich innerhalb von 3 Monaten nach Ablauf des Kalenderhalbjahres. Von Lizenznehmern an die Firma abgerechnete und gezahlte Umsatzbeteiligungen werden zum nächsten Abrechnungstermin nach Eingang bei der Firma, ggf. unter Abzug hierauf entfallender Steuern, abgerechnet und gezahlt.

(2) Der Künstler kann nach Vereinbarung eines Termins auf seine Kosten die

Abrechnungsunterlagen der Firma an deren Sitz durch einen vereidigten Buchprüfer oder einen Wirtschaftsprüfer einsehen lassen. Leitet der Künstler aus der Buchprüfung Ansprüche gegen die Firma her, so hat die Firma das Recht auf Einsicht in den Buchprüfungsbericht. Der Buchprüfungszeitraum ist beschränkt auf maximal vier vor dem Zeitpunkt der Prüfung liegende Abrechnungsperioden. Ergibt die Buchprüfung eine Abweichung zugunsten des Künstlers von mehr als 5 %, so trägt die Firma die angemessenen Kosten der Buchprüfung. Abrechnungen, die von Künstler gem. §10 (3) als richtig anerkannt worden sind, sind von der Buchprüfung ausgeschlossen.

(3) Die Abrechnung gilt als genehmigt und richtig anerkannt, wenn der Künstler nicht innerhalb von 24 Monaten nach Eingang der Abrechnung hiergegen Einwendungen schriftlich erhoben hat.

§ 11 ZAHLUNG

(1) Zahlungen erfolgen in Euro. Die Zahlung erfolgt zuzüglich Mehrwertsteuer, wenn der Künstler diese in Rechnung stellt. Der Künstler sowie Mitglieder der Gruppe mit Wohnsitz in Deutschland sind für seine/ihre steuerlichen Belange in jeder Hinsicht selbst verantwortlich. Bei Auszahlungen der abgerechneten Umsatzbeteiligung an den Künstler bzw. an ein bevollmächtigtes Mitglied der Gruppe oder an eine sonstige bevollmächtigte Person mit Wohnsitz im Ausland wird die Firma die auf solche Person entfallenden Steuerabzüge einbehalten und an das zuständige Finanzamt abführen, es sei denn, es liegt der Firma eine Freistellungsbescheinigung der zuständigen deutschen Finanzbehörde vor. Falls bei Fälligkeit einer bestimmten Zahlung an Künstler auf Basis der vorliegenden Vereinbarung keine Freistellungsbescheinigung vorliegt und der Zahlungsbetrag unter den Schwellenwerten des Kontrollmeldeverfahrens nach dem deutschen Einkommensteuergesetz liegt, wird die Firma an diesem Kontrollmeldeverfahren teilnehmen. Für diesen Fall wird Künstler ausdrücklich darauf hingewiesen, dass die Steuerverwaltung seines Heimatlandes von dieser und allen zukünftigen Zahlungen durch die deutsche Finanzverwaltung Mitteilung erhalten kann.

(2) Von Lizenznehmern der Firma in ausländischer Währung gezahlte Lizenzen werden ggf. unter Abzug von Quellen- oder ähnlichen Steuern, welche in Verbindung mit dem Transfer aufgrund Gesetz, Verordnung o.ä. zu zahlen sind, bei Zahlungseingang in Euro umgerechnet. Falls aufgrund von Devisenbeschränkungen Umsatzbeteiligungen aus einem bestimmten Land nicht transferiert werden können, werden diese dort zugunsten des Künstlers angesammelt. Mit dem Kontierungsnachweis ist die Pflicht der Firma zur Zahlung erfüllt.

(3) Für den Künstler bestimmte Mitteilungen und Zahlungen erfolgen mit befreiender Wirkung an die der Firma zuletzt schriftlich mitgeteilte Anschrift bzw. Bankverbindung. Änderungen wird der Künstler der Firma schriftlich mitteilen.

(4) Unterschreitet die Stückzahl einer Katalognummer in einer Abrechnungsperiode in einem Land 10 Einheiten, so wird aus Rationalisierungsgründen für diese Katalognummer bzw. Abrechnungsperiode keine Abrechnung erteilt und eine Zahlung nicht geleistet.

§ 12 BILD-TONTRÄGER

(1) Der Künstler steht auf Verlangen der Firma für die Produktion von Video-Aufnahmen zur Verfügung. Die Firma ist Filmhersteller im Sinne der §§ 88, 89 UrhG. Der Künstler überträgt hiermit der Firma in entsprechender Anwendung der §§ 1, 2, 3 und 4 dieses Vertrages seine Rechte einschl. des Rechts am eigenen Bild an den Video-Aufnahmen

ANHANG – ORIGINALDOKUMENTE UND -VERTRÄGE

zum Zwecke der Vervielfältigung, Verbreitung auf Bild-Tonträger (z.B. Video-Bänder, Video-Platten, Laser-Disc, CD-Video, CD-interactive (CD-I), CD-enhanced (CD-e), CD-Read-Only-Memory (CD-ROM), Digital-Versatile-Disc (DVD-Video) z. B. zur Sendung und Zugänglichmachung der Video-Aufnahmen in allen analogen und digitalen Medien (z.B. terrestrisch Ausstrahlung, Kabel, Satellit, Online-Medien (z.B. Streaming)) sowie zum persönlichen Gebrauch

(2) Firma wird für eine Singleauskopplung aus jedem Album ein Video mit branchenüblichem Produktionskostenetat produzieren. Videoproduktionskosten von mehr als € 50.000,-- jedoch nur dann, wenn Künstler diesem Produktionskostenanschlag zugestimmt hat. Firma kann sämtliche vertragliche Beteiligungen mit 50% (der Hälfte) des Aufwandes von Firma im Zusammenhang mit der Produktion eines Musikvideos verrechnen. Dieser Aufwand von Firma errechnet sich aus den tatsächlich entstandenen, nachweisbaren und direkt zurechnenden Kosten (z.B. Produktionskosten, die Firma an Dritte zu leisten hat und sonstige Kosten im Zusammenhang mit der betreffende Produktion einschließlich der Kosten von Personen die Künstler betreuen und nicht bei Firma angestellt sind und inklusive der Kosten, die im Zusammenhang mit der Mitwirkung die Künstler selbst entstehen (Reisekosten, Aufenthaltskosten, Reise- und Aufenthaltskosten des Management von Künstler, sofern Firma diese übernimmt {siehe §8 (3)})). Zudem dürfen Overheadkosten von Firma (z.B. Reisekosten oder sonstige Kosten von Angestellten von Firma) nicht verrechnet werden. Sofern Firma Produktionskosten gemäss Produktionskostenanschlag der jeweiligen Produktionsfirma von mehr als 25.000,00 Euro pro Musikvideo verrechnen darf, bedarf es für den Anteil der zu verrechnenden Kosten, der über dem liegenden Rahmen liegt, der schriftlichen Einstimmung von Künstler (zur Klarstellung wird festgehalten, dass der vorstehende Rahmenwert, den Betrag darstellt, der verrechnet wird).

(3) Als Entgelt für die Übertragung der unter Abs. 1 genannten Rechte erhält der Künstler im Falle kommerzieller Verwertung der Musik-Bildtonträgeraufnahmen folgende <u>Umsatzbeteiligung</u>:

    a) bei <u>Verkauf</u> von Bildtonträgern 75% der jeweiligen in § 9 (1) a) bzw. c) geregelten Prozentsätze, berechnet auf der Abrechnungsbasis der Firma § 9 (5) abzüglich einer Pauschale für Technikkosten und Erlösschmälerungen gem. § 9 (4).

    b) Bei <u>Vermietung</u> gelten die jeweiligen in § 9 (1) a) bzw. c) geregelten Prozentsätze, berechnet auf die Vermietvergütung der Firma.

    c) Bei Verwertungen im Zusammenhang mit <u>elektronischer Verbreitung bzw. Zugänglichmachung</u> (z.B. pay per view), bei denen Entgelte an die Firma gezahlt werden und soweit der Künstler nicht über Wahrnehmungsgesellschaften beteiligt ist, 75% der in § 9 (2) genannten jeweiligen Vergütung.

(4) Die vorgenannten Umsatzbeteiligungen werden gemäß den Bestimmungen dieses Vertrages für die Vergütung von Tonträgerverkäufen und ohne Einschränkung der vertraglich vorgesehenen Verrechnungsmöglichkeiten mit etwaigen Vorauszahlungen auf Umsatzbeteiligungen abgerechnet und gezahlt.

Die Erfüllung der gesetzlichen und vertraglichen Urheberrechtsverbindlichkeiten gegenüber den Urhebern bzw. deren Wahrnehmungsberechtigten bei der Verwertung der Vertragsaufnahmen auf Bild-Tonträgern obliegt der Firma mit der Maßgabe, dass der Künstler der Firma das <u>Recht zur Synchronisation</u> der Vertragsaufnahmen (sog. Erstverfilmungsrecht) für Aufnahmen der Firma auf Bildtonträgern unentgeltlich überträgt, soweit der Künstler selbst Urheber der Komposition/Texte der Vertragsaufnahmen ist und diese Rechte nicht bereits einem Musikverlag übertragen hat. Vorgenanntes gilt entsprechend für den Abdruck von Texten im Zusammenhang mit Nutzung von Rechten, die Firma seitens des Künstlers im Rahmen dieses Vertrag eingeräumt wurden, beschränkt jedoch auf die Nutzung für und/oder im Zusammenhang mit Vertragsaufnahmen.

(5) Der Künstler erhält für die ausschließlich zu <u>Werbezwecken und Promotionzwecken</u> verwendeten Bildtonträger kein Entgelt (z.B. Diskotheken- und Fernsehpromotion, Handels- und Videopromotion in Groß- und Einzelhandelsgeschäften). Die von der GVL im Zusammenhang mit diesen Auswertungsarten wahrgenommenen Rechte und Ansprüche des Künstlers bzw. der Mitwirkenden gegenüber der GVL bleiben hiervon unberührt. Das gilt auch für Ansprüche gegenüber der GVL auf etwaige Vergütungen, die die GVL für die in § 2 genannten Verwertungsarten erhält.

§ 13 VERTRAGSDAUER/OPTIONEN

(1) Die Laufzeit dieses Vertrages beginnt gemäß den Bestimmungen des Teilnehmervertrages zwischen Künstler und GLE dann, wenn Firma die dort zu ihren Gunsten vereinbarte Option gegenüber Künstler als einem der Teilnehmer erklärt hat oder automatisch dann, sofern und sobald fest steht, dass Künstler als Sieger der Kategorie Adult Singer aus der TV-Serie hervorgegangen ist (siehe Präambel) und läuft zunächst für die Dauer von neun (9) Monaten ab Handels-Veröffentlichung des Festen Album in Deutschland, mindestens aber bis zum Ende der Optionsfrist gemäß § 13 (2) und (4) unter Berücksichtigung von §13 (5) („*Fester Vertragszeitraum*").

(2) Der Künstler gewährt der Firma zwei (2) getrennte Optionen auf Langspielproduktionen (Studioalben; jeweils neue, bisher unveröffentlichte Studio-Aufnahmen im Umfang von mind.12 Titel bzw. 60 min. Spielzeit sowie inkl. Singles und insoweit erforderliche B-Seiten, (Re-)Mixe und Versionen); „*1. Optionsalbum*" und „*2. Optionsalbum*") mit Darbietungen des Künstlers zu den Bedingungen dieses Vertrages. Diese Optionen sind spätestens innerhalb von neun (9) Monaten nach Veröffentlichung der vorhergehenden Single- bzw. Langspielproduktion schriftlich auszuüben. Für die Rechtzeitigkeit der Optionsausübung ist das Datum der Absendung der Ausübungserklärung an die der Firma zuletzt bekanntgegebene Adresse des Künstlers maßgebend.

(3) Der Künstler verpflichtet sich auch während der optionalen Vertragsperioden zur Mitwirkung an den Vertragsaufnahmen, so dass die Options-Produktionen jeweils in angemessenem Abstand, im Falle von Singles innerhalb von spätestens drei Monaten, im Falle von Langspielproduktionen innerhalb von spätestens sechs Monaten - gerechnet ab dem Zeitpunkt der Optionsausübung - erstellt und bei der Firma abgeliefert werden können.

(4) Im Falle der Ausübung einer Option beginnt die jeweilige Vertragsperiode mit Ausübung der jeweiligen Option und verlängert sich die Laufzeit dieses Vertrages jeweils automatisch bis zu einem Zeitpunkt zwölf Monate nach Handels-Veröffentlichung der Langspielproduktion der betreffenden Optionsperiode in Deutschland.

(5) Im Hinblick auf die Dauer einer jeden Vertragsperiode sowie auf die Optionsfristen gilt eine jede Produktion spätestens 24 Monate nach Ablieferung und Abnahme der veröffentlichungsreifen Masterbänder sowie unter Einhaltung sämtlicher vertraglicher Verpflichtungen durch den Künstler als im Handel veröffentlicht.

ANHANG – ORIGINALDOKUMENTE UND -VERTRÄGE

§ 14 VORAUSZAHLUNG

(1) Der Künstler erhält bei ordnungsgemäßer Erfüllung dieses Vertrages folgende nicht rückzahlbare Lizenzvorauszahlungen, wobei zur Klarstellung festgehalten wird, dass Künstler eine Lizenzvorauszahlung nur dann erhält, wenn der vorliegende Vertrag durch die Optionserklärung oder das Hervorgehen von Künstler als Sieger der Kategorie Adult Singer aus der TV-Serie wirksam geworden ist:

a) für das unter diesem Vertrag zu erstellende **Feste Album** (inkl. Singles und insoweit erforderliche B-Seiten, (Re-)Mixe und Versionen)

    aa) wenn Künstler als Sieger der Kategorie Adult Singer aus der TV-Serie hervorgegangen war, eine nicht rückzahlbare Lizenzvorauszahlung in Höhe von

        € **150.000,--** (Euro einhundertundfünfzigtausend)

        fällig in Höhe von € 100.000,-- (Euro einhunderttausend) unmittelbar nach Entscheid des Gewinners der Kategorie „Adult Singer" der TV-Serie und in Höhe des Restbetrages nach Anlieferung und Abnahme der überspielreifen Bänder, jeweils nicht jedoch vor Unterzeichnung dieses Vertrages.

        Ferner erhält Künstler für zusätzlich produzierte Singles (d.h. Singles, bei denen es sich nicht um Singleauskopplungen aus dem Festen Album handelt) jeweils eine zusätzliche Vorauszahlung in Höhe von € 10.000,-- (EURO zehntausend) fällig nach Abnahme der jeweiligen Single.

    bb) wenn der Künstler ein Teilnehmer der Kategorie Adult Singer der TV-Serie war, auf den Firma die zu ihren Gunsten vereinbarte Option ausgeübt hat, eine nicht rückzahlbare Lizenzvorauszahlung in Höhe von

        € **25.000,--** (Euro fünfundzwanzigtausend);

        fällig in Höhe von € 10.000,-- (Euro zehntausend) nach Optionserklärung auf diesen Vertrag durch Firma gegenüber Künstler und in Höhe des Restbetrages nach Anlieferung und Abnahme der überspielreifen Bänder, jeweils nicht jedoch vor Unterzeichnung dieses Vertrages.

        Tritt die erste aus dem Festen Album ausgekoppelte Single für die Dauer von 2 Wochen in die TOP 10 der offiziellen Single-Charts von Media Control ein, so erhält Künstler für das Feste Album einmalig eine weitere Vorauszahlung in Höhe von € 25.000,-- (EURO fünfundzwanzigtausend), fällig innerhalb von 14 Werktagen nach Eintritt des vorstehend genannten Ereignisses.

b) Sowie für jedes **optionale Album** (inkl. Singles und insoweit erforderliche B-Seiten, (Re-)Mixe und Versionen)

    aa) wenn Künstler als Sieger der Kategorie Adult Singer aus der TV-Serie hervorgegangen war, eine nicht rückzahlbare Lizenzvorauszahlung in Höhe von jeweils

        € **150.000,--** (Euro einhundertundfünfzigtausend)

        sofern Firma ihre jeweilige Option ausgeübt hat, jeweils zu 50% fällig bei

Optionsausübung durch Firma für das jeweilige Optionsalbum dieses Vertrages und zu 50% fällig bei Abnahme der jeweiligen überspielreifen Bänder.

Ferner erhält Künstler für zusätzlich produzierte Singles (d.h. Singles, bei denen es sich nicht um Singleauskopplungen aus einem optionalen Album handelt) jeweils eine zusätzliche Vorauszahlung in Höhe von € 10.000,-- (EURO zehntausend) fällig nach Abnahme der jeweiligen Single.

    bb)   wenn der Künstler ein Teilnehmer der Kategorie Adult Singer der TV-Serie war, auf den Firma die zu ihren Gunsten vereinbarte Option ausgeübt hat, eine nicht rückzahlbare Lizenzvorauszahlung in Höhe von

€ 25.000,-- (Euro fünfundzwanzigtausend);

fällig in Höhe von € 10.000,-- (Euro zehntausend) bei Optionsausübung durch Firma für das jeweilige Optionsalbum dieses Vertrages und in Höhe des Restbetrages nach Anlieferung und Abnahme der überspielreifen Bänder des jeweiligen Optionsalbum, jeweils nicht jedoch vor Unterzeichnung dieses Vertrages.

Tritt die erste aus einem optionalen Album ausgekoppelte Single für die Dauer von 2 Wochen in die TOP 10 der offiziellen Single-Charts von Media Control ein, so erhält Künstler für dieses optionale Album einmalig eine weitere Vorauszahlung in Höhe von € 25.000,-- (EURO fünfundzwanzigtausend), fällig jeweils innerhalb von 14 Werktagen nach Eintritt des vorstehend genannten Ereignisses.

  c)   Für jedes vertragsgegenständliche Album beim Erreichen von 150.001 verkauften, nicht retournierten Einheiten einer Katalognummer dieses Albums erhält Künstler einmalig eine zusätzliche Vorauszahlung in Höhe von

    aa)   **€ 50.000,--** (Euro fünfzigtausend), wenn Künstler als Sieger der Kategorie Adult Singer aus der TV-Serie hervorgegangen war,

    bb)   **€ 10.000,--** (Euro zehntausend), wenn der Künstler ein Teilnehmer der Kategorie Adult Singer der TV-Serie war, auf den Firma die zu ihren Gunsten vereinbarte Option ausgeübt hat,

jeweils fällig mit der Abrechnung, in der die vorgenannte Stückzahl erreicht wurde.

(2)   Sämtliche Vorauszahlungen unter diesem Vertrag sind nicht rückzahlbar, jedoch voll verrechenbar gegen sämtliche Umsatzbeteiligungen, die dem Künstler unter diesem Vertrag zustehen. Kosten für Remixe von Vertragsaufnahmen sind bis zu einem Betrag von € 5.000,-- á Remix zu 50% verrechenbar; im übrigen – d.h. über den vorgenannten Betrag hinaus - sind Remixkosten nur dann zu 50% verrechenbar, wenn Künstler den Remixkosten zugestimmt hat. Zur Sicherung der Verrechenbarkeit tritt der Künstler seine Ansprüche auf Umsatzbeteiligung bis zur Höhe des Vorauszahlungssaldos bereits jetzt an die Firma ab. Für Auskopplungen von Singles (inkl. etwaiger Remixe) aus Langspieltonträgern ist keine gesonderte Vorauszahlung zu leisten.

ANHANG – ORIGINALDOKUMENTE UND -VERTRÄGE

§ 14b TOURSUPPORT:

Wird von Firma nach Vereinbarung im Einzelfall geleistet. Geleisteter Toursupport ist zu 30% verrechenbar gegen Lizenzansprüche von Künstler aus diesem Vertrag.

§ 15 VERTRETUNGSBEFUGNIS

Durch die Unterzeichnung dieses Vertrages erklärt der Künstler, dass

Name: ▮▮▮▮▮▮▮▮▮▮▮▮▮▮

Anschrift: ▮▮▮▮▮▮▮▮▮▮▮▮▮▮

Tel. / Fax / E-Mail: ▮▮▮▮▮▮▮▮▮▮▮▮▮▮

ihn in allen diesen Vertrag betreffenden Dingen gegenüber der Firma vertritt und für ihn Erklärungen abzugeben und Erklärungen der Firma sowie für ihn bestimmte Zahlungen mit für die Firma befreiender Wirkung entgegenzunehmen berechtigt ist.

Ein Wechsel der Vertretungsbefugnis ist der Firma durch den Künstler schriftlich mitzuteilen.

§ 16 *Entfällt.*

§ 17 SCHLUSSBESTIMMUNGEN

(1) Für das Vertragsverhältnis gilt deutsches Recht. Erfüllungsort und ausschließlicher Gerichtsstand für beide Parteien ist – soweit gesetzlich zulässig – der Sitz des jeweils Beklagten.

(2) Änderungen und Ergänzungen dieses Vertrages bedürfen der Schriftform. Dies gilt auch für das Schriftformerforderniss selbst. Sollten einzelne Bestimmungen dieses Vertrages unwirksam sein, so soll der Vertrag im übrigen dennoch gültig bleiben. Die Parteien werden in diesem Falle die unwirksamen durch sinnentsprechende gültige Bestimmungen ersetzen.

(3) Die Firma ist berechtigt, ihre Rechte und Pflichten aus diesem Vertrag ganz oder teilweise sowie den Vertrag auf eine andere Gesellschaft der Vivendi / UNIVERSAL MUSIC GROUP und/oder an Dritte insgesamt oder teilweise zu übertragen. Eine Übertragung auf Dritte außerhalb der Vivendi / UNIVERSAL MUSIC GROUP bedarf der schriftlichen Zustimmung von Künstler.

Ein Wechsel der Inhaberstellung von Vivendi/UNIVERSAL MUSIC GROUP bzw. des Repertoireinhabers hat keinen Einfluss auf die Wirksamkeit dieses Vertrages.

(4) Der Künstler erteilt der Firma, auch im Namen der Mitwirkenden, die unwiderrufliche und räumlich und zeitlich unbegrenzte Vollmacht, gegen jede unzulässige Verwendung der Vertragsaufnahmen auf eigene Kosten vorzugehen. Diese Vollmacht bleibt auch nach Beendigung dieses Vertrages wirksam. Der Künstler bevollmächtigt die Firma, zivil- und strafrechtliche Maßnahmen gegen Dritte einzuleiten, die widerrechtlich Tonträger mit Vertragsaufnahmen oder Mitschnitte öffentlicher Konzerte oder Rundfunkmitschnitte von Darbietungen des Künstlers bzw. der Gruppenmitglieder vervielfältigen und/oder verbreiten oder z.B. über Internet on-demand zugänglich machen (sog.

Piraterieverfolgung). Der Künstler bevollmächtigt die Firma darüber hinaus, zivilrechtliche Maßnahmen gegen Dritte wegen unbefugter Benutzung des Namens des Künstlers bzw. der Gruppe/Gruppenmitglieder (natürliche Namen und Pseudonyme), z.B. als Internet-Domainname, einzuleiten. Der Künstler wird auf Wunsch der Firma bei der Verfolgung solcher Rechtsverletzungen mitwirken und die hierzu erforderlichen schriftlichen oder mündlichen Erklärungen abgeben. Diese Verpflichtung gilt auch über den Zeitraum der Vertragsdauer hinaus.

(5) Der Künstler nimmt zustimmend davon Kenntnis, dass die das Vertragsverhältnis betreffenden Daten auf Datenträgern gespeichert und nach den Bestimmungen des Bundesdatenschutzgesetzes verarbeitet werden.

(6) Diese Vereinbarung wird mit beiderseitiger Unterschrift wirksam.

▆▆▆ den ....

....
Künstler   Polydor Island Group
                                       - a division of universal music GmbH

Erklärung und Unterschrift der gesetzlichen Vertreter bei minderjährigen Künstlern!

Wir,

Name: ....

Straße: ....

Wohnort: ....

erklären, dass der Künstler minderjährig ist und wir seine gesetzlichen Vertreter sind. Im Namen von Künstler, den wir gesetzlich vertreten, stimmen wir hiermit dem vorstehenden Vertrag in vollem Umfang zu und erklären uns mit dem vorstehenden Vertrag in vollem Umfang einverstanden.

..../.............................
Ort, Datum   Unterschrift d. gesetzlichen Vertreter

DER ENTHÜLLUNGSBESTSELLER ÜBER DIE NEW YORKER MAFIA

272 Seiten
Preis: 19,90 € (D) | 20,50 € (A) | sFr. 35,90
ISBN 978-3-86883-018-7

Joaquin »Jack« Garcia
Ich war Jack Falcone
Wie ich als FBI-Geheimagent einen Mafiaclan zerschlug

Ein Gesetzeshüter schleust sich unter falscher Identität in den innersten Kreis der New Yorker Mafia ein und spielt seine Gangsterrolle so gut, dass ihm nach zwei Jahren die Mitgliedschaft in der Cosa Nostra angeboten wird – dieser unglaubliche Coup gelang dem FBI-Geheimagenten Joaquin Garcia. Sein Erlebnisbericht über die New Yorker Unterwelt ist so spannend wie ein Thriller – aber wahr!

Das Kultbuch

»Frauen aus Manhattan lasst euch sagen: Letzten Monat zog Mr. Max von Chicago nach New York. Lest dieses Buch, und behauptet nachher nicht, er habe euch nicht gewarnt.«

www.tuckermax.de

416 Seiten
Preis: 18,90 € (D) | 19,50 € (A) | sFr. 34,50
ISBN 978-3-86883-013-2

Tucker Max
Und in der Hölle mach ich weiter
Bekenntnisse des größten Frauenhelden der Welt

»Ich heiße Tucker Max und bin ein Arschloch. Ich betrinke mich bis zum Exzess, scheiße auf gesellschaftliche Normen, verarsche Idioten, schlafe mit mehr Frauen, als die Vernunft es zulässt, und verhalte mich stets wie ein Schwachkopf. Aber ich leiste auf eine Art und Weise doch meinen Beitrag zum Wohle der Menschheit: Ich teile meine Abenteuer mit dem Rest der Welt.«

Wenn Sie **Interesse** an **unseren Büchern** haben,

z. B. als Geschenk für Ihre Kundenbindungsprojekte, fordern Sie unsere attraktiven Sonderkonditionen an.

Weitere Informationen erhalten Sie bei Nikolaus Kuplent unter +49 89 651285-276

oder schreiben Sie uns per E-Mail an: nkuplent@rivaverlag.de

riva